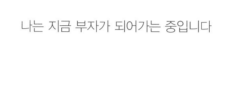
나는 지금 부자가 되어가는 중입니다

나는 지금 부자가 되어가는 중입니다

서희 지음

생산자의 삶을 살아가는 것이 부자가 되는 가장 확실한 방법이다!
경제적 자유는 나에 대한 믿음에서 시작된다는 사실을 알려주는 책

매일경제신문사

프롤로그

모든 것은 하나의 작은 경험에서 시작되었다

인생을 사는 일이 마치 365일 숙제를 하며 사는 것만 같았다. 하나의 미션을 완료하듯 나는 스물아홉 살 나이에 결혼하기 전까지 쉼 없이 열심히 달렸다. 그 어떤 뚜렷한 목표가 있다기보다 열심히 살지 않으면 안 될 것만 같았다. 결혼하면서 일을 그만두고 자연스럽게 전업주부가 되었고, 여러 번 유산을 반복하면서 마음속 깊은 상처를 입기도 했지만, 무엇보다도 내 자신이 한없이 작아지는 것을 느꼈다. 어느새 경력 단절 여성이 되어버린 나는 이제껏 무엇을 위해 그토록 열심히 살아왔던 것일까 하는 생각에 공허하고 허무함만 느껴졌다. 그러한 부정적인 생각과 감정에 사로잡혀 이 세상에서 내가 무엇 하나도 제대로 해내지 못하는 사람이 된 것은 아닐까 하는 두려움에 한껏 젖은 채 그 상태에 머물러 있었다.

그런 내게도 운명 같은 기회의 순간이 주어졌다. 하지만 그 기회는 겉보기에는 위기의 탈을 쓴 듯 보였다. 몇 년 전, 전 세계를 위기로 몰아넣은 코로나 19는 분명 모두에게 힘든 위기의 시간이었다. 나 개인에게도, 그리고 우리 가정에게도 그러했다. 전업주부이자 경력이 단절되었던 나는 신랑과 함께 새로운 환경에서의 삶을 시작할 수도 있었다. 또 다시 신랑에게만 기대는 삶이 내게는 더 쉬웠을지도 모른다. 하지만 나는 조금 더 고된 길을 선택했다. 그 위기의 시간을 틈타 나 자신의 모습을 되찾고, 다시 사회에 발을 내딛기로 결정한 것이다. 내가 다시 사회로 나가야 하는 기회가 생겼을 때, 나는 '직장인'이 아닌 길을 택하고 싶었다. 이미 직장인으로서의 삶은 겪어보았고, 어떤 삶이 될지 뻔히 머릿속에 그려졌다. 그래서 이번에는 가보지 않은 길을 선택했던 것이다. 그렇게 나는 30대에 처음으로 온라인 쇼핑몰을 창업했고, 그 경험이 기회가 되어, 책을 쓰는 작가가 되었으며, 이렇게 전혀 다른 인생의 제2막을 살고 있다.

누구나 한 번쯤은 자신만의 어두컴컴한 동굴 속으로 들어간다. 그리고 그 어두운 동굴 속 자신을 탈출시킬 수 있는 사람도 나뿐이다. 두려움과 불안감이 가득하고, 심지어 성격마저 내성적인 경단녀였던 내게 창업은 무척이나 과감한 도전이었다. 세상에 쉬운 일은 없다. 어려운 일을 통해 사람은 성장하는 법이다. 내게는 쇼핑몰을 창업했던 경험이 가슴속 열정의 불을 지피는 기회가 되었고, 나라는 사람이 외적으로 내적으로 모두 성장을 이루는 시간이 되었다. 하나의 경험이 마치 나비효과와 같이 내게 큰 영향을 준 셈이다.

이전까지는 열심히 살아야겠다고 생각하면서도, 목적성이 없었다. 그리고 그 목적성이 없었던 이유는 내 삶이 달라질 것이라는 희망이 없었기 때문이다. 경제적으로 부유하게 잘살고 있는 사람들은 이미 그러한 부를 갖고 태어났고, 내가 아무리 노력한들 그들처럼 될 수 있다고는 생각하지 못했다. 그러나 내가 창업이라는 기회를 통해 다시 사회에 나왔을 때, 그때 비로소 깨달았다. 부를 원하지 않거나 욕망하지 않는 사람에게는 그 기회조차 절대 주어지지 않는다는 사실을 말이다. 또한 이루고 싶은 구체적인 목표가 없이 열심히만 사는 것은 의미 없는 시간을 그냥 흘려보내는 일일뿐이었다.

나는 학교에서 열심히 공부하고, 성실하게 직장생활을 하면서도 '돈'이란 것에 정말 무지할 정도로 관심이 없었다. 그런데 인생을 살아보니, 정작 우리에게 필요한 것은 돈에 대해 잘 아는 일이었다. 즉, 돈에 대한 공부가 필요했다. 돈을 원하는 것이 물질적인 것에 대한 탐욕으로 비추어지는 것은 매우 잘못된 것이다. 우리가 원하는 것들을 하며 느낄 수 있는 행복함과 안락함은 모두 돈의 가치를 제대로 사용하는 것에서부터 시작되기 때문이다. 결국 행복한 삶을 꿈꾼다면, 돈을 어려워하기보다는 돈에 대해 잘 알아야 한다. 나는 지금까지 단 한 번도 꿈꾸어보지 못했던 새로운 꿈을 마음에 품었다. 바로 행복한 부자가 되는 것이다. 부자가 된 나의 미래를 생각하며 그 어느 때보다 활기차고 생산적인 하루하루를 보내고 있다.

내 인생의 전환점을 맞이할 수 있었던 것은 아주 작은 경험에서 비롯되었다. 더 이상 무기력하고, 내 인생의 주인공이 아닌 주변인으로 살고 싶지 않았다. 스스로 더 이상 이렇게 살면 안 되겠다는 절박한 마음도 있었다. 내 삶에 변화가 꼭 필요하다는 굳은 다짐에서 비롯된 작은 생각이 결국 행동으로 이어졌다. 그리고 그 연속된 행동들로 인해 나는 완전 새로운 삶을 살고 있다. 과거의 내 모습처럼 개인적, 혹은 사회적으로 자신의 모습이 위축되었거나 자신 없는 모습에 홀로 외로운 시간을 보내고 있다면, 어떻게든 변화를 위한 작은 기회를 만들어보라고 꼭 말하고 싶다. 당신의 가슴속 뜨거운 열정을 다시 지필 작은 불씨가 되어줄 것이다.

내게 너무나 뜻깊고 의미 있는 첫 번째 저서가 이 세상에 나올 수 있도록 이끌어주신 '한국책쓰기강사양성협회'의 김태광 대표코치님, 항상 곁에서 그 누구보다 나를 응원해주고 사랑해주는 신랑에게도 고마운 마음을 표한다. 또한 언제나 나의 든든한 지원군인 가족에게도 감사하고, 사랑한다고 전하고 싶다.

서희

목 차

1장

지금 당신이 부자가 아닌 이유

지금 당신이 부자가 아닌 이유

여느 때처럼 카페에서 노트북으로 일하던 중이었다. 옆 테이블에는 20대로 보이는 여자 둘이 앉아 있었다. 테이블의 간격이 넓지 않아, 의도치 않게 그들의 대화를 듣게 되었다. 내용으로 짐작하건데, 이제 곧 대학교 졸업을 앞둔 것 같았다. 그 둘은 꽤 가까운 친구 사이인 듯 서로에게 고민을 털어놓고 있었다. 한 친구는 취업을 준비하면서 자신이 무엇을 원하는지, 어떤 회사에 지원해야 할지 헤매고 있다고 털어놓았다. 머리가 복잡해서 당분간 여행을 다녀올 거라고도 했다. 그러고는 스스로 생각해봐도 '도피성' 여행이 맞다고 표현했다. 여행을 가겠다는 사람의 얼굴에서 설렘은 전혀 찾아볼 수 없었다. 근심만 가득했다.

그 친구를 마주보고 앉아 있던 또 다른 이는 도피성 여행을 다

이해한다는 듯 고개를 끄덕이고 있었다. 그러면서 자신은 입사 지원에 필요한 토익시험과 각종 자격증을 준비하고 있다고 했다. 그로 인한 스트레스를 상대방에게 하소연하면서 말이다. 이제 곧 취업 전선에 뛰어들어야 할 그녀들의 낯빛은 무척 어두웠다.

이들의 대화를 들으며, 나 또한 대학교 졸업을 앞두고 어떻게 취업 준비를 해야 할지 친구들과 함께 고민했던 때가 떠올랐다. 대학교 4학년 1학기를 마치고 나면, 실상 취업 전선에 뛰어들 준비가 되어 있어야 한다. 보통 4학년 2학기가 시작되면 이미 여기저기에서 취업 소식이 들려오고는 했다. 분명 함께 교정을 거닐던 선배들과 동기들이다. 하지만 그들의 신분이 대학생에서 직장인으로 레벨 업되는 순간, 이미 우리와는 다른 부류의 사람으로 여겨졌다. 학교를 졸업하자마자 출근할 곳이 정해져 있다는 것은, 그들의 앞길이 탄탄대로임을 보여주는 증거였다. 그리고 아직 취업하지 못한 이들에게 선망의 대상이 되는 것은 덤이었다.

한편, 졸업 후에도 취업이 늦어지는 이들은 자연히 안타까워하는 주변의 시선을 의식해야 했다. 입사를 원하는 회사의 합격 커트라인에 못 미치거나 만족스러운 스펙을 갖추지 못한 학생은 한 학기 더 학교에 다니기도 했다. 조금이라도 더 나은 구직 조건을 갖추어 연봉이 높은 '좋은 직장'에 취업하기 위해서 말이다. 그렇게 우리는 졸업과 동시에 취업하고 직장인이 되는 것을 당연시했다. 사실 그 누구도 취업을 강요하는 것은 아니다. 다만 말하지 않아도, 우리에게는 이미 예정된 길이었을 뿐이다. 월급에 목매는 삶의 길로 자처해서 걸어 들어가고 있었던 셈이다.

하지만 어렵게 거머쥔 직장인의 삶은 그리 순탄하지만은 않으리라. 직장은 평생 안정된 월급과 자리를 보장해주지는 않기 때문이다. 또한, 수입 파이프라인이 월급 하나인 이들은 빠듯한 경제생활을 해나가야 할 것이다. 여자들의 경우는 출산 후에 다시 회사로 복귀하지 못하는 경우도 많다. 요즘은 양가 부모님의 도움을 받거나, 어린이집에 자녀를 맡기며 맞벌이하는 가정이 점점 늘어나고 있다. 하지만 워킹맘들이 겪어야 하는 사회적인 제약이 아직도 많은 것이 사실이다.

내 주변의 여자 대학동기나 선배들을 보더라도, 출산 후 육아휴직을 택했다가 다시 복직한 경우가 그리 많지 않다. 사회적 지위를 획득하는 성취감보다는 가족과의 행복이 더 중요하다고 느낄 수도 있다. 또한, 그 좋은 회사에 입사하기 위해 우리가 쏟아부은 열정과 노력이 사실은 아무것도 보장해주지 않는다는 사실을 깨달았을 수도 있다. 결국 분명한 것은 직장인이 되었으니 탄탄대로가 보장되리라는 우리의 생각이 큰 착각이라는 것이다.

그나마 다행인 것은 요즘 직장인들은 수입 파이프라인을 월급 하나에만 의존하지 않는다는 것이다. 많은 이들이 월급 외의 추가적인 파이프라인을 늘려가려고 노력한다. 즉, N잡러가 되는 것을 당연시하는 시대인 것이다. 낮에는 직장에서 일하고, 밤에는 집에서 온라인 쇼핑몰을 운영하기도 한다. 또한, 여유가 될 때마다 전자책과 블로그에 글을 쓰기도 한다. 그렇게 또 다른 수입을 창출해내고 있다. 심지어 부동산이나 경매를 공부하는 연령대도 점차 낮아지고 있다. 주말이면 현장으로 임장을 다녀온 소감이나 후기를 공유하는 오픈 채팅방도 이제는 어렵지 않게 찾아볼 수 있다.

만약 아직도 회사에 당신의 모든 에너지와 열정을 쏟아붓고 있다면, 주변을 돌아보자. 나보다 경제적 수준이 높은 사람들이 어떻게 미래를 대비하고 있는지 알아보길 바란다. 무엇보다 분명한 것은 회사는 결코 당신을 부자로 만들어주지 못한다는 것이다. 오히려 당신이 피땀 흘리며 헌신한 회사만 부유해질 뿐이다.

E(Employee) 월급 생활자	B(Big Business) 사업가
S(Self-Employed) 자영업자	I(Investor) 투자가

《부자 아빠 가난한 아빠》의 저자 로버트 기요사키(Robert Toru

Kiyosaki)는 현금흐름을 앞의 표처럼 사분면으로 나누어 설명하고 있다. 월급 생활자(Employee), 자영업자 또는 전문직 종사자(Self-Employed), 사업가(Big Business), 투자가(Investor)가 그것들이다. 로버트 기요사키는 정규교육을 받은 사람은 대부분 E 사분면인 '월급 생활자'에 속한다고 설명한다. 그러니 우리가 학교 졸업 후 직장인이 되는 것은 자연스러운 흐름인 셈이다. 하지만 그는 빠르게 경제적 자유를 이루고 싶다면, E와 S사분면보다는 B와 I사분면으로 이동하라고 권유한다. 즉, 경제적 자유를 이룬 사람들은 사업가나 투자가에 가까우며, 시간의 자유를 얻은 사람들이라는 것이다. 따라서 당신이 만약 월급만을 받는 직장인이라면, 앞으로 어떤 추가적인 현금흐름을 창출해내어야 할지 꼭 고민해봐야 할 것이다.

경제적 자유를 꿈꾸며 자신이 어떤 부자가 되어 있으리라고 상상해본 적이 있는가? 혹은 부자가 된다면 어떤 모습으로 살아갈지, 무엇을 원할지 구체적으로 생각해본 적이 있는가? 결국, 우리에게 중요한 것은 부자가 된 자신의 모습을 시각화하는 것이다. 나는 과거 내가 부자와 다른 세계에 사는 존재라고 생각했다. 즉, 내가 사는 이곳이 지구별이라면, 부자들에게는 그들만의 세계가 따로 있으리라고 생각했다. 이러한 이분법적인 사고는 나는 당연히 부자가 될 수 없는 사람이라고 스스로 치부한 셈이었다. 그런데 나는 왜 그런 생각을 했을까? 나는 부자가 되기를 바라면서도, 실제 부자가 된 나 자신을 상상조차 하지 못했던 셈이다. '부자가 되고 싶다'라는 나의 바람은 정말 막연한 것이었다. 마치 내가 '로또 1등에 당첨되면 좋겠다'라고 바라는 것과 다를 바가 없었던 셈이다. 이를 깨달은 후 나는 '경제적 자유를 이룬 나의 모습'을 구체적으로 시각화하기 시작했다. 이제는 단순한 바람이 아닌, '꼭 부자가 되어야겠다'라는 확고한 다짐과 함께 말이다.

스펙보다 중요한 돈 공부

　학창 시절, 새 학기가 시작되면 교내 연중행사 중 하나로 전 학급이 환경미화를 하고는 했다. 새로운 학년의 시작을 기념해서 반 학생들이 모두 교실을 새로 단장하는 일이었다. 주로 교실 앞과 뒤 게시판을 꾸미고, 구석구석 깨끗하게 청소하는 일이 반 학생들에게 주어진 임무였다. 우리 담임 선생님은 이제 막 학교에 부임한 지 2년 차가 된 젊은 여성분이셨는데, 수업에 있어서 뿐만 아니라, 교사로서 맡은 임무에 대해서도 항상 열정이 남달랐다. 당시 우리 반의 환경미화도 예외는 아니었다. 선생님은 휴일도 반납한 채, 주말에 시간을 낼 수 있는 학생들을 모두 불러 모으셨다. 남학생들은 바닥과 창문 청소를 담당했고, 여학생들은 교실 앞, 뒤의 게시판 꾸미기로 역할을 분담했다. 친구들과 게시판을 꾸미던 중 재밌는 설문 조사를 하기로 했다. 질문을 만들고, 이에 가장 잘 어울릴 것 같은 반 친구들을 대상으로 순위를 매기는 것이었다. 많은 설문 조사 중 기억에 남는 질문이 하나 있었다.

"동창회에 외제차를 끌고 나타날 것 같은 사람은?"

이 질문이 머리에서 잊히지 않았던 이유는 내가 1위로 **뽑혔기** 때문이다. 우리는 당시 10대의 학생이었다. 세상 물정에 대해 자세히 알지 못하는 어린 나이였다. 하지만, 외제차를 타려면 돈을 많이 벌어야 한다는 것, 그리고 돈을 많이 벌려면 공부를 잘해야 한다는 주입식 논리에 익숙해져 있었다. 즉, 학교에서 성적이 높아야 사회에서도 돈을 잘 버는 성공자가 될 수 있다고 생각했던 셈이다.

나는 그 당시 성공자가 되어야겠다는 큰 야망은 가지지 못했다. 다만, 내가 열심히 노력해서 좋은 성적을 받는 것이 부모님을 기쁘게 해드리는 일이라고 생각했다. 다행히 노력하는 만큼 좋은 결과가 있었다. 덕분에 원하는 대학교와 학과에 진학할 수 있었다. 원하는 대학교에 들어가기만 하면, 수험생 때 겪었던 공부로 인한 스트레스가 더는 없을 줄 알았다. 그런데 대학교에서는 더 큰 무대에서의 살벌하고 치열한 경쟁이 나를 기다리고 있었다. 대학의 문으로 들어가기 위해 초, 중, 고등학교 총 12년을 열심히 달려왔다. 그런데 대학에 들어와보니, 저 졸업의 문은 자연스레 직장인이 되는 취업의 길로 향하고 있었다.

내 나이 스물아홉이 되었을 때, 우연히 귓가에 들려왔던 노래가 있다. 바로 배치기의 〈아홉수〉라는 노래였다.

대학 가면 끝난 거 같지? 아니야
취업하면 끝난 거 같지? 아니야
승진하면 끝난 거 같지? 아니야
(결혼하면 끝난 거 같지? 그건 맞아)

아마 이 노래의 의미는 이 상황을 겪어본 사람이라면 누구나 공감되리라고 믿는다. 나도 학교와 사회에서 원하는 대로 스펙을 위해 열심히 공부했다. 학점과 어학점수, 각종 자격증 및 봉사활동 등 모든 취준생의 삶을 그대로 살아왔다. 내 이력서에 한 줄이라도 더 좋은 스펙을 적기 위해 무엇을 할 수 있을까 고민했다. 하지만 그런 노력들은 결코 나를 부를 이룬 성공자의 길로 연결하지 않았다.

몇 년 전 보았던 어떤 영화의 한 장면이 꽤 인상 깊게 남아 있다. 어린이집 버스에 아이들을 태워 보내고 그 자리에 남은 엄마들이 한자리에 모였다. 어떤 엄마는 수학을 전공했지만, 아이의 덧셈, 뺄셈 학습지를 봐주는 게 전부라고 했고, 또 다른 엄마는 성악을 전공했지만, 아이에게 구연 동화할 때 전공을 살려 유용하게 사용할 수 있다고 말하는 장면이었다. 비록 영화였지만, 그 장면 속 엄마들의 눈동자에서는 아쉬움과 씁쓸함이 고스란히 전해지는 듯했다.

그 영화의 여운이 많이 남았던 이유는, 실제로 나를 포함해서 많은 엄마들의 현실이었기 때문이다. 우리가 결혼 문턱을 넘기까지 열심히 했어야 했던 것은 스펙을 쌓는 공부가 아니라 돈 공부였을 것이다. 그랬다면 결혼 후 사회적 위치가 바뀌었더라도, 새로운 위치에서 아내 혹은 남편, 그리고 엄마, 아빠로서 재정적 자유를 이루어가는 데 큰 좌절감이 없었을 것이다. 하지만 대부분이 더 나은 직장인의 삶만을 위해 달려왔다. 세상에 더 나은 직장인은 없다는 것을 깨닫지 못한 채 말이다.

내가 어렸을 때부터 유일하게 해온 돈 공부는 바로 '저축'이었다. 초등학교에 들어간 후, 부모님께서는 내 이름으로 된 우체국 통장을 하나 만들어주셨다. 나는 부모님께 용돈을 받으면 기쁜 마음으로 통장을 들고 우체국으로 달려가고는 했다. 입금 신청 용지와 통장, 현금을 창구에 내밀 때의 그 뿌듯함이란! 은행원 언니에게 되돌려받는 통장에는 내가 저축한 금액이 한 줄의 기록으로 차곡차곡 쌓였고, 이내 한 페이지가 빼곡하게 채워졌다. 어린 마음에 내 통장에 돈이 쌓여가고 있다는 사실이 그저 신기하기만 했다. 추석이나 설날 같은 명절 때 할머니와 할아버지, 친척들에게 용돈을 받으면 저축할 생각에 설렜다. 그 뒤로도 내게 들어오는 돈은 지출보다는 먼저 저축하는 일이 당연했다.

내가 어렸을 때만 해도 학생들을 위한 돈 공부의 기회가 많지 않았다. 학교에서 배웠던 경제 공부는 아마 용돈 기입장을 작성하는 일이 전부였던 것 같다. 오히려 돈을 잘 버는 법에 관해 이야기하는 것은 학교 교육과 어울리지 않았다는 말이 더 정확한 것 같다. 그나마 대학교에 들어갔을 때는 '경영학부'에 진학한 동기들과 선배들이 있었다. 나와 같이 인문학부에 들어간 그들이 경영학부를 복수전공한 이유는 취업에 유리한 조건을 갖추기 위해서였다. 결국 이 또한 스펙을 위한 하나의 공부였을 뿐, 특별히 돈을 공부하기 위한 것은 아니었다. 수강 과목 중에 '돈 잘 버는 법'이나 '스펙보다 중요한 돈 공부'와 같은 과목명이 있었다면, 아마 학생들이 수강 신청을 하느라 서버가 다운되었던 그때, 그 치열함은 배가되었을지도 모른다.

내가 경력 단절 여성으로서 다시 사회에 나가기 위한 준비를 했을 때, 내가 쌓아온 20대의 스펙은 무의미했다. 10년 전의 그 스펙한 줄 한 줄은 내 능력치를 영구적으로 나타내주는 것이 아니었다. 또한 내 미래를 영원히 책임져줄 수 있는 것도 아니었다. 하지만 그때는 알지 못했다. 이력서의 스펙 한 줄을 만들기 위해 쏟아붓는 시간이 미래에 모두 내게 보상될 것이라고 믿었다. 예상과는 다르게 내가 선택한 사회적 커리어의 공백은 나를 전혀 다른 길로 인도해주었다. 실제로 내가 사회에 다시 나와 온라인 쇼핑몰을 운영하면서 깨달은 것은 살아가면서 진정 필요한 것은 바로 돈 공부라는 것이었다.

학교에서조차 배워보지 못한 돈에 관한 공부들이 절실해졌다. 어떻게 하면 내가 이렇게 벌고 있는 소득을 활용해서 재산을 늘려 갈 수 있을까? 어떻게 하면 합리적으로 세금을 내며 절세를 할 수 있을까? 이런 소득만으로는 결코 노후를 대비할 수 없을 것 같은 데? 부끄럽지만 고백하건대, 이런 생각과 고민을 나는 30대 중반의 나이가 되고서야 시작했다. 돈 공부의 필요성조차 깨닫지 못하고 스펙을 쌓느라 공부에 열중했던 젊은 날의 시간이 그저 아쉬울 뿐이다.

아직도 스펙을 위한 공부에 여념이 없는 젊은 청년들이 있다면, 미래를 멀리 보라고 말하고 싶다. 그리고 나처럼 사회에서 설 자리를 잠시 잃었던 여성들이 있다면, 아직 늦지 않았다고 진심을 담아 꼭 말하고 싶다. 지난 시간은 이제 모두 경험이라고 이름 짓고, 지금부터라도 차근차근 함께 돈 공부에 관심을 가져보자.

돈 다루는 데 서툰 당신
지금 당장 돈 공부가 필요하다

몇 년 전, 넷플릭스에서 〈오징어게임〉이라는 드라마가 선풍적인 인기를 끌었다. 전 세계적으로 엄청난 이슈가 되었던 작품이라서 나도 관심을 갖고 봤다. 456억 원이라는 상금이 걸린 서바이벌에 참여하게 된 사람들은 모두 상당한 빚이 있었고, 목숨을 걸고 서바이벌 게임에 참여한다. 최후의 승자가 되는 경우 받게 되는 상금으로 자신들의 빚을 청산할 수 있기 때문이다. 여기에서 주인공 기훈과 그의 이웃 동생 상우가 등장한다. 어렸을 적부터 형과 동생 사이로 지냈으나, 상우는 서울대를 졸업하고 대기업에 입사하며 기훈과는 전혀 다른 길을 걷는다. 하지만 증권회사에 다니던 상우는 '선물' 때문에 60억 원의 빚이 있다고 말하고, 기훈은 얼마나 비싼 선물을 샀느냐며 여자가 생겼느냐고 묻는다. 다소 코믹하게 연출된 장면이었음에도 불구하고 나는 그 장면에서 웃을 수가 없었다. 그 장면에서는 '선물'이라는 용어도 모르는 주인공인 기훈이 우스꽝스럽게 비추어 졌지만, 바로 내가 그 기훈과 같은 인물이었기 때문이다. '선물'이라는 단어는 주식에서 '옵션'과 함께 사용되는 용어이자 하나의 투자 방식이란 것을 지금은 이해한다. 그러나 경제와 관련해서는 전혀 관심을 두지 않았기에 그만큼 나는 돈을 다루는 데 서투를 수밖에 없었다.

요즘 경제 뉴스 투자 섹션에서 빈번하게 들려오는 단어가 있다. 바로 MZ 세대라는 용어다. 1980년대 초부터 1990년대 초에 출생한 '밀레니얼 세대'와 1990년대 중반부터 2000년대 초에 출생한 'Z 세대'를 통칭한 것이다. 이러한 20~30대의 MZ 세대가 최근 빚투(빚을 내서 투자한다는 신조어)와 영끌(영혼까지 끌어모은다는 신조어)로 코인, 부동산, 주식 등에서 큰 어려움을 겪고 있다는 뉴스를 한 번쯤은 들어봤을 것이다. 어떤 전문가들은 이러한 MZ 세대들이 금융지식이 부족한 상태로 '묻지마 투자'를 한다고 비판한다. 하지만, 이 젊은 세대들은 그 어느 세대보다 경제와 투자에 큰 관심을 가지고 공부하고 있으며, 빠른 행동력을 가졌다.

내가 최근에 투자에 관심을 가지며 경매 수업에 참여했을 때에도 생각보다 젊은 나이의 사람들이 수강하는 것을 보고 적잖이 놀랐다. 몇 년 전 신랑이 함께 부동산 수업을 듣자고 권유했을 때, 부동산은 40~50대의 전문 투자자나 하는 것이라고 생각했는데, 나와는 전혀 관련이 없는 것이라고 여겼던 과거의 나를 반성했다.

이 뿐만이 아니었다. 인터넷에서 재테크 관련 정보를 열심히 찾던 때, 관련 키워드를 검색해서 커뮤니티와 블로그 등을 통해 나와 같은 관심사를 가진 사람들이 모여 있는 오픈 채팅방에 입장했다. 각자의 재테크 경험 및 부동산 임장과 관련한 경험담을 블로그에 올려놓은 것을 살펴봤다. 결혼할 당시에 나는 모든 것을 신랑에게 전적으로 의지했다. 그런데 그 오픈 채팅방에서 후기를 살펴보니 사람들이 결혼 전부터 부동산과 주식 등에 관심을 가지며 투자 공부를 해오고 있는 것이었다. 나는 이 나이 때 도대체 무엇에 관심을 가지고 살았나 한참을 생각했다. 그때 나는 돈을 좇는 인생보다는, 내가 좋아하는 것을 추구하는 삶에 한참 빠져 살았다. 경제 관념이 없었던 이유가 바로 여기에 있었다.

이런 내가 사회에 나가기 전부터 해온 재테크의 방법이라고는 저축밖에 없었다. 대학교에서는 주식 관련 모의 투자 행사 등이 있었던 것이 어렴풋이 기억이 난다. 그러나 경제는 내 삶과 전혀 무관하다고 생각했다. 나는 심지어 대학교에서 국제통상학과를 복수 전공했다. 내가 이 학과를 복수전공한 이유는 경제에 관심이 있다거나 관련된 취업을 위해서도 아니었다. 그 당시 이 학과를 선택 시, 내가 이미 전공을 하고 있는 본 전공에서 이미 수강한 학점을 공통으로 인정받을 수 있었다. 즉, 조금이라도 빨리 졸업할 수 있는 수단의 일환이었다. 물론 경제학, 외환 및 무역과 관련한 수업을 들어야 했다. 생각해보면, 현재 실생활에서 가장 도움이 될 만한 수업이었다. 그럼에도 불구하고 내가 경제에 관심이 없었던 이유는 경제용어에서부터 머리가 아팠기 때문이다. 이해하기 어려운 용어 투성이었지만, 공부해보고 싶다는 생각이 들지 않았다. 돈 공부의 필요성을 그때는 알지 못했기 때문이다.

이러한 경제 관념은 결혼을 하고 나서도 크게 바뀌지 않았다. 결혼과 함께 전업주부의 삶을 택한 나는 신랑이 매달 주는 생활비로 살림을 꾸려나갔다. 월 생활비 외에 내가 필요한 것이 있거나 추가로 지출이 필요한 경우, 신랑은 아낌없이 지원해주었다. 대신 신랑이 고생해서 벌어온 돈을 절약해서 알뜰하게 사용하는 것이 내가 그에게 보탬이 되는 일이라고 여겼다. 또한 항상 해오던 습관대로, 여러 개의 적금에 가입해서 저축만을 열심히 했다. 맘카페에서 어디 은행이 몇 프로의 이율을 더 준다고 하면, 재빠르게 가입했다. 그리고 쌓여가는 저축액을 보며 뿌듯해했다. 수입은 신랑에게 전적으로 의지하면서, 나는 돈을 아끼는 것에만 집중했던 셈이다.

그랬던 내가 스스로 경제에 더 관심을 가져야겠다고 생각하게 된 계기가 자연스럽게 찾아왔다. 몇 년 전 코로나 19로 인한 경제적인 피해는 우리 가정도 피해가지 못했다. 신랑의 사업도 잠시 쉬어갈 겸 잠시 시동생이 지내고 있는 해외에서 새로운 삶의 터전을 시작하기로 했다. 신랑이 먼저 나가서 자리를 잡고, 나는 한국에 남아 천천히 정리를 한 후 따라갈 계획이었다. 신랑은 해외에 나가 내게 생활비를 보내주었지만, 그때 나는 스스로가 참 한심하다는 생각이 들었다. 30대 초반이라는 젊은 나이임에도 가정의 수입을 신랑에게 전적으로 맡긴 채 너무 안일하게 살아왔다는 생각이 들었기 때문이다. 그 생각이 내 머릿속에 들어온 순간, 스스로 돈을 벌어야겠다고 생각했다. 안일하게 살아온 삶을 뒤로 한 채, 다시 사회에 나가야겠다고 결심한 순간이었다.

물론 이때까지만 해도 어떻게 돈을 다시 벌 수 있을지 앞길이 막막했다. 그리고 돈을 모아가는 방법은 저축뿐이라는 생각에도 변함이 없었다. 그랬던 나는 온라인 쇼핑몰이라는 사업을 시작하면서 돈에 대한 개념이 180도 바뀌기 시작했다. 큰 자본 없이 집에서 시작한 쇼핑몰이었다. 워낙 투자에 대한 개념이 없었기 때문에, 무조건 수중에 있는 돈으로 시작할 수 있다고 믿었다. 그러다 보니 처음 시작하는 판매 아이템도 소액이었다. 마진도 크지 않았지만, 잦은 판매의 경험은 내게 자신감을 가져다주었다. 그 자신감으로 더 많은 아이템을 시도해볼 수 있었다. 무엇보다도 내가 스스로 돈을 벌고 있다는 사실에 일이 힘든 줄도 모르고, 그저 재미가 있다고 생각했다. 경력이 단절되었다고만 생각했던 내가 다시 수입을 만들어낼 수 있을 것이라고 생각해보지 못했기 때문이다. 내가 다시 사회의 구성원이 되어간다는 생각에서 오는 성취감은 더욱 크게 느껴졌다.

그때 나는 시간과 노동을 들여 벌고 있는 수입에 대해 다시 진지하게 생각하게 되었다. 내 스스로의 수입원이 생기다 보니, 조금 더 효율적으로 돈을 벌고 싶다는 생각이 들었다. 이렇게 노동한 대가만큼만 버는 돈으로 노후를 대비할 수 있을까 하는 생각이 들었다. 앞으로 물가는 계속 오를 텐데, 우리 부부가 노동의 대가로 벌어들이는 이 하나의 수입만으로 과연 괜찮을까라는 생각이 든 것이다. 그때 월급 외의 또 다른 소득, 즉 여러 개의 파이프라인을 구축하는 것은 선택이 아니라 필수임을 비로소 깨달았다. 현재의 소비에만 급급하게 충당하는 삶이 아니라, 조금 더 나은 미래를 위해 지금 내가 더 할 수 있는 일에 대해 생각하기 시작한 것이다.

저축만이 풍요로움을 가져다줄 수 있을 것이라고 생각했던 나, 그리고 노동의 대가로 벌어들일 수 있는 한 가지 수입원이 전부라고 믿었던 과거의 나는 이토록 돈을 다루는 데 서툴렀다. 돈 공부에 대한 관심조차 없었으니, 돈을 어떻게 다루어야 할지는 더더욱 몰랐던 셈이다. 이제는 내게 들어오는 수입으로 한 달이 아닌, 6개월, 1년, 5년, 10년 더 먼 미래까지 생각하게 되었다. 내가 이런 깨달음을 얻을 수 있었던 것은 다시 경제활동을 해야겠다고 생각했을 때, 그 생각을 바로 행동으로 옮겼기 때문이다. 경력이 단절된 채 다시 사회에 나가는 것을 두려워만 했다면, 아직도 나는 온실 속의 화초처럼 신랑에게만 의지한 채 살아가고 있었을 것이다. 이전의 나와 같이 돈을 다루는 데 서투른 당신이라면, 이제는 더 이상 지체하지 말고 지금 당장 돈 공부를 시작하자.

돈도 벌고 싶은데,
당장 뭐부터 시작해야 하지?

내가 자주 가는 스타벅스에는 주로 학생들이 조용하게 공부하러 온다. 하지만 며칠 전, 그날따라 유난히 시끄러운 아줌마들의 웃음소리가 큰 공간을 가득 메웠다. 나는 그들을 바라보며 '얼마나 오랜만에 친구들을 만나 그간의 스트레스를 푸는 것일까?'라고 생각했다. 하지만 한편으로는 목소리가 과도하게 크다 못해 소음 수준에 가까워 조금은 배려가 부족하다고 생각했다. 그들은 절대로 적지 않은 시간 동안 큰 소리로 잡담을 나누며 시간을 보내고 있었다. 그들이 만들어내는 소음뿐만 아니라 허비되고 있는 시간을 생각하며 안타까운 마음이 들었다.

멈추지 않고 깔깔거리는 웃음소리가 가득한 테이블을 보며, 며칠 전 카페에서 우연히 듣게 되었던, 내 나이 또래 두 여자의 대화가 떠올랐다. 두 여자는 오랫동안 아는 사이인지 카페에서 만나자마자 반가움을 나누었다. 그러고는 서로의 근황을 묻는 것으로 대화를 시작했다. 그렇게 대화를 이어가던 중, 한 여자가 이제 아이가 학교에 다닐 정도가 되었으니, 짧은 시간이라도 수입을 만들어낼 수 있는 활동을 했으면 좋겠다는 바람을 친구에게 이야기하고 있었다. 하지만 그 고민을 듣는 친구는 고개만 끄덕일 뿐 딱히 명쾌한 해답을 주지는 못하는 모습이었다. 그 둘은 대략 3시간 정도 카페에서 이야기꽃을 피우다가 자리에서 일어났다. 그들의 대화는 내게도 그리 낯설지만은 않은 것이었다.

나도 이들과 같은 고민을 해본 적이 있다. 결혼하며 전업주부의 삶을 선택한 나 또한 남는 시간 동안 생산적인 무언가를 해보고 싶었다. 하지만 시간에 구애받지 않으면서 한정된 시간 동안 무슨 일을 할 수 있을지 고민되었다. 친구들이나 동네의 친한 지인들을 만나면 그런 내 고민을 털어놓았었다. 그렇게 한없이 수다를 떨며 시간을 보낸 적이 있었다. 그러나 그런 만남을 통해 내 고민의 해결책을 얻을 수는 없었다. 다만 내 고민을 누군가에게 털어놓음으로써 무거운 마음이 조금은 가벼워졌다. 그것에 만족하며 함께 시간을 보내고 친분을 쌓아가는 것이 스트레스를 해소하는 방법이라고 생각했다. 그 나름대로 유의미한 시간이라고 믿으면서 말이다.

앞에서 소개한 카페 사례처럼 많은 여자들이 스트레스 해소라는 명목 아래 친구들을 만나 수다를 떨며 상당한 시간을 비생산적으로 보낸다. 또한, 명확한 답변을 줄 수 없는 지인에게 자신의 고민을 털어놓고는 마음이 한결 가벼워진 것을 위안 삼으며 만족해한다. 그런 그들의 고민 중 하나가 바로 가정에서의 역할에 충실하면서 돈도 벌고 싶지만 당장 무엇을 시작해야 할지 모른다는 것이다. 나는 이제 이에 대한 답을 명확하게 내놓을 수 있다. 그건 바로 당신이 지금 만나고 있는 주변 사람들을 돌아보라는 것이다. 즉, 나와 같이 '돈을 벌고 싶다'라는 목표를 가진 사람이 내 주변에 있는지 찾아봐야 한다는 말이다. 단순히 "누구나 부자가 되고 싶어 하잖아"라고 대답하는 사람을 말하는 것이 아니다. 돈을 벌고 싶다고 이야기했을 때, 눈을 반짝반짝 빛내며 서로의 발전에 관한 이야기를 펼쳐나갈 수 있는 꿈의 동기들을 말하는 것이다.

그렇다면 그러한 꿈의 동기들을 어디에서 찾을 수 있을까? 돈 이야기를 스스럼없이 할 수 있는 사람이 주변에 없다면 어떻게 해야 할까? 나 또한 그러한 꿈의 동기들을 어디에서 찾을 수 있을지 막막했던 것이 사실이다. 우리는 '돈을 밝히는 것은 좋은 태도가 아니다'라는 관습에 익숙해져 있기 때문이다. 그래서 지금까지 돈을 좋아한다고 이야기하는 것은 그리 쉽게 꺼낼 수 있는 주제가 아니었다. 하지만 지금 시대는 나이를 불문하고 '경제적 자유'를 이루는 데 관심이 많다. 이에 더해 돈을 좇는 것을 겸손하지 않다고 보는 시선도 바람직하지 않게 여긴다. 그런 분위기에서 나와 같은 목적과 꿈을 가진 사람들을 인터넷 공간에서 처음 찾을 수 있었다.

나는 블로그를 통해 각자의 방법으로 '경제적 자유'를 이루어가는 사람들의 모습을 발견했다. 각자의 직업과 생활 환경은 달랐지만, 자신만의 노하우로 돈을 버는 모습을 보며, 나 또한 무엇을 할수 있을지 고민했다. 그러다 내가 처음으로 관심을 가진 것은 온라인 쇼핑몰이었다. 사장님들은 나와 다를 바 없는 일반인들이었다. 그들은 인터넷 강의를 듣고 강의 내용대로 하나씩 따라 하며, 자신의 쇼핑몰을 구축해나가고 있었다. 그것을 보며 나도 온라인 쇼핑몰에 관심을 두게 되었다. 아마 베테랑 온라인 쇼핑몰 사장님의 운영일지가 블로그 내용이었다면, 그분은 전문가라 생각하며 '나는 경험이 부족해'라고 선을 그었을 것이다. 하지만 나와 별반 다르지 않고, 경험이 부족한 초보 사장님이 실수하면서도 성취해나가는 모습에 나는 매료되었다.

결국, 이와 관련된 블로그와 커뮤니티 카페에 가입해 쇼핑몰을 운영하는 데 필요한 실질적인 정보를 많이 얻을 수 있었다. 이러한 정보들은 결코 평소 알고 지내는 친구들이나 동네 이웃들이 알려줄 수 있는 정보가 아니었다. 그들의 지적 수준이나 능력이 떨어져서가 결코 아니다. 그들이 나와 공통 관심사를 가지지 않기 때문이다. 그들이 내 고민 해결을 위해 해줄 수 있는 일은 그저 들어주는 것뿐이었다. 이를 통해 내가 느낀 것은, 자신의 고민을 해결하려면 가까운 지인이 아니라, 자신과 같은 관심사와 목표를 가진 사람들을 찾아야 한다는 것이다. 그리고 그런 사람을 온라인이든 오프라인이든 내 주변에 두어야 한다는 점이다.

온라인을 통해 같은 목적을 지닌 사람들을 만나는 일은 내게 무척 설레는 경험이었다. 무엇보다도 그들의 경험과 일상을 엿보며, 나도 자극을 받고 동기부여를 받았다. 결국, 경제적 자유를 이루겠다는 것은 부족하지 않을 만큼의 돈을 벌어들인다는 수준보다 한 단계 더 앞으로 나아가는 것이다.

이런 부의 성공자가 되어 시간과 공간, 돈에 제약받지 않는 자유로운 삶을 사는 데는 분명한 행동 지침 같은 것이 있었다. 그들은 항상 책을 가까이하고, 자기계발을 꾸준히 하는 사람들이다. 무엇보다도 시간을 허투루 쓰지 않는다. 또한, 그들이 공유하는 글과 영상은 단순한 재미 추구나 킬링타임용이 아니었다. 대신 성공자들의 명언과 성공담, 한 업무 분야에서 어떻게 하면 더 높은 성취를 이룰 수 있는지 등, 유익한 내용으로 가득했다. 나는 내가 그동안 어떻게 자투리 시간을 사용했으며, 어떤 마음가짐으로 목표를 이루려고 했는지 돌아보게 되었다. 동시에 나의 행동도 달라졌다. 밥을 먹으면서도 재미있는 영상을 보기보다는 그날의 뉴스를 들었다. 주말에 어떻게 여유를 부릴까 생각하는 대신 어떤 강의를 들으며 유익한 시간을 가질까를 생각하게 되었다.

돈을 벌고 싶다면, 또 한 가지 언급하고 싶은 것이 있다. 바로 트렌드에 관심을 가져야 한다는 것이다. 트렌드가 돈을 벌고 싶은 마음과 무슨 관련이 있을까 궁금한 사람들도 있을 것이다. 그 이유는 바로 트렌드의 흐름이 돈의 흐름을 나타내주기 때문이다.

최근 사람들을 만나면서 요즘은 무엇이 사람들의 관심을 끄는지에 대해 대화할 때가 있다. "요즘은 이런 것이 유행인가 봐요"라고 말했을 때, 사람들의 반응을 관찰하는 것은 나름 흥미로웠다. 내 질문에 대한 사람들의 반응은 정확하게 두 부류로 나뉘었다. 첫 번째는 최신 트렌드가 자신의 생활과 전혀 상관없다는 반응이었다. 반면, 그런 최신 트렌드에 관심이 많은 사람은 바로 이렇게 대답했다. "맞아요, 그래서 저도 ○○○의 주식을 이미 샀죠." 이처럼 트렌드의 흐름은 돈의 흐름과 방향을 같이한다고 해도 과언이 아니다.

나도 예전에는 돈 버는 일에 집중하는 사람이 어떤 드라마가 인기인지, 요즘 흥행하는 영화는 무엇인지, 또 어떤 음식과 색상, 옷 등이 대중의 시선을 끌고 있는지, 왜 관심을 두는지 알지 못했다. 그러나 사람의 관심이나 시선이 집중된다는 것은, 투자자들에게는 곧 기회를 포착할 수 있다는 말과 다르지 않다는 것을 알게 되었다. 왜 인기인지 그 이유를 분석할 필요는 없다. 오히려 그것을 분석할 시간에 내가 어떻게 이를 이용해 돈을 벌 수 있는지 연구하는 것이 더 효율적일 것이다.

이제는 온라인과 오프라인의 구분 없이 사람들을 만날 수 있다. 시간과 공간의 제약마저 허물어졌다. 즉, 내가 어떤 사람들을 만날 것인지는 모두 나의 선택에 달려 있다. '내 주변 사람 5명이 나의 평균 수준이다'라는 말이 있다. 이 말을 이제는 더 넓게 적용할 수 있는 것이다. 내가 주로 함께 시간을 보내고 싶은 사람은 분명 나와 지향하는 목표가 같은 꿈의 동기들로 채워가야 한다. 내 목표를 향한 여정을 시작하기 전, 주변을 먼저 둘러보자. 어떤 이와 그 긴 여정을 함께하고 싶은지 말이다.

가난도 당신의 선택이었다

'남들은 어려움 없이 잘 사는 것 같은데, 왜 나만 이렇게 삶이 고달프고 힘들까?'라고 한 번쯤 생각해본 적이 있는가? 혹시 한동안 소식을 전하지 못했던 친구들은 어떻게 지낼까 궁금해서 SNS에서 지인의 일상을 엿보거나 카카오톡 프로필 사진을 시간 가는 줄 모르고 넘겨 보지는 않았는가? 나도 그런 부류 중 하나였다. 비록 행복한 일상으로만 가득 꾸며진 피드인 것을 알면서도 말이다. SNS상에서 보여지는 지인들의 화려한 근황이 더 비교되는 것 같아 오히려 나 자신을 더 꽁꽁 숨기기도 했다. 그러고는 나의 현실을 다시 돌아보며, 과거에 함께 시간을 보냈던 그 친구들은 어느 시점부터 어떻게 나와 다른 인생을 살게 됐을까 생각에 잠겼다.

그런데 사실 우리가 서로 다른 인생을 살아가게 된 것은 아마 우리에게 주어진 상황에서 매번 찾아오는 결정의 순간, 서로 다른 선택을 했기 때문일 것이다. 내 주변을 둘러싸고 있는 환경을 돌아보았다. 내가 현재 살고 있는 집, 자동차, 화장품, 서랍장에 가득 차 있는 옷과 물건들, 주방에서 내가 매일 사용하는 주방용품, 그리고 방에 배치되어 있는 가구들 모두 나의 선택으로 만들어진 물리적인 환경이었다.

비단 물건뿐만이 아니었다. 내가 만나고 있는 사람들과 같이 나를 둘러싸고 있는 주변 환경도 그러했다. 지금의 신랑을 인생의 동반자로 내가 선택했으며, 결혼 후 직장을 그만두고 신랑을 내조하는 아내가 되기로 한 것, 경력이 단절된 여성으로 살아가기로 결정한 것 또한 나의 선택이었다. 지금까지 스스로 선택한 것들을 환경으로 그 안에서 내 인생이 펼쳐지고 있었다. 즉, 모든 것은 나의 선택이었다.

내가 경제적 자유를 이루고 싶다는 구체적인 소망을 갖기 시작했을 때, 소망만 강렬할 뿐 어떻게 돈을 잘 벌 수 있을지, 어떤 돈 공부를 해야 할지 갈피를 잡지 못했다. 또한 어떤 마인드를 갖추어야 할지조차 잘 알지 못하는 상태였다. 그때 우연히 유튜브의 알고리즘으로 부동산 강의에 관심을 갖게 되었다. 수업을 홍보하는 영상에서 강사의 과거 삶이 어땠는지 간략하게 비추어졌다.

부동산 투자를 시작하기 전 자신의 불우한 환경에 대해 강조했다. 정말 말 그대로 '찢어지게 가난했다'라는 스토리로 시작했다. 그러한 가난한 환경에서 벗어나기 위해 선택한 해결책은 바로 소액으로 시작한 부동산 투자였으며, 이 방법을 통해 새로운 삶을 살기로, 새로운 인생을 살기로 결심했다. 그는 새로운 인생을 살기로 '선택'한 것이었다. 어떻게든 자신의 아이들에게는 가난의 대물림을 하지 않겠다는 마음이 누구보다 강했으며, 꼭 경제적 자유를 이루겠다는 확고한 마음 하나로 꾸준하게 달려왔다고 했다.

나는 그러한 이야기에 공감하며, 그 부동산 강의를 바로 수강하기로 했다. 그 강사는 자신에게 주어진 가난한 환경에 굴복하지 않고, 극복하기로 선택했다. 결국 그에게 꼭 맞는 부동산 돈 공부를 통해 경제적인 부를 이루는 데 성공했다. 나는 이 성공담을 들으며 두 가지 생각이 들었다.

첫 번째는 풍요롭지는 않아도 부족함 없이 길러주신 부모님에 대한 감사함이었다. 나의 아빠는 6남매 중 둘째 아들로 태어나셨다. 엄마와 결혼 당시 집에서 지원을 받을 가정형편이 되지 않아서 큰고모님께 돈을 빌려 겨우 신혼집을 마련하셨다고 한다. 내가 어렸을 때부터 아빠는 사업을 해오셨고 엄마는 사업하는 아버지를 위해 집안 살림을 하며 열심히 내조하셨다. 내가 초등학교에 들어가면서, 우리 가족은 부천 중동 신도시 아파트로 이사했다. 주택에 세를 들어 살던 우리 가족이 처음으로 내 집 마련에 성공한 순간이었다. 처음으로 내 방이 생겼고, 넓직한 거실도 있었다. 내가 중학교와 고등학교를 들어가서도 아빠는 늘 부족함 없이 우리 가정의 가장으로 모든 책임을 다해주셨다. 내가 기억하는 어린 시절은 '찢어지게 가난했다'라는 기억이 없었다.

그렇게 아낌없이 나를 지원해주셨던 부모님의 그늘 아래 있던 나는 '키다리 아저씨' 같은 신랑을 만났다. 사업을 하고 있었던 신랑은 결혼 후에도 가장의 무게를 혼자 감당해왔다. 내가 원하는 것은 항상 무엇이든지 해주려고 했던 신랑 덕분에, 나는 주어진 생활환경에서 큰 부족함을 느끼지 못했다. 그래서 나는 이런 환경을 제공해준 부모님과 신랑에게 참 감사하고 고맙다는 생각이 들었다. 하지만 만족할 만한 이런 환경은 오히려 나를 편안한 상태에 안주하게 만들었다. 바로 이러한 부분이 두 번째로 들었던 생각이다. 나는 돈을 버는 것에 대한 책임을 전적으로 가져본 적이 없었다. 그리고 그 책임을 가져야 하는 시기에도 이를 신랑에게 전가해버렸다. 내게 주어진 책임은 회피한 채, 그대로 편안한 현실에 안주하며 살기로 '선택'해온 것이다. 《마이더스 터치》의 저자, 로버트 기요사키는 이렇게 말했다.

"성장하면서 계속 목표를 높여나갔다. 다시 말하지만, 우리 목표가 우리를 성장하도록 이끈 것이다. 안락한 상황에서 사람들은 집중력을 잃는다. 현 상태를 유지하려 하거나 약간 성장하는 것을 목표로 삼는 사람도 마찬가지다."

내게 경제권이 없는 삶은 수긍할 만했으며, 나는 큰 불편함을 느끼지 못하는 환경 속에서 안주했다. 나를 성장시킬 만한 동기부여를 가지지 못했다. 어떤 경제적 목표를 이루겠다는 신념이 없었기에 로버트 기요사키가 말한 대로, 안락한 내 삶 속에서 집중력을 잃었다. 결국 성장이 없는 삶이었다. 이러한 삶의 태도로 내가 그동안 해왔던 인생의 갈림길에서의 선택들은 과연 어떤 결과를 만들어냈을까?

그냥 다들 이렇게 사는 것이라고 생각했다. 지금의 현실과는 다른 미래가 있을 것이라는 생각을 해보지 못했으며, 큰 꿈을 꿀 시도조차 하지 못했다. 또한 내게 주어진 환경에 맞추는 것에 익숙했다. 내게 쥐어지는 돈이 곧 나의 돈 그릇이었다. 이미 만들어진 돈 그릇의 크기에 나 자신을 끼워 맞췄다. 그렇게 사는 것이 안락했고, 나를 편안하게 만들었기 때문이다. 결국 이런 생각들을 바탕으로 내가 했던 모든 선택들은 점점 부자의 삶과는 먼 인생으로 나를 이끌어왔다.

나는 지금껏 돈과 관련지어 해왔던 선택들을 되돌아보게 되었다. '내가 했던 이 선택들의 기준이 무엇이었을까'라고 고민하면서 말이다. 증권계의 유명한 저서 《돈, 뜨겁게 사랑하고 차갑게 다루어라》를 쓴 앙드레 코스톨라니(Andre Kostolany)의 책에서는 헝가리의 시인 요세프 키스(Jozsef Kiss)의 일화가 소개된다. 평소 생활 보조금을 지급받던 키스는 은행으로 가던 중 고급 식료품점의 쇼윈도에 진열된 싱싱한 파인애플을 보며 가격을 묻지만 100포린트라는 말에 자신이 살 수 있는 금액이 아니라고 생각하며 은행으로 향했다. 그러나 키스는 돌아오는 길에 결국 그 파인애플을 사게 된다. 같은 날 은행장도 오전에 봐두었던 파인애플을 오후에 사러 갔으나 이미 키스가 사갔다는 말을 전해 듣는다. 그 후 키스가 지원금을 받기 위해 은행에 들렀을 때, 빌린 돈으로 파인애플을 사간 키스에게 은행장이 비아냥거리듯 이야기하자, 키스는 이렇게 대답했다.

"그 100포린트가 없었다면 파인애플을 살 수 없었겠지요. 그런데 100포린트가 있는데도 파인애플을 살 수 없다면, 저는 언제 파인애플을 살 수 있단 말입니까?"

나는 시인 키스의 답변에 적지 않은 충격을 받았다. 나라면 전혀 생각하지 못할 답변이었다. 그는 돈을 자기 손에 쥐고 있는 것보다 소비하는 가치에 주목했다. 지원금을 받아야 할 정도로 넉넉하지 못한 상황인데도 그는 자신이 원하는 것을 위해, 즉 원하는 욕구를 만족시키고, 그러한 선택에서 즐거움을 얻는 데 돈의 가치를 사용했다.

내가 지금까지 돈을 소비하는 습관과는 전혀 다른 것이었다. 예를 들어 쇼핑몰을 지나다가 우연히 마음에 드는 물건을 발견했을 때 나는 키스와는 전혀 다른 소비 방식을 선택했다. 분명 그 물건을 구매할 수 있는 자금이 충분한 상태임에도 망설였다. 이 물건의 가치가 내게 주는 행복함과 만족감보다는 소비를 함으로써 내 자금이 줄어드는 것에 더 집중했기 때문이다. 돈을 사용해서 느낄 수 있는 기쁨이나 만족감보다는, 돈을 소유하는 데서 오는 만족감이 더 컸던 셈이다. 그 당시 별도의 수입이 없었기에 나의 자산은 한정적이었다.

나는 이러한 생각에 이르면서 사람들의 경제적 환경이 다른 것은 결국, 사람마다 돈의 가치관이 다르기 때문이라는 결론에 도달했다. 돈을 소유하는 것, 혹은 사용하는 것에서 느낄 수 있는 행복함이나 즐거움은 결국 어떤 가치에 더욱 집중하는가에 따라 서로 다른 선택을 하게 만든다. 그러한 선택들의 행렬은 서로 다른 재정적 환경을 만들었을 것이다. 즉, 누군가는 부자가 되고, 가난해지거나 혹은 평범한 삶을 살게 됐을 것이다. 물론 과거의 내가 이미 선택했던 것들은 바꿀 수 없으며, 그 과거의 선택들 또한 지금의 나와 당신의 삶에 이르기까지 분명 매우 가치 있는 결정이었을 것이라고 굳게 믿는다.

2013년에 개봉한 〈미스터 노바디〉라는 영화에서는 2092년 죽음을 앞둔 주인공 '니모'가 118살의 노인으로 등장한다. 세계에서 유일한 인간으로 존재하는 니모는 한 기자와의 인터뷰에서 인생의 첫 번째 선택을 했던 어린 시절의 기억으로 거슬러 올라간다. 그는 부모님의 이혼으로 엄마와 아빠 둘 중 누구와 함께 살 것인지 선택해야 했다. 영화는 엄마를 선택했을 때와 아빠를 선택했을 때, 그리고 그 각각의 인생에서 주인공의 각기 다른 선택으로 인한 여러 가지 이야기로 펼쳐지는 인생을 다룬다. 기자는 나이가 들어 기억이 가물가물한 니모에게 어떤 인생이 진짜였는지 묻지만, 선택과 옳고 그름을 떠나 어떤 선택이든 그 모든 것이 소중하다는 메시지를 전한다. 나는 이 영화를 보며, 결국 우리 인생은 선택의 릴레이로 만들어진다는 것, 그리고 그 어떤 선택도 그 나름의 가치가 있다는 메시지를 느꼈다.

비록 지난 과거의 선택들이 마음에 들지 않더라도 괜찮다. 지금 내가 처한 환경이 만족스럽지 않아도 괜찮다. 아니, 오히려 만족스럽지 않다면 감사할 일이다. 그 과거의 선택들로 인해 내가 지금 마주한 이 인생에서 과거의 나를 되돌아보며 이제는 경제적 자유를 꿈꾸게 되었다. 그리고 앞으로 더 좋은 선택을 할 수 있겠다는 깨달음도 얻었다. 이제 우리는 가난을 선택하는 것이 아니라 더 나은 선택을 할 수 있다. 즉, 부자가 되는 길을 선택할 수 있다.

절약은 사람을 궁핍하게 만든다

한때 현재의 행복을 가장 중요하게 여기는 문화를 일컫는 'YOLO(You Only Live Once)'라는 신조어가 생길 정도로 개인의 행복을 위한 소비문화가 유행했다. 이러한 문화가 성행하던 중 세간의 이목을 끈 기사를 하나 접했다. 20대 여성이 월급 200만 원으로 4년 동안 1억 원을 모아 화제가 되었는데, 그녀는 월급의 대부분을 저축하며 앱테크(핸드폰 어플을 통해 적립금 등을 모아 현금처럼 사용)와 중고거래 등을 통해 생활비의 대부분을 해결했다고 한다. 특히 한 달 식비를 약 8,000원 정도로 해결했다는 그녀의 이야기를 들었을 때, 정말 대단하다는 생각밖에 들지 않았다. 그리고 최근에는 청약에도 당첨되었다는 소식도 추가로 전해졌다. 20대 여성이 대단하다는 응원의 목소리도 있었지만, 그 나이 때 즐길 수 있는 것을 놓치고 있다는 우려의 목소리도 들렸다. 일명 짠테크(짠돌이의 재테크)로 그 젊은 나이에 1억 원을 모은 것이다. 나는 그런 의미에서 이 스토리를 듣고는 정말 그녀의 집념이 대단하다고 생각했다. 자신이 원하는 목표를 달성하기 위해 다른 것을 희생할 수 있는 강한 집념, 그리고 목표를 향해 달려가는 상황 속에서도 자존감을 유지한 것을 보며 그녀가 참 대단하다고 느꼈다.

그녀가 어떤 심정으로 '1억 원 모으기'라는 목표를 달성했을지 내가 어렴풋이나마 이해할 수 있었던 이유는 나 또한 그녀처럼 짠테크를 해본 경험이 있기 때문이다. 물론 나는 그녀처럼 강한 집념을 꾸준히 끌고 가지는 못했다. 내가 전업주부였던 시절, 신랑이 내게 한 달 생활비로 주는 비용으로 집안 살림을 꾸려나갔는데, 대부분의 주부들이 그렇듯 나 또한 한 달 생활비를 최대한 효율적이고 알뜰하게 사용하고 싶었다. 그렇게 하는 것만이 내가 살림에 보탬이 될 수 있는 일이라고 생각했다.

나는 평상시에도 이미 가계부를 작성해오고 있었다. 하지만 왜인지 우리 가정의 소비 살림을 잘 꾸려나가고 있는 상태인지 객관적으로 판단할 수가 없었다. 그래서 재테크로 유명한 카페 커뮤니티에 가입한 후 사람들은 어떻게 소비 생활을 하고 있는지 살펴보기 시작했다. 그리고 그때 처음으로 앱테크를 통해 적립금을 모으며 생활비를 절약할 수 있는 방법에 대해 알게 되었다. 나도 그들을 따라 적립금을 받기 위해 매일 핸드폰으로 출석 체크를 했다. 또한 특정 시간대까지 기다렸다가 할인 쿠폰을 받아 온라인으로 식료품과 생활용품을 알뜰하게 구매하기도 했다. 시간을 놓치지 않기 위해 알람 설정은 필수였다. 그리고 매일 가계부에는 어느 정도의 포인트와 적립금을 사용해서 지출을 방어했는지 기록했다. 그리고 이러한 지출 내역을 온라인 카페에 업로드하며 짠테크를 하는 회원들끼리 서로의 절약하는 소비 생활을 응원했다. 이러한 새로운 소비 습관이 처음에는 재밌기도 하고 정말 돈을 아낄 수 있다는 생각에 뿌듯하기도 했다.

그러다가 문득 내가 이러한 소비 습관에 회의감이 드는 순간이 찾아왔다. 열심히 출석 체크를 하며 모은 적립금을 사용하려고 하는데, 적립금이 만료되는 날까지도 딱히 필요한 물건이 없었다. 하지만 이 적립금을 사용하지 않으면, 그날 소멸되기 때문에, 어떻게 해서든 이 적립금을 사용해야 했다. 물론 비용이 부족하면 비용을 추가로 결제해야 하기도 했다. 그렇게 어떤 물건을 주문해야 할지 계속 화면을 넘겨보기를 반복했다. 그렇게 약 40분의 시간이 흘러갔다. 나는 그 순간 '짜증'이라는 감정까지 느끼기 시작했다. 소비가 필요하지 않은 순간에서조차 돈을 아끼겠다는 명목 아래, 돈보다 더 가치 있는 시간을 그대로 낭비하고 있었다. 또한 필요하도 않은 물건을 구매해야 한다는 무언의 압박을 스스로 느끼고 있었던 것이다. 그 순간 이런 생각이 들었다. '내가 지금 절약을 하고 있는 게 맞나? 도대체 무얼 절약하고 있는 거지?' 나는 이런 생각이 든 순간, 어떤 것이 더 가치가 있는 것인지 고민했다. 당장 필요하지도 않은 물건을 사기 위해 그 물건의 값어치보다 더 비싼 시간을 낭비하고 싶지 않았다. 그래서 그 의미 없는 활동을 그날 바로 중단했다.

내가 이런 짠테크를 하면서 느낀 것이 또 한 가지 있다. 바로 절약에 익숙해진 나의 소비 습관은 사람을 궁핍하게 만든다는 사실이었다. 사람의 활동이란 절대 돈의 지출을 떠나서 생각할 수 없다. 음식을 먹고, 옷을 입고, 집에 거주하는 것, 즉 의식주 활동에 돈의 지출은 항상 필수적으로 따라온다. 뿐만 아니라 누군가를 만나며 사람과의 관계를 유지하기 위해서도 돈의 지출은 당연할 수밖에 없다. 그런데 짠테크를 하며 이러한 모든 활동에 나는 '최대한 돈을 쓰지 않는 것'에만 집중했다. 분명 돈을 아낄 수는 있었다. 문제는 내가 이러한 짠테크를 하며 어느 순간 그 소비 활동이 더 이상 즐겁지 않게 된 것이다.

돈을 아낄 수 있다는 사실이 뿌듯함을 준 것은 사실이다. 한 달 살림을 80만 원으로 살다가 70만 원으로, 그리고 60만 원으로 줄여나갈수록 내가 대단한 사람처럼 느껴졌다. 하지만 그런 가운데 내 마음은 한없이 쪼그라들었다. 원하는 것보다는 돈을 아끼는 것에 초점을 맞추다 보니, 내 스스로가 궁핍한 사람이 되어가고 있었다. 소비의 기준이 내가 원하는 것이 아니라 늘 예산의 범위 내로 한정될 수밖에 없었다. 마트에 가서 장을 볼 때도, 물건의 품질과 신선도보다 가격을 우선시했다. 그리고 음식점에 가서도 먹고 싶은 음식보다는 가격부터 따지게 되었다. 모든 지출에서 '가격이 싼 것'이 우선시되며, 내 스스로 합리적인 소비라고 세뇌시키고 있었다. 어떤 물건을 사도 항상 망설였다. 그 물건을 살 수 있는 자금이 충분히 있음에도 돈은 사용되면 안 되는 것이라고 여겼다. 이러한 소비 패턴은 '내가 이 정도의 지출을 해도 될까?'라는 생각까지 하게 만들며 내 존재감조차 작아져갔다.

내가 앞서 소개한 20대 여성이 1억 원을 모은 것이 대단하다고 느낀 것도 바로 이 때문이었다. 나는 짠테크를 하며 살림에 조금 보탬은 될 수 있었겠지만, 그 살림의 보탬보다 내가 누릴 수 있는 더 큰 가치를 느끼지 못했던 셈이다. 그때의 생각과 감정을 두고, 나는 스스로 돈을 아끼는 일에 있어서 실패한 사람이라고 생각한 적이 있다. 돈을 소비하고 싶은 내 마음과 욕구가 무언가 잘못되었다고 생각했다.

그러다 이러한 내 감정이 절대 잘못된 것이 아니라는 것을 알려주는 운명 같은 책을 만났다. 사토 도미오(佐藤富雄)의 《진짜 부자들의 돈 쓰는 법》이라는 책이다. 사토 도미오는 이렇게 설명했다.

"돈 버는 방법에 관한 책을 보면 대놓고 절약하는 것을 강조하거나 또는 혈안이 되어 유리한 투자처를 찾아보라고 합니다. 그런 방법을 부정하지는 않지만, 저 자신은 그다지 좋아하지 않습니다. 그런 돈 버는 방법은 돈을 버는 과정에서도 스트레스를 받고 그것이 과연 즐거울지 의문이 듭니다."

돈이란 가지고 있을 때보다 '사용'해야 그 가치가 생긴다는 그의 말이 내가 왜 짠테크를 하며 행복하지 않았는지 정확하게 설명해 주었다. 분명 돈을 벌기 위해서 아끼는 습관은 중요하다. 절약하는 소비 습관도 분명 재테크의 한 방법이다. 다만 이제 내가 실천하고 있는 절약 소비 습관은 꼭 두 가지를 전제로 한다. 가장 중요한 것이 푼돈을 아끼겠다고 돈으로 살 수 없는 시간을 낭비해서는 안 된다는 것이다. 돈과 시간 중 어떤 것을 아끼는 것이 현명한 소비인지 늘 빠르게 판단한다. 두 번째는 절약을 실천하는 소비 행동을 할 때 내 마음의 상태를 꼭 살핀다. 이러한 소비 활동을 하며 내 마음이 즐겁고 행복한지 말이다. 이왕 선택할 수 있다면 즐거운 마음으로 소비하고 싶다.

내가 앞서 설명한 바와 같이 절약하는 것, 바로 돈을 아끼는 것 또한 돈을 버는 일이다. 하지만 아끼는 것에만 너무 초점을 맞추다 보면 그 사람의 돈 그릇은 딱 그만큼까지다. 자신의 돈 그릇의 크기에 이미 한계를 두고, 그 안에 채워진 돈의 양이 줄어드는 것에만 집중하는 셈이다. 푼돈을 절약해서 내 손에 쥘 수 있는 돈은 과연 얼마나 될까?

한 달의 생활비를 열심히 아끼고 아껴서 10만 원 혹은 20만 원을 아꼈다고 생각해보자. 하지만 당신은 한달에 10만 원, 20만 원, 혹은 이 이상을 벌 수 있는 더 훌륭한 능력을 가진 사람일 수 있다. 어쩌면 스스로의 능력치를 너무 과소평가한 것일지도 모른다. 그래서 나는 아끼는 것도 중요하지만 이제는 '돈을 버는 일'에 집중하는 것이 경제적 자유를 이루는 데 훨씬 중요하다고 생각한다.

절약하며 궁핍함을 느끼기보단, 돈을 더 벌 수 있는 일에 집중하며 활기찬 에너지를 발산해보자. 그리고 자신이 할 수 있는 일에 한계를 두지 말자. 한계를 두지 않는 만큼 돈을 벌 수 있는 기회가 더 많아진다. 나 또한 관점을 변화시킨 이후로 내 자신의 가치에 대해 다시 한 번 돌아보게 되었고, 더 많은 일에 도전할 수 있는 사람임을 깨달았다. 돈을 소비하는 일과 생산하는 일, 이 둘 중 어떤 것에 더 집중해야 할지 이제는 당신이 선택할 차례다.

돈의 실체를 깨닫다

내가 어렸을 때 부모님께서는 시장에서 작은 문구점을 운영하셨다. 평소에는 늘 바쁘게 일하시는 부모님의 손길이 아쉬웠다. 그래도 크리스마스와 같은 특별한 날이 되면, 내가 좋아하는 인형들을 선물로 받을 수 있었다. 아직도 크리스마스 때 선물로 받았던 '미미의 집'은 내 기억 속에서 잊을 수 없다. 그만큼 내게는 행복한 기억이었다. 판매할 수도 있는 상품을 내게 선물해주신 것임에도, 어린 나이에는 그 사실을 알지 못했다. 그저 내가 좋아하는 장난감을 간절히 원하면 마음껏 가질 수 있는 특권이라고만 여겼다.

그 당시에는 부모님께서 맞벌이로 일하셨기에 외할머니께서 집에 오셔서 나와 2살 터울의 오빠를 종종 돌봐주시곤 했다. 다른 친척들 앞에서는 낯을 많이 가려, 말도 제대로 못했던 나였지만, 외할머니 앞에서는 원하는 대로 내 감정을 마음껏 표현하곤 했다. 그런 철부지 없는 손녀딸의 투정을 모두 받아주셨던 할머니는 늘 내게 따스한 존재였다. 하지만 할머니의 사랑이 아무리 따스해도 나는 엄마의 손길이 늘 그리웠다. 할머니를 졸라 시장에서 일하고 있는 엄마를 보러 가겠다고 떼를 쓰곤 했다. 그러면서 항상 나와 시간을 보내주지 않는 엄마를 보며 '엄마는 왜 나와 집에 있지 않고 항상 가게에만 있으려고 하실까?' 생각하곤 했다.

어렸을 때는 미처 알지 못했던 것이다. 고단한 하루를 매일 밖에서 보내시며, 열심히 일해야만 했던 것은 모두 돈을 벌기 위해서였고, 바로 우리 가정을 위해서였다는 것을. 그렇게 나의 부모님은 지금껏 살아오면서 항상 성실하게 일을 해오셨다. 휴일에도 늦잠 한 번 주무시는 법이 없었다. 그런 부모님을 보며 자란 나는, 항상 돈을 벌기 위해서는 성실하게 일해야 한다고 굳게 믿었다. 돈을 벌기 위해서는 어떤 요행을 바라기보다는, 무조건 근면 성실하게 일해야 하며, 열심히 일한 만큼의 대가를 받는 것이 정당한 것이라고 생각했다.

하지만, 성인이 되고서 그동안 내가 믿어왔던 돈을 버는 원칙의 경계가 조금씩 허물어지기 시작했다. 장사를 정리하셨던 부모님은 또 다른 사업을 시작하셨다. 컴프레서를 납품하는 일을 하셨던 아빠는 물건을 트럭에 실어 직접 밤새 지방 여기저기로 다니셨다. 내가 대학교에 들어가기 전까지 우리 가정은 큰 부족함 없이 잘 살아왔다. 부모님께서 늘 힘들게 일하시는 걸 알았기에, 부모님께서 나를 위해 해주시는 모든 것들은 두 분이 힘들게 일한 노동의 대가로 누릴 수 있다는 것을 알았다. 그래서 늘 현재의 내 모든 것에 감사하고 만족스럽다고 여겼다.

그러던 어느 날 조금씩 가세가 기울기 시작했다. 컴프레서 사업 이후에 여러 가지 다른 사업을 반복하셨던 아빠는 생각보다 사업이 잘되지 않았고, 부모님 모두 정신적으로, 육체적으로 너무 많은 고생을 하셨다. 초등학교 입학 이후 늘 4~50평대의 넓은 아파트에 살던 우리 가족은, 결국 허름하고 낡은 주택의 1층으로 이사하게 되었다. 많은 살림살이를 다 처분해야만 했다. 그렇게 쪼그라진 가정의 형편을 보면서, 항상 성실하게 일해오셨던 아빠를 보며 마음이 안타까웠다. 분명 가족들을 위해 평생 자신의 삶을 희생해오신 것을 알기 때문이다. 또한 엄마를 바라보면서도, 오히려 더 누리며 사실 나이에 이렇게 기울어진 형편을 마주하니 얼마나 서글픈 마음이실까 싶었다. 나는 그때 뭔가 이상하다고 생각했다. 분명 부모님은 돈을 벌기 위해 항상 성실하게 일을 해오셨는데 왜 우리의 가정 형편은 기울게 된 것일까. 성실하게 일하는 것만으로는 무언가 부족했던 것일까? 혹은 아빠가 사업을 위해 받았던 대출이 과했던 것일까? 무엇이 문제였는지 정확히 알 수는 없었지만 어느 때부터인가 '대출'이라는 단어가 그저 무겁고, 동시에 무섭게 느껴지기 시작했다. 갑자기 우리 가정을 지켜주던 수호천사가 우리를 외면한 것만 같았다.

그렇게 나는 대출은 위험한 것이라는 생각을 굳혀갔다. 그래서 직장생활을 하면서 단 한 번도 돈을 대출받거나, 마이너스 통장을 만들어본 적이 없다. 내가 번 돈이 아닌 돈을 가지는 것은 옳지 않다고 생각했다. 그렇게 돈이란 그저 어렵고 부정적인 존재가 되어 버렸다. 그저 저축통장만이 나를 돈이 주는 힘듦으로부터 지켜줄 것이라고 생각했다.

나는 돈에 대한 이런 개념을 가진 탓에 결혼을 하고서도 늘 신랑과 부딪히는 일이 많았다. 신랑도 사업을 했기 때문에, 자금이 잘 융통되지 않을 때가 있었다. 그리고 집을 마련하는 과정에서 대출을 받는 것은 당연한 일임에도 그 방식이 마음에 들지 않았다. 아니 오히려 두려웠다는 표현이 더 정확할 것이다. 그때 마침 청약통장으로 정확하게 무엇을 할 수 있는지도 모른채 내가 모아왔던 것이 아파트에 당첨되었다. 그러나 그 당첨의 기쁨도 잠시, 우리는 앞으로 갚아야 할 대출 이자가 점점 버거워지기 시작했다. 코로나 19로 인해 신랑의 사업도 잠시 엔진이 멈추어가던 때였다. 또 다시 돈이라는 것이 나의 생활 영역에 함부로 침범하고 있었다.

처음 온라인 쇼핑몰을 시작할 때도 수중에 돈이 없었지만 나는 대출을 받을 생각은 전혀 하지 못했다. 무엇이든 안전하게 해야 한다고 생각했다. 수중에 있는 돈으로 시작할 수 있는 아이템만 제한적으로 생각할 수밖에 없었다. 물론 그때 나는 경단녀였기에 어떤 일을 새로 시작하는 것에 있어 모든 것이 부담으로 다가왔다. 그래서 마음 편하게 천천히 도전해보기로 했다. 그렇게 조금씩 성취감을 느끼면서 매출을 차곡차곡 쌓아갔다.

그럼에도 나는 여전히 투자에 대한 개념과 돈의 실체를 잘 알지 못했다. 그렇게 모아온 돈은 물건 대금을 치르고도 제법 두둑하게 쌓여나갔다. 하지만 그러한 돈을 다룰 만한 돈 그릇의 크기가 준비되어 있지 못했다. 어떻게 돈을 현명하게 굴려야 할지 몰랐던 것이다. 그때 나는 처음으로 코인과 주식에 입문하게 되었다. 그러나 나 같은 초보 투자자에게 투자의 세계는 가혹했다.

물론 시대적인 상황도 한몫했다. 최고의 전성기를 누리던 가상화폐와 주식 시장은 이내 어떤 조치를 취하기도 전에 함몰해버렸다. 미래의 유망한 아이템으로 자리 잡으며, 주요 경제 토픽에서 오르내리던 코인은 그렇게 언제 다시 빛을 발할지 모른 채 주저앉아버렸다. 그럼에도 나는 결코 잘못된 투자를 한 것이라고 생각하지 않았다. 오히려 경제에 무지했던 내가 꼭 겪어야만 하는 일이었다. 나는 이러한 쓰라린 경험을 거울삼아 주식과 부동산 투자 공부에 관심을 기울이게 됐다. 더 이상 잘못된 투자를 하고 싶지 않았다. 돈 공부를 제대로 해야겠다고 결심했던, 바로 우주가 내게 주는 기회였다.

그렇게 돈 공부를 처음 시작하게 되었다. 사람들이 돈 공부라고 하면 가장 많은 관심을 가지는 부동산을 공부하기로 했다. 내가 처음 접했던 부동산 수업은 경매와 관련된 것이었다. 소액으로도 누구나 도전해볼수 있는 경매의 세계에서 가장 중요한 핵심은 결국 대출이었다. 보통 물건의 보증금이 10% 정도에서 시작된다. 전체 금액과 비교했을 때, 10%의 금액이니 당연히 소액이라고 할 수 있다. 하지만 조건에 따라 결제 대금을 대출받아야 하는 것이 대부분이었다. 물론 대출을 받기도 전에 물건을 매도할 수도 있다. 하지만 투자 공부를 하며 배운 것은 언제나 최악의 시나리오까지 예상해야 된다는 점이다. 최악의 시나리오에서조차 내게 손실이 있어서는 안 된다. 손실이 예상되는 시나리오라면 당연히 들어가지 않는 것이 맞다.

그런데 초보 경매자가 가장 염려되는 부분이 바로 대출이다. 부동산 투자를 하는 데 있어, 현금부자가 아니고서는 대출은 선택이 아니라 필수였다. 나는 심지어 수업에서 대출 상담사에게 어떻게 대출 조건을 문의할 수 있는지에 대한 팁까지 전수받았다. 바로 그때가 대출과 돈에 대해 잘못 고착되어 있었던 나의 통념과 개념이 완전히 박살난 순간이었다. 부동산을 통해 돈을 벌기 위해서는 대출이 필수라는 것, 누구나 아는 당연한 그 사실을 나는 너무 늦게 알아버렸다. 남의 돈을 빌려 나의 자금으로 융통하는 것은 돈을 잘못 사용하는 방법이라고 생각했다. 그랬던 나의 고정관념을 돈을 공부하며 처음으로 제대로 깨우쳤다.

돈은 노동의 대가로만 생각하기 쉽다. 그래서인지 '돈'에 대해 생각할 때 '벌기 어려운 것'이라는 개념이 가장 먼저 다가온다. '어렵다'라는 느낌은 대출이라는 개념과 만나 '부담'으로까지 다가온다. 그 부담은 돈의 가치를 이용하기 위한 책임감이다. 그 책임감의 중압감에 짓눌리지 않기 위해서는 돈을 잘 알아야 한다. 돈은 그 위치를 바꿔가며 가치를 생산해낸다. 마치 고여 있는 저수지처럼 통장에 고이 잠들어 있는 돈은 그 가치를 제대로 발휘하지 못할 수 있다. 잠들어 있는 돈의 가치에 매달리지 말고, 사용료(이자)를 지불하더라도 더 높은 효용성을 만들어낼 수 있다면 더 이상 지체하지 말고 그 돈의 가치를 실현해내야 한다.

나는 그동안 돈의 실체에 대해 알지 못했다. 돈은 나를 힘들게 하는 부정적인 존재라고 생각했다. '돈'이란 것이 나와 우리 가정을 힘들게 한다고만 생각했다. 대부분의 사람들은 나처럼 돈의 존재 자체를 부정하고 싶어 한다. 잘 알려고 노력조차 하지 않은 채, 그저 나를 외면한다고만 믿는다. 과거의 내가 생각했던 것처럼 말이다.

돈은 결코 그 자체로 나를 결핍하게 만들지 않는다. EBS에서 방영되었던 '돈은 빚이다'라는 시리즈를 본 적이 있는데, 그때 시작 부분의 내레이션이 아직도 기억에 남는다.

돈을 사랑하는 것이 비난받을 일인가?

돈을 무시하는 것이 어리석은 짓일까?

돈을 모르는 것이 문제일까?

나는 이제 돈의 실체를 정면으로 마주했다. 돈은 그저 돌고 돈다. 그리고 그 돈의 실체를 아는 사람들에게 흘러 들어가 가치를 실현할 뿐이다.

- 2장 -

한 번뿐인 인생,
부자가 되기로 결심했다

단돈 26만 원, 쇼핑몰 사장이 되었다

나는 남편의 사업을 내조하며 전업주부로서의 삶을 평탄하게 이어오고 있었다. 그러나 우리 가정도 코로나 19로 인한 피해를 빗겨갈 수 없었다. 이를 계기로 나는 다시 사회에 나서는 기회를 엿보기 시작했다. 무려 5년 만에 사회로의 재도약을 준비하는 나에게 친정 오빠는 전산회계 공부를 권유했다. 내가 선호하는 사무직인데다, 어느 회사든 경리는 필요하다는 오빠의 논리에 나는 설득당해 전산회계 2급에 합격한 후 채용 공고를 매일 확인했다. 입사 지원을 시작한 것이다. 동시에 나는 다시 전산회계 1급과 토익시험을 준비하고 있었다.

하지만 마음 한쪽에는 뭔가 모를 불안감이 도사리고 있었다. 사실 경력 단절 여성을 채용해주는 곳이 있다면 무조건 감사하며 영혼이라도 갖다바칠 일이지만, 다시 사회에 발을 내딛는 기회가 나에게 주어질까, 그 자격증들을 사용해 다시 직장인이 되는 게 가치있는 일일까를 고민했다.

나이 서른이 훌쩍 넘어 가슴 뛰는 일을 하겠다고 말했다가는 주변에서 철딱서니가 없다는 말을 들을 것만 같았다. 그래서 이런 고민을 주변 아무에게도 털어놓을 수 없었다. 하지만 나는 가슴이 원하는 것을 찾기로 이미 마음먹은 상태였다. 그 순간부터 나는 직장인이 되지 않으면서도 소득을 만들어내는 일을 찾아 헤맸다.

그러던 중 인터넷을 검색하다가 우연히 인터넷 쇼핑몰 창업에 관한 수업이 있다는 걸 발견하게 되었다. 따로 공식 홈페이지도 없고, 개인 블로그를 통해 수강생들을 모집 중이었다. 그런데도 이 강사분의 수업 후기가 꽤 좋았다. 인터넷 쇼핑몰은 전혀 생각하지도 못한 분야였지만, 어떤 본능에 이끌렸는지 나는 강의 신청 글에 바로 수업료를 문의하는 글을 남겼다. 교재까지 포함해 모두 26만 원 정도였다. 솔직하게 고백하면, 나는 그때 강의료가 너무 비싸다고 생각했다. 나는 며칠 더 고민해보았지만, 이 일을 해보고 싶다는 생각이 머릿속에서 사라지지 않았다.

나는 유튜브에서 쇼핑몰을 창업한 사람들의 영상을 바로 찾아봤다. 그 영상들을 보면서 밤을 지새웠다. 판매 품목에 따라 큰 자본을 들이지 않고 시작할 수 있다는 점, 그리고 프로그램 전문가가 아니어도 플랫폼이 제공해주는 툴을 통해 나만의 쇼핑몰을 쉽게 구축할 수 있다는 점 등, 누구든 시도해볼 만한 내용이었다. 하지만 무료 영상만을 보며 쇼핑몰을 구축하려니 뭔가 엉성하다는 느낌이 들었고, 내 성에 차지 않았다.

나는 다시 며칠 전 검색했던 블로그 강의를 찾아 들어가 커리큘럼을 세세히 살펴봤다. 수입이 없던 내게 26만 원이라는 돈은 분명 부담이 되었지만, 새로운 일에 도전하는 데 드는 비용이니 아깝지 않다는 생각이 그제야 들었다. 나는 돈을 몇 푼 아끼기보다는 수업료를 내고 목적지로 단시간에 가리라 마음먹었다. 즉, 내 시간을 아끼겠다고 결정한 것이다.

나는 수업을 다 듣고도 수확이 없을 수 있다고 가정해보았다. 하지만 그 돈이 없더라도 내가 거리에 나앉는 것은 아니었다. 무슨 일이든 역시 마음먹기에 달렸다는 걸 느꼈다. 며칠 전과는 다르게 정말 가벼운 마음으로 수강료를 결제하고 수업이 시작되기만을 기다렸다.

강사는 직장을 다니고 있는 일반인이었다. 투잡으로 쇼핑몰을 처음 시작했다고 소개했다. 그리고 정말 초보자의 눈높이에 맞춰 A부터 Z까지 모든 것을 쉽게 풀어 설명했다. 자신이 처음 쇼핑몰을 시작하며 겪었던 경험을 생생하게 전달해주었다. 나는 이 강의를 들으며 '나도 해볼 수 있겠다'라는 생각이 들었다. 그 이유는 강사 또한 나와 다름없는 일반인이었기 때문이다. 강의 내용에는 쇼핑몰을 운영하는 데 필요한 테크닉뿐만 아니라 마인드셋에 관한 내용도 상당히 많았다. 처음에는 이런 마인드셋 강의보다 뭔가 실무적인 내용의 비중이 더 컸으면 좋겠다고 생각했다.

그런데 이후에 내가 직접 쇼핑몰을 운영하면서 그 중요성을 깨달았다. 테크닉은 누구나 쉽게 배우고 그대로 따라 할 수 있다. 하지만 출렁이는 매출 그래프와 CS를 경험하며 테크닉보다 정말 중요한 것이 멘털 관리라는 것을 깨달았다. 직장인들이 업무 자체보다는 직장 동료나 상사와의 관계 때문에 스트레스를 받는 것과 비슷하다고 이야기하면 이해가 빠를 것이다. 그렇게 어느 정도 경험이 쌓인 후에야 그 강사님이 그토록 마인드셋을 강조한 이유를 이해하게 되었다. 강의는 일정 기간 반복해서 들을 수 있었다. 그래서 머리로 이해될 때까지 계속 반복해서 들었다. 잠에서 깨어 잠자리에 들 때까지 온통 강의 내용이 머릿속을 메웠다.

강의를 다 수강한 후에는 이제 나의 몫만이 남아 있었다. 강의 내용 중 사업자등록을 설명하는 부분이 있었다. 나는 그 내용에 따라 사업자등록을 신청했다. 사업자등록증을 출력하며, 내가 사장이 되었다는 사실에 마음이 설렜다. 하지만 그것도 잠시, 이제는 어떤 물건을 소싱하고, 어떻게 구해올 수 있을지 고민해야 했다. 나는 자본금이 넉넉하지 않았다. 그래서 일단, 이 강의에서 배운 방법이 정말 내게도 적용될 수 있을지 먼저 시험해보기로 했다. 첫걸음부터 물건을 잔뜩 사들여 판매하고 싶지는 않았다. 내 성향에 맞춰 위험 부담을 낮추기로 했다.

나는 강의에서 이 세상의 모든 것을 판매할 수 있다는 생각을 가져야 한다고 배웠다. 나의 첫 판매 품목은 무엇이었을까? 바로 골프공이었다. 이렇게 말하면 어떤 이들은 내 취미가 골프이거나 골프에 대한 애정이 깊다고 생각할지도 모르겠다. 그러나 나는 골프를 쳐본 경험은커녕 친정집에서 굴러다니는 골프공으로 발바닥 마사지를 해본 게 전부다.

나는 그 당시 창고형 할인마트에서 할인 중인 품목을 모두 조사했다. 그리고 그 할인 품목을 대상으로 온라인몰에 형성된 가격을 조사했다. 그렇게 모든 것을 계산했을 때, 내가 마진이라는 것을 남길 수 있는 품목 중 하나가 골프공이었다. 만약 내가 그 골프공들을 판매하지 못한다고 해도 물건 값은 환불받을 수 있었다. 그래서 내게는 위험 부담이 전혀 없었다.

골프공을 잔뜩 사 갖고 온 날, 나는 상품 페이지에 작성할 내용을 간단하게 정리했다. 이 골프공을 사려고 마음먹은 사람은 이미 나보다 골프와 골프공에 대한 지식이 많을 것이 분명했다. 그래서 골프공에 대한 구구절절한 설명은 불필요하다고 보았다. 대신 화면에 보이는 상품 사진에 대해서는 골똘히 고민했고, 기존 웹사이트의 사진을 그대로 가져오기보다는 눈에 확 띄는 사진이 꼭 필요하다고 판단했다. 나는 아파트 앞 인조 잔디가 깔린 곳에 골프공을 디

스플레이하고 납작 엎드려 연신 사진을 찍어댔다. 지나가는 사람들이 나를 힐끔힐끔 쳐다보는 게 느껴지기도 했지만 아랑곳하지 않았다.

이제는 상품을 업로드하며 가격을 고민할 차례였다. 이미 다른 사람들도 똑같이 팔고 있는 상품이니 나만의 차별점이 필요했다. 골프를 쳐본 경험이 없었던 나는 최근 골프에 빠진 친정 오빠에게 전화를 걸었다.

"오빠, 보통 골프공은 몇 개씩 사는 거야? 한 번에 24개씩도 사나?"

"골프공도 연습용, 선물용, 전문가용 등 종류도 많고, 가격도 달라. 24개는 어떤 사람들에게는 많을 수도 있지. 오히려 12개 정도가 선물용으로 부담 없을 수도 있고 말이야."

나는 전화를 끊자마자, 어떤 구성으로 판매할지 결정했다. 이미 24개씩 판매하고 있는 판매자가 많았기 때문에 나는 12개씩 상품을 구성하기로 했다. 개수를 나누었기 때문에 가격은 더 저렴하게, 마진은 더 높일 수 있었다.

그렇게 상품 구성을 마치고 업로드가 완성되었다. 이제 내가 할 일은 상품 주문이 들어오길 기다리는 일이었다. 사실, 첫 주문을 받는 데까지는 많은 시간이 걸리지 않았다. 첫 주문을 알리는 메시지를 보며 느꼈던 짜릿함이 아직도 생생하다. 그렇게 첫 판매를 시작으로 20세트를 모두 판매했다. 나는 첫 주문을 받으며 동시에 두 번째 판매 품목을 조사하기 시작했다.

나는 이 첫 판매 활동을 통해 '나도 할 수 있다'라는 큰 자신감을 얻었다. 골프공의 'ㄱ'자도 모르던 내가 이 품목을 팔면서, 모든 것은 내가 하기에 달려 있다는 것을 새삼 깨달았다. 이렇게 나는 쇼핑몰 사장이 되었다. 이제 26만 원의 수업료는 내게 더는 값비싼 수업료가 아니었다. 그 수강료는 내게 그 가격의 수백만 배의 가치를 알게 해주었고, 나를 한 단계 더 성장시켰다. 한 번뿐인 인생, 정말 부자가 되고 싶다는 꿈을 꾸게 만들어준 기회가 되어준 것이다.

온라인 쇼핑몰, 나만의 길을 찾다

골프공 판매를 시작으로 자신감을 얻은 나는 이제 정말 나만의 판매 아이템을 정하기로 했다. 제품을 판매하는 방식에는 위탁과 사입이라는 판매 방식이 있다. 위탁은 내 쇼핑몰 사이트에 물건에 대한 정보를 올리고 고객에게 주문을 받는다. 그리고 그 주문서를 업체로 넘기면 물건을 보유하고 있는 업체에서 배송을 한 후 판매자는 송장 정보를 전달받는다. 전달받은 송장 정보를 쇼핑몰 시스템에 입력만 하면 되기 때문에 여러 측면에서 조금 더 간편할 수 있다. 무엇보다도 물건의 재고를 떠안지 않아도 되기 때문에 위험 부담이 적은 셈이다. 다만 처음 거래하는 업체의 경우 위탁을 잘 받아주지 않는 곳도 있고, 간편한 만큼 마진도 크게 붙일 수 없다.

두 번째 방법은 사입인데, 한마디로 판매할 물건을 직접 사오는 것이다. 재고를 두고 판매하기 때문에 물건이 잘 판매되지 않는 경우, 재고의 부담감은 있지만 마진은 조금 더 붙일 수 있다. 나는 우선 두 번째 방법인 사입으로 시작해보기로 했다. 내가 판매하는 물건의 상태도 꼼꼼하게 확인 후 내가 직접 배송까지 전체적인 프로세스를 경험해보고 싶었다.

온라인 쇼핑몰에서는 제품을 지칭하는 '키워드'가 매우 중요하다. 사람들이 보통 이 '키워드'를 통해 제품을 검색하기 때문이다. 그래서 나는 사람들이 잘 검색할 만한 제품군을 먼저 선정했다. 그리고 이 물건을 대표적인 오프라인 도매 시장인 남대문과 동대문에서 찾기로 했다. 요즘은 직접 시장에 가지 않아도, 핸드폰 어플을 통해 도매점의 물건과 가격을 체크할 수 있다. 물론 사업자 등록증과 필수 서류를 제출해서 소매 사업자로 인증을 받아야 한다. 어플에서 손쉽게 물건을 구매할 수도 있었지만, 직접 시장을 다니며 더 많은 후보 상품이 있는지 살펴보고 싶었다.

그러나 이제 막 장사를 시작한 초보 사장이었던 나는 막상 시장에 가기가 조금 망설여졌다. 초보인 것을 알고 혹시나 무시를 당하거나 도매 가격을 제대로 받을 수 있을지 행동하기 전부터 겁이 난 것이다. 그러나 물건을 판매하기로 한 이상, 겁이 나도 어쩔 수 없었다. 부딪혀보며 이 생태계에서 살아남기로 결정했으니 말이다. 미리 인터넷을 통해 도매 시장에서 사용하는 용어라든지 무슨 질문을 해야 하는지 등 열심히 공부했다. 그리고 시장의 지도를 출력해서 떨리면서도 설레는 마음을 안고 처음 시장으로 나섰다.

동대문과 남대문 시장의 분위기는 사뭇 달랐다. 동대문은 낮 시장과 밤 시장이 각각 열렸다. 나는 미리 시장의 동선을 익히고 갔음에도 불구하고 길눈이 어두워 좀 고생했다. 핸드폰으로 지도를 보면서도 한참 길을 헤매기도 했다. 내가 처음 마주했던 시장의 밤 풍경은 매우 인상적이었다. 짙은 어둠이 깔린 밤에 이렇게 활기찬 에너지를 발산하는 새로운 세계가 있다는 것이 놀라웠다. 특히 커다란 짐을 이고 지며 분주하게 다니는 사람들도 여기저기 보였다. 짐 봉지를 일렬로 줄세워 놓은 장소도 눈에 띄었다. 시간에 관계없이 사람들이 얼마나 열심히 살고 있는지 그 현장을 직접 목격한 셈이다.

반면 남대문 시장은 대부분 낮 장사만 하며, 고객 타깃층이 도매 장사에 더 집중되어 있었다. 가게와 가게 사이의 복도가 비좁은 곳이 많았다. 상인들 모두 판매하는 물건을 손수 작업하며 열중하고 있었다. 이러한 분위기 속에서 나는 어렵사리 인사를 건네며 가격을 물어보고, 물꼬를 텄다.

내가 시장 조사를 나가기 전 염려했던 것과는 달리, 대부분의 가게 사장님들은 친절하고 설명도 잘해주셨다. 또 어디에서 물건을 판매하는지 물으시며, 요즘 유행하는 아이템들은 무엇인지 알려주기도 하셨다. 나는 누가 봐도 초보 티가 팍팍 나는 병아리 사장이었기 때문에, 그냥 처음부터 시작한 지 얼마 안 되었다고 당당하게 이야기했다. 얕잡아 볼지도 모른다는 생각은 기우에 불과했다. 오히려 잘 모르는 초보라서 부디 좀 도와달라고 솔직하게 이야기하니 오히려 대화를 이어가기도 쉬웠다. 그리고 도움을 청하는 초보 사장을 외면하는 도매 사장님은 한 분도 없었다.

지금 생각해보면 정말 참 감사한 일이다. 많은 거래처 중 남대문시장의 김 사장님은 특히 내가 처음 쇼핑몰을 운영하면서부터 가장 많은 도움을 받았다. 오프라인 매장과 온라인몰의 운영 방식에 조금 차이가 있지만, 내가 온라인상에서 장사를 계속할 수 있었던 것도 장사 멘토와 같은 김 사장님을 만났기 때문이다.

나는 이를 계기로 어떤 새로운 분야의 일을 시작할 때, 책이나 영상보다 가장 중요한 것이 그 영역에서의 경험이 많은 멘토를 만나는 것임을 깨달았다. 멘토들은 이미 내가 하고 있는 고민과 어려움을 겪은 경험자들이다. 그리고 이에 대한 조언과 더 나은 방향을 제시해줄 수 있기에 우리의 시간을 단축시켜주는 고마운 분들이다.

온라인 강의를 통해 배운 온라인 쇼핑몰 업무는 생각보다 처리해야 할 일들이 상당히 많았다. 업무를 분담할 직원이 있었다면 아마 조금은 더 수월했을 것이다. 나의 경우 모든 일을 내가 스스로 처리해야 했다. 판매할 상품의 카테고리와 키워드를 찾으면서 타

업체들의 가격을 조사했다. 마진이 날 것 같은 상품들을 추려 실제로 마음에 드는 상품들을 오프라인 시장에서 직접 찾아다녔다. 그렇게 찾은 상품의 사진을 직접 찍어 상품 페이지를 작성 후 업로드했고, 첫 판매가 시작될 때까지 긴장을 늦추지 않았다. 판매가 잘 되지 않는 상품들은 상품의 구성을 다르게 해서 새로 업로드를 하기도 하고, 사진을 다시 찍어 올리기도 했다. 온라인 쇼핑몰에서 무엇보다도 중요한 것은 좋은 리뷰를 쌓아가는 일이었다. 아무리 공을 들여 상품을 찾고 상품 페이지를 업로드해도 고객의 리뷰가 좋지 않은 경우, 그 타격감은 매우 컸다.

한번은 분명 물건을 꼼꼼하게 검수해서 발송했음에도, 미처 다 체크하지 못하고 불량의 상품이 발송됐던 적이 있다. 물건을 받은 고객은 바로 별 1개 리뷰를 달면서 불량을 받았다며 불만을 토로했다. 물건 판매를 시작한 지 얼마 되지 않았던 터라, 그런 리뷰를 처음 발견했을 때 나는 심장이 덜컥 내려앉는 기분이었다. 빨리 이 상황을 수습해야 한다고 생각했다. 고객에게 사과하고 정상적인 제품을 다시 발송해야 했다.

당연히 제품 비용과 배송비가 들어가므로 손해인 일이다. 그러나 당장의 손해가 두려워 이 리뷰를 모르는 척하는 것이 내게는 더 큰 손해가 될 것이라고 생각했다. 나는 떨리는 마음을 부여잡고 바로 그 고객에게 연락해서 죄송하다고 사과의 말을 전했다. 그리고 정상 제품을 바로 보내드리겠다고 했다. 고객은 조금 화가 누그러졌는지, 별 1개의 리뷰에 내용을 수정해서 오히려 판매자의 대처에 감사하다고까지 표현해주었다.

초창기에는 발송하는 물량이 많지 않아 편의점 택배를 이용했다. 사업자로 가입 시 일반 운임보다 할인도 받을 수 있었고, 송장도 출력할 수 있었기 때문에 초보 사업자들에게는 너무나도 감사한 시스템이었다. 그러나 한 가지 단점이 있었다. 바로 계약 택배를 이용하는 것보다 배송시간이 오래 걸린다는 것이었다.

한번은 발송된 택배가 언제 오는지 문의한 고객이 있었다. 한창 택배사 파업으로 인해 배송기간이 평소보다 더 지연되고 있었다. 사실 고객이 택배를 기다리는 마음보다 내 마음이 더 타들어갔다. 마음 같아서는 그 택배 물건을 찾아서 직접 배달이라도 해주고 싶은 심정이었다. 나는 그 고객을 응대하기 위해, 편의점 택배사에 계속 전화하며 물건이 언제쯤 배송되는지 확인하며 업데이트를 해주었다.

결국 그 제품이 고객에게 잘 전달됐다는 것을 확인했을 때, 어찌나 마음이 홀가분했는지 모른다. 물건을 받은 고객은 내게 이렇게 신경을 써주어 고맙다며, 이제는 마음 푹 놓으라고까지 이야기해주었다. 나는 이 일을 겪은 이후 빨리 주문 수량을 늘려서 택배업체와 계약을 맺어야겠다고 결심했다.

하루에 5건 정도 발송될 때, 마음 속으로 생각했다. '하루에 딱 10건씩만 나가면 좋겠다'라고 말이다. 빨리 택배업체와 계약을 맺고 싶었던 내 마음과는 달리, 너무 적은 수량이었기에 택배사에서 매몰차게 거절을 당하기도 했고, 높은 단가를 제시받기도 했다. 그때 딱 한 곳의 택배사에서 적은 수량도 계약이 가능하다며 긍정적인 답변을 해주었다. 물론 편의점에서 보낼 때보다는 조금 높은 단가였지만, 내가 매일 편의점에 물건을 가지고 나가 부치는 것보다 시간을 줄여줄 수 있을 것 같았다. 그리고 무엇보다도 발송된 택배가 그다음 날 도착했다. 내가 신경써야 할 CS의 한 부분이 줄어드는 셈이었다.

이 경험을 통해 무조건 돈을 절약하는 것이 전부가 아님을 깨달았다. 처음에는 택배비 몇 백원의 차이였다. 분명 처음에는 비용의 차이가 어느 정도 났기 때문에 옳은 결정을 한 것인지 고민을 했다. 하지만 택배사에 전화해서 배송조회를 하고 고객에게 조금만 더 기다려달라며 내가 더 마음을 애태울 일이 없었다. 심지어 추후에는 물량이 늘어나 편의점 택배보다 더 저렴하게 가격 협상까지 할 수 있었다. 눈앞의 이익만 볼 것이 아니라 멀리 봐야 한다는 것을 체감했다.

온라인 쇼핑몰을 운영해온 지 어느 덧 약 2년 반 정도의 시간이 지났다. 그 2년 반 동안 깨달은 것과 배운 것들이 정말 많다. 그중 가장 크게 느낀 것은 무슨 일을 하든 결국 사람과의 일이라는 점이다. 사람은 결코 혼자서 큰일을 해낼 수 없다. 멀리 가려면 같이 가라는 말이 있다. 나는 쇼핑몰을 하며 알게 된 내 주변의 모든 인연에게 그저 감사한 마음이다. 이 일을 하며 알게 된 장사의 멘토이신 김 사장님, 적은 수량의 물량도 계약을 맺어주신 택배사 유 소장님, 그리고 간혹 많은 물량의 택배로 물건 검수와 포장 일을 도와주신 엄마, 택배 박스와 뽁뽁이를 재단해주며 집안이 물건으로 가득 차 엉망이 되어도 넓은 마음으로 이해해주었던 신랑. 주변의 도움이 있었기에 나는 더 빨리 앞으로 나아갈 수 있었다. 혼자였다면 결코 지금까지 해낼 수 없었을 것이다. 경력이 단절되었던 내가 온라인 쇼핑몰을 시도한 것은 스스로의 가치를 되찾아갈 수 있었던 한 줌의 희망이었다. 그리고 그 희망은 나를 더욱 단단하게 성장할 수 있도록 기회와 더 큰 도전의 발판을 마련해주었다.

당신만의 다이아몬드를 찾아라

우리는 학교에 입학하거나 직장에 지원하기 위해 숱한 자기소개서를 제출해야 했다. 자기소개서에는 기본적인 인적사항과 함께 꼭 나의 장점과 단점을 적곤 했다. 내가 경단녀(경력 단절 여성)가 되어 입사지원서를 작성하려고 했을 때, 또 다시 자기소개서를 마주하게 되었다. 10대의 학생일 때, 20대의 취준생일 때만 해도 의례 형식적인 설문지라고 생각했다. 그러나 나이 30이 넘어 쓰는 자기소개서 앞에서 나의 장점과 단점, 그리고 어떤 경험을 통해 나 자신을 표현해야 할지 깊은 생각에 잠겼다. 나라는 사람이 누구인가 하는 보다 본질적인 질문에 마주한 것이었다. 하지만 나는 이러한 고민에 진지한 답변을 찾기도 전에 재취업이 아닌 창업을 선택했다. 덕분에 자기소개서를 작성해야 할 일은 없어졌지만, 가슴 한 편에 풀어야 할 숙제로 남아 있었다.

그렇게 창업을 선택한 나는 온라인상에서 물건을 판매하기 시작했다. 판매하고자 하는 상품은 주로 오프라인 시장을 통해 찾았다. 직접 보고, 써볼 수 있는 상품들을 위주로 판매하는 것이 나의 성격과 잘 맞았다. 그렇게 샘플을 골라와 사진을 찍고, 셀링포인트 등을 생각해서 업로드를 마친다. 올린 지 불과 몇 시간 만에 반응이 오는 상품도 있었다. 그럴 때면 괜히 더 흥분되면서 내가 고민했던 그 시간들이 한 번에 보상받는 느낌에 들떴다. 반면, 열심히 작업해서 올린 상품의 반응이 아무리 기다려도 오지 않을 때도 있었다. 한 가지 확실한 것은 사람들의 반응이 꼭 내 예상과 같지는 않다는 것이다.

예를 들어 나는 A라는 상품의 장점을 디자인과 가격이라고 생각했다. 그래서 그 점을 셀링포인트로 잡아 업로드했고, 고객들도 나와 같은 시각으로 바라볼 것이라고 생각했다. 물론 내 예상과 고객의 반응이 맞아떨어질 때도 있지만, 그렇지 않은 경우도 많다. 그래서 판매가 부진할 때는 '내가 어떻게 하면 이 상품의 장점을 더 부각시킬 수 있을까' 생각하며, 더 좋은 판매 결과를 얻기 위해 연구하기도 했다. 사람들의 반응을 살피며 보완할 수 있었던 것이다. 반면, 생각지도 못했던 상품이 오히려 꾸준한 판매율을 보이기도 했다. 내가 미처 보지 못한 장점을 고객이 찾아내준 것이다. 이러한 피드백은 고객의 후기를 통해 분석해낼 수 있었다.

여러 경험을 통해 배운 점이 있다. 상품에 대해 판매자와 고객이 바라보는 시각은 각각 다르다는 것이다. 더불어 좋은 상품은 더 많은 사람들에게 사용되어질수록 그 가치가 빛을 발한다는 점이다. 모든 상품은 저마다의 가치가 있다. 디자인, 쓰임, 가격, 무게 등 여러 가지 특징이 있겠지만, 중요한 것은 그 상품들은 판매대에 진열될 때 비로소 그 가치를 평가받을 수 있다는 점이다. 진열대에 오르지 않은 상품은 아무리 좋은 제품이어도 고객에게 그 제품의 진가를 알릴 수도 없으며, 가치조차 평가받을 수 없다.

나는 상품을 판매하는 경험을 하면서, 사람들이 저마다 가진 가치의 빛을 발하는 일도 비슷하다고 보았다. 상품은 사람들에 의해 '사용'됨으로써 그 가치가 빛을 발하며, 사용하는 사람들을 이롭게 한다. 그리고 그 상품의 부족한 부분은 보완되어 업그레이드된 버전으로 다시 재출시되기도 한다. 사람들에게 사용되어짐으로써 점점 더 나아지는 것이다. 예를 들어, 처음 셀카봉이라는 제품이 나왔을 때는 무선 리모컨이 없었다. 그러다 점점 사람들이 많이 사용하게 되고, 더 사용하기 편하고, 업그레이드된 상품을 사람들이 원하게 되자, 무선으로 사용할 수 있는 블루투스 리모컨, 그리고 삼각대에 조명까지 달린 제품이 나오기에 이르렀다. 그리고 이제는 유튜브 영상 촬영을 위해 사용하는 사람들을 대상으로 한, 성인 여자 키만큼이나 늘어나면서도 가벼움을 장점으로 갖춘 제품도 있다.

내가 사람의 가치를 상품의 판매와 비교하는 이유는 사람들과의 관계 속에서 스스로도 알지 못했던 재능을 깨닫고 더 빛을 발할 수 있기 때문이다. 누구나 자신만의 고유한 가치를 가지고 태어난다. 나는 그 고유한 가치를 '다이아몬드'라고 본다. 우리는 모두 다이아몬드를 지닌 채 태어났지만, 그러한 보석이 내 안에 있는 것조차 깨닫지 못하고 지내는 경우가 많다.

대부분의 사람들은 자신의 가치를 남들 앞에서 드러내기 어려워한다. 자신이 가진 경험과 귀한 가치를 너무나도 과소평가하는 데 익숙해져 있기 때문이다. 아마 한국에서는 자만하지 않고, 늘 겸손하게 행동해야 한다는 문화적인 영향도 클 것이다. 자기소개서를 쓸 때도 잘하는 것과 좋아하는 것들을 자유롭게 표현하기 어려운 이유일 것이다. 나는 어려서부터 내성적이고 조용한 성격 탓에 남들 앞에서 내 목소리를 내는 것을 특히 어려워했다. 그래서 요즘같이 자신을 드러내는 것이 자유로운 시대 상황에도 그 일이 너무 어려웠다.

자신을 드러내기는 어려워도 나는 자기계발을 위한 배움에는 늘 진심이었다. 지난 여름 부동산 공부를 하며 다양한 수업을 수강하던 때였다. 수업을 맡으셨던 선생님들 모두 열정이 불타올라 수업 열기도 대단했다. 수업을 다 듣고 나서, 수강생으로서 강사님께 감사한 마음을 표현하기 위해 수강 후기를 작성하기로 했다. 평소 나는 후기를 잘 남기는 성격은 아니라 간혹 수강 후기를 남기면 커피 쿠폰을 받을 수 있는 이벤트에 형식적으로 후기를 남기는 것이 전부였다.

하지만, 이번에는 마음이 달랐다. 이 수업을 고려 중일 다음 수강생들에게는 수강을 결정하는 데 있어서 도움을 주고, 강사님께는 또 다시 에너지를 충전해서 열정을 다하는 수업을 하실 수 있도록 힘이 되어드리고 싶었다. 그렇게 고심 끝에 마음을 꾹꾹 눌러 담아 후기를 남겼고, 내 글을 본 사람들의 반응이 꽤 좋았다. 어떤 수강생은 내 수강 후기를 보며, "이 수업을 들어야 할지 고민이었는데, 반드시 꼭 들어야겠다. 고맙다"고 까지 글을 남겼다. 이러한 반응까지는 기대하지 못했지만, 그래도 내 글로 인해 도움이 되었다는 반응에 뭔지 모를 뿌듯함이 느껴졌다.

그 뒤로 내 머릿속은 글을 쓰는 일로 가득했다. 글에는 사람의 마음을 움직이는 힘이 있다. 그리고 그 마음을 움직여 사람들에게 감동을 전할 수 있으며, 더 넓게는 선한 영향력을 끼칠 수 있다. 그렇게 모든 생각이 연결되었고, 남 앞에서 내 생각과 감정을 드러내기 어려웠던 나는 이제는 블로그의 글뿐만 아니라, 인스타그램과 유튜버까지 도전하기에 이르렀다.

예전에는 SNS란 남에게 행복한 일상을 보여주는 것이 중요하다고 생각했다. 그러나 블로그를 통해 글을 쓰고, 인스타그램을 통해 사진을 찍어 올리는 것, 그리고 영상을 찍어 내 모습을 전 세계가 보는 유튜브 채널에 올리는 것은 또 다른 자신을 마주하는 일이다. 남이 나를 어떻게 평가할지에 대해서만 생각한다면 나 또한 이렇게 책을 쓰거나, SNS 채널을 운영해보겠다는 결심을 하지 못했을 것이다. 하지만, 남 앞에서 '나를 드러내는 일'을 함으로써, 내가 내 모습을 처음으로 마주하고 바라보게 되었다. 결국 나를 드러내는 일은 '나를 객관적으로 마주하는 일'이자 자신만이 가진 다이아몬드를 찾아가는 과정인 것이다. SNS 채널을 사람마다 다양한 목적으로 운영할 수 있겠지만, 한 가지 확실한 것은 단순히 남에게 잘 보이기 위한 창구만은 아니라는 점이다. 오히려 자신의 모습을 바라보며, 스스로 성장할 수 있는 기회를 찾을 수 있다.

누구나 다이아몬드를 가지고 태어난다. 자신이 겪어온 모든 경험과 생각, 감정, 그 모든 것들이 이미 당신에게 귀한 가치이자 다이아몬드이다. 그리고, 그러한 가치는 혼자만의 공간에 숨겨져 있을 때가 아니라, 사람들과의 관계 속에서 더 큰 빛을 발할 수 있다. 그 반짝이는 다이아몬드의 가치를 찾아 나를 위해 사용할 줄 아는 사람만이 자신의 한 번뿐인 인생을 더욱 의미 있고 값지게 살아갈 수 있다.

돈이 없을수록 돈 공부를 시작하라

몇 년 전 신랑은 지인과 함께 부동산 공부를 시작했다. 매주 한 번씩 부동산 강의에 참석하며, 사람들을 통해 알게 된 정보를 내게 도 종종 이야기했다. 나에게도 부동산 공부를 함께하자며 권했지 만, 당시만 해도 여자인 내게 너무 어려운 분야라고만 생각했다. 무엇보다도 내가 굳이 하지 않아도 '신랑이 다 알아서 하겠지'라며, 안일한 태도를 가지고 있었다. 또 당장 내가 굴릴 수 있는 돈도 없 는데 부동산 공부를 한다고 무슨 도움이 될까 싶어 당장 필요하지 않다고 생각했다. 돈에 대한 개념이 무지했던 탓이 크다.

그러면서 어떻게 하면 한 달 생활비를 절약할 수 있을까 고민하 며 이웃 블로거의 가계부 줌 강의를 듣기도 했다. 엑셀 함수와 수식 이 들어간 가계부를 제공해주며 내역별로 편리하게 작성하는 법을 알려주었던 그 강사분은 내 또래의 여성이었고, 꽤나 유명한 인플루언서였다. 요즘은 유명 연예인보다 이런 인플루언서의 영향력도 일반인에게 매우 크다. 블로그와 유튜브를 통해 그분의 일상을 접하던 중 아파트 청약을 통한 내 집 마련 소식을 듣게 되었다. 꽤나 큰 금액대의 아파트였다.

그때 나는 사실 적지 않은 충격을 받았다. 나와 같은 나이대의 여자인데도 투자 마인드가 남다르다는 것을 느꼈기 때문이었다. 그 인플루언서는 투자를 통해 부를 축적한 또 다른 성공자들을 인터뷰하는 방송을 찍기도 했다. 남자와 여자 구분이 없었다. 투자를 하는 데 있어서 성별과 나이는 중요하지 않았다. 그리고 자산의 적고 많음도 투자 공부를 시작하는 데 큰 걸림돌이 되지 않았다. 가장 중요한 것은 바로 투자자의 마인드였다. 또한 자신이 환경을 바꾸고자 하는 강한 의지였다. 나는 스스로가 돈을 벌기 위한 공부, 즉 투자에 대해 무지하다고 생각했다. 경제와 관련된 모든 것이 어려웠다. 그렇게 스스로 한계를 정하며 성장할 기회조차 주지 않았던 것이다.

이러한 깊은 깨달음이 있었지만, 내게는 저들과 같이 종잣돈을 마련할 곳이 없었다. 그때만 해도 대출을 받아서 투자를 시작할 수 있다는 것은 생각지도 못했다. 빚을 내서 투자하는 것은 내게는 금기와도 같았다. 그렇게 돈에 어두웠던 나를 보며 신랑은 답답하기도 했을 것이다. 오히려 그런 나를 지금까지 인내해주며 이해해준 것이 더 고마울 따름이다.

내가 돈 공부의 필요성을 느낀 것은 바로 쇼핑몰을 시작하면서부터다. 결혼 후의 내 삶이 제2의 인생이라면, 쇼핑몰을 시작한 후의 삶은 내게 제3의 인생과도 같다. 단순히 내가 새로운 일을 시작해서가 아니다. 이 일을 시작하며 세상을 바라보는 눈과 마인드가 한 뼘 이상 성장했다고 당당하게 말할 수 있기 때문이다. 어쩌면 이 자본주의 사회에서 어떻게 살아가야 하는지 이제야 깨달음을 얻은 것일 수도 있겠다.

내게 '돈 공부'라는 단어는 이제 매우 익숙한 단어다. 돈 공부라는 단어에 대해 어떤 생각이 드는가? 나는 처음에는 '돈을 버는 방법'이라는 생각이 강했다. 그런데 지금은 '돈을 버는 방법'뿐만 아니라 '돈을 잃지 않는 방법', 즉 이 두 가지 의미가 모두 담겨 있다고 본다. 내게 원하는 돈을 늘려나가기 위해서는 돈을 추가적으로 버는 것 못지 않게 잃지 않는 것이 매우 중요하기 때문이다.

쇼핑몰을 운영하면서 나는 세금과 관련된 것을 스스로 공부해야 했다. 판매 가격을 정할 때부터 쇼핑몰의 수수료와 할인율, CS 부담금과 함께 세금까지 빠져도 마진을 얻어야 했다. 또한 분기별로 부가가치세와 종합소득세를 신고해야 했다. 처음에는 매출도 크지 않고, 직원도 없었기에 신고하는 것이 그리 복잡하지 않았다. 또한 내가 처음 쇼핑몰을 시작했을 때 '청년창업 소득세 면제'라는 혜택을 볼 수 있었기에, 세금에 대한 큰 부담도 없었다. 그래서 세금신고와 관련해서 큰 신경을 쓰지 않고 있었다. 그러다 어느 덧 종합소득세를 신고해야 할 시기가 다가왔다. 보통 쇼핑몰에서 매출 내역이 전산으로 넘어간 후부터 소득신고를 할 수 있었기 때문에, 마감 기한까지 느긋하게 여유를 부리고 있었다. 그러던 중 종합소득세를 납부하라는 통지를 알림톡으로 받게 되었다. 생각지도 못했던 큰 금액이라 나는 순간 당황했다. 당연히 소득세가 면제되어 반영된 금액이 안내될 것이라고 생각했던 것이다. 그때 놀란 가슴을 겨우 부여잡고 날이 밝자마자 바로 관할 세무서에 문의했다. 문의해본 결과 다행히 소득세 감면에 해당되는 경우 별도로 직접 신고를 해야 한다는 것이었다.

만약 내가 혜택을 받을 수 있는 세금에 대한 정보를 숙지하지 못하고 있었다면, 통보받은 금액을 그대로 세금으로 납부해야 했을 것이다. 세금 납부자의 편의를 위해 발송되는 납부내역서라고 하지만, 전혀 내게는 도움이 되지 않는 시스템이었다. 실제로 나와 같이 소득세가 면제되는 혜택을 받을 수 있는 경우에도 당사자와 세금 신고 의뢰를 받은 세무사조차 이에 대한 정보가 없어 후에 경정청구를 했다는 정보도 커뮤니티를 통해 접한 바 있다. 물론 세금이라는 것이 내 돈을 잃는 것이라고 보기는 어려울 수 있다. 하지만 내가 받을 수 있는 세금 혜택에 대한 정보가 없었다면 굳이 내지 않아도 될 돈이 잘못 납부될 뻔했다. 그러니 돈을 잃지 않는 방법은 꼭 스스로 챙겨야 한다. 매번 지출되는 비용에 나가지 않아도 될 돈이 줄줄 새고 있지는 않은지 말이다.

내가 돈 공부에 본격적으로 관심을 갖고 실행으로 옮긴 것은 실제로 쇼핑몰을 통해 열심히 모았던 돈을 잃고 나서였다. 없던 돈이 생기다 보니 이 돈으로 어떻게 돈을 불릴 수 있을지 제대로 알지 못했다. 또한 그동안 저축하는 것이 무조건 답이라고 생각했던 나는 어떤 투자를 할 수 있는지 그 방향성 또한 제대로 정하지 못한 상태였다. 그래서 무작정 남들이 다 한다는 투자 방법에 관심을 갖고 여기저기 기웃거렸다. 주식 투자를 해보기도 하고, 한창 대세라는 코인을 해보기도 했다. 그러다 돈을 벌기도 했다가 또 많이 잃기도 했다. 그렇게 돈을 잃어보니, 투자 방법에 너무 무지했다는 것을 깨달았다. 남을 탓할 것이 아니라 무지했던 나를 탓하고 반성할 일이었다.

그렇게 나는 더 이상 잃지 않는 투자, 그리고 실제로 돈을 벌기 위한 투자를 위해서는 무엇이든 제대로 배워야겠다고 생각했다. 즉, 돈 공부를 제대로 해야겠다고 결심한 것이다. 나는 내 수중에 남아 있는 돈을 다른 곳이 아니라 바로 내 자신에게 가장 먼저 투자하기로 했다. 소액으로 투자해볼 수 있다는 부동산 경매 과정에 바로 등록했다. 하나의 강의로 끝나는 것이 아니었다. 경매 입문 과정부터, 지분, 빌라, 다세대주택 등 부동산과 관련된 강의를 수강하며 공부했다. 그리고 그렇게 어렵고 낯설게만 느껴지던 부동산 공부는 투자를 위해서 뿐만 아니라 실생활에서 꼭 알아야만 하는 필수 정보들이라는 것을 깨닫자, 마치 새로운 세계를 만난 듯한 기분이 들었다. 집과 가까운 도서관에 가서 투자와 관련된 책도 닥치는 대로 읽었다. 그러다가 주식과 관련된 책을 발견하고 그 작가님께 연락해서 해외 주식에 투자하는 법을 직접 배우기도 했다. 전문가에게 직접 수업을 들으니, 실제로 수익을 낼 수 있었다. 막연하기만 했던 경제라는 분야가 조금씩 내게 가까워지는 것 같았다.

나는 돈 공부를 시작하며 일상도 바꿨다. 눈을 뜨자마자 경제 뉴스를 체크했고, 하루에 20분씩 꼭 경제 팟캐스트를 챙겨 들었다. 잘 모르는 경제용어는 직접 하나씩 찾아가며, 어떻게 경제의 흐름을 읽는 것인지, 잘 모를 때마다 주식을 배웠던 작가님을 투자 멘토 삼아 수시로 질문했다. 관련 주제의 커뮤니티 카페에서도 열심히 활동하며, 투자 마인드를 배워나갔다. 경제의 흐름이 좋지 않을 때는 서로에게 큰 동기부여를 해주며 힘을 얻기도 했다. 현재는 돈을 잃지 않는 방법, 그리고 돈을 버는 방법인 돈 공부를 열심히 해나가고 있는 중이다. 지금 와서 돌이켜보니 과거의 내가 얼마나 안일하고 무지한 상태로 돈을 다루어왔는지 깨달았다. 만약 투자했던 돈을 잃어보지 않았다면 나는 아마 돈 공부를 해야겠다고 결심조차 하지 못했을 것이다.

주식계의 유명한 투자자인 앙드레 코스톨라니(Andre Kostolany)는 저서 《돈, 뜨겁게 사랑하고 차갑게 다루어라》에서 이렇게 이야기했다.

"돈이 많은 사람은 투자할 수 있다. 돈이 적은 사람은 투자하지 말아야 한다. 그렇지만 아예 돈이 없는 사람은 반드시 투자해야 한다."

여기에서 "돈이 적은 사람은 투자하지 말아야 한다"는 것은 여윳돈이 없는 상태에서의 투기를 지양하는 것이다. 나는 그의 "돈이 없는 사람일수록 투자해야 한다"는 말에 하나의 문구를 추가하고 싶다. "돈이 없는 사람은 '제대로 알고' 반드시 투자(돈 공부)해야 한다"라고 말이다.

소비자가 아니라 생산자의 삶을 꿈꿔라

2015년 3월, 나는 결혼하며 동시에 퇴직했다. 학교 졸업 후 유일하게 다녔던 첫 직장이었다. 하지만 나에게는 또 다른 특별한 의미가 있다. 2011년 처음 이 회사에 입사했을 때의 초봉은 2,000만 원 남짓이었다. 세금을 제하면 내 월급 통장에 찍히는 돈은 정확히 152만 원이었다. 당시의 내 동기들이 받는 연봉에 비하면 턱없이 낮은 금액이었다. 비록 적은 연봉이었지만 내게 주어지는 기회를 절대 놓치지 않았다. 그 덕분에 생각보다 빠른 승진의 기회를 거머쥘 수 있었다. 더는 적은 월급으로 인해 동기들에게 기죽지 않을 수 있었던 셈이었다. 그렇게 만족스럽게 다니던 회사를 그만두겠다고 결정한 이유는 사업을 하는 신랑을 내조하기 위해서였다.

퇴사하고 하니 시간적인 여유가 많이 생겼다. 그래서 평소에 해보고 싶었던 것도 배우고, 아내의 역할에도 충실했다. 그런데 직장인에서 전업주부로의 삶으로 이동하며 나는 어느 순간부터 사회적 괴리감을 자주 느꼈다. 직장에 다니며 얻었던 사회적 타이틀은 더는 나라는 존재를 증거해주지 못했다. 퇴직과 함께 나의 사회적 타이틀의 유효기간도 만료된 셈이었다. 신랑의 사업을 돕는 것은 아내로서 당연한 일이었지만, 나 자신에게 성취감을 주지는 못했다. 그때 나는 처음으로 깨달았다. 직장인으로서 부여받는 사회적 타이틀은 무의미하다는 것과 가족이 부여하는 역할에만 한정된 삶도 나를 만족시킬 수 없다는 것을 말이다.

내 이름 석 자만으로 나를 나타낼 수 있는 무언가가 되고 싶었다. 당시에는 그것을 표현해주는 적절한 용어가 떠오르지 않았다. 지금 생각해보니 내가 이루고 싶었던 것은 바로 '퍼스널 브랜딩'이었다. 하지만 어떻게 성취할 수 있는지 그 방법을 몰랐다. 나는 내성적인 성격이라 남 앞에서 나를 드러내는 것을 늘 어려워했다. 그래서 방법을 찾기도 전에 나를 퍼스널 브랜딩을 할 수 없는 사람이라고 결론지어 버렸다. 그리고 삶에서, 내 머릿속에서 이런 생각들은 점차 잊혀져갔다.

2년 전 우연한 기회에 시작한 쇼핑몰 일을 통해 나는 돈을 버는 일에 좀 더 많은 관심을 기울이게 되었다. 정산을 받을 때마다 잔고가 차곡차곡 쌓여갔다. 그것을 보며 내가 다시 사회에 나왔다는 것을 실감했다. 온라인상에 수많은 판매자(셀러)가 있는 만큼 가지각색의 물건을 판매한다. 또한 각자의 마케팅과 판매 방법을 고수하고 있다. 나의 경우, 소비자로서 물건을 구매할 때 내가 느꼈던 경험과 느낌을 가장 많이 참고했다. 오프라인과는 달리 물건을 직접 보고 구매할 수 없기 때문에 택배 상자를 받기까지 얼마나 설레는 마음으로 물건을 기다렸는지 모른다. 간혹 그러한 기대에 미치지 못하는 물건을 확인할 때는 그 실망감이 배가되곤 했다. 포장 상태가 형편없거나 물건의 검수가 제대로 되지 않았을 때는 불쾌한 느낌마저 들었다. 반면 저렴한 물건이어도 정성스러운 포장과 함께 섬세한 배려마저 느낄 때도 있었다. 그럴 때는 판매자가 요구하지 않아도 굳이 다시 쇼핑몰에 접속해서 별점 만점과 함께 감동받은 후기를 남기곤 했다. 이러한 소비자로서의 경험을 살려 나는 마진의 극대화보다는 먼저 고객의 만족도에 집중하기로 했다. 고객의 만족도가 높을수록 정성스런 후기가 잘 달렸고, 이는 또 다른 매출로 이어졌다.

요즘은 직장을 다니면서도 또 하나의 파이프라인으로 온라인에서 쇼핑몰을 운영하는 경우가 많다. 내 주변의 친구도 퇴근 후에 온라인 쇼핑몰을 운영하는 후배가 있다는 이야기를 전해주었다. 악세사리를 판매하면서 핸드메이드 주얼리를 판매하는 것이 목표라고 했다. 비교적 일정한 퇴근시간을 가진 직장인들에게는 퇴근 후

부업이 이제는 당연시되기도 한다. 이렇듯 이미 내 주변에서도 소비자이면서 동시에 생산자로 살아가는 이들이 종종 있다. 생산자가 되어 한 번이라도 판매 경험을 가지는 것과 그렇지 않은 것은 아주 큰 차이가 있다. 하나의 판매는 두 번째와 세 번째 판매로 이어지고, 한 번 생산자의 위치에 서본 자는 또 다른 라인에서의 생산자가 되려고 한다. 바로 내가 그런 경험을 했다.

한 번 생산자의 위치에 서고 나니 또 다른 영역에서의 생산자가 되어보고 싶다는 생각이 들었다. 그러나 또 어느 위치에서 생산자가 될 수 있을지 전혀 감이 잡히지 않았다. 그때 내게 들어온 것은 책이었다. 인터넷에서는 정보가 넘치지만, 선별되고 신뢰할 만한 정보를 찾는 데는 상당한 시간이 소요되었다. 그래서 집과 가까운 도서관에 자주 들러, 제목에서 이끌리는 책들을 많이 빌려왔다. 업무와 관련된 책부터 재테크, 요리, 심리학, 에세이 등 분야나 장르의 구분이 없었다. 책을 읽는 권수 만큼이나 그 작가들의 삶을 간접적으로 체험하는 기분이었다. 또 책이 아니었다면 내가 만나보지 못했을 멘토들이었고, 심지어 그 책의 저자들을 직접 만날 수 있는 기회까지 가질 수 있었다. 부동산과 경매에 관심이 생겼을 때, 관심 있게 읽은 책의 저자가 궁금해졌고, 운영하는 블로그와 카페를 찾았다. 그러다가 모집 중인 강의까지 등록했고, 이 외에도 평소 주식에 관심이 있었던 나는 동일한 방식으로 책의 저자를 직접 만나 노하우를 전해들을 수 있는 기회를 가질 수 있었다.

각 분야의 전문가이자 멘토들을 만날 수 있었던 것은 한 권의 책에서 시작되었다. 그 책으로 인해 강의를 듣고, 컨설팅을 받고자 내가 스스로 그들을 찾아갔다. 나는 그때 독자의 위치에서 나를 이끌어줄 멘토를 찾고 있었다. 내가 만났던 한 분의 멘토는 더 이상 소비자의 삶만을 살지 말고 생산자의 삶을 꿈꾸라며, 책을 써볼 것을 권유했다. 나는 바로 그 자리에서 아직 이룬 것이 없어 책을 쓸 수 없다고 거절의 뜻을 전했다.

그러나 집에 온 후로도 계속 '책을 쓰는 일'이 머릿속에 맴돌았다. 지금까지 살아오면서 책을 써보라는 말은 처음 들었다. 남에게 드러낼 만한 성공적인 스토리도 없고, 무엇보다도 나 자신을 드러내는 일을 할 수 있다고 단 한 번도 생각해보지 못했다. 내 경험 중 어떤 것을 사람들과 나눌 수 있을지도 고민되었다. 하지만 이러한 고민을 거듭할수록 내 생각은 더 명료해졌다. 책을 읽기만 하는 독자가 아닌 작가가 되는 일이야말로 내가 원하던 것이었다. 작가라는 직업에 도전하는 것이 그토록 내가 원했던, 퍼스널 브랜딩을 하는 것임을 깨달았다. 바로 내가 소비자가 아닌 생산자가 되는 가장 확실한 방법이었다.

생산자의 삶을 살아야겠다는 생각의 변화가 생기니 내 주변을 둘러싼 환경도 달리 보였다. 일상과 생각들을 혼자만 기록하는 공간으로 여기던 SNS는 더 이상 나만의 일기장이 아니었다. 유일하게 나 자신을 드러낼 수 있는 나만의 공간이었다. 그 공간을 더 많은 사람들을 만나고 소통하는 도구로 활용하기로 했다. 콘텐츠의 소비자로만 그치지 않고, 나의 경험과 지식을 보다 더 많은 사람들과 나눌 수 있는 생산자의 삶을 살기로 한 것이다. 아직은 나 자신을 드러내는 일이 어색하다. 또 사람들과 어떻게 하면 소통을 잘할 수 있을까 배워나가야 할 부분도 많다. 하지만 처음부터 새롭게 시작하는 일을 잘하는 사람이 어디 있겠는가. 오히려 새로운 것을 계속 배워나가며 깨닫는 즐거움이 매일 나를 성장시키고 있다.

나의 위치를 소비자에서 생산자로 바꾸니 이제야 보이는 것들이 정말 많다. 앞서 설명했듯이 과거의 나는 남 앞에 나를 드러내는 것이 어려웠던 사람이다. 그리고 스스로를 퍼스널 브랜딩을 할 수 없는 사람이라고 정의했다. 왜 나는 스스로를 '○○할 수 없는 사람'이라고 한계를 정하고 테두리 안에 가두었을까? 시작도 하기 전에 이미 포기했던 것이다. 내가 해보지 않은 일이라 두려웠고, 지레 겁을 먹었다. 새로운 일에 도전하는 것, 익숙함에서 벗어나는 것을 스스로 거부한 것이다. 하지만 지금의 나는 다르다. 더 이상 소비자로만 살지 않는다. 내 이름 석 자만으로 퍼스널 브랜딩에 성공한 생산자의 삶을 살기로 결심했다. 나는 이제 스스로 한계를 두지 않으며, 생산자의 삶을 살아가는 것이 부자가 되어가는 길임을 그 어느때보다 확신한다.

한 번뿐인 인생, 부자가 되기로 결심했다

　'경제적 자유', '파이어족(Financial Independence, Retire Early의 약자로 경제적 자립을 이루어 빠른 시기에 은퇴하려는 사람들을 일컫는 말)'이라는 단어는 이제 누구에게나 원하는 삶이자 추구하는 목표이기도 하다. 그러나 나는 이러한 목표를 세우고 실현을 위해 노력하기까지 정말 오랜 시간이 걸렸다.

　내가 중학교와 고등학교에 다닐 때는 브랜드 교복과 비(非)브랜드 교복이 있었다. 당연히 나름 브랜드 상표를 달고 나온 교복이 더 비쌌다. 그리고 비싼 만큼 교복의 라인이나 색감도 더 예뻤다. 나도 두 살 터울의 오빠를 따라 브랜드 교복을 사고 싶었다. 하지만 어머니는 중학교 입학을 앞둔 내게 고등학교에 들어갈 때는 꼭 브랜드 교복을 사주시겠다고 했다. 물론 내가 원하는 선택은 아니었지만,

나는 어머님의 말씀에 따랐다. 어쩌면 브랜드의 옷을 입고 싶다고 떼를 쓰고, 난리를 쳤다면 아마 원하는 것을 얻었을 것이다. 그러나 그러지 못했다. 그 당시에는 중학교 때의 성적으로 고등학교에 진학할 수 있었다. 중학교 3학년이 되는 오빠에게 이전보다 더 많은 학원비가 들어가야 했고, 나도 이제 막 중학교에 입학하니 내게도 이전과는 수준이 다른 교육비가 들어가야 했다. 교복을 사는 비용에서라도 부모님의 부담을 덜어드리고 싶었다.

나는 성인이 되어서도 브랜드나 메이커 등의 상품은 내게 굳이 필요하지 않은 것들이라고 생각했다. 늘 그랬듯 부담이 되는 상황을 마주하기보다는 내게 주어진 환경에 순응하며 살아왔다. 결혼을 하면서도 검소한 소비 습관이 내게 당연한 삶의 습관이 되었다. 이러한 생각과 태도로 30대 중반이 되면서도 '부자'가 되어야겠다고 생각해본 적이 없다. 심지어 부자가 될 수 있다고 생각해보지도 못했다. 그랬던 내게도 생각의 전환점이 찾아왔다.

쇼핑몰을 운영하면서 다른 판매자들은 어떻게 물건을 잘 판매하는지 궁금했고, 더 잘하는 방법을 배우고 싶었다. 쇼핑몰 판매자들에 대한 콘텐츠를 보다 보니, 알고리즘에 의해 부자가 된 일반 사람들의 스토리 등도 자연스럽게 내 시야에 들어왔다. 지독하게 가난한 환경에서 태어나 자신의 운명을 바꾼 이야기, 위기의 과정을 거쳐 성공을 거머쥔 스토리 등 다양한 성공 스토리가 담긴 콘텐츠가 있었다. 그리고 어떻게 자신의 환경을 바꿀 수 있었는지, 그들이 돈을 벌게 된 방법에 대해서도 큰 관심이 생겼다. 차로 2시간의 먼 거리에서 열리는 세미나에도 망설임 없이 찾아갔다.

나는 내가 더 풍요롭게 누릴 수 있고, 인생을 즐길 수 있는 방법이 있다는 것을 생각해보지 못했다. 주어진 운명에 순응하며 살고 있던 내게 가난한 환경에서 부를 이룬 그들의 스토리는 정말 충격적이었고, 내 삶의 태도에 대해 돌아보게 되었다. 나도 그들처럼 성공하고 싶었고, 부자가 되고 싶다는 마음이 조금씩 들기 시작했다. 하지만 '과연 내가 부자가 될 수 있을까?'라며 끊임없이 내 가능성에 대해 의심하고 있었다.

내가 집에서 쇼핑몰을 운영하다 보니, 간혹 택배를 부치는 일을 할 때 엄마가 도와주러 오셨다. 다행히 같은 아파트 단지 내에 살고 있어서 도움을 받을 수 있었다. 간혹 집에서 점심을 배달 주문해서 먹기도 했는데, 하루는 집 근처에 새로운 프랜차이즈 수제버거 가게가 생긴 것을 발견하고 주문했다. 일반 배달비보다 약 천 원 정도 더 추가되는 것을 확인했지만, 자주 먹는 것도 아니니 개의치 않았다. 배달 주문을 시키면 나는 거의 엄마가 금액이 적힌 영수증을 보시지 않도록 얼른 떼어내는데, 하필 그날은 내가 다른 일에 집중하느라 비닐에 붙어 있던 영수증을 떼어내지 못했다. 엄마는 그 가격을 보고 화들짝 놀라셨다. 햄버거 세트 2개를 시켰는데, 2만 원이 훌쩍 넘는 금액을 보시고 괜히 시켰다고 너무 비싸다며 미안해하셨다. 그 순간, 나는 머리를 한 대 맞은 듯했다. 겨우 2만 원대의 음식을 사드리면서 즐거운 마음이 아니라 부담을 느끼게 해드렸다는 생각 때문이었다. 더 좋은 것을 사드려야 하는데, 이 마저도 불편한 마음을 느끼게 해드린 것이 너무 죄송스러웠다. 나는 그때 더 이상 이렇게 살면 안 되겠다고 생각했다. 너무 내 환경에 안주하며 안일한 마음으로 살아왔던 내 자신에게 변화가 시급했다.

이런 마음이 더 강하게 들었던 것은 부모님의 건강에 비상 소식이 들려왔을 때였다. 부모님과 식사를 하던 중 요즘 노안이 더 심해진 것 같다는 말씀을 하셨다. 눈에 무엇인가 끼어 있는 것처럼 흐릿하다고도 하셨다. 나는 그날 집에 돌아와 엄마가 말씀하신 증상에 대해 인터넷으로 찾아봤다. 하지만 내가 의사가 아니니 정확한 진단을 할 수 없다고 판단했다. 그래서 그다음 날 바로 함께 병원에 가보자고 말씀드렸다. 처음에는 괜찮아질 거라고 병원에 가지 않으시겠다고 했지만, 나도 내 뜻을 굽히지 않았다. 동네의 중심 상가 중에서 가장 평이 좋은 안과에 방문해서 여러 가지 검사를 진행했다. 혹시나 하는 생각에 불안하고 초조하기도 했다. 검진 결과는 백내장이었는데, 아직 심각하지 않은 단계라며 간단한 약만 처방해 주었다.

그러나 나는 안심할 수 없었다. 바로 수원에서 백내장으로 가장 유명하고 큰 병원에 진료 예약을 했다. 엄마를 모시고 가니 동네의 작은 안과보다 더 정밀한 검사가 이루어졌다. 코로나가 한창이던 때였음에도 안과에는 사람들이 정말 많았다. 대부분은 연세가 많은 노인분들이었다. 곁에서 자주 보니 몰랐는데 '우리 부모님의 연세가 벌써 이렇게 되었나'라는 생각에 마음이 착잡하기도 했다. 의사의 진단 결과, 생각보다 더 심각한 상황이었다. 양쪽 눈 중 한쪽은 바로 백내장 수술을 해야 했다. 그리고 다른 한쪽은 이제 막 초기 단계라 증상을 천천히 체크해야 한다고 하셨다.

지금까지 별 다른 큰 수술을 하신 적이 없었는데, 눈 수술을 해야 한다고 하니 속상했다. 그래도 다행히 초기에 발견해서 수술 경과도 좋을 가능성이 크다고 의사 선생님께서 설명해주셨다. 수술 비용은 다행히 엄마가 가입해놓으셨던 보험에서 처리 가능했다. 수술 당일 애써 밝은 표정으로 수술실에 씩씩하게 들어가시는 엄마를 보며 나는 가슴이 먹먹해졌다. 길지 않은 시간에 수술은 끝났고, 한쪽 눈에 붕대를 감고 나온 엄마의 모습에 마음이 편치 않았다. 나는 그때 비로소 '이제는 내가 부모님의 보호자다'라는 것을 다시 한 번 깨달았다.

내가 나이 들어가는 것만 생각했지, 내 부모님이 어느새 이렇게 내 곁에서 더 나이가 드시는 줄은 몰랐다. 여기저기 아픈 곳이 있으면서도 혹여나 자식들이 걱정할까 항상 내색하지 않으셨다. 부모님이 가입해두셨던 보험으로 수술비를 처리했지만, 만약 그 보험이 준비되지 않았다면 아마 자식으로서의 도리를 하면서도 부모님께 부담을 느끼게 했겠다고 생각하니 마음이 무거웠다.

친정 부모님뿐만이 아니었다. 시어머님께서는 최근에 교통사고로 온 몸에 멍이 들고 많이 편찮으셨다는 소식을 전하셨다. 그 소식을 듣고 어머님을 뵈었을 때 정말 눈물이 핑 돌았다. 그리고 큰 사고가 아닌 것을 다행이라고 생각했다.

나는 경제적으로 많이 부족한 상태였다. 이런 상태로는 내게 소중한 사람들, 가족들이 아프고, 어려운 상황일 때 아무것도 도울 수 없고, 지킬 수 없겠다는 생각에 정신이 번쩍 들었다. 어떻게든 나는 변해야겠다고 생각했다. 이대로는 내게 소중한 것들을 지킬 수 없었다.

누구에게나 동등하게 주어지는 한 번뿐인 인생이다. 그 한 번뿐인 내 인생이 슬픔보다는 행복함이 가득한 삶이 되길 원한다. 그 행복함을 같이 나눌 수 있는 소중한 가족들을 지키기 위해서라도 나는 꼭 부자가 되기로 결심했다.

- 3장 -

돈 그릇을 키우는
6가지 방법

가격보다 가치에 집중해라

대학교에 입학한 후 캐나다로 어학연수를 1년간 다녀왔다. 학과 수업에 따라가기 위한 목적으로 다녀왔지만, 그 1년의 시간은 기존의 내 사고방식과 태도에 많은 변화를 주었다. 캐나다를 가기 전까지 나는 해외여행을 단 한 번도 다녀온 적이 없었다. 본래 여행을 가거나 익숙한 환경에서 벗어나는 것을 싫어했다. 새롭고 낯선 환경에 적응하는 것은 큰 부담이었다. 처음으로 부모님의 곁을 떠나 혼자 캐나다로 출국하던 날, 그 묘한 기분과 감정은 아직도 잊히지 않는다. 비행기를 타러 가기 위해 아빠와 인천공항으로 향하고 있었다. 차창 밖으로 펼쳐지는 바다를 바라보며 인천대교를 한참이나 달렸다. 뿌연 안개만큼이나 내 마음도 두려움으로 가득했다.

공항에 도착한 후, 아빠는 혹여나 내가 비행기에서 밥이라도 굶을까 식당부터 데려가셨다. 아빠와 순두부 찌개를 먹으면서도, 우리는 곧 있을 이별에 서로 담담한 척 조용하게 식사를 마쳤다. 출국 시간이 다 되어 아빠에게 잘 다녀오겠다며, 인사를 하고 출국장으로 들어갔다. 비행기를 타면서도 내가 정말 떠나는 걸까? 정말 내가 옳은 결정을 한 것이 맞을까? 새로운 곳으로 향하면서 두려운 마음은 가라앉지 않았다. 밴쿠버 공항에 도착했던 날, 그때 공항의 모습, 냄새, 느낌과 감정이 아직도 잊히지 않는다. 마중 나오신 유학원 원장님의 차를 타고 지나던 풍경도 기억한다. 홈스테이에 도착해 나는 새로운 환경에 어떤 다른 선택권도 없이 그곳에 바로 스며들었다.

나는 새로운 환경에 적응하며, 점점 익숙해졌다. 그리고 내가 알지 못했던 세상이 존재함을 난생 처음 깨달았다. 다양한 국적의 친구들을 만났다. 일본, 미국, 멕시코, 이탈리아, 브라질, 중국, 대만 등 각지에서 온 친구들을 만났다. 한국에서만 지낼 때는 나는 이렇게나 다양한 국적의 친구들을 만날 기회가 없었고, 만날 수 있을 거라고 생각해보지 못했다. 내게 익숙한 환경이었던 한국을 벗어나보니, 내가 살고 있는 곳이 세계의 전부인양 얼마나 우물 안 개구리처럼 살았는지 깨달았다. 이 세상에 더 넓은 세계가 있다는 사실을 직접 눈으로 보며 깨달았고, 정말 시야가 넓어짐을 바로 느낄 수 있었다.

캐나다 어학연수에는 상당한 비용이 들어갔다. 부모님께 부담이 될 것이라는 것을 알면서도 나는 정말 그 유학이 간절했다. 내가 원하는 것을 처음으로 부모님께 간절하게 요청한 것이었고, 부모님은 내 간절함을 아셨는지 흔쾌히 보내주시겠다고 했다. 분명 유학비용만 생각한다면 흔쾌히 결정하실 수 없으셨을 것이다. 하지만 부모님은 아셨던 거다. 자녀의 교육에 들어가는 비용은 그 금액보다 내 자녀가 배울 수 있는 가치가 더 크다는 것을 말이다. 그러면서 왜 한국의 부모들이 자녀 교육에 그렇게나 많은 돈을 들이며, 힘쓰는지 나 또한 몸소 깨달았다.

한국에 돌아온 후, 나는 내성적이었던 성격도 많이 바뀌었다. 낯선 사람들과 함께 어울리며 느낄 수 있는 즐거움도 알게 되었다. 새로운 것에 도전하는 것이 예전만큼 두렵지 않았다. 세상을 바라보는 시야가 넓어졌고, 나 스스로 더 성장했음을 느꼈다. 이런 깨달음을 나보다 학생들이 더 일찍 경험한다면 좋겠다는 생각이 들었다. 바로 조기 유학의 중요성에 많은 관심이 생긴 것이다. 내가 느낀 경험을 전달해주고 싶었고, 학교를 졸업한 후 유학원에 취업했다. 초, 중, 고등학교 학생들과 대학생의 어학연수를 담당하는 업무를 맡으며, 내가 느꼈던 변화의 즐거움과 성장을 학생들에게 전하며 도움을 줄 수 있다는 사실에 일에 대한 사명감마저 느꼈다.
당시 20대 중반의 나이였기에 학부모님을 상대로 일하는 것에 약간의 고충은 있었지만, 이 또한 내가 도전해보는 새로운 영역의 일이었다. 나는 유학원에서 일하면서 자녀의 교육을 위해 유학상담을 오는 분들의 자금 사정이 항상 여유롭지만은 않다는 것을 깨달았다. 단순하게 동네 학원을 보내는 소액 수준이 아니고, 학기별로 송금하는 유학 비용은 분명 큰 부담이 되었을 것이다. 비용 납입 기한을 안내드려도, 마감 내에 비용을 마련하지 못해, 납부 기한 연장을 요청하시는 분들도 종종 계셨다. 그러면서 어떻게든 비용을 마련할 테니 조금만 더 시간을 달라고 하시기도 했다. 나는 그때 정말 빚을 내서라도 자녀 교육에 힘쓴다는 말이 무엇인지 깨달았다. 그리고 그러한 부모들이 비용(가격)이 아닌 교육의 가치에 집중해서 열을 다하는 데는 뚜렷한 이유가 있었다. 자녀들의 가치관, 세계관, 시야, 마인드를 키워주기 위한 합리적인 투자였던 셈이다.

나는 유학원에서 일하며, 자녀 교육에 투자를 아끼지 않는 분들을 보며 부모님 생각이 많이 들었다. 우리 부모님은 신혼여행을 제주도로 다녀오셨다. 비행기를 타고 여행을 해보신 것은 그게 전부였다. 그때까지 단 한 번도 해외여행을 다녀오신 적이 없었다. 부모님은 그런 경험을 해보지 못하셨지만, 내가 더 잘되길 바라는 마음으로 흔쾌히 나를 위해 투자해주셨다.

그래서 나는 꼭 부모님을 모시고 해외여행을 다녀오고 싶다는 생각이 들었다. 해외여행이 무조건 좋다는 것은 아니다. 하지만, 언제든지 시간만 내면 가볼 수 있는 국내의 여행지보다는 이국적인 풍경을 엿볼 수 있는 곳으로 함께 여행을 하고 싶었다. 비교적 시간을 내기 쉬운 엄마와 함께 시도해보기 쉬운 가까운 여행지를 선택했다. 바로 3박 4일간의 홍콩 여행이었다.

당시 사회 초년생으로 받았던 월급은 약 150만 원 남짓이었다. 나는 엄마와의 여행을 위해 열심히 월급을 모아나갔다. 당시 3박 4일간의 여행으로 상당한 비용을 지출하는 것이 분명 내게는 적지 않은 부담이었다. 그래서 조금 더 여유가 있을 때 모시고 가는 것이 좋을까도 고민했다. 분명 여유로운 여행은 아니었다. 하지만 지금 되돌아보니 정말 잘한 일이었다.

내가 20대 중반의 시간을 추억할 때, 직장생활 외에 기억나는 것이 바로 엄마와의 여행이기 때문이다. 여행사의 패키지를 이용할 수도 있었다. 하지만 여행지 숙박과 일정, 항공권 등 모든 것을 내가 검색하고 예약했다. 자유여행이 당연히 패키지 여행보다 비용적으로도 저렴했고, 실속이 있다고 생각했다. 무엇보다도 난생 처음 해보는 자유여행을 사랑하는 엄마와 함께 할 생각에 무척이나 설렜다.

설렘을 가득 안고, 우리 모녀는 홍콩에 도착했다. 그러나 당시 비행기가 지연되면서 내가 생각했던 스케줄보다 늦게 도착했다. 그래서 도착 후에 가려고 했던 식당은 브레이크 타임에 걸려버렸고, 여행 시작부터 꼬여버린 것 같았다. 엄마는 계속 괜찮다고 하셨지만, 그 순간 내가 엄마를 리드해야 한다는 생각에 책임감과 함께 부담감이 커졌다. 핸드폰으로 구글지도를 보는 것도 익숙하지 않아서 길을 헤매기를 반복했다. 겨우 찾은 인근의 식당에서 늦은 점심 식사를 할 수 있었다. 계획했던 스케줄이 생각대로 진행되지 않자, 나는 혹시나 여행을 하며 엄마가 불편하신 건 아닐까 걱정되었다. 그리고 허리가 불편하신 엄마의 상황을 고려하지 못한 채 온통 걸어서 다니는 스케줄을 세운 것을 나중에야 깨달았다. 엄마와의 즐거운 추억이 가득한 설레는 여행이 될 줄만 알았다.

그렇게 엄마와의 여행을 마치며, 편안한 여행을 해드리지 못한 것 같아 마음이 불편했다. 모든 것을 자유롭게 누리지 못했다고 생각했다. 반쪽짜리 여행이 된 것 같았고, 나는 그때 엄마가 편하게 즐기실 수 있는 여행의 가치에 더 투자해야 했다고 생각했다. 자유여행보다는 여행사의 패키지 여행이 나았을지도 모르겠다는 생각도 들었다.

이제는 여행을 선택할 때, 가성비를 따지는 것도 좋지만 여유가 있다면, 좀 더 그 시간을 마음 편하게 즐길 수 있는 가치에 집중하고 싶다. 지금 당장의 가격에 집중하다 보면, 그 금액을 소비함으로써 자신이 누리게 될 가치를 미처 보지 못하는 경우가 있다. 눈앞의 금액이 자신에게는 너무 과하다는 생각, 그리고 지금 당장 그 자금이 사라진다고만 생각하기 때문이다.

나 또한 처음 쇼핑몰을 시작하며 수강하려던 강의의 수업료가 26만 원이었는데, 당시 내게는 다소 큰 금액으로 느껴졌고, 평소 강의를 많이 듣는 편에 속했음에도 왠지 큰 결심이 필요했다. 사실 그 수업료는 나를 위한 투자 비용이었다. 앞서 이야기했듯 유학에 들어가는 비용이 교육에 대한, 즉 자녀의 배움에 대한 투자라면, 내 스스로의 배움과 성장을 위해 강의를 듣는 것 또한 나를 위한 투자인 셈이다. 결국 나를 위한 투자라고 생각했을 때, 26만 원의 가격은 내게 결코 높은 가격이 아니었던 것이다.

만약 내가 그때 26만 원이라는 돈을 지불하는 것이 아까워 수강을 포기했다면 나는 아마 전혀 다른 길을 걷고 있을 것이다. 나는 연매출 1억 6,000만 원이라는 달콤한 결실을 맛볼 수도 없었을 것이며, 그로 인해 부자가 되어야겠다는 생각, 그리고 현재 이렇게 책을 쓸 수 있는 기회조차 생각해보지 못했을 것이다. 그때의 내 돈 그릇은 26만 원에는 근접하지도 못하는 5만 원 정도의 수준이었다. 그래서 그 이상의 것은 담을 수 없었을 것이다. 하지만, 그때 과감하게 내 돈 그릇의 크기를 늘리기로 결심했다. 덕분에 나는 한 가지를 확실하게 배웠다. 배움에 대한 수강료는 배움의 가치를 감싸놓은 포장지일 뿐이다. 우리가 선물을 받을 때 보통 포장지보다는 그 안의 내용물에 더 주목하지 않는가? 우리가 조금 더 주목하고 집중해야 할 것은 겉으로 포장된 가격이 아니다. 그 가격의 내용물인 가치가 내게 어떤 성장을 가져다줄 것인지, 바로 그것에 집중해야 한다.

소소한 행복과 이별하라

한때 '소확행'이라는 단어가 유행한 적이 있다. 소확행은 일본 작가 무라카미 하루키(村上春樹)가 레이먼드 카버의 단편소설 〈A Small, Good Thing〉에서 따와 만든 신조어로써 우리말로 직역하면 '소소하지만 확실한 행복'이라는 뜻이다. 일상 속에서 쉽게 마주하는 사소한 일에서도 행복함을 느낄 수 있다는 것인데, 예를 들어 친구들과 만나 맛있는 식사를 하는 일, 카페에서 커피 한 잔 마시며 책을 읽는 시간, 집에서 정성을 다해 키우고 있는 식물들에게 물을 주는 일 등 말 그대로 사소한 일상의 모든 일에서 즐거움과 기쁨을 느끼는 것이다.

나 또한 첫 직장을 다닐 때, 이러한 소확행을 느끼며 내가 하고 있는 일에 만족했다. 당시 나는 수원에 살고 있었고, 직장은 서울

강남에 위치하고 있었다. 아침 출근길은 여느 직장인들과 다름이 없었다. 이른 아침부터 부지런을 떨며 지하철을 탈 때면, 밀려드는 사람들로 인해 손잡이를 잡지 않아도 될 정도였다. 그렇게 사람으로 빽빽한 열차에서 내려 환승하면서 행여 다음 열차를 놓칠까 더 총총 걸음으로 걸어갔다. 하지만 나뿐만 아니라 모든 직장인들의 출근길이 이렇다는 걸 눈으로 보면서, 다들 이렇게 사는구나 느꼈다.

내 직장은 학생들을 대상으로 하는 유학원이었다. 어리게는 초등학생부터 주로 중학생과 고등학생들의 유학 업무를 담당했다. 담당하는 나라들과는 시차가 있어, 간혹 늦은 밤이나 새벽에 업무를 처리해야 하는 경우가 있었다. 유학을 떠난 지 얼마 되지 않은 학생들의 경우 신경 써줄 것이 더 많았다. 특히 적응하지 못하는 학생들의 경우 간혹 늦은 새벽에도 전화가 걸려왔다.

한번은 늦은 새벽에 자고 있던 중 전화가 걸려왔고, 국제전화인 것을 확인했다. 분명 내 학생들 중 하나임에 틀림없었다. 역시나 최근 출국한 여중생이었는데, 한국에 돌아오고 싶다면서 엉엉 울며 전화를 한 것이다. 나는 그 여학생을 잘 타일렀고, 날이 밝으면 부모님과 다시 이야기해보자며 겨우 통화를 마무리했다. 또한, 학생들이 출국하는 날짜는 주로 주말이다 보니, 유학생들의 출국 업무를 보조하기 위해 평일과 주말 구분 없이 일하는 날도 숱하게 많았다. 이러한 업무 환경이었지만, 나는 일을 빠르게 배울 수 있는 기회라고 여겼다. 덕분에 빠른 승진을 하며 그만큼 연봉도 높아졌다.

나는 조금 더 효율적인 업무를 하기 위해 첫 차를 사기로 결정했다. '대중교통이 아닌 차로 출근할 수만 있다면 좋겠다'라는 소박한 바람을 실현하기로 한 것이다. 그때 내가 생각한 후보군은 오직 경차 종류뿐이었다. 내 생애 '첫 차'라는 의미를 크게 부여하지 않았고, 여유자금이 충분하게 있음에도 불구하고 나는 모닝이라는 경차를 첫차로 구매했다. 출퇴근 길을 나만의 공간에서 편하게 이동할 수 있음에 만족했다.

그러나 이러한 만족감이 얼마나 소소한 행복이었는지, 시간이 한참 지나서야 알게 됐다. 모닝을 처분하고, K3라는 모델로 차를 바꿨던 때다. 많은 차들 중에서 특별히 좋은 차라고 볼 수는 없지만, 모닝을 타던 내게는 이 차가 신세계였다. 일단, 모닝을 운전할 때는 차선을 변경할 때 잘 끼워주지 않았고, 옆 차들은 방향등도 없이 불쑥불쑥 들어오기 일쑤였다. 무엇보다도 차의 안정감도 달랐다. 겨우 준중형차를 탔을 뿐인데도, 모닝을 운전할 때보다 훨씬 편해졌다. 그때 처음 느꼈다. 한국 사람들이 보여주기 식으로 외제차를 사려는 이유가 반드시 허영심 때문은 아닐 수 있겠구나 하고 말이다.

소소한 행복에 만족하면, 정말 그 소소한 행복만큼만 만족하며 살게 된다. 그 이상의 것을 느끼고 성취할 수 있는 사람이라도 말이다. 처음에 차를 K3로 바꿔준다고 했던 신랑과 나는 크게 싸웠다. 경차 혜택도 받을 수 없고, 나는 굳이 바꿀 필요성을 느끼지 못하겠다고 하자 신랑은 경차가 유지비는 절감될지라도 안정성의 이유만으로도 내가 조금이라도 좋은 차를 탔으면 하는 바람이라고 했다. 신랑을 설득하는 데 실패한 나는 의기소침했지만, 새 차가 나와 찾으러 갔던 날, 나는 차에 타자마자 신랑에게 너무 고맙다고 했다. 승차감과 운전하는 느낌이 달랐다. '아, 더 좋은 차를 타고 싶다'라는 욕망이 꿈틀거리는 걸 그날 처음 느꼈다.

나는 전업주부가 되며, 보다 소소한 행복에 만족했다. 직장에 다니지 않으니 친구들을 만나지 않는 이상 사회적인 관계를 이어나갈 만한 일이 없었다. 자연스럽게 임신 계획을 세웠지만, 연속되는 유산으로 인해 몸도 마음도 지쳐가고 있었다. 내 스스로 새 생명이 성장할 수 있는 환경조차 갖추지 못한 것 같다는 자책감에 괴로웠다. 그래서 내 몸을 건강하게 유지해야겠다는 생각에 요가를 배우기 시작했다. 운동에는 전혀 관심이 없었기에 처음 요가를 배울 때는 몸이 막대기처럼 뻣뻣했다. 어느 날은 앉아서 상체를 폴더처럼 반으로 접어내는 동작을 해야 하는데, 전면 거울 속 나를 멀뚱멀뚱 바라보기도 했다. 익숙해지기까지는 시간이 걸렸지만, 그래도 요가를 배우며 나는 큰 흥미를 느꼈다. 또한 그곳에서 좋은 사람들을 많이 만났다. 마음이 약해지고, 건강하지 못했던 때였는데, 그때 만난 사람들은 내게 좋은 기운을 전해주었다.

요가 수업이 끝나면 거기서 만난 언니들과 밥도 먹고, 커피도 마시며 도란도란 이야기꽃을 피웠다. 사람들과의 만남과 인연이 소중하다고 생각했고, 내 마음을 터놓을 수 있는 새로운 사람들을 만났다는 사실에 뿌듯하면서도 기뻤다. 하루하루 요가를 하며 몸과 마음을 건강하게 유지하는 것, 그리고 공통의 관심사를 둔 사람들과 함께 보내는 시간 속에서 나는 소확행을 느꼈다. 물론 그 소중한 시간은 다시 돌아오지 않을 추억의 순간이 맞다. 그러나 같은 시간을 보내면서도 우리는 서로 다른 미래를 그려나갔다. 나는 소확행에만 만족했을 뿐, 배움을 통한 사회적인 결과물을 내지는 못했다.

반면 나와 그때 함께 시간을 보낸 이들은 전문적으로 요가, 필라테스 강사가 되어 각자 만의 길을 새롭게 걸어가고 있다. 내가 그 배움과 인연을 통해 혼자만의 소소한 행복으로만 만족하지 않고 더 큰 미래를 상상하고 꿈꾸었다면 어땠을까 하는 생각을 해본다. 모든 배움과 경험은 내가 어떤 마음으로 바라보느냐에 따라 달라진다. 단순한 취미가 될 수도 있고, 사회적인 커리어를 펼칠 수 있는 기회가 될 수도 있다.

현실에 만족하는 습관은 나의 돈 그릇이 커지는 것, 즉 부자가 되는 길을 방해하기도 한다. 나는 지금까지 내가 가진 것 이상의 것을 원해본 적이 없다. 그중 하나가 바로 명품이다. 30대 중반이 되도록 나는 명품 브랜드의 어떤 물건도 원해본 적이 없다. 가방 하나에 몇 백 만 원 이상 하는 것을 왜 사야 하는지 이해할 수 없었다. 필요 이상의 소비를 하는 것은 낭비이자 과소비라고 생각했다. 나는 좀 더 합리적이고 이상적인 소비를 하는 사람에 가까웠다. 하지만 무엇보다도 내면 속에서는 '나는 그런 명품이 어울리지 않으며, 가질 수 없는 사람'이라고 스스로를 정의 내렸던 것 같다. 소확행에 익숙했던 나는 머릿속으로 명품을 살 필요가 없다고 합리화를 시켰다. 이성적으로 계산해보면, 물건 하나에 그런 터무니 없는 가격을 지불하는 것은 잘못된 행동이라고 판단했던 것이다. 그리고 그렇게 믿어버린다. 그러면 나는 정말 명품 하나 가지지 못하는 사람이 된다. 그렇게 나는 부자가 되는 길과 정반대의 길을 걷고 있었다.

나는 부자가 되기로 마음먹으며, 명품을 갖고 싶어하고, 돈을 소비하고 싶은 욕구가 절대 나쁜 것이 아님을 알았다. 《진짜 부자들의 돈 쓰는 법》의 사토 도미오는 이렇게 말한다.

"욕망이 있고 꿈이 있으면 그에 어울리는 사람이 되어 결국 돈을 손에 넣게 된다."

즉, 명품을 원하는 사람은 그것을 원하는 욕망을 채우기 위한 의욕이 불타오르고, 그 의욕을 달성하기 위해 노력하다 보면 결국 원하는 돈이 자연스럽게 들어온다는 것이다. 또한 그의 말에 따르면 돈이란 가지고 있을 때가 아니라 사용할 때 그 가치가 생긴다고 한다. 모은 돈을 쥐고만 있는 부자가 아니라, 인생을 충실하게 살면서도 일과 놀이를 즐기고, 행복한 인간관계를 위해 돈을 사용하는 법을 알아야 한다고 강조한다.

나는 지금껏 부자들이 어떻게 돈을 모으는지에 대해서만 관심이 많았다. 사실, 우리가 부자들처럼 돈을 많이 갖고 싶은 이유는 그 돈으로 누릴 수 있는 것들이 주는 행복함 때문일 것이다. 가족들을 행복하게 해줄 수 있는 일, 내가 원하는 물건, 상황들을 가질 수 있는 것 모두 이 돈이 사용될 때이고, 그때 우리는 행복의 가치를 실현한다. 나는 그래서 더 이상 소확행에 만족하지 않기로 했다. 더 많은 것을 원하고, 꿈꾸며, 부자가 되는 길을 걷기로 택했다. 돈은 그 행복함을 이루어가는 수단이다. 돈이 사용될 때 느낄 수 있는 그 행복함을 누리기 위해 나는 이제 소확행과 이별했다.

당신의 투자 성향을 파악해라

"너, ○○증권에 계좌 있어?"

갑자기 친정 오빠가 내게 보내온 메시지에 나는 당연하다는 듯 "없는데"라고 답했다. 그 당시 어떤 기업의 공모주가 한창 화제였다. 그러나 경제나 투자와 관련해서 문외한이었던 나는 주식이라는 단어에서 먼저 움찔했다. 주식을 한 번도 해본 적이 없었기 때문이다. 그때 오빠는 내게 자세한 설명보다는 일단 계좌부터 만들라고 했다. 그리고 나서 인터넷에서 '○○공모주 하는 법'을 찾아서 보고, 시간 내에 얼른 해보라고 일렀다. 평소에는 무뚝뚝하고 별말이 없지만, 도움이 될 만한 정보는 항상 잘 챙겨주는 츤데레 성향의 오빠였기에 나는 한 치의 의심도 없이 오빠의 말대로 따랐다. 그때 주식을 가입하며 설문에 체크했는데, 투자 성향도에 관한 것이었다.

나는 이때까지만 해도, 경제며 주식이며 투자에 대해 잘 몰랐다. 아마 관심이 없었다는 표현이 더 정확할 것이다. 주식과 같은 투자는 숫자를 좋아하거나, 전문가가 할 수 있는 분야라고만 생각했었다. 그래서 나는 주로 저축을 했다. 돈이 들어오는 대로 저축하면서, 내 재산을 늘려갈 수 있다고 굳게 믿었다. 심지어 지면과 엑셀을 이용해서 가계부를 쓰고 있음에도 가계부 쓰기 관련 강의를 듣기도 했다. 가계부를 효율적으로 잘 쓰면, 소비도 경제적으로 잘할 수 있다고 믿었다. 가계부를 쓰는 일부터 잘하면 돈을 잘 모아갈 수 있다고 생각한 것이다.

그랬던 내가 증권에 가입하며 투자 성향을 체크하고 있었다. 아마 증권회사에서는 나 같은 투자자가 가장 지루한 유형이지 않았나 싶다. 그렇게 생애 처음으로 공모주를 하며 주식을 해봤다. 단 1주를 배정받았지만, 수익이 나고 있는 것이 왠지 신기했다. 그때의 기억으로는 그 공모주의 상장이 꽤나 성공적이었다. 처음으로 투자한 주식이라는 점에서 나는 의미를 부여했고, 꽤 오랫동안 매도하지 못했다. 이미 마이너스를 찍고 있었음에도 말이다.

안전 자산만을 추구해왔던 나도, 슬슬 주변의 분위기를 살피게 되었다. 재테크와 투자에 관심이 생기면서, 책도 찾아서 읽게 되었다. 그때 환헤지(Foreign Exchange Hedge) 방식을 이용한 '달러 투자'가 한창 주목받고 있었다. 박성현 작가의 《나는 주식 대신 달러를 산다》를 읽고 내 투자 성향과 가장 잘 맞을 것 같았고, 이 책을 앉아서 1시간 만에 모두 읽었다. 두 번째 읽을 때는 나름 메모도 하면서 정리했다. 달러 투자는 내가 적극적으로 배워보겠다고 처음 시도한 투자 방식이었다. 그 이전에 나는 주로 지인이 추천해주는 대로 따르는 '묻지마 투자'를 하는 편이었다. 그러다 보니, 늘 마음이 편치 않았고, 수익도 불안정했다. 30대의 내 나이에서는 조금 더 공격적인 성향의 투자 방식이 필요할 것 같았다. 그래서 다른 투자 방식에도 꾸준히 관심을 갖기 시작했다.

지인의 소개로 P2P 투자를 해보기도 했다. 사실 나는 아직도 이 투자 방법을 잘 이해하지 못했다. 매달 고정적으로 비용을 투자했고, 은행에서 주는 이자와는 비교되지 않을 정도로 수익이 좋았다. 그러한 수익이 평생 가능하다면, 정말 좋겠다고 생각했지만 그저 달콤한 꿈이었다. 얼마 지나지 않아 P2P 투자에 적색 신호가 들어왔다. 사기 사건에 휘말렸고, 결국 투자를 할 수 없는 상태에 이르렀다. 다행히 그동안의 수익금과 손실금이 비슷했기에 더 이상 미련은 없다.

한번은 코인 투자를 접하게 되었다. 주식 경험도 부족했던 내게 코인은 또 다른 세계였다. 한창 게임 관련 NFT(Non-Fungible Token, 블록체인 기술을 이용해서 디지털 자산의 소유주를 증명하는 가상 화폐를 말한다)가 큰 관심을 받고 있었다. 게임을 하면서 코인을 획득할 수 있었고, 그 코인을 거래하면 원화로 돈을 벌 수 있었다. 게임을 하면서 돈을 번다니? 그러나 코인은 주식보다도 더 무서운 세계였다. 상승과 하락의 폭이 예측 불가능했기 때문이다.

나름 유튜브와 전문가들의 글을 보면서 공부해보려고 노력했다. 그러나 사용되는 용어가 주식에서 사용하는 것들과도 비슷했고, 내게는 그저 어려운 분야였다. 처음 시작할 때는 큰 상승세를 보였던 코인도 결국 하락장을 맞으며, 이러한 투자 방식도 내게는 맞지 않다고 생각했다. 그 외에도 책을 보면서 따라 했던 해외 주식의 상장이 폐지되면서 나는 또 다시 투자에 실패했다.

저축만이 내게 적합한 재테크 방식이라고 믿었던 내게는 너무나도 가혹한 결과들이었다. 역시 나는 공격적인 투자 방식이 맞지 않는 걸까 생각하며 좌절의 시간을 보내기도 했다. 그래서 이미 지나간 투자는 모두 잊고, 다시 과거의 나로 돌아갈까 생각했다. 그러면서 나는 왜 투자를 잘하지 못하는지 고민하기도 했다. 한 가지 깨달은 것이 있다면, 내가 저축 외의 투자를 하면서 내 투자에 대한 믿음과 확신이 부족했다는 것이다. 내 스스로의 이성적인 판단을 근거로 행해진 투자가 없었고, 대부분 주변에서 알려주는 말에 그대로 따랐을 뿐이다. 안전한 것을 좋아하는 내게는 투자에 대한 확신이 필요했으나, 내 주변에는 제대로 투자하는 사람이 별로 없었고, 부모님과 가족 중에 투자로 큰 수익을 냈거나 성공한 사람들도 없었다. 그래서 내가 할 수 있는 방법을 찾기로 했다. 바로 책을 통한 공부였다.

달러 투자 방법도 책을 통해 배울 수 있었다. 그리고 그 책을 통해 월 배당주가 나오는 해외 주식에도 관심이 생겼다. 누구나 알 만한 그 배당주를 조금씩 사서 모았고, 큰 수익은 아니었지만, 적어도 꾸준하게 내게 배당금과 이익을 가져다주었다. 그러면서 해외 ETF 주식에도 관심이 생겼다. 일반적으로 주식은 하나의 기업에 대해 투자하는 반면, ETF란 여러 개의 기업 주식을 하나의 큰 바구니 안에 담는 것과도 같다. 자동으로 분산 투자를 하는 방식인 것이다. 안전 추구형의 유형이었던 내게 딱 맞는 투자 방법이었다. 공격적인 투자를 하면서도 분산 투자라는 안전장치를 걸어놓은 셈이었다.

해외 주식 투자에 관한 책을 찾다가 ETF에 관한 책 한 권을 골랐다. 작가님께 연락해서 운이 좋게도 컨설팅을 받을 수 있었고, 나는 그렇게 처음으로 제대로 된 해외 주식 투자를 시작했다. 처음에는 이 투자 방식이 내게 맞는지 확신을 가지는 데 시간이 필요했다. 단돈 100만 원이라는 돈으로 투자를 시작했고, 5~10% 사이의 수익금을 꾸준히 낼 수 있었다.

또한 이전과는 다르게 내가 직접 전문가에게 배우고, 공부하며 실전에 임하는 투자 방식이었기에 더 많은 관심이 생길 수밖에 없었다. 수익을 낼수록 내 돈 그릇의 크기도 점점 커졌다. 한창 시장의 분위기가 좋지 않아 꽤 인내심이 필요하기도 했다. 투자자라면 누구나 겪어야 할 인고의 시간이었다. 인고의 시간을 견디지 못하는 사람이라면, 결국 예전의 나처럼 저축하는 방법으로 재산을 늘려갈 수밖에 없을 것이다.

나는 내 투자 성향에 맞는 방법을 찾기까지 꽤 많은 시행착오를 겪었다. 그 시행착오 속에서 나의 투자 성향을 확실히 파악할 수 있었고, 가장 중요한 투자자의 마인드도 배울 수 있었다. 중요한 것은 그 많은 시행착오를 통해 내 투자 성향에 맞는 투자법을 찾을 수 있었다는 것이다. 투자라는 행위를 하면서도 내가 한 투자에 대한 확신과 믿음이 생겼고, 그로 인해 마음이 불안하거나 동요되지 않았다. 투자를 하면서도 또 다른 무언가에 집중할 수 있는 마음의 고요함도 있었다.

누구에게나 자신의 성향에 맞는 투자 방법이 있다. 스스로에게 확고한 믿음을 주며, 인내해야 하는 시간마저 고요하게 기다릴 수 있는 최적의 투자법을 반드시 찾아야 한다. 부자가 되어가는 길에서 자신의 성향에 맞는 투자를 하는 일은 선택이 아니라 필수이다.

은행에서 예적금이 아니라
대출 상품을 찾아라

"금리가 쪼까 내려가지고 연 15%여."
"아, 뭣하러 은행에 넣어. 연 15%밖에 안 되는데."

몇 년 전 한창 추억을 불러일으켰던 인기 드라마의 한 대사이다. 주인공의 아버지는 은행원이었고, 1980년대는 은행 금리가 떨어져서 15%라고 한다. 보통 20%대의 예금 금리가 형성되었다고 하니, 지금 상황에서는 전혀 기대할 수 없는 황금 예금 금리라고도 볼 수 있다. 현재는 코로나 19 이후로 과열된 인플레이션을 진정시키기 위한 기준 금리가 연일 상승하고 있다. 그 덕분에 예금 금리가 조금씩 높아지고 있지만, 20%의 금리에는 비할 수 없다. 만약 은행에 돈을 맡겨서 15%를 준다면 그리 나쁘지 않은 수익률이다. 게다가 안전하기까지 하니 말이다. 아마 과거 그 시대였다면 내 저축 방식으로 이미 부자가 되어 있을지도 모르겠다. 하지만 이제 재산을 불려나가기 위해서는 투자가 필수인 시대가 되어버렸다.

내가 전업주부가 되어 고정 생활비 내에서 살림을 꾸려나갈 때였다. 재테크 카페에서 활동하던 그때, 최대의 관심사는 예적금 시 금리가 높은 상품과 적립이나 할인율이 높은 카드를 찾는 일이었다. 또 풍차를 돌리듯 한 달에 하나씩 적금에 가입하는 방식을 실천하는 사람들도 쉽게 찾아볼 수 있었다. 이렇듯 나는 오로지 저축만이 재테크 방법 중 최고의 방법이라고 생각했고, 이와 관련된 방법들만 눈에 들어왔다.

하지만, 이런 내 재테크 방식은 항상 신랑과 부딪히기 일쑤였다. 내게 대출은 오로지 나쁜 것이라고만 생각되었다. 납부하지 않아도 될 대출 이자를 지출하는 것은 내 기준에서 무척 잘못된 행동으로만 보였다. 대출뿐만이 아니었다. 주식이나 부동산과 같은 투자도 내게는 너무나도 위험한 투자 방법이었다. 주변에서 주식으로 대박이 나거나 혹은 쪽박을 차는 경우를 본 적은 없지만, 통상적인 개념에서 손실이 날 가능성이 0.01%라도 있는 투자 방법을 나는 두려워했다. 이렇게 꽉막힌 나였기에, 신랑은 내가 참 많이 답답했을 것이다.

나는 대출에 대해 매우 무지한 수준이었다. 처음 신혼집을 마련할 때도 신랑은 생애 첫 주택을 마련할 때 받을 수 있는 저금리 대출을 받아 집을 마련했다. 지금의 금리와 비교하면 정말 말도 안 되는 낮은 수준의 금리였다. 물론 그때 당시 받을 수 있는 금리 중 가장 저렴하기도 했다. 그럼에도 불구하고 매달 납부하는 대출 이자가 너무 아까웠다. 내 돈 100%로 집을 사야 한다고 생각했던 과거의 내가 참 그렇게 어리숙하지 않을 수 없다. 그렇게 꽉 막혔던 내게도 드디어 관점의 변화가 생기기 시작했다.

학교를 졸업 후 취업했을 때 나는 돈을 많이 벌어야겠다는 큰 포부가 없었다. 돈이 중요한 것이 아니라, 내가 좋아하는 분야의 일을 하는 것이 그 어느 것보다 중요하다고 여겼다. 내가 원하는 것을 실현하기 위해서는 돈이 그 수단이 된다는 것을 미처 깨닫지 못했던 때이다. 그래서 현실보다는 이상만을 추구했던 그때, 나는 어떻게 돈을 벌 수 있는지에 대해서는 큰 관심을 두지 않았다.

하지만 사업을 시작하며 다시 사회에 뛰어들었을 때는 나는 이미 다른 위치에 있었다. 무엇보다도 돈을 벌고 싶었다. 정말 간절한 마음으로 말이다. 경단녀라는 내 자리에서 어떻게든 탈출하고 싶었다. 나의 간절한 마음이 통했는지, 초보 사장이 되어 수입을 만들 수 있었다. 비록 처음은 작은 수입이었지만, 그때는 그 수입의 정도는 내게 중요하지 않았다. '아, 나도 다시 돈을 벌 수 있겠다'라는 자신감과 확신을 가질 수 있었기 때문이다. 차곡차곡 쌓여가는 통장 잔고를 보면서 뿌듯했지만, 그제서야 현실을 깨달았다.

이렇게 내 노동을 투입하는 만큼의 돈을 버는 일로는 내 미래를 충분히 준비할 수 없겠다는 생각이 든 것이다.

결혼 전에는 부모님과 함께 지내며, 내가 소비하는 비용의 일부를 충당할 수 있었다. 주거비와 생활비, 그리고 가사노동에 들어가는 시간마저 부모님을 통해 절약할 수 있었다. 그래서 내가 홀로 살아갈 때 어느 정도의 비용이 들어갈지 미처 생각하지 못했고, 그저 내가 원하는 이상만을 좇기에 바빴다. 그리고 결혼 후에는 신랑이 매달 주는 생활비에 만족했다. 명품을 가지거나 호사로운 생활은 아니더라도, 내가 살아가는 데 전혀 문제 없이 사랑하는 가족과 살아갈 수 있음에 그저 감사했다. 하지만 다시 사회에 나와 돈을 버는 입장이 되고 나서야 비로소 나는 내가 얼마나 나태한 생각으로 살아왔으며, 현실 감각이 없는 사람이었는지 깨달았다. 그런 생각이 들면서부터 나는 저축만이 아니라 조금 더 공격적으로 재테크할 수 있는 방법을 찾기로 했다. 바로 투자였다. 30대 중반의 경단녀였던 내가 비로소 자본주의 사회에서 어떻게 살아가야 할지 세상을 직시한 순간이었다.

일반적으로 투자한다는 사람들이 가장 많이 하는 주식과 부동산에 관심을 가져야겠다고 생각했다. 이때 나는 일을 하며 모아온 초기 자본금이 충분하지 않았다. 상황이 좋지 않던 때에 코인 투자를 하면서 생각보다 많은 손실을 보았기 때문이다. 손실은 보았지만, 이 경험을 토대로 나는 내가 더 잘할 수 있는 투자 분야가 무엇일지 고민하게 되었다. 코인 투자로 인한 손실의 경험이 없었다면, 나는 아직도 코인 하나만 바라보며 수익이 나기를 기다리고 있었을 것이다.

그나마 소액으로 도전해볼 수 있는 부동산 경매에 관심이 생겼다. 그때 나는 사람들이 말하는 소액의 기준이 도대체 얼마일까 생각했다. 내가 가진 돈으로 경매라는 것에 도전해볼 수 있을지 감이 서지 않았다. 그래서 인터넷에서 정보를 찾다가 경매와 공매, 지분 투자 등과 관련된 수업을 듣게 되었다. 처음 경매 수업을 들으며, 내가 마주했던 부동산의 경험을 떠올렸다. 이사를 할 때마다 찾던 부동산도 내게는 무척 낯선 곳이었다. 늘 신랑이 모든 것을 처리해 주었기 때문이다. 나와는 거리가 먼 것이라고만 생각하며 들었던 경매 수업에서는 30년 넘게 살면서 전혀 들어보지 못한 용어들이 난무했다. 처음에는 낯선 용어에 기가 죽기도 했지만, 꼭 투자를 해서 돈을 벌어야겠다는 굳은 마음이 있었다. 학교에 다니면서 공부했을 때처럼 집안 여기저기에 메모를 붙여가며, 필수용어와 개념들을 반복적으로 보며 이해했다. 그렇게 마음의 벽이 없어지니, 새로운 것을 배워간다는 즐거움에 이해가 더 잘되는 것 같았다.

그렇게 두 달 정도 부동산 수업에 매진했다. 경매 기초 과정뿐만 아니라, 빌라나 다가구주택 등 개인과 법인 사업자별로 집중된 특강까지 모두 섭렵했다. 그리고 공통적으로 중요한 점은 바로 대출이 관건이라는 것이었다. 내가 들었던 수업의 모든 강사들은 대출을 활용한 레버리지(타인의 자본을 지렛대처럼 활용해 자기 자본의 이익률을 높이는 일)의 중요성을 언급했다. 그때 처음으로 대출에 대한 고정관념을 깨버릴 수 있었다. 부동산으로 상당한 재산을 축적한 성공자들은 내 생각처럼 현금을 많이 들고 있는 부자가 아니었다. 그들은 대출 이자보다 더 높은 수익률을 낼 수 있는 투자 방법을 통해 부를 축적하고 있었다. 나는 수업시간에 대출 상담사에게 어떻게 대출 조건을 문의하는지 그 방법까지 아주 상세하게 배웠다. 부동산에서 좋은 조건으로 대출을 찾는 것은 선택이 아니라 필수였던 셈이다. 그제서야 뉴스에서 다루는 부동산 규제정책과 대출 조건 등이 귀에 쏙쏙 들어오기 시작했다.

며칠 전 은행에 방문해서 대출 상품을 상담받던 중이었다. 서류를 체크하던 중 담당 은행원이 전화를 받았는데, 아마 대출 관련 상품을 물어보는 손님이었던 것 같다. 은행원은 내가 방문 전 전화로 문의를 했을 때 그랬던 것처럼, 아주 상냥하게 안내해주었다. 요즘 어떤 상품이 대출 금리가 낮은지, 혹은 어디에서 정보를 얻으면 될지 설명하는 모습이었다.

나는 이전에는 은행에서 대출을 받는 일이 왠지 불편하다고 느꼈다. 뭔가 내 금융 상태와 조건을 제3자가 심사하고 판단한다는 느낌이 불편했던 것 같다. 또한 은행은 손님에게 대출을 해주고 싶지 않은 입장이라고 생각했다. 하지만 은행도 고객에게 대출을 해주어야 이윤을 볼 수 있는 곳이다. 은행 입장에서도 고객이 상환할 수 있는 조건만 확실하다면, 돈을 벌 수 있는 기회를 그냥 흘려버리지 않을 것은 당연한 것이다.

이제는 은행에서 예금과 적금만 보지 말고 대출 상품에도 관심을 가져보자. 물론 감당할 수 없을 정도의 무리한 대출을 받으라고 이야기하는 것이 아니다. 내가 하고 싶은 이야기는 대출을 두려워하지 말자는 것이다. 대출 금리보다 높은 수익을 낼 수 있는 방법이 있다면, 그리고 충분히 베팅을 해볼 수 있다면 말이다. 빚에 이용당하지 말고, 그 빚을 확실한 내 편으로 만드는 방법에 익숙해지자.

돈으로 돈을 벌어라

우리 부모님은 항상 내가 일한 만큼의 대가로 돈을 벌어야 한다고 말씀하셨다. 정당한 노동의 대가로 돈을 벌어야지, 노동이나 노력 없이 돈을 버는 것은 멀리해야 한다고 항상 말씀하시면서 한 가지를 덧붙이셨다. 만약 원하는 만큼의 돈을 벌지 못한다면, 욕심내기보다는 그 소득 안에서 절약하며 맞추어 살면 된다고 말이다. 결혼 후 맞벌이로 일을 하시기도 했지만, 대부분의 시간을 전업주부로 살아오셨던 엄마는 늘 아빠가 벌어오시는 수입 내에서 절약하는 삶을 살아오셨다. 가정을 위한 소비가 항상 먼저였고, 자신을 위한 것은 늘 미루셨다.

나는 가정을 위해 희생해오신 엄마를 보며, 늘 가슴 한편이 무거웠다. 가정주부로 산다는 것은 늘 내 것보다 자식과 남편을 위해 양보하고, 항상 나는 뒷전이 되어야 하는 걸까? 내가 원하는 것을 원하면서 살면 안 되는 것일까? 검소한 부모님을 보며 쓰고 싶은 것을 늘 절제하고, 아끼며 성실하게 살아왔지만, 그다지 큰 부유함을 누리지 못하고 있는 내 모습을 보며, 어쩌면 부를 축적하기 위해서는 다른 방법을 시도해야 하는 것이 아닐까 생각하게 되었다. 나는 조금 더 다르게 살 줄 알았지만, 나 또한 엄마가 살아왔던 길을 그대로 걷고 있었다. 결혼과 함께 직장에서 퇴사했고, 사업을 하는 남편의 내조를 위해 전업주부가 되었다. 신랑이 가져다주는 한 달 월급으로 생활하며, 한정된 비용에서 아끼며 절약해왔다. 항상 돈을 허투루 쓰지 않기 위해 어떻게 하면 아낄 수 있을까 고민했다. 항상 이런 고민을 하고 있는 내 모습을 알아차렸을 때, 더 이상 이렇게 살 수는 없다고 생각했다. 어떻게든 다른 돌파구를 찾고 싶었다.

나는 한창 온라인 쇼핑몰 사업에 나의 모든 시간을 쏟아부었다. 아침에 눈을 떠서 잠이 들 때까지 머릿속은 온통 일로 가득했다. 큰 투자금 없이 시작한 작은 사업이었지만, 해야 할 일은 적지 않았다. 멀티플레이어가 되어야 했다. 첫 판매가 시작되면서, 구색을 갖춘 쇼핑몰을 만들기 위해 더 많은 물건들을 업로드했다. 무엇보다도 사진을 촬영하는 데 가장 많은 시간이 소요되었다. 내가 착용하거나 사용하는 모습을 찍었다. 또한 가족들이 시간이 날 때는 모델이 되어달라거나 촬영을 부탁하기도 했다.

그렇게 상품 하나하나에 동일한 노력과 시간을 들여도 매번 동일한 결과가 나오는 것은 아니었다. 어떤 상품은 올린 지 하루도 지나지 않아 반응이 오기도 하는 반면, 어떤 상품은 개시도 해보지 못한 채 물품 박스에 고요히 잠들어 있기도 했다. 대부분의 매출은 그 수많은 상품 중에 소수의 것이었다. 그리고 그 소수의 상품을 찾기 위해 나는 수많은 상품으로 시행착오를 겪는 중이었다.

온통 내 신경이 쇼핑몰에 집중되어 있을 때, 경쟁 업체에서는 어떤 물건을 파는지, 또는 내 상품은 몇 개나 팔리고 있는지 항상 궁금했다. 그런 것들을 체크하다가 핸드폰을 항상 침대 머리맡에 두고 잠들곤 했다. 물건이 판매될 때마다 알림음 혹은 진동이 울렸다. 아침에 눈을 뜨고 일어나자마자 하는 일은 어떤 물건이 얼마나 주문이 들어왔는지 체크하는 것이었다. 그러면서 나는 이런 생각에 도달했다.

'내가 잠자는 동안에도 이렇게 돈이 벌리고 있네!'

오프라인 상점이라면 절대 불가능한 일이었다. 그러나 온라인에 열려 있는 상점이었기 때문에, 시간과 공간의 제약 없이, 누구나 내가 올린 상품을 언제든지 구매할 수 있었다. 그리고 내가 잠들어 있는 동안 내가 만들어놓은 쇼핑몰은 열심히 주문을 받아두었다. 마치 요즘 점차 늘어나고 있는 키오스크(무인 주문기계)와도 같았다. 아니, 오히려 그보다도 더 나은 것이었다. 오프라인 매장에 있는 키오스크도 매장이 열려 있을 때만 주문을 받을 수 있으니 말이다. 또한 요즘 아이스크림, 스티커 사진, 세탁소, 카페 등 무인점포로 운영되는 가게들이 성행하고 있는 것은 그만큼 인건비는 아끼면서도 정확한 주문 이행을 할 수 있는 장점이 있다는 뜻이다. 나도 나만의 무인점포를 온라인상에 열어둔 셈이었다.

주문이 들어온 물건을 포장해서 택배를 부치는 일과 판매가 이루어지기까지 소요되는 시간은 내 노동이 투입되었다. 하지만 온라인상의 쇼핑몰을 운영하며 내 일부의 시간만이라도 나 대신 일해줄 수 있는 무언가를 또 찾을 수 있지 않을까 생각했다. 그때, 내가 투자의 눈을 뜨게 해주신 거래처 김 사장님께서 초보 사장인 내게 물건 판매와 관련해서 많은 정보를 알려주셨다. 이미 20년이 넘는 사업 경력을 가진 그분은 노동으로만 돈을 버는 것에는 한계가 있으니, 항상 나처럼 일을 해줄 수 있는 제2의 나를 만들어야 한다고 조언해주셨다. 즉, 투자의 필요성에 대한 개념을 잡아주셨다. 돈으로 돈을 벌어야 한다는 것이었다. 내 노동과 시간에는 한계가 있으니 말이다.

나는 돈은 소비함으로써 그 역할이 끝난다고 생각했다. 예를 들면, 물건을 구매하거나, 어떤 음식을 먹을 때 소비되는 돈은 내게 그 행위를 함으로써 만족감을 준다. 물건을 갖게 될 때는 소유욕을 만족시켜주고, 맛있는 음식을 먹을 때는 식욕을 만족시킨다. 즉 모든 소비의 목적을 만족감을 얻을 수 있다는 측면에서만 생각했다. 하지만 돈을 가장 가치 있게 소비할 수 있는 일이 있다면 그것은 바로 시간을 사는 데 돈을 쓰는 일이다. 내 시간을 소모해야 하는 일을 돈을 대신 사용하며 내 시간을 아낀다. 그리고 그 아낀 시간을 다른 곳에 사용하며 나는 더 가치 있는 결과를 낼 수 있다.

이번 연도에 어느 정도의 매출이 달성되어 간이 과세자였던 나의 사업체는 일반사업자로 자동 전환되었다. 과세자 유형이 변한다는 것은 세금을 납부하는 방식이 바뀐다는 것을 의미했다. 간이 과세자일 때는 세금 신고와 관련해서 그리 복잡할 것이 없었다. 또한 요즘에는 쇼핑몰 플랫폼에서 자체적으로 세금과 관련된 교육영상이 제공되기도 한다. 무엇보다도 전국의 사장님이 모두 모여 있는 커뮤니티를 통해 많은 도움을 받았다.

하지만 일반 과세자로 넘어가면서 내년 세금 신고를 위해 어떤 부분을 더 면밀하게 체크해야 할지 도움이 절실히 필요했다. 물론 인터넷과 커뮤니티 카페를 통해 모든 것을 내가 체크하고, 공부하면서 배워갈 수도 있었다. 처음에는 그렇게 하려고 했지만, 모든 사업주의 상황이 동일할 리 없었다. 내가 내용을 찾아가면서 하려니, 많은 시간이 소모되는 것은 당연했고, 불안한 마음이 들었다. 혹시나 내가 중요한 부분을 놓치지는 않을지, 혹은 내가 미숙해서 세금 신고를 잘못하는 것은 아닌지 말이다.

나는 이 불안으로부터 완전히 해방되고 싶었다. 그래서 인터넷에서 온라인 쇼핑몰을 대상으로 하는 세무사에게 내 상황을 설명하며 견적을 의뢰하기 시작했다. 기본적인 세금 상식만 가볍게 인지한 후, 내가 궁금한 것을 일목요연하게 정리했다. 그리고 그 정리한 내용을 바탕으로, 세무사님들과 전화로 통화하며, 업무 스타일이 나와 맞을 것 같은 곳을 추려나갔다. 가격도 내가 생각했던 것보다 그리 높지 않다고 생각했다. 무엇보다도 내 불안한 심리를 말끔히 제거할 수 있었다. 내 돈을 합리적으로 소비해서 사업장의 세금 신고를 대신해줄 제2의 나를 만든 셈이었다. 그렇게 처음으로 세무사에 세금 신고 대행을 맡기며, 내 시간을 아꼈다. 그리고 그 세금 신고를 하며 더 많이 낼 수도 있었던 세금을 절세할 수도 있었다. 마지막으로 나는 불안한 마음 없이 내 업무에 좀 더 집중해서, 더 생산적인 일을 하는 데 시간을 보낼 수 있었다.

투자자들 대부분이 돈으로 돈을 벌라고 이야기한다. 자본금으로 더 많은 자본금을 벌라고 말이다. 나 또한 이 말에 전적으로 동의한다. 실제로 부동산과 주식 투자 등이 대표적인 투자 방법이다. 우리가 주식을 사는 이유도, 부동산을 사는 이유도, 또한 또 다른 투자를 위해 돈을 소비하는 이유도 모두 제2의 나를 만들기 위해서이다. 내가 잠을 자는 순간에도 나를 위해 돈을 벌어다 줄 제2의 나,

나의 미니미 같은 존재를 만들어내기 위함일 것이다.

당장 주식이나 부동산에 투자할 여유 자금이 없다고 한탄하지 말자. 돈을 현명하게 소비함으로써 내 시간을 더 값지게 사용할 수 있는 방법도 있다. 그리고 이는 분명 내게 더 큰돈을 벌어다주는 기회가 될 수 있다. 돈이란 축적되어 있을 때보다 사용되어질 때 그 가치를 더욱 실현하고, 내게 부를 축적할 수 있는 시간과 기회를 더 벌어다줄 것이다.

돈의 진정한 의미는 신용이다

    돈과 신용은 서로 바늘과 실처럼 떼려야 뗄 수 없는 단어이다. 그리고 왜 그렇게 밀접한 관련이 있는지는 돈의 역사를 거슬러 올라가면 흥미로운 유래를 찾아볼 수 있다. 세계 최대의 부자 가문인 로스차일드가는 독일 프랑크푸르트의 유대인 거리에서 태어난 암셀이라는 사람에서부터 시작되었다. 11살이라는 어린 나이에 골동품 가게에서 일을 시작했던 암셀은 주화 수집광인 재정관을 통해 공작 빌헬름 공과 친분을 쌓게 된다. 빌헬름 공도 주화 수집광이었기 때문에, 그에게 귀한 주화를 바치면서 신임을 얻게 된다. 그런데 갑자기 나폴레옹과의 전쟁에서 패하며 도망치게 된 빌헬름 공은 그의 모든 재산을 가지고 몸을 피할 수 없어, 암셀에게 모든 재산을 맡기게 되는데, 그때 암셀이 자신의 목숨을 걸고 빌헬름 공의 재산을 지켜낸다.

전쟁이 끝나고 돌아온 빌헬름 공은 그의 충성에 감동해서 그 후 유럽 각국의 돈을 수금하는 권한을 암셀에게 주게 된다. 암셀은 그 후 다섯 명의 아들을 낳아 각각 프랑크푸르트, 런던, 나폴리, 파리, 빈으로 보내며 그 금융기업을 확장하게 되는데, 그때 전해지는 가훈이 인상적이다.

"돈은 곧 신용이며, 신용을 가지고 돈을 키워라."

이러한 모토 아래 로스차일드의 가문을 키워나가고, 그의 셋째 아들인 네이선 마이어 로스차일드(Nathan Mayer Rothschild)는 1815년 워털루 전쟁에서 나폴레옹이 패배할 것이라는 정보를 먼저 입수하게 된다. 이 정보를 역이용해서 나폴레옹이 승리할 것이라는 정보를 흘린 그는 영국의 국채를 대폭락하게 만든 후, 다시 그 국채를 쓸어담는다. 그 결과 로스차일드 가문을 세계적인 금융가문으로 만들게 된다. 돈의 흐름과 부를 거쳐간 역사를 되짚어보다가 로스차일드가가 부를 이루었던 일화가 흥미로웠던 이유는, 결국 돈의 흐름은 항상 신용과 함께 한다는 내 믿음을 그대로 반영해서 보여주었기 때문이다. 신용을 지키는 자에게 돈이 흘러들어간다. 이것이 자연스러운 돈의 흐름인 것이다.

스무살 대학생이 되어 난생 처음으로 '체크카드'라는 것을 내 명의로 만들 수 있었다. 학교를 다닐 때 버스카드를 찍는 것이 전부였던 내가 체크카드를 처음 가지던 날, 정말 이제 어른이 되었다고 실감했던 순간이었다. 체크카드는 사용과 동시에 계좌에 남아 있는 잔액을 인출해가기 때문에, 계좌에 잔액이 없으면 사용할 수 없다. 즉, 내가 가진 금액 이상으로 사용할 수가 없다. 단지 현금을 인출하러 가야 하는 수고로움을 덜어주는 것이 바로 체크카드의 편리성이다. 하지만 신용카드는 이와 다르다. 나의 신용도만큼의 금액을 미리 사용 후 다음 달 결제일에 대금을 납부하기 때문이다. 즉, 신용카드를 사용하는 일은 카드사에 빚을 내는 것이나 다름없다.

나는 신용카드를 처음 사용할 때부터, 체크카드처럼 사용했다. 처음에는 신용도를 높이기 위해서라기보다는 처음 사용하는 신용카드를 정말 남용하지 않기 위해서였다. 내가 사용한 만큼의 신용카드 비용을 그날 밤 그대로 결제 계좌에 이체했다. 계좌의 잔액은 나의 지출을 바로 반영하므로, 카드값으로 인해 스트레스를 받거나 그런 적이 단 한 번도 없었다. 이후에는 매일 이체하던 습관을 조금 더 간소화시켰다. 월 단위로 지출을 기록한 후, 말일이 되면 카드 결제할 금액을 미리 이체해두었다. 이러한 습관 덕분에 나는 카드 결제일을 놓치거나, 결제 대금이 연체될 일이 없었다.

내가 소득이 있는 직장인이었을 때는 신용카드를 사용하는 일이 보다 빈번했다. 그러나 내가 별도의 소득이 없는 전업주부가 되고 나니, 생활비 지출을 제외하고는 이전만큼 카드를 사용할 일이 많지 않았다. 그래도 나는 이왕 지출해야 할 비용이 있는 경우 꼭 신용카드를 사용했다. 어차피 월 지출로 나가야 할 비용이라면, 신용카드 실적을 채워서 혜택을 챙기기 위해서였다. 그리고 웬만해서는 한 번 만든 신용카드는 해지하지 않았다. 지금은 어떤 절차로 신용카드를 발급해주는지 모르겠으나 공식적인 소득이 없는 주부가 신용카드를 새로 만들기란 무척 까다로웠다. 하지만 나는 내 가용범위의 비용을 신용카드로 사용하는 습관이 길들여져 있었고, 연회비 이상의 혜택을 충분히 누릴 수 있다고 판단되면 카드 사용을 내 소비에 적극적으로 활용했다.

절약하는 소비생활에 관심을 갖게 되면서, 재테크 카페에서도 사람들의 이야기에 많은 자극을 받았다. 한 달에 한 개씩 적금 통장을 늘려가는 풍차돌리기 적금, 한 달에 자신이 정한 횟수만큼 무지출하는 챌린지까지, 절약하겠다는 사람들의 집념이 참 대단하다고 생각했다. 이 카페에 새로 가입하는 신규 회원들은 과소비를 하지 않겠다는 집념의 의지로 신용카드를 가위로 잘라내는 포스팅을 게시하기도 했다. 자신의 의지를 공식적으로 선포하는 뜻이 담겨 있었다.

챌린지 중에 하나로 하루에 만 원만 소비하는 챌린지가 있었다. 마치 벽걸이 달력같이 생긴 것에 날짜마다 주머니가 달려 있고, 그 주머니에는 현금이 만 원씩 꽂혀 있다. 그러곤 하루에 현금 만 원으로 생활해내는 것이다. 나는 이런 챌린지를 보면서, 취지는 참 좋다고 생각했다. 불필요한 낭비를 막고 꼭 필요한 지출만을 목표로 하는 것이니 말이다. 그럼에도 나는 이 챌린지에 동참하고 싶다는 생각은 전혀 들지 않았다. 신용카드 자체가 나쁜 것이 결코 아니라는 생각 때문이었다. 오히려, 전업주부의 경우는 신용카드라도 꾸준히 사용하는 것이 더 큰 도움이 된다는 것을 직접 경험했기 때문이다.

누구도 신용도를 유지하는 것이 중요하다고 말해준 적은 없었다. 그러나 신용카드로 카드사의 돈을 선불로 빌려 쓰면서, 그 빌려 쓰는 돈을 갚는 일은 곧 나 자신의 신뢰도를 나타낸다고 생각했다. 그리고 이는 내게 꽤 중요한 문제였다. 결혼 전에는 대출이란 것을 생각해본 적이 없었지만, 한 가정을 이루고 나니 생각보다 대출이란 제도를 이용해야 할 때가 많았다.

우연히 청약에 당첨되었던 아파트의 잔금을 치르기 위해 대출을 알아보던 중이었다. 그 당시 나는 별도의 소득이 없었다. 그때 막 온라인 쇼핑몰을 시작했던 터라 소득을 증빙할 수 없었다. 그때 대출 상담사가 신용카드 사용 내역과 신용도를 물었다. 지금까지 열심히 관리해온 신용도와 카드 사용이 처음으로 빛을 발하던 순간이었다. 이러한 이유로 나는 무조건 신용카드를 적대시하며 멀리하는 것이 소비를 줄이는 데 능사는 아니라고 생각한다. 다만 달콤한 할인 혜택을 맛보기 위해 불필요한 전월 실적의 충족 조건을 채우는 유혹에서만 벗어날 수 있다면 말이다. 현대 사회에서 누릴 수 있는 혜택을 나에게 이로운 조건으로 사용하는 데 더 집중할 필요가 있다.

내가 앞서 돈을 사용하는 데 있어, 신용카드와 연관 지어 설명했지만, 이는 신용에 따라 돈이 움직일 수 있는 흐름을 나타내주는 것의 극히 일부에 지나지 않는다. 내가 처음 부동산을 공부할 때의 일화이다. 수업시간에 강사님은 수강생들을 대상으로 질문했다.

"혹시 지금 본인이나 가족 명의로 대출이 한 건도 없으신 분 있으면 손들어보세요."

수강생들은 주위를 둘러봤다. 그때 손을 든 사람이 몇 명 있었고, 모든 시선이 그 사람에게 쏠렸다. 그때 강사님께서 또 한 번의 질문을 하셨다.

"혹시 본인 명의로 된 핸드폰 사용하세요? 할부금이나 핸드폰 요금은 뭘로 납부하세요?"

이 질문에 그분은 조용히 손을 내렸다. 이 일화를 통해 알 수 있는 것은 우리는 알게 모르게 이미 카드사 또는 통신사, 쇼핑몰에 항상 빚을 진 상태로 살아간다는 것이다. 그리고 그 빚을 낼 수 있는 정도는 바로 우리의 신용도에 따라 달라진다. 신용카드와 대출, 그 모든 돈의 흐름은 우리의 신용이 기준이 된다.

지불에 대한 약속이자, 신용의 상징인 돈은 곧 그 자체로 빚이나 다름없다. 은행에서 대출을 해주는 이유와 원리를 생각해보면 그 이해가 쉽다. 은행과 카드사에서도 그 모든 돈을 100% 다 준비한 채로 사람들에게 대출해주는 것이 아니기 때문이다. 사람들에게 대출과 빚을 만들어줌으로써 돈이 생겨나며, 통화량이 조절된다. 즉, 우리가 실제로 실물 경제에 참여하게 되는 순간이다. 경제적 자유를 꿈꾸는 우리는 빚과 대출이라고 불리는 돈을 현명하게 레버리지 해야 한다. 그리고 그 레버리지를 극대화하기 위해서는 돈의 흐름이 자연스럽게 흘러들어올 수 있도록 신용 관리에 힘써야 한다. 나의 돈 그릇을 키워나가기 위한 기초공사를 이제부터라도 탄탄하게 다져나가자.

4장

경제적 자유를 이루기 위한

7가지 실천법

기브 앤 테이크의 법칙을 따르라

대학교에서 친하게 지내던 친구의 생일날, 나는 조그만 케이크와 함께 선물을 준비했다. 식사 후 그녀가 활동 중인 동아리방에 잠시 들렀는데, 그녀의 학과 선배가 마침 들어왔다. 내가 준비한 선물과 케이크를 보고 그는 친구의 생일인 것을 확인하고는 친구에게 내 생일 때도 선물을 주었는지 물었다. 친구가 그렇다고 대답하니, "기브 앤 테이크구만"이라고 말했던 그 순간이 왜인지 잊히지 않는다. 친구의 생일을 챙기는 일을 '기브 앤 테이크'라는 단어로 표현되는 게 썩 달갑지 않았다. 마치 내가 이전에 받았으니, 나도 그만큼 되돌려준다는 의미가 크게 부각되어 친구의 생일을 축하하는 내 마음이 퇴색되는 것처럼 느껴졌기 때문이다. 하지만, 기브 앤 테이크는 어쩌면 우리 사회에서 이미 삶의 기본 법칙 같은 묵시적인 약속과도 같다. 이 원칙에 따라 사람들의 인간관계가 정리된다고 해도 과언이 아니기 때문이다. 친척이나 친구들의 결혼식을 포함해서 경조사를 챙기는 일 모두 우리 말로 '상부상조'인데, 그 말에도 기브 앤 테이크의 법칙이 깔려 있다.

기브 앤 테이크의 기본적인 원칙은 서로 주고받는 것이라는 매우 이성적인 논리로 보인다. 하지만 요즘은 서로 '기버(Giver)'가 되는 마케팅 전략이 잘 통하는 시대이기도 하다. 온라인 쇼핑몰을 운영하면서, 어떻게 하면 더 잘 운영할 수 있을까 고민을 많이 했다. 고객들에게 조금 더 매력적인 상품명은 어떻게 하는 것이 좋을지, 상품 페이지에 어떤 부분들을 강조하면 좋을지 등에 대해 매일 생각했다. 내가 처음 쇼핑몰을 시작했을 때 쯤에는 코로나 19로 인해 비대면으로도 운영이 가능한 온라인 유통업이 한창 붐이었다. 그래서인지 초보 셀러들을 위한 정보들을 포털 사이트 블로그 등에서 쉽게 찾아볼 수 있었다.

그때 기억에 남는 블로그가 있었다. 블로그 글의 분위기만 봐도 무척이나 전문가스러운 느낌이 풍겼다. 그때 마침, 쇼핑몰을 운영하는 사람들을 위해 무조건 팔리는 상세페이지 작성법에 대한 전자책 배포 이벤트를 예고하고 있었다. 해당 이벤트 포스팅을 공유하는 등 약간의 미션이 주어지긴 했지만, 그래도 무언가 괜찮은 정보가 있지는 않을까 하는 마음에 나도 이벤트에 참여했다. 돈을 버는 것에 관한 정보를 무료로 배포한다는 말 때문이었을까? 엄청난 공감수와 사람들의 신청 댓글이 줄줄이 이어졌다. 신청을 해놓고는 깜깜무소식이었기 때문에 그 일을 머릿속에서 잠시 잊고 지냈다.

그러던 중, 메시지로 전자책을 배포하니 다운로드를 받으라는 공지를 받았다. 혹시나 전자책을 수령하는 것에도 유효기간이 있을까 싶어 공지를 받자마자 전자책을 바로 다운로드받아 열었다. 솔직히 무료로 배포되는 정보이다 보니, 그리 집중하지는 않았다. 기대가 없어서였을까? 이 자료가 무료라는 것이 믿겨지지 않을 정도로 정보가 매우 잘 정리되어 있었다. 나는 이 정보를 작성한 블로거가 다시 궁금해졌다. 그래서 그 블로그를 다시 들어가, 흥미를 끌만한 제목의 포스팅이 있는지 살펴봤다. 그때 그 블로거는 일정 기간 동안 온라인으로 사람들을 모집해서 강의를 진행하고 있었다. 나도 관련된 분야의 강의 내용을 듣고 싶었고, 무엇에 끌린 것 마냥 바로 등록하고 싶은 마음이 들었다.

이때까지만 해도 나는 이 블로거의 마케팅 방식을 이해하지 못했다. 그것이 바로 '기버'가 되는 마케팅 방식이었다. 기브 앤 테이크의 원리라면, 이 블로거는 굳이 자신의 시간과 노력을 들여 작성한 전자책을 무료로 배포하지 않고 판매했을 것이다. 그러나 그는 기버가 됨으로써 전자책을 배포받은 사람에게 단번에 '신뢰'라는 것을 얻었다. 그리고 그가 주최하는 강의는 결코 적지 않은 금액이었음에도 많은 사람들이 이미 수강 중이었다. 전자책을 통해 이미 그가 생산해내는 작업물의 퀄리티와 실력을 확인했을 터였다. 그가 진짜 판매하고자 했던 것은 전자책이 아니라 고가의 강의였던 셈이다.

사실 이러한 '기버'로써의 전략은 영상 콘텐츠를 통한 마케팅에도 이미 많이 쓰이고 있었다. 온라인 쇼핑몰을 운영한다는 것은 오프라인 가게를 운영하는 것과 다른 점이 여러 가지 있는데, 가장 큰 차이점은 바로 따로 월세를 내거나 건물을 임차하지 않고 온라인상에 내 상점이 있다는 것이다. 오프라인 가게는 손님이 직접 방문해야 판매가 가능하기 때문에 찾아오는 사람들이 제한적이다. 하지만 온라인 쇼핑몰의 가장 강력한 장점은, 전 세계의 모든 사람이 방문할 수 있다는 것이다. 하지만 이때 많은 사람들이 찾아올 수 있도록 하는 로직(Logic) 같은 것이 있었다. 그리고 그것이 매우 중요했다. 특정한 셀러만 이 쇼핑몰의 생태계를 독점하지 않도록 하기 위한 방지책이었다. 매출이 높은 셀러들만 끝까지 챙기겠다는 것이 아니라, 더 많은 소상공인들에게 판매 기회를 주기 위함도 있었다. 나 또한 쇼핑몰을 운영하다 보니, 로직의 변화에 영향을 받을 수밖에 없었다.

그리고 이러한 트렌드를 반영해서 로직 변화와 늘 매출에 대해 깊이 고민하는 셀러들을 위해 업데이트된 로직과 이에 대한 대응책을 제시해주는 영상 콘텐츠를 많이 찾아본 적이 있었다. '무료 맛보기'라는 강의보다는 조금 더 실질적인 도움이 되는 정보를 무료로 제공해주고 있었다. 아마 나뿐만 아니라 쇼핑몰을 운영하는 셀러라면 누구나 알고 싶은 정보였을 것이다. 그리고 그 외에도 어려움을 극복하고 성공을 이룬 성공자들을 인터뷰하며, 어떤 방법들을 주로 활용했는지 등 유용한 내용들이었다. 직접적으로 유료 강의를 홍보하지는 않지만, 사람들을 모이게 하는 장치가 항상 있었다. 영상을 본 사람들에게 '무료'로 이걸 나누어줄 테니, 이메일로 신청하라거나 혹은 오픈채팅방으로 들어오라는 것이었다. 나는 이러한 시스템이 궁금해서 오픈채팅방에 들어가보기도 했다.

유용한 정보와 자료들을 제공해주는 마케팅 방법은 결코 무한정 퍼주기만 하는 '기버'의 방식이 아니다. 《기브 앤 테이크》의 저자 애덤 그랜트(Adam Grant)는 저서에서 "성공한 기버는 타인과 더불어 자신의 이익도 챙길 줄 안다. 그들은 남을 이롭게 하는 데 관심이 있지만 또한 자신의 이익을 위한 야심찬 목표도 세운다"고 했다.

그의 책에서는 빌 게이츠(Bill Gates)가 세계 경제포럼에서 주장한 다음 말을 인용했다.

"인간에게는 이기심과 타인을 보살피고자 하는 두 가지 강한 본성이 있으며, 그 두 가지 동력이 뒤섞인 사람이 가장 큰 성공을 거둔다."

결국 앞에서 설명한 모든 전략이 이에 상통하는 것이었다. 정보와 도움이 필요한 사람들에게 양질의 정보를 대가 없이 무료로 나누어주는 것 같지만, 이는 그들의 주요 판매 상품이 아니었던 것이다. 즉, 이러한 유입을 통해, 더 큰 콘텐츠를 제공하며, 목적이 분명한 테이커들을 모아 네트워킹을 구축하는 것이었다. 성공한 기버의 요인을 완벽하게 갖춘 마케팅 전략이었다. 나는 이러한 시스템을 직접 경험했다. 실질적인 정보를 제공받았고, 내게 필요한 1차적인 욕구와 갈증을 해결해주는 것을 보며 '좋은 콘텐츠'라는 생각을 자연스럽게 가졌다. 그리고 그 채널에서 관련된 정보가 올라오면, 의심의 여지없이 그 정보를 신뢰했다. 이미 신뢰가 내 마음 속에 깔려 있으니, 주기적으로 올라오는 강의 모집 글에도 추가적인 스크리닝 작업은 필요하지 않았다.

타인에게 이익이 될 만한 것을 제공해주며, 자신도 이익을 극대화할 수 있는 것, 나는 이러한 원칙을 판매 전략에도 활용해서 실제로 성과를 내기도 했다. 온라인 판매에 있어 가장 중요한 것은 바로 고객들의 리뷰이다. 내 잠재 고객에게 상품이 훌륭하다는 것을 나타낼 수 있는 가장 객관적인 지표이기 때문이다. 판매자에게는 고객들의 리뷰가 판매 무기와도 같다. 어떤 곳에서는 좋은 리뷰를 쌓기 위해 리뷰마저 돈을 내고 거래하기도 한다. 물론 쇼핑몰에서 원하는 바는 아니지만, 셀러 입장에서는 고객의 마음을 움직일 수 있는 하나의 작은 수단이기도 하다.

하지만, 나는 기계적인 리뷰보다는 사람들의 진심이 담긴 내용을 원했다. 사람의 마음을 움직일 수 있는 진정성이 담긴 것을 원했다. 그래서 양질의 리뷰를 얻는 것을 목표로 삼기로 했다. 상품 구입 후 포토후기를 남겨주는 고객들에게 더 많은 포인트를 쌓아주었고, 서비스를 제공해주는 것에도 더욱 신경 썼다. 단기적인 측면에서는 내게는 수익을 더 낼 수 있는 부분을 포기하고, 광고비에 투자하듯 고객에게 투자하는 것이라고 생각했다. 어느 정도 인내의 시간이 필요했다. 그리고 내가 원하는 대로 고객들의 마음을 움직이는 데 성공했다. 90%의 고객들은 이전보다 훨씬 더 양질의 리뷰를 남겨주었고, 정성스럽게 리뷰를 달고 있었다. 그리고 제공해준 사은품에도 고맙다는 리뷰가 늘어났다. 그렇게 리뷰가 쌓여가는 수만큼이나 평점도 자연스레 올라갔다. 광고에 비용을 더 투자할 수도 있었지만, 나는 대신 고객에게 '기버'가 되는 방식을 택했다. 그리고 나는 그 효과를 몸소 체험했다.

우리는 기브 앤 테이크의 본질을 잘 이해해야 한다. 모든 관계에는 기브 앤 테이크의 원칙이 있고, 그 기본적인 의미가 서로 주고받는 것의 동등함에만 있다고 생각할 수 있다. 하지만 진정한 기버는 타인에게 이익을 제공함과 동시에 자신의 이익도 챙길 줄 아는 사람이다. 상대방을 진정으로 돕고자 하는 마음, 즉 이롭게 하겠다는 마음이 전제된 기버가 된다면, 그러한 베푸는 행위가 결국 내게 더 크게 되돌아온다는 것을 기억하자. 앞서 빌 게이츠의 말처럼 타인과 나를 위한 마음을 잘 조합할 수 있는 성공한 기버가 되는 것, 그것이 부를 이루는 성공자가 되기 위한 필수 조건이다.

부자들의 철학과 노하우,
돈을 주고라도 배워라

운동을 전혀 좋아하지 않던 내가 유일하게 열심히 했던 것이 있다. 바로 요가였다. 운동이라고는 헬스장에 몇 번 다녀본 게 전부였다. 런닝머신을 40분을 뛰어도 땀이 한 방울 나지 않았다. 그런데 요가를 하고 나면 땀방울이 송송 맺혔다. 무엇보다도 마음 속에 고요함이 찾아오며 나의 내면에 집중할 수 있는 그 순간이 참 좋았다. 내면의 단단함이 길러지는 느낌이었기 때문이다.

그러던 중 같이 요가를 하던 친구가 내게 '아쉬탕가'라는 요가를 알려줬다. 인도 정통 요가 중 하나로 본래 남자들이 주로 하는 요가인데, 최근에는 연예인 이효리가 아쉬탕가 요가를 하면서 사람들에게 조금씩 알려지기도 했다. 매일 똑같은 시퀀스를 반복하며 숙련도에 따라 지도자에게 정해진 진도를 지도받을 수 있었다. 산스크리트어로 스승을 뜻하는 말이 '구루'인데, 그 구루들은 그들의 스승에게 가르침을 받기 위해 매년 요가의 본고장 '마이소르'라는 곳으로 수련을 떠난다. 요가를 수련하는 사람들이라면, 누구나 한 번쯤은 인도에 가는 것을 상상해봤을 것이다. 나 또한 요가의 매력에 흠뻑 빠지며, 인도에서 아쉬탕가 요가의 최고 구루에게 요가를 배울 내 자신의 모습을 상상하기도 했다.

그러나, 사실 인도에 수련을 하러 가는 길은 그리 쉬운 일은 아니다. 일단 인도라는 곳을 떠올릴 때 내가 살고 있는 한국의 생활과는 너무나도 다를 것이 뻔했다. 이미 인도에 수련을 다녀온 사람들의 후기를 들으면 나는 더 단단한 각오를 해야 할 것 같았다. 오로지 그 구루에게 가르침을 받겠다는 집념과 의지 하나로 수행의 길을 떠나는 것이었다.

수련 기간은 대략 1~2개월이다. 그 요가원은 이른 새벽부터 오픈하는데, 오픈 전부터 이미 긴 행렬이 이어진다. 아직 어둠이 짙게 깔린 시간임에도 길바닥에 긴 줄을 지어 앉아 있는 사진을 인터넷에서 아주 흔하게 찾아볼 수 있다. 그리고 약 2시간의 요가 수련을 마친 뒤에는 각자만의 시간이다. 즉, 오로지 그 요가 수련만을 위해 떠나는 여정인 셈이다.

일반적으로 무언가를 배울 때, 국내에서 현존하는 최고를 찾아가 배운다는 생각도 쉽지 않다. 그러나 이 사람들은 국내가 아니라 이 세계에서 최고를 찾아가 배우는 것이다. 그 먼 곳까지 가서, 상당한 시간과 비용을 들여서까지 인도에서 배우고자 하는 열정은 어디에서 나오는 것일까? 아마 그 구루의 정신과 노하우의 가치를 제대로 알기 때문일 것이다. 요가를 이제 막 배우기 시작한 친구에게 인도에서의 이런 수련 관습에 대해 이야기했을 때, 친구는 이렇게 답했다.

"집 앞에 있는 요가원도 가려면 그렇게 힘든데, 인도까지 가서 배운다고?"

이렇듯 한 분야의 최고에게 가르침을 받기 위해 드는 상당한 투자 비용을 아까워하지 않는 사람들이 또 있다.

"잠자는 동안에도 돈이 들어오는 방법을 찾지 못한다면 당신은 죽을 때까지 일을 해야만 할 것이다."

이 명언을 남긴 워런 버핏(Warren Buffett)은 가치 투자의 최고 전문가로 알려져 있다. 그는 '파워 오브 원(Power of one)'이라고 불리는 자신과의 식사 경매 이벤트를 20년간 이어왔다. 그는 점심 식사 낙찰 금액을 자선단체에 모두 기부해 사회에서 소외된 사람들을 위해 써왔다. 코로나 19 이후의 첫 경매이자, 그의 마지막 점심 경매의 낙찰 가격은 무려 246억 원이었다. 역대 최고가의 기록을 남겼다고 하는데, 상당한 금액이 아닐 수 없다.

사람들은 왜 그런 상당한 금액을 지불해서라도 워런 버핏과의 점심 식사를 하려고 하는 것일까? 투자의 대가인 그에게 직접 투자

조언뿐만 아니라, 철학, 노하우를 모두 직접적으로 배울 수 있는 소중한 기회이기 때문일 것이다. 대부분 사업가이자 투자자인 낙찰자들은 버핏과의 대면 시간을 통해 자신의 기업을 홍보할 수 있을 뿐만 아니라 투자 파트너로써 어필할 수 있는 기회로 삼을 수 있었을 것이다. 물론 그러한 상당한 금액을 가지고 있으면서도, 그 가치에 투자하지 못하는 사람들도 있을 것이다. 하지만 그 경매에 참여했던 사람들은 상당한 금액을 지불하면서까지 얻고자 했던 그 가치를 금액보다 높게 평가했다. 워런 버핏과 같은 부자들의 철학, 지식, 경험담이라는 귀한 가치는 우리 눈에는 보이지 않는 무형의 것으로 존재하기 때문이다.

비록 나는 내가 가진 자산으로 워런 버핏과 같은 최고의 전문가와 대면할 수 있는 기회는 가질 수 없다. 그러나 큰돈을 들이지 않고도 워런 버핏과 같은 투자의 전문가를 만날 수 있는 방법이 있다. 또한 투자뿐만 아니라 각 분야의 전문가를 만날 수 있는 방법이기도 하다. 바로 그들의 책과 강연이다. 한 권의 책을 통해 한 명의 전문가를 만나며, 그들의 이야기를 통해 간접적으로 배울 수 있다. 나 또한 경제와 투자에 대해 관심을 가지기 시작했을 때, 가장 먼저 찾은 곳이 바로 도서관이었다. 처음 제대로 공부해서 투자를 해보자고 마음먹었을 때도, 초보자들을 위한 책을 찾았다. 부동산과 경매에 대해서도 어떻게 시작할지 몰라 헤맬 때, 부동산 공부에 입문하는 사람들을 위한 책을 찾았다. 그리고 요즘은 책에 작가와 소통할 수 있는 SNS 채널과 이메일이 기재되어 있어 용기만 낸다면 연락을 취할 수 있는 방법도 모두 열려 있다.

앞서 이야기했듯 실제로 나는 달러를 이용해 투자하는 방법에 관한 한 권의 책을 읽었다. 그리고 그 작가님의 블로그를 찾아 들어갔고, 꾸준히 블로그 포스팅을 읽어가다가 때마침 달러 투자 관련 강의를 정기적으로 열고 있다는 것을 발견했다. 강연을 신청하는 댓글 수는 엄청났고, 나 또한 강의를 들어볼까 고민했지만, 고민하는 사이 이미 선착순 마감으로 끝나고 말았다. 아쉬웠지만 다음 기회를 기다리는 수밖에 없었다.

기다리던 강의 모집이 다시 시작되었을 때, 나는 기회를 놓치지 않았다. 비록 집에서 차로 2시간이나 걸리는 거리였고, 수강료도 당시 내게는 작게 느껴지지 않았지만, 대부분 강의의 수강료는 질과 거의 비례한다는 것을 깨달은 적이 있다. 처음 ETF 투자에 관심이 생겼을 때 어떤 커뮤니티 카페에서 5만 원이라는 저렴한 가격에 강의를 열고 있었는데, ETF 투자를 해야겠다고 결심을 한 상태였기에 어떻게 투자를 할 수 있는지 궁금했다. 커리큘럼을 확인했을 때도, 처음 ETF를 시작하는 나와 같은 초보자에게 적합한 것 같았다. 그러나 그 강의가 진행되는 동안, 강사님은 왜 ETF를 해야 하고, 왜 좋은지에 대해서 주로 설명했고, 강의 말미에 가서야 초보자가 시도해볼 수 있는 종목 몇 가지를 추천해주었다.

나는 강의가 알차다는 생각은 전혀 들지 않았다. 어떤 기준으로 ETF 종목을 고르고, 어떤 자료를 토대로 투자의 안목을 기를 수 있는 것인지 알고 싶었던 내게는 좀 아쉬운 내용이었다. 그러면서 5만 원이라는 비용을 내면서 너무 많은 것을 기대했다는 생각도 들었다. 그래서 이번에는 그보다 몇 배에 달하는 수강료이지만 무언가 배울 수 있는 것이 더 많지 않을까 내심 기대했다.

내가 그 강의에 가서 느낀 것은 작가님의 투자 마인드와 철학이었다. 투자 방법에 대해서만 배울 수 있을 것이라고 생각했지만 내가 전혀 생각해보지 못한 많은 인사이트를 얻을 수 있었다. 예를 들면 사회적 통념상 안 된다고 규정지어진 것들에 대해서 '왜 안될까? 그럼 방법이 없을까?'라고 생각하며, 하나씩 챌린지를 하듯 그 사회적 통념을 깨어가는 투자 마인드를 배웠다. 그리고 또 그 강의를 들으러 온 사람들을 눈으로 보며, 열기를 체감할 수 있었다. 누구나 주말에는 조금 더 여유를 부리고 싶기 마련이다. 그러나 수강생은 남녀노소 구분 없이 연령대도 다양했다. 또한 질문들의 난이도를 보며 나 또한 동기부여를 받을 수 있었다.

처음 그 강의를 듣기 전에는 수강료에 순간 멈칫하기도 했지만, 이내 곧 그 강의료의 액수보다 내가 배울 수 있는 인사이트와 가치가 더 중요한 것이라고 판단했다. 그리고, 이는 직접 내가 배워보지 않으면 알 수도 없는 것이었다. 또한, 전문가는 철학과 노하우를 스스로 터득하기까지 엄청난 시간이 소요되었을 것이다. 그리고 우리는 오랜 시간이 걸려 터득한 노하우를 책정된 강의료에 구매하는 것이었다. 그만큼 내 시간을 아껴주는 데 돈을 쓰는 것이다. 그 후로 나는 내가 배우고자 하는 어떤 분야를 전문가에게 직접 배울 수 있다면, 그 수강료보다 내가 얻고자 하는 가치에 보다 더 집중하기로 했다. 그 가치를 배움과 함께 내 소중한 시간을 아껴준다면 말이다.

이제 부자가 되어야겠다고 마음먹었다면, 부자들의 마인드와 철학 등이 담긴 책을 읽는 것은 필수이다. 또한 돈이 들더라도 배울 수 있는 기회가 있다면 그분들의 철학과 마인드, 투자 방법 등에 대해 꼭 배우자. 내가 전혀 생각해보지 못한 아이디어와 기회, 그리고 방향성에 대한 인사이트를 얻을 수 있다. 그 가치를 생각하면 수업료가 전혀 아깝지 않을 것이다. 인생의 성공자라고 여겨지는 부자들이 오랜 시간 동안 시행착오를 통해 습득한 깨달음을 나누어주고, 이것을 단기간에 배울 수 있다는 것은 곧 내 시간을 아껴준다는 것이므로, 그 자체만으로도 매우 의미 있는 일이다.

당신의 모든 경험을 수익으로 연결해라

카페에서 따뜻한 커피 한 잔을 마시며 책을 읽고 있었다. 그때 옆 테이블에 대학생과 고등학생 정도로 보이는 두 명의 남학생들이 자리에 앉았다. 요즘 카페에서 과외를 하는 풍경을 자주 접할 수 있다. 그래서 그 둘을 보면서도 아마 과외를 하나 보다 생각했다. 내 눈에는 과외 선생님도 그저 앳된 대학생일 뿐이었다. 그들을 보며 나도 대학생 때 중학생과 고등학생들을 대상으로 과외를 했던 기억을 더듬으며 추억에 빠졌다.

나는 캐나다 워킹홀리데이 프로그램을 통해 밴쿠버에 다녀온 적이 있다. 그리고 캐나다로 떠나기 전, 아르바이트를 하며 열심히 돈을 모았다. 평일에는 주로 과외를 연속으로 하기도 했고, 주말에는 카페에서 일했다. 그렇게 하루 종일 바쁘게 시간을 보내고 집에 갈 때면 이미 깜깜한 밤이었고, 밤하늘의 별을 보며 집에 돌아가곤 했다. 그래도 캐나다로 떠날 생각에 설레어 몸이 피곤한 줄도 몰랐다.

그렇게 열심히 준비하며 캐나다에 도착했고, 최대한 빨리 일자리를 구해야 했다. 캐나다에 오기 전, 내 사회 경험은 많지 않았다. 그나마 카페에서 일했던 경험을 살려 일자리를 구하기로 했다. 당장 도착해서 생활할 수 있는 약 2~3개월 정도의 비용만을 준비했고, 캐나다행 항공권을 예약하려니 돈이 부족해 오빠에게 돈을 빌렸다. 지금 생각해보면 구체적인 계획도 없이 도착하면 어떻게든 되겠지 하는 마음으로 떠났다.

당시 워킹홀리데이로 떠난 한국인들이 가장 많이 일자리로 알아보는 곳이 카페나 식당이었다. 나도 카페에서 일했던 경험을 살려보기로 했다. 음료제조와 고객서비스에 대한 부분을 어필해서 이력서를 작성했다. 무엇보다도 도착 후 짧게나마 머물렀던 홈스테이의 주인 아주머니께서 이력서를 작성하는 데 많은 도움을 주셨다. 그렇게 작성한 이력서를 가지고 다운타운으로 가 카페가 보이면 얼굴에 철판을 깔고 무작정 들어가 사람을 구하는지 물으며 이력서를 냈다. 그곳에서는 지금 당장 사람이 필요하지 않아도 나같이 구직하는 사람들의 이력서를 모아두었다가, 필요할 때 나중에 연락을 주기도 한다. 그래서인지 대부분 내 이력서를 받아주었다. 나는 인터넷으로도 이력서를 제출할 수 있는 곳에도 적극적으로 지원하며,

전화가 울리기만을 기다렸다.

다행히 얼마 지나지 않아, 두 곳에서 면접을 보러 오라고 했다. 한 곳은 도넛을 파는 가게였고, 다른 한 곳은 커피 전문점이었다. 나는 집에서 더 가까운 카페에서 먼저 면접을 보았다. 외국의 경우, 직무에 대한 경험이 있는지를 중요하게 본다고 들었는데, 그 말이 정말 사실이었다. 면접을 담당했던 매니저는 한국의 카페에서 어떤 일을 했는지 물어보며, 주로 어떤 음료를 만들어보았는지 등의 질문을 했다. 그래서 시나몬라테와 캐러멜마키아토 등의 레시피를 설명했다. 왠지 아메리카노와 같이 물만 넣는 레시피는 너무 설명할 것이 없을 것 같았기 때문이다. 그때 매니저는 우리와 비슷하다며, 꽤 호감에 찬 표정을 지었다. 그때 나는 이곳에서 일할 수 있겠다고 확신했다. 그리고 그 확신은 사실이 되었다.

한국에서 카페 아르바이트를 할 때는, 이곳에서 일하는 게 나중에 무슨 도움이 될까 싶었다. 그저 최저 시급을 받으며 일했던 카페였기에 큰 도움이 되리라고 생각하지 못했다. 그러나 카페 외에도 핸드폰 서비스센터 등에서도 일했던 경험을 이야기하며 고객서비스를 제공했던 경험을 캐나다의 카페 면접에서 설명할 수 있었다. 처음에는 작고 하찮은 경험이라고 생각했는데, 그 작은 경험도 내게 또 다른 수익을 가져다주는 일로 만들 수 있었다. 생각해보면 우리는 스스로가 하고 있는 일과 경험을 굉장히 하찮게 여기는 경우가 있다. 그러나 나는 이때 깨달았다. 나의 모든 경험이 어떻게든 내가 돈을 벌 수 있는 기회 혹은 돈으로 값을 매길 수 없는 경험으로 이어질수도 있겠다는 것을 말이다.

이렇게 생각지도 못한 작은 경험들이 실제로 수익으로 이어지는 경우가 많다. 나는 가장 가까운 곳에서 또 한 번 이를 경험했다. 바로 신랑의 이야기이다. 신랑은 나와 결혼하기 전부터 취미로 색소폰을 연주했다. 결혼 전에 데이트를 할 때도 내 생일에 짧은 축하곡을 불어주기도 했다. 결혼식 때는 내게 색소폰 연주를 해주기 위해 몇 달 전부터 열심히 연습했다.

결혼식 당일, 눈부신 조명 아래 색소폰을 불며 내게 조금씩 다가오던 그의 모습은 아직도 잊히지가 않는다. 그 공간에서 단 둘만 남겨져 서로의 눈을 바라보고 있는 듯했다. 그때를 계기로 신랑은 색소폰 연주에 더 재미를 붙였다. 그래서 집 근처 동호회에서도 꾸준히 연습했고, 워렌힐(Warren Hill) 버전의 〈Hey Jude〉를 악보도 보지 않고 연주할 수 있게 되었다. 나도 신랑을 따라 색소폰 동호회에 한 번 따라가본 적이 있다. 하나의 작은 방에서 각자 연습을 할 수 있었고, 밖에서는 그 연주 소리가 자연스럽게 흘러나왔다.

그의 연주 소리에 지나가던 동호회 사람들은 점차 관심을 가지기 시작했다. 집 근처에는 아는 사람이 아무도 없던 터라 신랑이 동호회를 나가는 이유도 단순히 색소폰 연주가 좋아서였다. 그랬던 그에게 하나둘씩 사람들이 관심을 가졌고, 나중에는 색소폰 레슨

요청까지 들어왔다. 색소폰을 가르쳐본 경험도 없고, 스스로 그만한 실력이 되지 않는다며 레슨을 할 수 있을지 고민했지만, 이미 사람들이 신랑의 실력을 직접 눈으로 확인한 터였다. 고민 끝에 그는 일주일에 2회 정도 사람들에게 레슨을 해주었고, 반응도 꽤 좋았다. 무엇보다도 레슨을 해주면서 남에게 가르쳐주기 위해 더 열심히 연습하다 보니, 실력이 늘어날 수밖에 없었다.

나는 이때 신랑이 열심히 노력해서 스스로 실력을 키운 것이 대단하다고 생각했다. 자신이 좋아하는 일을 열심히 한 경험으로 또 다른 수익을 만들어냈다는 것에 큰 동기부여를 받았다. 나는 그때 막 요가의 매력에 빠져 지도자 과정까지 마친 상태였다. 그러나 지도자 과정까지 수료했음에도 아직 내가 누군가를 가르치기에는 실력이 늘 부족하다고 생각했다. 그래서 실습이나 대리수업을 나가는 것에도 큰 용기가 필요하던 참이었다. 그때 신랑을 보면서 내 자신의 마음가짐을 새롭게 가졌다. 내가 전문가처럼 실력이 아직 100% 완벽하지는 않더라도, 나보다 더 실력이 초보인 사람들을 대상으로 가르칠 수 있을 것 같았다.

그 뒤로 나는 시간과 장소의 제약에 구애받지 않고 약 20번의 대강 수업(정규 강사가 개인의 사정으로 인해 수업을 진행하지 못하는 경우, 타 강사가 임시적으로 대리 수업을 진행하는 것)을 해보았다. 운이 좋게도 대강 수업을 나갔던 곳에서 정규 수업까지도 맡을 수 있었다. 어쩌면 나는 실력이 부족하다는 생각에 빠져 내 경험을 그대로 추억으로만 간직할 뻔했다. 모든 경험이란 실제로 수익을 내는 일로 이어질 때 더 값지고, 뿌듯한 성취감을 준다는 것을 또 한 번 배웠던 기회였다.

내 경험처럼 요즘에는 자신의 직무 기술이나 취미 혹은 경험으로 강의를 해주는 경우가 많다. 몇 년 전까지만 해도 직무 기술이나 경험들을 바탕으로 일반인들이 강의를 할 수 있는 플랫폼은 지금처럼 많지는 않았다. 나는 본래 무언가를 배우는 것을 좋아하던 터라 이러한 강의 플랫폼을 발견했을 때 호기심에 여러 강의를 들어보기도 했다. 처음에는 블로그나 쿠팡 파트너스와 같이 글을 쓰며 돈을 벌 수 있는 제휴마케팅에 관심이 생겨 강의를 들어보기도 했다. 때마침 그때 온라인 쇼핑몰을 시작하면서 물건을 소싱해오는 일에 관심이 많았다. 국내의 시장보다는 주로 중국에서 온라인몰을 이용해 사입해오거나 구매대행을 하는 시스템에 관심이 많던 때였다. 그때 강의 플랫폼에서 현직 MD가 해외소싱을 하는 법에 대한 강의를 진행하고 있었다. 현직에서 근무하는 분이 진행한다는 소리에 오프라인 강의를 신청했고, 일대일로 수업을 받을 수 있었다. 강의실을 대여해서 강사님의 노트북 PPT 자료를 보며 수업을 받았는데, 자신이 하는 업무를 이렇게 수익화시키며 일하는 모습이 꽤나 인상깊었다. 그러면서 왜 나는 직장인이었을 때 내 직무 경험과 지식을 활용해서 추가 수입을 만들 생각을 하지 못했는지 조금 아쉬운 마음도 들었다.

아마 그때는 직장에서 일하는 것만으로도 피곤하고 버겁다고 생각했던 것 같다. 하지만 이제는 직장에서 받는 월급, 즉 하나의 수입원으로는 가파르게 오르는 물가를 쫓아갈 수도 없을 뿐더러, 노후 대책을 세울 수도 없는 상황이라는 것을 누구나 안다. 하나뿐인 몸과 제한된 시간 속에서 우리가 할 수 있는 일은 자신의 경험을 다양하게 수익화할 수 있는 방법을 계속 찾아나가는 것이다. 요즘 나는 SNS 마케팅 공부에 푹 빠져 있다. 전혀 생각해보지도 않았던 인스타와 블로그를 통해 수익화할 수 있는 방법들, 그리고 유튜브에 도전하며 새로운 파이프라인을 만들기 위해 도전 중이다.

아웃풋 없는 자기계발은 시간 낭비다

　나는 결혼 전 직장을 다니던 때, 휴일이면 쉬기 바빠서 자기계발할 생각조차 하지 못했다. 아침 6시 반 정도에 출근하고, 모든 직장인이 그렇듯 밤에는 별을 보며 퇴근했다. 그속에서 쉴 수 있는 시간을 찾기만 하면 쉬기에 바빴다. 그랬던 내가 지금은 무엇보다도 중요하다고 생각하는 것이 바로 자기계발이다. 이런 자기계발의 정확한 뜻은 무엇일까? 사전에는 '잠재되어 있는 자신의 슬기나 재능, 사상 따위를 일깨우는 일'이라고 정의되어 있다. 즉, 현재 자신이 미처 깨닫지 못하고 있는 잠재 능력을 끌어내는 일이다. 자신의 귀한 가치를 찾아 최대로 활용하는 것이야말로 경제적 자유를 이루기 위한 필수 요소이니, 이 어찌 중요하지 않을 수 있을까?

최근 인터넷에서 직장인의 1순위 자기계발은 바로 '재테크 공부'라는 기사를 접한 적이 있다. 실제로 나도 지난 여름 내내 부동산 경매 공부에 열심이었다. 부동산 투자는 많이 들어보았지만, 경매는 처음 공부해보는 분야였다. 용어부터 조금 낯설긴 했지만, 새로운 지식을 알아가는 재미가 있었다.

《배움을 돈으로 바꾸는 기술》의 저자 이노우에 히로유키(井上裕之)는 "같은 값이면 무조건 세미나에 가라"라고 말한다. 그는 저서에서 "인간이란 다른 사람과의 관계로 인해 자극받거나 격려받는 존재이다. 그러므로 다양한 사람을 만나며 자극받게 된다"라고 이야기한다.

이 책을 읽은 때는 마침 코로나로 인한 제약이 조금씩 풀려가던 시기여서 강의를 온라인과 오프라인의 수업 방식 중 선택할 수 있었다. 나는 이노우에 히로유키가 조언한 대로 직접 세미나에 가기로 했다. 누구나 쉬고 싶은 주말에도 그 넓은 강의장은 사람들로 가득 차 있었다.

오프라인 세미나에 가서 나는 실제로 그 현장의 열기를 느꼈을 뿐만 아니라, 그들의 열정에 자극도 받았다. 쉬는 시간이 되자 강사님께 질문하려는 사람들의 줄이 길게 이어졌다. 쉬고 싶은 마음을 뒤로한 채 배움을 위해 이 한 공간에 모여 있는 그들을 보며, 내가 예전 직장인일 때의 모습이 떠올랐다. 과거의 내가 이들처럼 배움에 대한 열정을 갖지 못한 것이 아쉬울 뿐이었다. 그때 더 열심히 자기계발을 했더라면 지금과는 또 다른 삶을 살고 있지 않을까.

열정이 넘치는 사람들을 직접 눈으로 보며, 나도 재테크 공부뿐만 아니라, 자기계발에 더 투자해야겠다고 생각하게 되었다. 《백만장자 시크릿》의 저자 하브 에커(Harv Eker)는 책에서 다음과 같이 말한다.

"부자가 되어 계속 부자로 사는 가장 빠른 지름길은 당신을 계발시켜나가는 것이다! 자신을 성공한 사람으로 발전시키는 것이다. 외부 세상은 당신의 내면세계를 비추는 거울에 불과하다. 드러난 결과는 열매일 뿐, 당신이 그 뿌리다."

이 글을 읽고 나를 계발시키는 일이야말로, 그 어떤 것보다 1순위로 두어야겠다는 확신을 얻게 되었다. 그리고 나를 성장시킬 수 있는 가장 쉬운 방법은 독서였다.

누구나 인정할 만한 부를 이루고 성공적인 삶을 사는 분들의 책을 읽거나 강의를 들어보면, 두 가지 공통점이 있다. 책을 많이 읽고, 책 내용대로 실행했다는 점이다. 나는 이후 외출할 일이 있으면 꼭 책 한 권을 챙기게 되었다. 시끄러운 바깥 환경 속에서도 독서할 때만큼은 모든 신경을 책에 집중시켰다. 특히 자기계발과 관련된 책을 읽을 때면, 마음을 울리는 구절들이 내 가슴속을 파고들고는 했다.

나는 전철이나 버스를 탈 때마다 사람들이 무엇을 하는지 살펴보았다. 대부분 이어폰을 끼고 휴대전화를 들여다보고 있다. 넓지 않은 공간이지만, 종이책을 펼쳐 든 사람은 그리 많지 않다. 나는 그 공간에서 책을 읽는 것만으로도, 내가 다른 사람들보다 더 열심히 자기계발을 하고 있다는 우월감을 느꼈다. 그런 착각 속에 빠졌다. 그러다 제대로 투자 공부를 해봐야겠다는 생각이 들었을 때 즈음, 나는 우연히 한 권의 책을 만나게 되었다. 당시 나는 재테크 관련 공부는 하고 싶은데, 어떻게 시작해야 할지 모르는 상태였다. 뉴스를 보면 도움이 된다길래 무작정 종이 신문부터 구독하기 시작했다.

그러나 워낙 경제와 관련한 지식이 없었던 나는 기사를 통해 투자 인사이트를 얻기는커녕 기사 내용을 이해하기도 벅찼다. 더는 그렇게 내 시간을 낭비하고 싶지 않았다. 나는 용기를 내어 위 책의 작가님께 연락드렸고, 원하던 대로 주식 투자 관련 컨설팅을 받을 수 있었다.

이분은 자신이 이 책을 쓰게 된 것은 '한책협(한국책쓰기강사양성협회)'의 김태광 대표코치님을 만난 덕분이라고 했다. 내가 컨설팅을 받고 주식 투자를 자신 있게 시작할 수 있도록 해준 그 책 말이다. 나는 이 작가님이 주식 투자에서 큰 성과를 냈기 때문에 책을 쓴 것으로 생각했다. 그런데 오히려 책을 쓴 덕분에 투자 컨설팅과 관련된 더 많은 기회를 잡을 수 있었다니! 그렇게 집에 돌아온 이후, 내 머릿속에는 '책 쓰기'가 가득 자리하게 되었다.

마음과 가슴이 시키는 대로, 나는 어느새 김태광 대표코치님의 저서인 《150억 부자의 부의 추월차선》을 읽고 있었다. 그 책에는 이런 문구가 있었다.

"당신이 가지고 있는 지식과 경험, 지혜는 너무나 소중하다. 절대 함부로 여겨선 안 된다. 삶을 귀하게 여기는 사람은 누군가 쓴 책만 읽으며 삶을 헛되이 보내지 않는다. 독서라는, 수동적인 자기계발만 하는 사람의 삶은 제자리걸음일 뿐이다…. (중략)책 쓰기라는 능동적인 자기계발은 사람을 앞을 향해 전진하게 한다. 그래서 사람들이 책 쓰기를 자기계발의 끝이라고 말하는 것이다."

내가 그토록 열심히 하는 자기계발이 독서인데, 그 독서는 결국 다른 사람의 경험과 지혜에만 귀를 기울이는 것이었다. 독서만 하는 사람의 삶은 제자리걸음일 뿐이라니…. 나는 적잖은 충격을 받았다. 책 쓰기가 자기계발이 될 수 있다는 말은 또 다른 신선한 충격이었다.

30년이 넘는 인생을 살면서 한 번도 내가 책을 쓸 수 있을 것이라고는 생각해보지 못했다. 아니 그보다는 책을 쓸 수 있는 자격이 되지 않는다고 생각했다. 하지만 "책 쓰기는 자기계발의 끝"이라는 말에 나는 가슴이 뜨거워지는 것을 느끼며, 책을 쓰고 싶다는 마음이 더욱 간절해졌다. 더는 수동적 자기계발인 독서만 할 게 아니라, 의미 있는 아웃풋을 만들어보기로 했다. 그렇게 꼭 책을 쓰리라고 마음먹었다.

그 간절함을 싹 틔우기 위해 김태광 대표님께 책 쓰기를 배우고 싶었다. 김 대표님은 '출판 가이드 시스템' 특허를 보유한 책 쓰기 분야의 전문가이다. 25년 동안 무려 350권의 책을 집필했고, 지금까지 1,100여 명의 작가를 배출해냈다. 사람들은 자신이 잘 알지 못하는 분야를 배우기 위해 그 분야 전문가의 책을 구매하기도 하고 강의도 듣는다. 부동산, 주식, 마케팅 등 그 분야의 최고의 전문가를 찾아 나서는 것이다. 내게는 책 쓰기도 그러했다.

그렇게 나의 책 쓰기 과정은 2022년 9월 15일 시작되었다. 지금까지의 내 삶의 경험들을 바탕으로 책의 주제와 제목, 목차를 구성하는 법에 대해 빠르게 코칭을 받을 수 있었다. 주제가 정해지고 나서는 서론, 본론, 결론을 쓰는 방법, 사례 찾는 법, 책을 쓴 후 출판사에 투고하는 방법까지 정말 모든 것을 다 세심하고 깊이 있게 알려주셨다. 5주라는 이 짧은 시간 동안 내가 쓸 책의 주제와 제목, 목차까지 완벽히 정해졌다.

이러한 노력과 과정의 성과는 가시적으로 나타났고, 바로 출판 계약으로 이어졌다. 혼자서 책을 쓰려고 했다면 절대 이루어내지 못할 일이었다. 이렇게 단시간에 믿을 수 없는 성과를 낼 수 있었던 것은 바로 그 분야의 전문가를 만나 도움을 받았기 때문이다.

나는 책을 쓰면서, 내 인생을 다시 한 번 돌아보게 되었다. 그리고 나의 모든 경험과 생각들을 글로 표현하며, 그동안 느껴보지 못한 자유로움을 느끼고 있다. 마치 오랫동안 잠들어 있던 내면의 자아가 깨어나는 것 같은 느낌이다. 그리고 책을 쓰며 내가 이 세상에 이바지할 수 있는 가치에 대해서도 보다 진지하게 생각하게 되었다. 그뿐만 아니라 이루고자 하는 명확한 목표에 다가서는 단단한 힘도 생겼다. 내가 책을 읽기만 했다면, 인풋만 있는 반쪽짜리 자기계발에 불과했을 것이다. 이제 책 쓰기를 통한 아웃풋으로 나를 성장시킴으로써, 나는 경제적 자유를 이루는 일에 한 걸음 더 다가설 수 있게 되었다.

게으른 완벽주의를 멀리하라

요즘은 SNS 마케팅의 영향력이 상당하다. 요즘은 연예인들 못지않게, SNS상의 수많은 팬을 거느린 인플루언서의 영향력이 크다. 물론 예전에는 글을 위주로 한 블로그가 대표적이었지만, 이제는 영상과 사진 등 다양한 매체가 등장했다. 한창 블로그가 자신을 알리거나 마케팅 수단으로 주목받기 시작할 때쯤 나도 큰 관심을 가졌다. 그때는 블로그의 알고리즘 원리에 대해 잘 알지 못했다. 또한 대부분 블로거들이 블로그의 첫 화면인 대문을 예쁘게 꾸미는 데 더 큰 관심이 있었다. 포토샵을 활용한 예쁜 썸네일로 통일감을 주면 좀 더 전문성도 있는 것 같았다. 나도 그렇게 예쁜 블로그를 만들어야겠다고 생각했고, 블로그를 잘하는 법과 관련된 책을 한 권 바로 주문했다. 그리고 디자인도 예쁘게 해보고 싶어서, 포토샵과 관련된 책도 함께 주문했다. 포토샵을 한 번도 배워본 적이 없었기 때문에, 포토샵을 어느 정도 할 줄 알아야 블로그도 시작할 수 있을 것이라고 생각했다.

그렇게 포토샵 툴을 하나씩 익히며, 책에서의 설명대로 해보았지만 뜻대로 되지 않았다. 분명 책의 설명대로 했는데, 나와야 하는 디자인 결과가 나오지 않자 나는 슬슬 짜증이 밀려오기 시작했다. 이내 나는 왜 포토샵을 이렇게 기초부터 배워야 하나 싶은 마음에 점점 하기 귀찮아졌다. 결국 나는 포토샵 관련 책을 10장도 채 넘기기 전에, 흥미를 잃고 블로그에 글 한번 써보지 못하고 그대로 열정이 식어버렸다.

사실 블로그를 하려고 마음먹었다면, 내가 가장 먼저 해야 할 일은 책을 주문할 것이 아니라 바로 블로그를 개설하고, 글을 하나 써보는 일이다. 결국 블로그란 글이 중심이 되는 매체인데, 내가 집중한 것은 디자인이라는 부가적인 요소였다. 요즘은 블로그 디자인을 예쁘게 하고 싶다면 굳이 포토샵도 할 필요가 없다. 초기에 비해 디자인에 서툰 일반인들이 좀 더 쉽게 다룰 수 있는 툴이 이미 많이 나와 있다. 심지어 무료로 사용할 수도 있으니, 블로그를 포함해 다른 SNS를 시작하는 일이 조금씩 더 쉬워지고 있다. 그래서 내가 다시 블로그를 시작했을 때, 처음의 실패를 발판 삼아, 무작정 글을 쓰기로 했다. 일단 글을 쓰면서, 부족한 점은 조금씩 보완해가는 것이 더 빠른 결과물을 얻을 수 있는 길이란 것을 깨달았기 때문이다.

사실 나처럼 어떤 일을 해보려고 마음을 먹고서는 더 준비를 잘해서 시작해야겠다는 사람들이 있을 것이다. 우리가 운동을 시작하려고 할 때도 운동복이나 운동화, 운동에 필요한 물품 등을 다 갖추어야 비로소 준비가 되었다고 생각하지 않던가. 내가 바로 이러한 부류의 사람이었다. 어떤 일을 해야겠다고 마음을 먹었다가도, 차근차근 하나씩 준비해야 한다고 생각해왔다. 사실 운동하기로 마음을 먹었다면, 헬스장에 등록하는 일이 1순위일 텐데 말이다.

최근 경매 관련 수업을 들으며 강사님께서 자신의 모토에 대해 이야기해주신 적이 있다.

"지금 당장 하지 않으면 영원히 하지 않는 것과 마찬가지다."

인간은 본래 인내심과 끈기가 부족한 동물이라고 설명하면서 목표한 것이 있다면 할 수밖에 없는 환경을 스스로 만들어야 한다고 강사님은 이야기하셨다.

몇 달 전, 온라인 강의 플랫폼을 통해 또 다른 부동산 관련 수업을 수강했다. 그 강사님의 수업은 매우 인기가 많아서 온라인과 오프라인 수업 할 것 없이 수강 후기가 좋은 평점을 받았다. 그 강사분께서 말씀하시기를 사람들이 자기만 알고 싶다며, 그만 종강했으면 좋겠다는 말을 많이 한다고 하셨다. 그러면서 한마디 덧붙이셨다.

"제 수업을 들은 수강생이 이미 수만 명이 넘어요. 그런데 왜 아직도 이 시장이 할 만할까요? 대부분의 사람들은 강의만 듣고 실행을 안 해요."

결국, 아무리 좋은 내용을 알려주고, 조언을 해줘도 결국 실행하는 사람은 극소수라는 이야기이다. 따라 하면 잘될 것이라는 것을 알면서도 우리는 여러 가지 이유로 미루고, 게으름을 피운다. 지금보다 조금 더 완벽한 준비 상태를 갖추기 위해서가 아닐까? 하지만 완벽한 준비 상태를 갖추려다가 한창 불타오르는 열기마저 꺼지지 않도록 우리는 지식의 습득과 동시에 바로 실행할 수 있는 '프로 실행러'가 되어야 한다.

그렇다고 해서 반드시 완벽주의가 곧 실패자라는 뜻은 아니다. 어떤 무언가를 완벽하게 해내기 위해 더 오랜 준비의 시간을 거쳐 정말 완벽한 결과를 내는 사람도 있다. 인스타그램의 창시자인 케빈 시스트롬(Kevin Systrom)과 페이스북의 CEO 마크 저커버그(Mark Zuckerberg)의 서로 다른 경영 철학이 바로 대표적인 예라고 할 수 있다. 스타트업으로 투자를 받고 시작된 인스타그램은 2010년 처음 탄생했다. 그 뒤로 페이스북 창업자인 마크 저커버그에게 1조 원에 달하는 엄청난 금액에 인수되었다. 당시 케빈 시스트롬의 CEO직은 유지되는 조건으로 인수되었는데, 이때 마크 저커버그는 앱 자체에 다양한 변화를 즉각적으로 주며 사용자들의 피드백으로 플랫폼을 발전시켰다. 이에 반해 케빈 시스트롬은 항상 완벽한 준비를 한 후에 새로운 기능을 오픈하는 것을 선호했기 때문에, 이 둘은 경영 철학에서 자주 부딪히게 되었다. 결국 2018년 케빈 시스트롬은 경영자 자리에서 물러났다고 한다.

마크 저커버그와 케빈 시스트롬은 전 세계인이 사용하는 어플을 만들어냈다는 대단한 업적을 이루었다. 여기에서 케빈 시스트롬은 게으른 완벽주의자가 아닌, 진정 완벽함을 추구했던 완벽주의자였다. 따라서 앞서 내가 말했던 '게으른 완벽주의자'와는 구분을 두어야 한다. 완벽함을 추구하다가 본래 이루고자 했던 목표와 목적을 상실하게 되는 것을 피하고자 부득이 이렇게 표현했음을 이해하기를 바라는 마음에서 이 일화를 소개한 것이다.

사람들은 어떤 결정을 내릴 때, 생각보다 많은 생각의 과정을 거친다. 《백만장자 시크릿》의 저자 하브 에커는 이렇게 말했다.

"행운을 포함해서 가치 있는 것은 모두 다 당신이 행동하지 않는 한 찾아오지 않는다는 것이다. 경제적으로 성공하려면 어떤 식으로든 행동해야 한다. 뭔가를 사거나 무언가를 시작해야 한다."

그에 말에 따르면, 일반인들은 어떤 일을 시작할 때, 미리 모든 것을 알고 시작하고자 한다. 어떤 장애물을 마주할지 모르기 때문이다. 이에 반해 장애물보다는 기회를 집중적으로 보는 행동이 먼저인 자는 '준비' 후 바로 '발사'를 한다. 그리고 '조준'의 과정을 거쳐 점차 보완해 나가는 것이다.

나도 온라인 쇼핑몰을 직접 해보기 전까지는 게으른 완벽주의자에 가까웠다. 앞서 설명한 바와 같이 블로그를 하려다가 준비하는 과정에서 지쳐서 포기했다. 하지만 경력 단절 여성으로 다시 취업의 기회를 얻기 위해서는 무언가 과감한 도전이 필요하다고 생각했다. 그냥 일단 무조건 해보는 수밖에 없었다. 여기에서 더 이상 나빠질 조건이나 상황이 없다고 생각했다. 그래서 아마 과거의 나였다면 쇼핑몰 강의를 들으면서도 계속 불안함에 내가 마주하게 될 위기에만 집중했을 것이다.

　특히, 고객 서비스인 CS 관리 부분에서 가장 큰 스트레스를 받았다는 강사님 이야기를 들으면서 조금 긴장이 된 것도 사실이다. 하지만 더 이상 머뭇거릴 시간조차 아까워서 나는 이미 강의를 들으면서 홈택스에 들어가 사업자등록 신청을 바로 했다. 이미 사업자등록도 했으니, 물건을 팔 생각만, 어떻게든 되는 방법에만 집중할 수 있었다. 그리고 시작도 전에 두려워했던 CS 응대를 실제로 해야 하는 일이 발생했다. 제품을 검수한 후에 발송했지만, 고객이 받은 상품이 불량이었던 것이다. 나는 물론 처음 경험하는 일이라 당황했지만, 먼저 불편을 겪게 한 것에 대해 진심을 다해 빠르게 사과했다. 그리고 고객의 불편함에 응대하기 위해 두 가지 선택지를 제시했다.

　첫 번째는 환불해주는 일이었으며, 두 번째는 새로운 상품을 보내주는 일이었다. 우리 모두 고객의 입장이 되어 본 적이 있지 않은

가. 내가 고객의 입장에서 불량 상품을 받는다면, 무엇보다도 정중한 사과와 함께 대안책을 제시받고 싶을 것이라고 생각했다. 실제로 나는 CS를 하며 생각보다는 큰 스트레스를 받지 않았다. 오히려 내가 어려워하는 부분은 상품을 소싱하는 일이었으니 말이다. 결국 사람마다 어려운 부분은 제각각 다르며, 직접 해보지 않으면 절대 알 수 없는 일인 것이다. 그러니 어떤 일을 시작하기도 전에 어려운 점을 백 번, 만 번 머릿속으로 시뮬레이션해보는 것은 부질없는 일이었던 것이다.

이러한 경험을 하고 나니, 꼭 사람이 완벽하게 준비해야지만 완벽한 결과를 내는 것은 아니라는 것을 깨달았다. 실제로 나는 쇼핑몰을 운영하면서 정말 많은 것을 배웠다. 다시 사회에 나가 돈을 벌 수 있게 되었고, 돈을 버는 일에 더 많은 관심이 생겼다. 그 관심은 결국 내가 그렇게도 어려워하던 '경제'와 '투자'에 눈을 뜨게 만들었다. 물론 그 과정에서 주식과 코인 등을 하며 손실을 보기도 했지만, 손실의 과정이 있었기에 나는 재테크와 관련해서 스스로 공부해야겠다고 결심했다. 내가 사는 세상은 다름 아닌 자본주의 사회라는 것을 이제야 깨달았던 것이다. 그렇게 시작된 부동산과 주식 공부에 이어 나는 이제 경제적 자유를 이루어가는 길에 있다.

인간이라면 누구나, 해보지 않은 일을 시작할 때 두려움을 느낀다. 하지만 그 두려움에만 집중한다면 더 나은 방향으로 나아가지 못하거나, 더디게 나아갈 뿐이다. 두려움과 기회 중 어떤 것에 더 집중할 것인지 빠르게 판단해야 한다. 경험해보지 않고서는 나의 판단과 생각, 그리고 그 두려움이 실재하는지, 알 수 없으니 말이다. 길지 않은 인생이다. 최대한 빨리 부딪혀보고, 나에게 맞는 방향으로 나아가자. 행동만이 내게 새로운 기회를 가져다줄 것이다. 이제는 게으름만 피우는 완벽주의자에서 벗어나 '프로 실행러'가 되자.

당신을 위해 일하는 시스템을 만들어라

내가 대학교에 입학했을 때 즈음 부모님께서는 한때 유명했던 디저트 프랜차이즈 사업을 시작하셨다. 집까지 부천에서 수원으로 이사했고, 부모님은 사업에 매진하셨다. 나도 마침 대학교 입학을 앞두고 있던 터라 시간적인 여유가 있었다. 그래서 부모님 가게에서 자연스럽게 내 첫 아르바이트를 시작하게 되었다. 부모님의 가게는 당시 꽤 유행했던 아이스크림 디저트여서 인기가 정말 많았다. 가게 주변이 번화가여서 유동인구도 많았다. 간혹 사람들이 너무 많이 몰릴 때면 밥 먹을 시간도 없이 일하느라 바빴다.

그러나 한국은 하나의 사업 아이템이 인기를 끌면, 정말 그 열기가 한순간에 불타올랐다가 갑자기 인기가 사그러드는 경향이 있다. 부모님의 사업도 그랬다. 처음에는 매니저 직원과 아르바이트생들을 여러 명 두고 운영하셨지만, 장사가 예전만큼 잘되지 않자 인건비를 아끼기 위해 부모님께서 직접 일하셨다. 그야말로 휴일도 없이, 항상 가게를 지키셔야 했다. 장사를 하지 않으면 하지 않는 날 수만큼 손해였기 때문에, 단 하루도 쉴 수 없으셨다.

대부분 장사하시는 분들이 아마 이와 비슷할 것이다. 하루라도 장사를 하지 않으면, 혹은 내가 직접 나가지 않으면 그만큼의 손해를 감수해야 하기 때문이다. 심지어 요즘은 최저임금이 올라 보통 잘되지 않고서는 직원이나 아르바이트생을 고용하는 것도 꽤나 큰 부담인 것이 사실이다. 나는 이렇게 고생하시는 부모님의 모습을 보며 꼭 수입이 안정적인 회사에 다녀야겠다고 생각했다. 사업을 한다는 것은 내 시간을 온종일 이곳에만 쏟아부어야 하는 것이었다. 남들은 쉬는 주말이나 휴일도 마음 편히 쉴 수 없다. 그래서 나는 계획대로 대학 졸업과 함께 회사원이 되었다.

회사원은 그래도 사업하는 일보다는 조금 더 나을 줄 알았다. 적어도 꼬박꼬박 쉴 수 있는 주말도 있고, 공휴일이 있다고 생각했다. 적어도 '내 시간을 더 가질 수 있겠지'라고 생각했다. 그러나 회사에서는 주말에 종종 세미나를 하기도 하고, 출국하는 학생들과 학부모님들을 위해 공항에 나가기도 했다. 간혹 바쁜 시즌에는 휴일도 반납하고 일에 매진해야 하는 경우도 있었다. 그래도 장사하는 일보다는 낫다고 생각했다. 아무리 회사에 고객이 없어도, 고정적인 월급은 따박따박 받을 수 있었으니 말이다.

그러나, 직장인은 어디까지나 회사라는 곳에 소속되어 있을 때만 고정적인 월급을 받고, 안정감을 느낄 수 있다. 나는 회사를 다니던 중, 잠시 휴식기에 들어가게 되면서 자발적인 실업자가 되었었다. 왠지 이곳이 아닌 다른 곳에서 내 적성에 맞는 일을 할 수 있지 않을까 생각했다. 하지만 퇴사하자마자 순식간에 안정감은 사라졌다. 수입은 없어졌고, 이 순간이 지속될까 봐 불안해졌다. 나는 회사가 굴러가기 위해 필요한 구성품이었다. 하지만 내가 회사에 없다고 해도 회사는 문제없이 잘 돌아갔다. 문제가 발생한 것은 바로 나였다. 내가 구성품으로 일하지 않자, 더 이상 돈을 벌 수 없었던 것이다. 머릿속으로 충분히 생각했던 것들임에도 불구하고, 나는 직장인 생활에 대한 회의감이 들었다. 그렇다고 딱히 사업을 시작할 만한 베짱도 없었다.

내가 다시 사회에 나가기로 결심했던 순간, 나는 사업자이셨던 부모님의 모습과 직장인이었던 내 모습을 회상했다. 둘 다 편한 조건은 아니었지만, 어찌 되었던 둘 중에 하나는 선택해야 했다. 내가 일했던 회사가 일하기 나쁜 조건은 결코 아니었다. 하지만 더 이상 회사라는 굴레 안에 내 존재를 가두고 싶지 않았다. 단지 그 이유 하나뿐이었다. 이미 겪어보았던 상황을 또 다시 거치고 싶지 않았다. 이번에는 가보지 않은 길, 바로 사업이란 것에 도전해보기로 했던 것이다.

　나는 부모님과는 달리 내가 매일 출근해야 하는 오프라인 사업장이 있는 것이 아니었기에 조금 더 자유로웠다. 부모님이 하셨던 사업과는 또 다른 형태다. 다행히도 내가 열심히 쏟아부었던 시간과 노력만큼 성과가 있었다. 내가 온라인상에 기재해놓은 영업 종료시간은 6시였다. 하지만 6시 이후에도 온라인 주문서는 쌓여갔다. 내가 공식적으로 일하고 있지 않은 시간에도 사람들은 내 쇼핑몰에서 물건을 구매하고 있었다. 나를 위해 이 가상의 오피스가 일을 하고 있었던 셈이다. 이렇게 나를 위해 일하는 시스템이 형성되기 시작했다.

　이제는 N잡러의 세상이 되었다. 누구나 하나 이상의 수입원을 가지는 것을 당연하게 여긴다. 나 또한 쇼핑몰을 시작하면서 돈을 버는 일에 더 관심을 가지게 되었다. 주식과 코인, 부동산 다양한 분야에 관심을 가졌다. 그중 내가 부동산에 대해 생각했던 것은 '내 집 마련'을 위한 수단이었다. 뒤늦게서야 부동산도 내가 도전해볼 수 있는 파이프라인 중 하나라는 것을 깨달았다. 부동산은 정부 정책의 영향을 많이 받았고, 내가 관심을 가졌던 시기는 지역과 대출의 규제가 좀 엄격했다. 개인적으로 지금 당장 시작하기에는 종잣돈의 여유도 많지 않았다. 그때 내가 또 관심을 두었던 것이 바로 해외 주식이었다. 그래서 해외 주식과 부동산 중 어떤 것에 우선순위를 두어야 할지 고민했다.

일단 위험 부담이 적고, 부담 없는 금액으로 시작할 수 있는 해외 ETF 투자를 먼저 시작해보기로 했다. ETF는 'Exchange Traded Fund'의 약자로 상장 지수 펀드라는 것이다. 즉, 특정 지수를 추종하는 것을 목표로 둔 인덱스 펀드인데, 거래소에 상장되어 주식처럼 거래가 가능하다. 일반 주식은 보통 하나의 회사에 투자하는 것이 기본 개념이지만, ETF 투자는 하나의 특정 지수를 따라가는 회사의 주식을 조금씩 모아 한 바구니에 담은 것이다. 즉, 분산 투자를 통해 위험 부담을 낮추는 투자 방식이다. 물론 주식과 같이 원금이 손실될 수 있다는 위험 부담은 있다. 하지만 단 0.001%의 위험 부담도 가지기 싫다면 과거의 나처럼 저축을 통해 재산을 불리는 방법밖에는 없다.

ETF 투자도 크게 국내와 해외로 나뉜다. 나는 비록 경제 분야의 기초 지식은 부족했지만, 이것 하나만큼은 알 수 있었다. 국내 시장보다 해외 시장이 더욱 거대하다는 것 말이다. 해외에서 일어나는 일들이 즉각적으로 해외 증권 시장에 영향을 주고, 이는 또한 국내에 그대로 영향을 준다. 그렇다면 나는 좀 더 큰 시장에 투자하는 일이 현명하다고 생각했다. 내가 해외 ETF 투자를 처음 시작할 때는 분위기가 좋지는 않았지만, 그럼에도 불구하고 1차, 2차에 이어 3차까지 계속 수익을 낼 수 있었다.

물론 그 과정이 쉽지는 않았다. 처음 제대로 해보는 투자였고, 혹여나 잃지는 않을까 조바심을 내기도 했다. 그러다 팀 페리스(Tim Ferriss)의 《타이탄의 도구들》에서 세계에서 가장 유명한 성과 향상 코치인 토니 로빈스(Tony Robbins)의 일화를 접하며 생각의 전환을 맞이하게 된다. 그 책에서 토니는 남아프리카공화국 최초의 흑인 대통령이자 흑인 인권운동가인 넬슨 만델라(Nelson Mandela)에게 27년간 어떻게 감옥에서 견뎌냈는지 묻는다. 그때 만델라는 말한다.

"난 견뎌낸 게 아니라오. 준비하고 있었던 거지."

주식 투자를 하다 보면, 똑같은 경제 지표와 상황이 다가와도 그 결과는 예측할 수 없다. 아무리 뛰어난 경제 전문가라도 일반인보다 시장을 좀 더 잘 예측할 수 있을 뿐이다. 결국 주식 투자를 하는 것도 매도와 매수의 타이밍을 잘 포착하는 일인 것이다. 그 타이밍을 기다리는 일이 인내한다는 생각보다는 '준비'를 하는 과정이라고 생각하니, 조금 더 편안한 마음으로 투자할 수 있었다. 비로소 주식 투자라는 것이 내게 하나의 파이프라인이 된 것이다.

주식 투자라는 파이프라인을 마음 든든하게 구축하면서, 나를 위해 일해줄 수 있는 또 다른 시스템을 구축하기 위해 노력 중이다. 어느 날, 유튜브를 보던 중 수백억 원 대 자산가의 스토리가 흥미롭게 느껴졌다. 이미 상당한 자산을 이룬 그분은 지금까지 구축해놓은 파이프라인이 무려 12개나 된다고 이야기했다. 그러니 한두 개의 파이프라인에서 조금 만족스럽지 못한 결과를 내더라도 다른 파이프라인에서 보완이 될 수 있는 것이다.

나 또한 N번째 파이프라인을 늘려가기 위한 노력을 계속하고 있다. 나를 위해 일하는 시스템을 계속 만들어가는 일이다. 그중 하나는 내가 쉬고 있는 시간에도, 나를 끊임없이 대중에게 알려줄 SNS 채널을 키우는 일이다. 이전에는 스스로를 드러내는 것이 부끄러웠다. 그래서 SNS에도 큰 관심이 없었다. 그러나 관점을 다르게 보기 시작했다. 바로 이 온라인을 활용한 SNS 채널이야말로 나를 위해 단 0.1초도 쉬지 않고 일해줄 수 있는 훌륭한 시스템인 것이다.

인터넷의 종말이 오지 않는 이상, 우리가 온라인을 통해 할 수 있는 비즈니스를 꼭 해야만 하는 이유이다. 이제는 나를 구성품으로서 필요로 하는 곳만 바라보지 말자. 나의 가치가 중심이 되는 시스템을 하나씩 구축해나가자. 나만을 위한 시스템을 구축해나갈수록, 우리는 경제적 자유를 누리는 삶에 가까워질 수 있다. 경제적 자유의 참뜻은 재정적인 풍요로움뿐만 아니라 시간과 공간에서의 자유를 누리는 것임을 꼭 기억하자.

부자가 되는 매일 습관을 만들어라

당신은 매일 반복하는 루틴이 있는가? 부자들의 매일 습관은 무엇이 있을지 생각해본 적이 있는가? 부자들의 습관을 따라 하면, 나도 그들과 비슷한 결과를 낼 수 있지 않을까 생각했다. 그런 생각을 우주가 알기라도 한 듯, 나는 올해 운명과 같은 두 책을 만났다.

그중 첫 번째는 김유진 작가님의 저서 《나의 하루는 4시 30분에 시작된다》였다. 내가 그 책을 만났을 때 그 작가님이 이미 유명한 유튜버인지 몰랐다. 그분은 남들보다 조금 더 일찍 하루를 시작하는 습관 덕분에 미국에서 변호사 자격증뿐만 아니라, 국내에서도 수많은 목표를 달성한 것으로 이미 유명한 분이었다. 학창 시절에도 새벽 4시 30분에 일어나본 적이 없던 나로써는 자신의 목표를 달성하기 위해 정해진 시간을 최대한 활용해서 많은 것을 성취해내는 모습에 큰 동기부여를 받았다.

그렇게 아침 루틴에 대한 생각이 많아지면서 올해의 두 번째 책인 할 엘로드(Hal Elrod) 의 《미라클 모닝 밀리어네어》를 접하게 되었다. 부자들의 아침 습관과 더불어 성공 법칙을 다룬 이 책을 읽고 나서 나도 미라클 모닝을 시작하게 되었다. 늘 시간이 부족하다고 느꼈던 터라 부자들의 매일 습관처럼 조금 더 일찍 일어난다면, 하루를 더 길게 사용할 수 있게 되리라고 생각한 것이다.

처음에는 아침 일찍 눈을 뜨는 것이 쉽지 않았다. 잠에 한번 빠지면, 잘 깨지 않는 수면 습관을 가지고 있던 터라 익숙하지 않은 기상 시간에 적응하는 데 적지 않은 시간이 걸렸다. 그리고 무엇보다도 취침 시간이 완전히 바뀌었다. 이전에는 새벽 1~2시에 자는 것이 일상이었다. 고요한 밤 시간이 왠지 일을 할 때에도 집중이 잘되는 느낌이었다. 하지만 아침에 일찍 일어나기 위해서는 밤 11시 정도에는 무슨 일이 있어도 잠자리에 들었다. 그렇게 매일 새벽 4시에 일어나다 보니, 아침에 내가 활용할 수 있는 시간이 분명 많아졌다. 그 시간에 책을 읽기도 했고, 영어 공부를 해보기도 했다. 그렇게 부자들의 아침 습관을 따라가는 듯했다.

그러던 중 내 하루의 루틴이 또 한 번 변화를 맞이하게 된다. 바로 해외 주식을 시작하면서부터이다. 물론 미리 예약 주문을 걸어놓고 평소대로 일찍 잠이 들어도 되지만 장이 시작되고 나서 미국의 중요 경제 일정에 따라 장을 지켜보는 것이 재미가 있었다. 주가의 안정적인 시간대도 있는 것 같았다. 간혹 미국에서 금리와 같이 중요한 발표가 있는 날에는 그 시간까지 꾸벅꾸벅 졸면서도 기다렸다. 그러는 사이 새벽 4시 미라클 모닝의 습관이 흐지부지 되었다. 그러면서 왠지 내가 설정한 목표를 실패한 것 같아 마음이 찜찜하기까지 했다. 하지만 미라클 모닝의 핵심은 무조건 아침 일찍 일어나는 것에 있지 않음을 이내 곧 깨닫게 되었다.

사람마다 생활의 루틴이 다르고, 라이프 스타일이 다르다는 것을 미처 생각하지 못했던 것이다. 비록 더 이상 새벽 4시에 기상하지는 않더라도, 내가 밤늦게까지 깨어 있는 활동은 경제적 자유를 이루기 위한 의미 있는 시간이었다. 그리고 미라클 모닝의 참 의미는 아침의 시간, 즉 자신만을 위한 시간을 확보하는 것이 그 핵심이다. 또한 그 아침을 내게 의미 있는 시간으로 채우며, 나를 각성하고 성장할 수 있는 기회로 맞바꾸는 것이다. 즉, 독서와 명상, 확신의 말, 시각화, 운동 등을 할 수 있는 나만의 시간에 집중하는 것이다. 나는 시간대를 달리할 뿐, 독서와 명상, 또한 내가 목표한 것을 매일 성공의 언어로 되새기고 있다.

부자들의 매일 습관 중 다른 하나는 바로 독서이다. 그래서 나도 하루도 빼먹지 않는 것이 바로 독서이다. 이전에는 돈을 벌기 위한 테크닉과 관련된 도서에 관심이 많았다. 예를 들면, 주식에 처음 관심이 생겼을 때는 초보자들을 위한 주식 관련 책을 찾았다. 부동산에 관심이 생겼을 때는 부동산 분야 중 베스트셀러 책을 주로 찾아서 읽었다. 이러한 분야별 실질적인 지식과 관련된 책을 찾아 읽는 것도 매우 중요하지만, 자기계발과 관련된 책을 읽어야 한다는 것을 가슴 깊이 깨달았다. 앞서 설명했듯이 '자신의 잠재 가능성을 찾아 이를 발전시키는 일'이라는 의미를 가진 자기계발 말이다.

《미라클 모닝 밀리어네어》도 자기 계발과 관련된 책이며, 독자에게 동기부여를 해줄 수 있는 책이다. 대부분 이런 부류의 책은 자신이 깨닫지 못한 사실과 진리에 대해 이야기하며, 책을 통해 행동의 변화를 요구한다. 내가 할 엘로드의 책을 읽고, 실제로 미라클 모닝을 실천했던 것처럼 말이다. 깨달음을 얻었는데 그대로 실행하지 않는다면, 그 책을 읽지 않은 것과 같은 셈이다. 책을 많이 읽는 것도 중요하지만, 한 권의 책을 읽더라도 거기에서 배운 것을 오롯이 내 것으로 만들 수 있어야 한다. 예전의 습관과 행동으로 되돌아가려는 관성의 법칙이 작용하기 때문에, 한 권의 책을 1회독으로 끝낼 것이 아니라, 곁에 두고 반복적으로 읽어야 한다.

부자들은 세상의 정보에 누구보다 빠르며, 경제의 흐름을 잘 꿰뚫어본다고 생각했다. 그래서 나도 부자들처럼 돈을 잘 벌기 위해서는 신문이나 뉴스에 조금 더 가까워져야겠다고 생각했다. 종이신문을 구독하고 나니, 기사를 읽는 것이 하나의 의무처럼 느껴졌다. 그러나 신문 기사를 읽는다고 해서, 경제라는 분야와 내가 바로 가까워지는 것은 아니었다. 무엇보다도 경제용어가 낯설었고, 동일한 원인에도 다른 결과가 나올 수 있는 불확실성 때문이었다. 그럴수록 나는 기사를 읽는 것에 더 집중해야 한다고 생각했다.

그때, 박종기 작가님의 저서인 《지중해 부자》를 읽던 중, 무릎을 탁 치게 만드는 내용을 만났다. 한 거부와 저자가 만나 어떻게 부자가 되었는지에 대한 담화를 바탕으로 내용이 이루어져 있는데, 그 거부는 세상의 돈이 변화를 따라가기 때문에, 그 변화를 미리 파악한 사람들이 부자가 된다고 말한다. 이에 저자가 신문과 뉴스를 많이 접해야겠다고 말한다. 바로 나와 동일한 생각을 했던 것이다. 그때 그 부자는 말한다.

"언론은 세상의 변화를 미리 알려주기보다는 이미 변한 사실만 보도하니 늦은 거야. 그래서 신문보다는 책을 읽는 편이 낫지…(생략)."

이들의 대화를 보며, 내가 역시나 한참이나 부족한 방법으로 부자가 되려고 했구나 생각했다. 그 뒤로, 기사 내용을 100% 해석하기 위해 시간을 쓰기보다는, 날마다 헤드라인을 체크하고, 경제의 흐름만을 파악하기로 했다.

부자들의 매일 습관 중 가장 중요하면서도 꼭 이야기하고 싶은 것이 바로 집중력이다. 도널드 트럼프(Donald Trump)와 로버트 기요사키의 공동저서인 《마이더스 터치》에는 이런 말이 나온다.

"집중할 수 있다는 말은 모든 능력을 모을 수 있다는 것이고, 눈앞에 놓인 임무와 목표에 몰입할 수 있다는 것이다. 집중은 성공의 필수 요소다. 성공하는 사람은 집중할 줄 아는 사람이다."

즉, 성공한 부자들은 매일 해야 할 일에 대한 우선순위를 정하고, 그 임무를 완수하기 위해 집중한다. 해야 할 일에 집중하는 힘이 있는 것이다. 누구에게나 동일하게 주어진 시간을 어떻게 집중해서 활용하느냐에 따라 그 결과는 당연히 다를 수밖에 없다.

그렇다면, 이러한 집중력을 부자와 가난한 자는 어떻게 다르게 쓸까? 먼저, 가난한 자는 돈이 없는 상태에 집중한다. 돈을 어떻게 하면 아낄 수 있을까에 모든 에너지와 시간을 쏟는다. 바로 이전의 내 모습이다. 나는 한정된 돈을 어떻게 하면 알뜰하게 쓰고, 얼마를 남길 수 있을까에 집중했다. 내가 아낄 수 있는 돈보다 더 많은 돈을 벌 수 있는 존재라는 것은 생각조차 해보지 못했다.

반면, 부자들은 돈을 더 벌 수 있는 생산적인 것에 집중한다. 비록 그 과정에서 돈을 써야 하는 일이 있더라도, 그 행위로 인해 벌어들이는 결과가 더 크다는 것을 이미 아는 것이다. 부자들의 집중력을 배우되, 생산적인 곳에 그 집중력을 발휘하며 에너지를 쏟아부을 수 있어야 한다.

재테크 카페에서 활동하며, '무지출' 챌린지에 참여한 적이 있다. 말 그대로 무지출을 하기로 마음먹은 날은 지출을 하지 않는 것이다. 물론 교통비와 같이 하루 생활을 하는 데 있어 꼭 지출해야 하는 비용은 이 챌린지에 포함시키지 않는다. 이 챌린지를 하다 보면, 두 가지를 깨닫는다. 첫 번째는 우리는 매일 '돈'과 마주한다는 것이다. 대부분이 돈의 소비와 관련된다. 그리고 두 번째는 돈을 쓰는 것은 그리도 쉬운데, 쓰지 않는 것이 얼마나 어려운 것인지 느끼게 된다. 나는 처음 이 챌린지에 도전하면서 지출하지 않은 날이 많아질수록 뿌듯함을 느꼈다. 하지만 이내 이 뿌듯함은 소비에 대한 죄책감으로 다가왔다. 물론 개인마다 이 챌린지를 임하는 태도는 다를 수 있음을 인정한다. 단어가 가지는 뜻 그대로, 무지출 챌린지는 목표 자체가 '소비를 하지 않는 것'에 집중한다. 즉, 생산적인 것보다는 소비를 통제하는 것에 집중하는 것이다. 어떤 것에 집중하느냐에 따라 내 마음의 상태도 달라진다. 낭비하지 않는 것도 물론 중요하다. 하지만 부자들처럼 어디에 더 집중하는 것이 효율적일지, 이제 우리는 답을 알고 있다. 매일 돈의 소비와 마주하게 되는 일상 속에서, 이제는 한번쯤 고민해보자. 돈을 소비함으로써 나는 어디에 집중할 것인지 말이다. 앞에서 언급했던 《지중해 부자》에서 인상적인 부분이 있어 꼭 함께 나누고 싶다.

"물건을 사더라도 싼 것만 고르고, 밥을 먹어도 싼 음식만 먹는 사람이 어떻게 큰일을 하겠어? 그런 삶에 한 번 빠져들면 평생 그렇게 살아야 해. 두뇌가 적응해버리거든. 비싼 건 내 것이 아니라고 판단을 내려버리지. 그래서 평생 그렇게 살아야 하는 거야."

5장

나 자신을 잃지 않기 위해서라도

돈 공부를 시작해라

늙은 부자보다는 영앤리치를 꿈꿔라

내가 대학교에 다닐 때, 차를 운전해서 학교에 오는 친구들이 많지는 않았다. 간혹 부모님 차를 운전해서 오는 경우는 있었다. 그러던 중 내 동기 중 한 명이 꽤 유명한 외제차를 몰고 등교했다. 부모님 차가 아니라 자신의 소유였다. 당시 나는 외제차 브랜드에 대해 잘 몰랐기 때문에 그 차가 그렇게나 비싼 것인지 몰랐다. 지나고 나서야 그 친구의 집이 재력이 매우 좋다는 걸 알았다. 내 나이 20대에는 부유하고 풍요로운 삶을 사는 경우, 대부분 부모님의 재력 덕분이라는 것이 당연했다.

그런 모습을 이제는 수저의 색깔로 비유하고는 한다. '금수저'는 부유하거나 사회적 지위가 높은 가정에서 태어나 경제적 여유와 좋은 환경을 누리는 사람을 칭한다. 반면 '흙수저'는 가난한 가정에서 태어난 사람을 비유한다. 이 비유는 이제는 널리 퍼져 최근에는 이러한 내용을 다룬 드라마가 방영되기도 했다. 나는 적어도 금수저 집안은 아니었기에, 당연히 비싼 외제차를 몰거나 풍요로운 삶을 살 수 있을 것이라고 상상해보지 못했다. 어쩌면 너무나 고지식한 고정관념 속에 갇혀 살았던 것일지도 모르겠다. 젊은 부자는커녕 늙은 부자가 된 모습조차 내 머릿속에서 그려보지 못했다.

나의 이런 고정관념은 점점 깨지기 시작했다. 지난 여름, 부동산 공부를 하기 위해 열심히 강의를 들으러 다니던 때였다. 온라인 강의 플랫폼에서 진행하는 수업들을 온라인으로 들을 수도 있었지만, 이왕 같은 비용이라면 오프라인 강의를 통해 현장의 열기도 함께 느껴보고 싶었다. 내가 듣고자 하는 강의의 수강생들의 후기를 찾아보니, 그 수업에 대한 열정을 느낄 수 있을 뿐만 아니라 흡사 팬클럽을 연상케 했다. 그렇게 부푼 마음을 안고 총 3주간의 강의에 참석했다.

이제 막 강의를 시작하신 강사님이셔서 그랬을까? 그분의 눈동자는 초롱초롱 빛났고, 자신을 위해 주말을 반납하고 달려온 수강생들을 위해 최선을 다하고 있음이 그대로 느껴졌다. 강의 시간이 이미 초과했음에도, 수강생 한 분 한 분의 질문을 모두 받아주셨다. 실로 그런 강사님은 처음 만났다.

"없던 결핍도 만들어서, 정말 간절한 마음으로 이루어냈어요."

강사님의 그 말에 나는 내가 경제적 자유를 이루겠다는 목표를 위해 얼마나, 어떤 노력을 했는지 돌아봤다. 그분은 금수저 집안에서 태어난 것도 아니고, 오로지 자신의 노력과 집념으로 경제적 자유를 이루어냈다. 또한 이미 부모님의 노후 대책을 위해 건물까지 준비해놓으셨다.

정말 놀라웠던 점은 그 강사님은 나보다 더 어린 것 같았다. 아니, 틀림없이 어렸다. 나이가 어리다는 것이 문제가 아니라 오히려 대단하게 느껴졌다. 그리고 그 강사님이 부동산이라는 재테크 수단을 통해 어떻게 이런 분야의 전문가가 되었는지, 그 스토리가 인상적이었다. 특히, 호탕한 웃음소리가 인상적이었던 그분은 한때 실업자가 되어, 아내의 외벌이 수입에 의존해야 하기도 했다. 하지만 어려운 상황 속에서도 그 위기를 견뎌내었고, 이제는 경매 분야의 전문가이자, 강사로서의 새로운 N잡을 시작하신 것이었다. 나는 그때 말로만 듣던 '영앤리치(Young And Rich)'가 바로 이런 것일까 하며 눈이 번뜩 뜨였다. 영앤리치는 젊은 부자를 뜻한다. 하나은행 하나금융경영연구소의 보고서에 따르면, 49세 이하의 부자를 영앤리치, 그 이상을 올드리치라고 규정짓고 있다.

페이팔의 창업자, 피터 틸(Peter Thiel)은 사람들에게 이렇게 묻고는 했다.

"만일 당신이 무엇인가에 도달하는 데 10년이 걸리는 계획을 갖고 있다면, 당신은 다음의 질문을 스스로에게 던져야 한다. 아니, 왜 이걸 6개월 안에는 해낼 수 없는 거지?"

내게 일침을 놓는 말이었다. 나도 부자가 되어야겠다고 마음은 먹었다. 그러나 나이가 들면 부자가 되겠지 하고 막연하게 생각했던 것이다. 하지만 부동산 수업에서 만난 그 강사분을 보며 영앤리치라는 단어가 내 가슴속에 단단히 자리잡았다.

내가 캐나다 밴쿠버에서 홈스테이에서 지내던 시절, 주인 아주머니 메릴린은 이미 오랜 직장생활을 마치고, 은퇴하신 분이었다. 요리 실력이 뛰어나셔서 나는 한국 음식이나 김치가 그립다고 생각조차 못할 정도였다. 또한 이미 국제 학생들과 함께 보낸 시간이 많으셔서, 서로 다른 문화의 차이에도 포용력을 가지신 분이었다. 식사 후에는 함께 이야기도 나누고, TV 프로그램도 같이 보았다. 여행을 좋아하셨던 메릴린은 남자친구와 함께 다녀왔던 여행에 대해 종종 이야기해주셨다. 이미 노후 대비를 잘 해놓으셨던 터라, 여행과 여유를 즐기시는 모습이 정말 보기 좋았다. 또한 크루즈 여행도 계획 중이시라는 말씀에 정말 멋지다고 생각했다. 한국에서는 크루즈 여행이 무척 비용이 비싸기도 하고, 주로 효도여행으로 생각하는 경우가 많다. 내가 메릴린 아주머니와의 대화가 생각났던 이유는 바로 며칠 전 포털에서 검색했던 알고리즘에 의해 우연히 크루즈 여행과 관련된 영상을 시청했기 때문이다.

코로나로 인해 많은 사람들의 여행에 대한 수요가 억눌려 있는 때였다. 나 또한 영상으로나마 여행에 대한 갈증을 달래던 중 보게 된 그 영상에는 바다 위 배에 온갖 고층 건물과 테마파크를 마치 통째로 옮겨놓은 듯한 모습이 있었다. 그리고 당연히 노년의 부부들이 가득할 것이라는 내 생각과 기대는 완전히 빗나갔다. 생각보다 젊은 사람들이 크루즈 여행을 많이 즐기고 있었다. 신혼여행 또는 젊은 부부, 아이를 동반한 가족 단위로 여행을 즐기며 크루즈 여행의 꿀팁 등을 알려주는 브이로그도 쉽게 찾을 수 있었다.

나는 이런 호화스러운 여행의 후기, 유용한 팁들을 알려주는 영상을 보며, 10여 년 전 메릴린 아주머니와 나누었던 대화가 떠올랐다. 그 영상을 보면서 나만의 고정관념 속에 살아왔던 것은 아닐까 싶었다. 꼭 나이가 들어서만 즐길 수 있는 여행이 아니었다. 그렇게 관심이 생겨 알아본 크루즈 여행도 해외 직구의 개념과 같이, 선사 다이렉트로 미리 예약한다면, 일반 해외여행의 비용보다 훨씬 더 저렴했다. 또한 크루즈 멤버십 프로그램을 이용하는 경우, 훨씬 더 많은 비용을 아낄수 있는 방법도 있었다.

우연히 70대 연세의 할머니와 할아버지들이 크루즈 여행에 가서 인터뷰를 한 영상을 보게 되었다. 진행자는 그 여행의 인솔자였다. 4남매의 형제자매이신 노인분들은 거동이 불편하지만, 여행을 하는 데 있어서는 일반 여행보다는 다니기도 편하고 음식도 잘 맞아 흡족해하셨다. 그러면서 조금 더 젊었을 때 왔으면 좋았겠다고 말씀하셨다.

어쩌면 나도 저분들처럼, 크루즈 여행을 나이가 들어야지만 할 수 있는 여행이라고 생각의 제한을 두고 그동안 제대로 알아볼 생각조차 해보지 못했던 것은 아닐까? 크루즈 여행에 일정 연령 이상만 탑승할 수 있다는 나이 제한이 있는 것도 아닌데 말이다. 워터파크 같은 현란한 놀이기구와 범퍼카 같은 시설이 있는 것을 보니, 크루즈 여행이 나이 드신 분들만을 위한 것은 아님은 분명했다.

"가난하게 태어난 것은 당신의 실수가 아니다. 그러나 죽을 때도 가난한 것은 당신의 실수다."

빌게이츠의 유명한 명언 중 하나이다. 이제는 내가 부유하지 못한 것을 가정 환경 탓으로 할 수 없다. 우리가 금수저이든, 흙수저이든 상관없이 누구나 부자가 될 수 있는 세상이다. 그리고 이왕 경제적 자유를 이룰 것이라면, 늙은 부자보다는 영앤리치, 젊은 부자를 꿈꾸자. 즐기기 위해 열심히 달려왔는데, 몸이 쇠약해져 즐길 수 없다면 너무 허망하지 않은가? 그러니 당신이 원하는 그 무엇이 되었든 현실의 제약 속에서 한계를 두지 말자. 한계를 두는 것은 분명 자기 자신이었을 것이다. 원하는 것은 무엇이든지 최대한 빨리 이루기 위한 방법만 생각하자. 그렇게 당신도 영앤리치를 목표 삼아 꼭 이루길 바란다. 현재 누릴 수 있는 행복과 즐거움을 더 이상 미래에 양보하지 말자. 그리고 현재라는 시간을 나와 가족을 위해 충분히 누리기 위해서라도 나도 늙은 부자가 아닌 영앤리치가 되기로 했다.

당신은 이미 준비된 부자다

부자가 되는 사람들은 금수저 집안에서 태어난 사람만 되는 것이 아니라고 앞서 이야기했다. 그렇다면, 열악한 가정 환경에서 태어난 사람이 부자가 되기 위해서는 어떤 특별한 재능이라도 갖고 태어나야 하는 것일까? 신들이 부자가 될 운명을 가진 사람들에게는 뛰어난 재능과 명철한 두뇌를 선물이라도 한 것일까? 만약 그렇다면 평범한 우리들은 부자가 될 만한 가능성조차 없다고 여기며 포기해야 하는 것이 아닐까? 하지만 다행히도 신은 우리 모두에게 공평한 운을 부여해주셨다. 그 운을 어떻게 바라보는지에 따라 부의 성공자와 실패자가 나뉠 뿐이다.

데일 카네기(Dale Carnegie)의 《자기관계론》에서는 "성공한 사람들의 삶을 연구하면 할수록, 놀랍게도 많은 사람의 성공 비결이 애초에 가진 핸디캡이었음을 확신한다. 핸디캡을 극복하고자 더욱 노력한 결과 더 많은 보상을 얻게 된 것이다"라고 이야기한다. 즉, 사람들은 누구나 핸디캡을 가지고 태어난다. 어떤 사람은 이 핸디캡을 자신에게 불리한 약점이라고 생각하고, 그저 불평불만만 할 것이다. 반면, 어려움을 극복하기 위해 노력하는 사람들에게는 그 핸디캡이 오히려 기회가 되어 어느새 달콤한 성공의 열매를 마주하기만을 기다리고 있다.

나는 어렸을 때 가장 크게 느낀 핸디캡이 바로 작은 키였다. 내가 이것을 극복하기 위해 노력한 일화가 있다. 추억이 새록새록 피어오르는 학창 시절의 체육시간이었다. 농구공을 골대에 던져, 제한시간 내에 일정 개수를 골인시켜야 했다. 농구공을 가지고 골대 앞에 서 있는데, 그 골대는 하염없이 높아 보였다. 아무리 공을 던져도 공은 골대를 피해가기만 했다. 이러다간 수행평가 성적이 바닥이 될 것은 불 보듯 뻔했다. 그때 반에서 키가 3번째로 작았던 나는, 키를 핑계로 포기하고 싶지 않았다. 30초 내에 9개의 골을 넣어야 했던 그 수행평가에서 나는 꼭 만점을 받으리라고 결심했다.

그날부터 나는 평소보다 아침에 좀 더 일찍 일어났다. 집에 있는 농구공을 들고, 학교 운동장에 나가 그때부터 골대를 향해 농구공을 던지는 연습을 시작했다. 키도 작은데, 운동 신경도 좋은 편이 아니었다. 그러나 계속 공을 던지다 보니, 골대로부터의 간격과 어떤 포물선을 그리며 던져야 골인을 시킬 수 있을지 감이 잡히기 시작했다.

140cm의 키 작은 소녀의 수행평가 결과는 어떻게 됐을까? 내가 마음 먹은 대로 30초 내에 9개의 골을 성공시켰다. 비록 오래 전의 일화이지만, 그때의 성취감은 어른이 되고서도 결코 잊히지 않는다. 다들 내가 키가 작으니 그 미션을 통과할 수 있을 것이라고 생각하지 못했다. 그때의 작은 경험은 이후 내가 가진 약점이 있더라도, 노력한다면 무엇이든지 극복할 수 있겠다는 진리를 깨우치게 했다. 심지어 그다음 수행평가는 2단 줄넘기였다. 1단 줄넘기도 하다 보면 금새 숨이 찼다. 나는 이번에는 매일 밤마다 줄넘기를 갖고 나갔다. 운동신경이 떨어진다는 나의 단점을 어떻게든 보완하고 싶었다.

나는 우리 삶에도 이런 원리가 모두 적용된다고 굳게 믿는다. 다만, 우리는 내가 가진 약점과 불리한 점이 있으면 그것 때문에 무엇을 하지 못하게 될지, 부정적인 생각을 먼저 하게 된다. 하지만 부를 이룬 성공자들은 '그럼에도 불구하고' 이를 어떻게 극복하며 강점으로 전환해서 성공할 수 있을지 본다. 위기를 어떻게 기회로 만들 것인지 보는 것이다.

유명 코미디언 고명환은 자신의 스펙트럼을 배우로까지 넓혀가며, 커리어를 차곡차곡 쌓아가고 있었다. 그러다 그는 불의의 사고를 당했고, 병원에서는 살 가망성이 없다며, 주변 정리를 하라고 했다. 그러나 기적적으로 그는 살아났고, 병원에서 머무르는 동안 죽음을 맞이할 수도 있었던 그 순간, 자신이 살아온 인생이 주마등처럼 스쳐 지나갔다고 한다. 더 이상 돈에 끌려다니는 삶을 살지 않기로 그는 결심했다. 종이에 자신이 가진 경험과 능력으로 돈을 벌수 있는 일을 적어 내려갔다. 그중에서 요식업을 시작했고, 책을 쓰기도 했다. 이제는 강연가로 활동하기도 하며, 이전과는 달리 책에서 깨달은 인사이트를 통해 제2의 삶을 살고 있다.

나는 그의 일화를 보며, 내 경험과 할 수 있는 일을 통해 돈을 벌수 있는 일에 대해 적어보았다. 온라인 쇼핑몰 컨설팅, 글 쓰기, 블로그 하는 법, 인스타 하는 법, 요가, 물구나무서기 하는 법, 요리하기, 운전하기, 좋은 책 추천하기 등 여러 가지 아이디어가 샘솟았다. 그러면서 내가 생각했던 인사이트에 확신을 얻었다. 과거의 나는 내가 가진 능력과 기술이 없어 부자가 되는 것은 꿈꾸지 못한다고 생각했다.

하지만 이는 사실이 아니었다. 내가 처음 온라인 쇼핑몰을 시도하기 위해 꼭 필요한 능력은 컴퓨터를 다루고, 정보를 수집하는 일이었다. 모든 사람들이 이용하는 포털 검색 사이트에서 어떤 상품이 요즘 인기 있는지 찾아볼 수 있다. 또한 그러한 상품을 판매자가 어디에서 구할 수 있는지조차 이미 인터넷에서 쉽게 찾아볼 수 있다. 또한 초기에는 사업자등록을 하지 않더라도, 임시적으로 판매할 수 있는 방법도 있다. 이전에 오프라인 사업장을 차릴 때와 같이 큰 자본금이 필요하지 않은 일이었다. 어떤 특별한 능력이 필요한 일이 아니었다. 그저 자신이 판매하고자 하는 의지만 있다면 누구나 온라인에서 자신의 쇼핑몰을 열 수 있는 것이다. 그리고 이러한 도전과 경험이 부자를 꿈꿀 수 있는 가이드가 되어주었다. 이렇게 그 모든 것은 하나의 사소한 작은 도전에서부터 시작되는 것이다.

내 주변 지인은 내가 쇼핑몰을 하는 것을 보고 자신도 A라는 물건을 판매해보고 싶다고 했다. 나는 그분에게 물건을 어떻게 판매해보면 좋을지 여러 가지 제안을 했다. 똑같은 상품을 이미 많은 셀러들이 판매하고 있지만, 그래도 어떻게든 틈새 시장은 있다고 조언해주었다. 내가 직접 여러 가지 상품을 판매해본 결과, 파레토의 법칙(Pareto's law)이 작용함을 깨달았다.

파레토의 법칙이란 쉽게 말해 '80 대 20 법칙'으로 전체 결과의 80%가 전체 원인의 20%에서 일어나는 현상을 가리킨다. 즉, 이를 쇼핑몰에 적용해보자면 100개의 상품을 올린다고 해서 100개 모두 잘 팔릴 것을 기대할 수 없고, 약 20개의 잘 나가는 상품이 매출의 상당 부분을 채우는 것이다. 데이터상으로는 이 상품이 잘 팔릴 것이라 분석했다고 하더라도, 결코 분석한 그대로 100% 들어맞기란 쉽지 않다. 결국 나와 어떤 상품이 잘 맞는지도 알아야 하며, 계속 시도해보며, 내게 진주 같은 상품을 찾는 일이 중요하다.

얼마 후에 나는 그 지인을 다시 만나 A라는 물건을 팔아보고 싶다는 생각은 어찌 되었는지 물었다. 나와 처음 만나 이야기를 한 이후 어떤 진전도 없었다. 인터넷에서 같은 상품을 파는 판매자를 찾아보니, 그 숫자가 너무 많아서 왠지 가능성이 없을 것 같다는 것이다. 이 세상에서 그 누구도 판매하지 않는 상품, 혹은 경쟁률이 적은 상품을 찾는 것이야 물론 베스트이다. 하지만 첫 시도에 무조건 대박을 내겠다는 생각보다는 무엇이라도 판매해보는 경험, 그 작은 성취감을 빨리 맛보는 것이 가장 중요하다. 그 실행력을 바탕으로, 그다음 단계로 더 빨리 나아갈 수 있기 때문이다. 시도해보지 않으면 더 이상 전진할 수 없다. 같은 자리를 맴돌뿐이다.

나는 온라인 쇼핑몰을 운영하며 느꼈던 성취 경험을 바탕으로 더 나은 사람이 되고 싶었다. 어떻게 하면 이 일을 더 잘할 수 있을까 열심히 고민했다. 책과 영상자료를 많이 찾아보기도 했고, 필요할 때는 유료 강의를 결제해서 듣기도 했다. 또한 오랜 판매 경력을 지닌 오프라인 거래처 사장님들께 도움을 요청하기도 했다. 더 나아지고자 했던 나의 노력과 행동력은 온라인 쇼핑몰을 잘하고 싶은 궁극적인 목적에 대해 생각하게 했다. 그것은 다름 아닌 경제적인 풍요로움, 부를 축적하기 위해서였다. 결국 내게 필요한 공부는 단순히 온라인 쇼핑몰을 잘 운영하며, 좋은 매출을 내기 위한 공부에만 국한되는 것이 아니었다. 부자가 되기 위한 공부가 필요함을 느꼈다. 내 능력을 더욱 계발하고, 또 투자를 위한 공부가 꼭 필요하다는 것을 느낀 것이다. 그 모든 일은 모두 내 행동의 연결고리로 이어져왔다.

내가 사회에 다시 나가기로 결심했을 때, 경력이 단절된 여성이라는 이유로 적은 연봉을 받으며 재취업했을 수도 있다. 사회적인 경력으로 봤을 때는 치명적인 약점이었다. 그래서 나는 자유로운 시간을 최대한 활용할 수 있는 사업자가 되기로 결심했다. 그리고 그 결심한 일을 사소한 행동, 바로 사업자등록을 하는 일에서부터 시작했다. 그 행동의 결과들은 또 다른 위기를 마주하면서 내 생각과 마인드를 성장할 수 있는 기회를 계속 만들어내고 있다. 그리고 내가 가지고 있는 경험들과 할 수 있는 일들을 다시 돌아보게 한다. 내가 가진 능력의 가치를 재조명하게 된 것이다.

세상에는 분명 완벽한 사람도 있을 것이다. 하지만 이는 전 세계 인구의 매우 극소수에 불과하다는 것을 우리는 이미 알고 있다. 따라서 대부분의 사람은 핸디캡을 갖고 있거나, 어려운 상황에 직면하며 살아가고 있는 셈이다. 이제는 어려운 상황과 핸디캡을 불리한 조건으로만 바라볼 것이 아니라, 나만의 강점으로 전환시킬 수 있는 기회로 바라보자. 핸디캡을 기회로 여기며 이를 극복하겠다는 의지와 행동력이 있다면, 당신은 이미 준비된 부자라는 것을 깨닫게 될 것이다.

돈 공부는 결국 나를 위한 공부다

    우리가 지금까지 해왔던 공부에 대해서 생각해보면 정말 다양하다. 초중고등학교에서 했던 공부들은 그 결과물로 높은 성적을 요구해왔다. 최종적인 목표는 대학 입시를 위한 공부였다. 그래서 대학 입시를 통과하고 나면 12년의 학교 내신성적은 대학 입시 통과와 함께 더 이상 우리를 따라다니지 않았다. 다만, 대학교에서의 학점은 또 다시 취업이라는 관문을 통과하기 위해 관리가 필요했다. 영어 공인점수와 함께 그 외 모든 자격증 공부 또한 시험을 통과하기 위해 일정한 커트라인이라는 점수가 필요했다. 하지만 이 역시도 그 목적을 달성하고 나면 공부의 목적이 거기에서 끝난다. 직장인이라면 승진을 위한 시험 또한 준비해야 할 것이다. 이러한 공부들은 목적 달성과 함께 그 의미를 잃게 된다는 데 있어 일회성이라고 볼 수 있다.

나는 오랫동안 이런 일회성의 공부에만 집중했다. 결혼하기 전까지는 직장인의 삶만이 내 머릿속에 있었기 때문일 것이다. 내가 과거에 앞으로 나아갈 수 있겠다고 생각한 길은 회사 내에서 빨리 승진하고, 더 높은 연봉을 받는 일이었다. 그렇게 멋진 커리어우먼을 꿈꾸던 나는 결혼을 하면서 그 꿈을 스스로 내려놓았다. 그 누구의 강요도 권유도 아니었다. 재정적인 부분을 모두 신랑에게 전적으로 의지하며, 마치 온실 속의 화초처럼 살았던 셈이다. 직접적으로 돈을 버는 일보다는 돈을 벌고 있는 신랑을 위한 내조가 내가 할 수 있는 최대한의 역할이라고 생각했다. 그래서 전혀 깨닫지 못했고, 돈 공부가 나에게 필요한 것인지조차 몰랐다.

결혼 후 대학교 선후배들과의 작은 모임에 나간 적이 있다. 대부분 결혼하고 나서도 여자 선배들의 경우 자신의 직업을 가지고 열심히 살고 있었다. 전업주부가 된 나에게 한 선배는 내가 제일 성공자라고 유머 섞인 듯 이야기했다. '취집'이라는 단어가 나를 딱 표현해주는 단어였다. 그때는 농담으로 웃고 넘겼지만, 시간이 지날수록 그 말을 되새기며 씁쓸함을 느꼈다. 내가 결혼을 하고 나서 배우자에게 경제적으로 의존하며 살기 위해 그렇게 20여 년의 시간을 쉼 없이 달려온 것일까 하는 생각 때문이었다. 갑자기 내 삶의 목적성과 방향이 길을 잃은 것만 같았다. 또 신랑과 간혹 다툼이라도 하면, 내 스스로의 위치가 보잘것없다는 생각마저 들었다. 더 이상은 내가 내세울 수 있는 것이 아무것도 없다는 다소 암울한 생각조차 들기도 했다. 심지어 연속되는 유산으로 인한 상실감은 내가 무엇 하나 제대로 하는 것 없는 존재로 느껴지게 만들었다.

그때는 왜 그렇게 내 자신을 한없이 작은 존재로 느끼는지 알지 못했다. 지금에서야 확실한 것은 내게 경제적인 능력이 없었기 때문이다. 당시 신랑은 부산과 경남 지역을 대상으로 사업을 하고 있었기에, 우리는 부산에서 잠시 머물렀다. 그러던 중 원래 살던 지역인 경기 지역으로 다시 이사오게 되었다. 그때 당시 나는 지도자 자격증을 소지하고 있는 요가로 다시 강사일을 해봐야겠다고 생각했다. 한동안 공백기는 있었지만, 내가 좋아하는 일 중 하나였다. 이미 현업에 있던 친구의 발 빠른 정보로 사람을 구하고 있는 아파트 커뮤니티센터에 지원서를 제출했다. 바로 면접을 보고, 출근할 수 있게 되었다.

내가 모집하는 회원수만큼 월급을 챙겨갈 수 있는 시스템이었다. 이 기회마저도 내게는 감사한 일이었다. 그러나 코로나 19가 점점 더 확산되면서, 급기야 내가 맡고 있던 요가 수업은 무기한 정지되어버렸다. 이곳만의 사정은 아니었다. 이곳은 아파트의 커뮤니티센터에서 진행되는 수업이었기 때문에, 그나마 센터의 손해가 막심하지는 않았다. 하지만 주변에서 요가를 가르치던 강사 친구들을 보니 반강제적으로 직업을 잃거나 그 수입이 줄어들 수밖에 없었다. 정부의 방역조치에 따라 사람들이 모일 수 있는 공간들은 거의 폐쇄되었고, 그나마 제한적인 영업시간에 한해서 운영되었다.

내가 오랜 고민 끝에 결정했던 일이 허무하게 끝났다. 언제 수업을 재개할 수 있을지, 하염없이 기다리는 것에 지쳤다. 나는 그때 무작정 기다릴 것이 아니라, 다른 일에 내 에너지를 조금 더 집중하기로 했다. 그때는 마침 온라인 쇼핑몰을 막 시작했던 때였는데, 두 가지 일을 병행하고 있었고, 쇼핑몰의 주문은 계속 들어오고 있었다. 코로나 19와 같은 전염병이 세계적으로 퍼져나가는 일이 이번이 끝이 아닐 수도 있겠다는 생각이 들었다. 내가 현재 상황에서 어떤 일에 좀 더 집중을 해야 할지 큰 고민이 필요하지 않았다. 그렇게 나는 내 사업에 집중해서 돈을 벌어야겠다고 마음먹었다. 반드시 스스로 경제적 능력을 갖춰야겠다고 굳게 결심했다.

나는 학교 다닐 때 공부를 잘하고 싶었다. 그래서 반에서 1등 하는 친구를 유심히 관찰하며, 그 친구의 행동을 모두 따라 하곤 했다. 새벽에 몇 시까지 공부하는지 물어보기도 하고, 어떤 학원에 다니는지도 살펴봤다. 또한 필기는 어떻게 하는지, 쉬는 시간에는 주로 무엇을 하는지도 잘 살폈다. 그리고 나서 나만의 방식을 접목해서 공부하면서 좋은 성적을 받을 수 있었다.

내가 부유해지고 싶은 궁극적인 목적은 바로 나의 행복을 위해서란 것을 분명히 인지했다. 그리고 내 주변의 소중한 사람들을 위해서라도 나는 꼭 부유해지리라고 마음먹었다. 그러기 위해서 필요한 것이 바로 돈에 대한 공부였다. 단기적이고 일회성으로 끝나는 사회의 공부가 아니라 나에게 평생 도움이 될 수 있는 것이 바로 돈 공부였던 셈이다.

나는 학교에 다닐 때 공부를 잘했던 친구를 따라 했던 방식을 돈 공부에도 적용하기로 했다. 하지만 안타깝게도 내 주변에는 돈이 많은 부자가 별로 없었다. 그래서 가장 쉽게 부자를 찾을 수 있는 방법인 책과 강의, 영상매체를 통해 부자들의 삶을 살펴보기로 했다. 그들은 어떻게 경제적 자유를 달성했는지 살폈다. 그들은 돈을 그대로 묵혀두지 않았다. 돈이 스스로 일하게끔 투자를 해왔다. 가장 쉬운 방법으로는 주식과 부동산이 있었다.

나는 이전에 무지함으로 인해 투자를 하다가 큰 손실을 겪었다. 다른 것들은 처음 무언가를 시작할 때 '제대로 배워야 한다'라고 생각하면서, 왜 투자라는 것을 하면서는 제대로 배워야겠다는 생각을 하지 못했을까? 주식 투자를 처음 해보면서도 나는 기업에 대한 공부조차 해보지 않은 채 그냥 주변의 말에만 의존했다. 결국 참담한 투자 실패를 경험했고, 그랬기에 나는 제대로 돈 공부를 해보기로 마음먹을 수 있었다.

나는 돈 공부를 시작하며 내 인생을 바라보는 가치관을 바로잡을 수 있었다. 이전에는 내 인생을 살면서도 남 앞에서 나를 드러내기 부끄러웠고, 수동적인 객체로 살았다. 또한 어떻게든 인생을 꾸역꾸역 살아가는 것이라고 생각했다. '어떻게든 열심히, 성실하게만 살면 좋은 결과가 있겠지'라고 여겼다. 내가 원하는 것들을 구체적으로 생각해보지 못했다. '나도 부자가 될 수 있다'라고 생각해본 적이 없으니, 원하는 것들도 모두 소박한 것뿐이었다. 원하는 목표라고 해봤자 막연하게 '가족과 행복하게 살기'였다.

어느 날 주변 지인이 내 꿈이 무엇인지 물었다. 나는 행복하게 살고 싶다고 이야기하면서도, 구체적인 목표가 없었다. 그때 지인은 내게 직설적으로 이야기했다.

"꿈이나 목표가 없는 거야?"

그 순간 나는 목표도 없이 사는 사람으로 취급받는 것이 무척 부끄러웠다. 지금의 내 나이에 꿈을 꾸며 살 수 있다고 생각해보지 못했던 것이다. 나는 돈 공부를 시작하며 분명하게 깨달았다. 돈을 열심히 벌어야겠다는 다짐은 삶의 목표가 아니라, 내 목표를 실현시키기 위한 수단이라는 것을 말이다. 부자가 되겠다고 당당하게 말하는 것이 결코 경솔한 것이 아님을 말이다.

실제로 나는 돈 공부를 시작하며, 현재에 더욱 집중하는 삶을 살기 위해 노력하고 있다. 또한 이루어갈 미래를 꿈꾸며 매우 행복함을 느낀다. 나의 존재가 귀한 가치를 가졌다는 것을 알고, 그 소중함을 느끼는 중이다. 결국 그랬다. 돈 공부는 그 누구도 아닌 바로 내 자신을 위해 꼭 필요한 공부인 것이다.

돈 공부를 통해 나의 잠재 가치를 발견해나가는 재미도 있다. 내가 그동안 생각해보지 못했던 원하는 것들, 이루고 싶은 꿈들, 또한 내가 돈 공부를 시작하며 깨달은 즐거움을 남에게도 꼭 선한 영향력으로 전달하고 싶다는 설레는 꿈도 갖게 되었다. 돈 공부는 결국 나 자신의 존재를 더욱 빛나게 하기 위한 공부인 것이다.

할리우드의 유명 배우 짐 캐리(Jim Carrey)는 마하리쉬 경영대의 졸업식 연설에서 이런 말을 남겼다.

"Life doesn't happen to you. It happens for you(인생은 당신에게 일어나는 것이 아니라, 당신을 위해 있는 것이다)."

그의 말대로 이 인생은 당신을 위한 것이다. 당신이 원하는, 당신만의 인생을 가치 있게 산다는 것은 원하는 꿈과 목표를 이루는 것이다.

이제는 인생의 주인공으로 살아라

혼자 일을 하다 보니 어느 순간부터 라디오를 자주 듣게 되었다. 특히 코로나 19를 지나며, 사람들과의 만남도 쉽지 않은 때여서 자연스럽게 라디오에서 다양한 사람들의 사연을 들으며, 힘을 얻기도 하고, 나도 모르게 미소를 짓기도 했다. 사연이 선정되어 라디오 DJ가 전화 연결을 할 때가 제일 흥미진진했다. 연예인과 전화 통화를 하리라고는 생각지도 못하다가 갑작스럽게 연결되는 즉석 인터뷰의 묘미가 있었기 때문이다. 그때 내게 인상 깊었던 것은 각자 자신을 소개하는 말이었다. 사연자가 주부인 경우는 대부분 이렇게 소개했다.

"저는 ○○에 사는 ○○엄마예요."

거의 90% 이상이 자신의 이름 석자를 말하기도 전에, ○○의 엄마임을 먼저 이야기했다. 나는 청취자들의 자기소개를 들으며, 나를 정의하는 것이 누군가의 ○○와 같은 수식어로 시작되는 모습이 마치 나를 보는 것 같다는 생각이 들었다. 나 또한 어느 순간부터 점점 나의 존재 가치에 대해 잊고 살고 있었다. 그리고 누군가에게 내 자신을 소개하는 일이 점점 어색해졌다. 내 이름 석자를 당당하게 말할 수 있는 자리가 점점 줄어들었고, 그런 자리가 줄어드는 만큼 나의 모습 또한 점점 작아지는 것 같았다.

내 인생의 롤모델은 바로 엄마였다. 나는 늘 엄마처럼 현명한 여자가 되고 싶었다. 그녀는 지혜가 충만했고, 때로는 강인한 여인이었으며, 남편에게는 순종적이고, 자녀들을 따뜻한 손길로 길러냈다. 나는 이러한 모든 면을 닮고 싶었지만, 단 한 가지, 자신 없는 부분이 있었다. 바로 가족들을 위한 '희생'이었다. 내가 바라보는 엄마의 삶은 사랑, 그 자체였다.

하지만 결혼하고 나서 다시 바라보게 된 엄마의 삶은 사랑만큼이나 눈물도 가득했다. 나는 엄마가 이루지 못한 꿈만큼, 그 몫까지 내가 원하는 것을 더 이루며 살아야겠다고 늘 생각했다. 예순이 넘은 엄마의 모습을 바라보며, 이제는 눈물보다는 웃음이 가득한 기쁨만 있는 삶을 안겨드리고 싶다는 생각이 든다.

그러다 문득 내 모습을 돌아보았다. 내가 원하는 삶을 살고 싶다고 말하면서도 나는 지금까지 특별히 이룬 것이 없었다. 내가 원하는 것이 무엇인지조차 정확히 알지 못했고, 사람들 앞에서 내 생각을 당당히 말할 수도 없었다.

지난 여름, 부동산 강의를 들으며 강사님께 질문할 수 있는 기회가 있었다. 간단히 나의 상황을 이야기하고 궁금한 것을 여쭤보려던 참이었다. 기다란 줄을 바라보면서도 한참을 망설였다. 나같은 사람의 질문도 받아주실까? 질문을 드리기도 전에 걱정이 앞섰다. 하지만 딱히 다른 곳에 여쭤볼 곳이 없었기에 줄을 서서 기다린 끝에 드디어 강사님께 질문을 하려던 순간이었다. 이상하게 가슴이 너무 뛰어서 나조차 내 목소리가 들리지 않았다. '개미가 기어가는 목소리'라는 게 바로 이럴 때 쓰는 말이었던가. 심지어 말을 하면서도 심한 떨림이 있었다. 다행히 강사님은 안쓰러운 듯한 표정으로 바라보셨다. 그리고 내가 이야기를 잘 끝낼 수 있도록 침착하게 들어주셨다. 그렇게 질문을 마치고 집에 돌아가는데, 내 모습이 정말 바보같이 느껴졌다. 내가 원하는 것을 입밖으로 꺼내지조차 못하는 겁쟁이가 되어 있었다. 이렇게 한심할 수가 없었다.

이미 자존감이 무너질대로 무너진 상태였다. 무지로 인한 투자는 허탈감, 좌절, 상실감만을 보탤 뿐이었다. 그 뒤로 나는 제대로 공부하기로 마음먹었다. 투자 실패의 쓰라린 경험을 재도약하기 위한 기회로 생각하기로 했다. 그러나 내 마음은 아직도 척박한 땅에 작은 새싹 하나 틔우지 못하는 사막과도 같았다. 마음이 메말랐고,

쪼그라진 상태였다. 움츠러 있는 나를 어떻게든 펼쳐내야 했지만, 그 방법을 모른 채 그렇게 방황만 하고 있었다.

　나는 내 모습을 자꾸 잃어버린 이유를 잘 알고 있다. 결혼하기 전에는 부모님께 의지했고, 결혼 후에는 신랑에게 모든 것을 의지했다. 심적인 부담감, 재정적인 책임감, 그 어느 것 하나 나 스스로 무거운 책임을 지려 하지 않았다. 누군가에게 의지할수록 나는 점점 내 모습을 잃어갔다. 굳이 내 모습을 자세히 들여다볼 이유를 생각해보지 못했던 셈이다.

　나는 그 동안 나 자신에 대해 얼마나 자세히 알고 있었을까? 누구나 각자의 인생을 산다고 말한다. 그렇다면 나는 얼마나 내 인생의 주인공으로 살고 있었을까? 우리는 모두 누군가의 딸, 아들로, 그리고 결혼 후에는 누군가의 아내와 남편, 더 나이 들어서는 부모로써 살아가고, 점점 사회적 타이틀은 늘어만간다. 나는 이 사회적 타이틀의 의무를 소홀히 하라는 뜻이 아니다. 이러한 사회적 역할 모두 중요하지만, 그중 가장 중요한 것은 바로 내 모습을 잃지 않은 채 나로써 살아가는 것이다. 행복한 내가 되는 것이 최우선이다. 이전까지 나는 내면을 자세히 들여다보지 못했고, 어떤 두려움 때문이었는지 마주하지도 못했다. 하지만 이제 나를 중심으로 생각하며 세상을 바라보니, 나는 내 인생의 조연이 아닌 주인공이었다는 사실을 깨달았다. 내가 내 인생의 주인공으로 살아갈 때, 그 사회적 역할도 즐거운 마음으로 수행해낼 수 있다.

나는 지금껏 세상을 좁은 시야로만 바라봤다. 그리고 그 세상이 전부라고 생각했다. 하지만 '우물 안 개구리' 한 마리가 바로 여기에 있었다. 내가 바라보며 나아갈 수 있는 세상이 이렇게나 넓게 펼쳐져 있는데 말이다. 왜 높디 높은 맑은 하늘을 두고, 발 아래 시커먼 땅이 세상의 전부인양 바닥만 보며 살아왔는지, 지나온 시간을 돌이켜봤다. 누군가에게 의지하지 않아도, 나 자신의 존재만으로도 충분히 나는 멋진 사람이라는 것을 깨달았을 때, 정말 얼마 만에 느껴보는 설렘과 떨림이었을까. 가슴이 뛰었다. 내가 원하는 것들이 무엇인지 생각하며 즐거웠다. 또한 무엇이라도 도전할 수 있겠다는 자신감도 얻었다.

그리고 나를 나답게, 인생의 주인공으로 살기 위해 꼭 필요한 일은 돈을 공부하는 일이었다. 가끔 힘들 때는 내 곁에 있는 사람들에게 기댈 수 있다. 하지만, 결국 나 자신을 책임지고 내 인생의 주체로 살아가기 위해서, 무엇보다도 경제적인 자유를 이루는 일은 필수였다. 그래서 돈 공부가 나를 잃지 않으며, 주인공으로 살아가기 위해서 꼭 필요한 공부임을 강조하고 싶다. 내가 원하는 것들을 성취하고, 더욱 나답기 위해서는 나를 더욱 성장시켜야 하며, 자기계발을 해야 한다. 그리고 더 나은 내가 되기 위해서는 풍요로워질 필요가 있다.

한 권의 책에는 한 사람의 인생과 경험이 오롯이 담겨 있다. 그 경험은 성공담일 수 있고, 실패담일 수 있다. 혹은 격려의 메시지일 수도 있다. 누구나 매일 반복되는 하루하루를 보내며, 수많은 경험을 한다. 그 작은 경험을 활자로 하나하나 기록한다. 그리고 그 경험담을 엮어 책을 만들어낸다. 나는 책을 쓰며 비로소 내 자신의 모습을 더 제대로 돌아볼 수 있었다. 나의 경험이 얼마나 가치 있고, 그 가치 있는 모든 경험의 연속이자, 내 인생의 주인공이 바로 나라는 것을 더 확신하게 되었다.

이 책을 읽는 당신도, 당신만의 방법으로 더욱 자신의 모습을 되돌아보며, 진정 자신의 인생에서 주인공으로 살아가기를 진심으로 바란다.

경제적 자유,
나에 대한 믿음에서 시작된다

　나는 경기도 부천에서 태어났고, 대학생이 되도록 그 주변을 크게 벗어나지 않았다. 그러다 결혼하면서 신랑의 사업을 위해 부산에서 2년 정도 거주한 적이 있다. 그때 나는 부산에 아무 연고도 없었지만, 새로운 환경으로 가는 것에 대한 두려움은 없었다. 다만 친정 부모님과, 나의 지인들을 자주 볼 수 없다는 점이 조금 속상할 뿐이었다. 그래도 신랑의 사업이 더욱 잘되는 일이라면 이러한 아쉬움도 감수할 수 있다고 생각했다.

　부산에서 내가 유일하게 가졌던 취미는 요가였다. 근처 아쉬탕가 수련을 할 수 있는 요가원을 다니면서 수련생들과 조금씩 담소를 나누는 것이 전부였다. 그 외의 시간에는 항상 집에서 살림을 하거나, 간혹 신랑의 사무실에 함께 출근하기도 했다.

어느 날 페이스북으로 친구의 메시지가 온 것을 확인했다. 예전에 캐나다에서 지낼 때 만났던 친구였다. 아직도 외국의 친구들은 종종 페이스북 메신저로 연락을 전해올 때가 있어서 그날도 서로의 안부를 묻던 터였다.

"요즘 어떻게 지내? 지금은 어디에 살아?"
"응, 잘 지내고 있어. 신랑 따라 부산에서 살고 있어."
"와, 부산 들어본 적 있어. 서울에서 엄청 멀잖아! 그곳에서 뭐하면서 지내?"
"응, 나는 그냥 신랑 일을 돕고 있어."
"응 그래, 신랑 일도 돕고 있구나. 그런데 너는 무슨 일을 해?"
"…(신랑 일을 돕고 있다고 이야기 했는데)."

나는 이렇게 친구와 대화를 하다가, 신랑의 일이 아닌 나의 근황을 묻는 그 친구의 말에 조금 당황했다. 그러한 내 생각을 알아차린 듯 친구는 이렇게 말했다.

"서희, 너는 신랑과 아주 행복하게 살고 있는 것 같아. 하지만, 너는 네 자신만으로도 매우 가치 있는 사람이란 걸 절대 잊지 않았으면 좋겠어."

나는 그 말을 듣는 순간, 대화를 다시 살펴보았다. 나의 문장에는 온통 신랑에 대한 이야기가 가득했다.

결혼 이후의 내 모든 삶이 신랑을 위해 살았던 것은 아니다. 오히려 나는 결혼한 순간부터, 모든 것을 신랑에게 전적으로 '의지'하고 살았다. 내가 원하는 것을 스스로 쟁취하기 위해 노력하는 태도나 열정 따위는 더 이상 내게 남아 있지 않았다. 나는 그저 순탄한 삶, 파도가 일지 않는 고요하고 잔잔한 삶을 살기로 선택했기에 그 삶에 순응하고 있었다. 늘 원하는 것을 하는 것 같은데도 마음속 어딘가 허전함이 있었던 것은 바로 내 삶을 살고 있지 않았기 때문이다. 내가 무언가 할 수 있다는, 나에 대한 믿음이 전혀 없던 삶이었다.

나는 결혼과 동시에 내 성장이 멈추었다는 것을 느꼈다. 그 편안함에 스스로 안주해버렸다. 또한 더 이상 사회에서 그 능력을 인정받는 구성원이 아니었다. 하지만 그 누구를 탓할 수도 없었다. 내 스스로 선택한 '전업주부'라는 타이틀이었다. 사업을 하는 신랑의 일을 돕기는 했으나, 그 사업은 나의 사명이 담긴 일이 아니었다. 내가 신랑의 일을 돕는 것은 당연한 일이었고, 신경을 쓰지 않는다면 오히려 이기적인 사람으로 비춰지는 것 같았다. 그러다가 신랑과 다툼이라도 있는 날에는 내 존재의 가치가 더욱 하찮은 사람이 되어가는 것 같았다. 사회에서조차도, 가정에서조차도 내가 당당하게 설 수 있는 자리가 없어지는 것 같고, 마치 내 자신을 점점 잃어간다는 느낌도 들었다. 나는 이대로 이 사회에서 소멸되어가는 것만 같았다.

세계적인 현대판 전염병으로 기록된 코로나 19로 사람들은 새로운 생활 국면을 맞이하게 되었다. 우리 가정 또한 예외도 아니었다. 신랑의 사업도 직격탄을 맞을 수밖에 없었다. 무언가 이 위기를 타파할 수 있는 돌파구가 필요했다. 그 돌파구로 우리가 생각했던 것은 해외로 이민을 준비하는 일이었다. 이미 캐나다에서 영주권자인 시동생이 지내고 있었고, 캐나다 시민권자인 시어머님께서도 좋은 기회가 될 것이라고 적극 응원해주셨다. 그렇게 우리 부부는 별 다른 선택권을 생각하지 못하고 캐나다에서 다시 새로운 삶을 생각해보기로 했다.

나는 사실 20대부터 캐나다에서의 삶을 무척이나 동경했다. 8개월 동안 캐나다에서 워킹홀리데이를 하면서 지내보니 한국에 살면서는 느껴보지 못한 여유로움과 자연의 아름다움에 매료되었다. 그래서 직장생활을 할 때부터 한국에서의 현실보다는 다른 곳에 마음이 둥둥 떠나니고 있었다. 그러던 중 신랑을 만났고, 그런 둥둥 떠다니는 꿈만 꾸며, 실체 없는 삶보다는 나에게 행복함을 주는 신랑이 있는 이곳이 내가 있어야 할 곳이라고 생각했다. 그렇게 캐나다에서의 삶은 더 이상 생각하지 않게 되었다. 그런데 그토록 원했던 곳으로 이민을 갈 기회가 생기다니!

하지만 나의 마음은 20대때 설레던 마음과는 좀 달랐다. 지금도 내 자신을 잃어버린 삶을 살고 있었다. 문제는 바로 이것이었다. 과연 내가 그곳에서 어떤 미래의 삶을 그릴 수 있을까? 도저히 나

의 모습이 그려지지 않았다. 자신이 없었다. 나는 캐나다로 가기로
했던 우리 부부의 결정에 브레이크를 걸었다. 신랑이 먼저 캐나다
에 간 후, 내가 천천히 뒤따라가기로 했다. 물론 신랑은 자신을 믿
고 따라와주지 않는 내 모습에 무척 실망하고, 섭섭해한다는 것을
느꼈다. 하지만 나는 그 어느 때보다 생각이 확고했다. 지금 이 순
간이어야 했다. 내 자신의 모습을 되찾아야 하는 타이밍 말이다.

　나의 결정에 속상했을 신랑은 그래도 내 의견을 존중해주었다.
한국에 혼자 남아 있을 나를 배려해서 친정집 가까이에 집을 얻어
주었다. 그렇게 우리는 북태평양을 사이에 두고 해외 장거리 부부
가 되었다. 나는 그렇게 다시 사회에 나가기로 마음 먹었다. 어떻
게 해서든 '전업주부'라는 타이틀을 벗어나야겠다고 굳게 마음먹었
다. 물론 처음에는 취업을 해야겠다고 생각했다. 하지만 이미 직장
인의 삶을 살아보았고, 그 회사는 나의 인생을 평생 책임져주지 않
는다는 사실도 이미 깨달았다. 결국은 내 일을 해야 한다는 생각에
쇼핑몰 사업에 도전하게 된 것이다.

　대부분의 사람들이 코로나 19로 인해 어려움과 위기를 겪었다.
물론 우리 가정도 부부가 떨어져서 살아야 하는 위기와 생활 터전
을 어디에 두어야 할지에 대한 중대한 고민을 해야 했다. 하지만
내게는 이 위기가 기회의 순간이었다. 간혹 우리 가정처럼 외부적
인 요인에 의해 부부가 함께 해외에 가거나 혹은 떨어져서 사는 경

우를 종종 본다. 부부는 한몸이라고도 말하지만, 나는 아내와 남편 서로가 중요하게 생각하는 가치는 각기 다를 수 있다고 생각한다.

신랑의 내조를 위해 함께 해외로 떠나는 아내들에게는 무엇보다도 한 가정으로서 지내는 가족의 가치가 컸을 것이다. 반면, 나는 내 스스로의 가치에 집중했다. 어쩌면 너무 이기적으로 보일지도 모르겠다. 하지만 나는 그러한 이기적인 사람이 되는 것이 무서워 내게 더 의미 있고, 커다란 가치인 내 인생을 포기하고 싶지 않았다. 나에게 주어진 한 번뿐인 인생을 나를 위해 좀 더 가치 있게 살고 싶었다.

신랑은 아직도 종종 내가 자신을 따라 캐나다에 가지 않은 것에 대한 서운함을 드러내기도 한다. 하지만 나는 또 다시 신랑을 따라 캐나다에 갈 것인지 결정해야 하는 순간이 오더라도, 똑같은 결정을 할 것이다. 나 자신을 찾기 위한, 나를 위한 선택을 했을 때, 나는 전업주부에서 사업가가 되었다. 그리고 사업을 해나가면서 또 다시 재정적인 위기를 겪기도 했다. 그러나 그 위기는 나를 또 성장시키는 기회가 되었다. 다시 실패하지 않기 위해, 나를 성장시키기로 결심했던 계기가 되어주었기 때문이다.

돈과 경제에 무지했던 나는 이제 해외 주식을 공부하며, 투자가가 되었다. 그리고 돈을 잘 벌고 싶다는 생각은 '경제적 자유'를 이루겠다는 새로운 목표를 갖게 했다. 그러한 목표를 또 다시 하나씩 이루기 위해, 나는 퍼스널 브랜딩에 도전하는 작가가 되었다. 이 모든 것은 내가 내 자신의 모습을 찾겠다는 마음, 내 인생을 찾겠다는 결심에서 모두 시작된 것이다. 내 자신의 모습을 찾겠다는 스스로의 대한 믿음이 그 어느 때보다 확고했다. 더 이상은 물러날 곳이 없었다. 내 인생을 주체적으로 살겠다는 믿음이 있었기에, 지금 이 자리에서 경제적 자유를 꿈꾸며, 하나씩 그 꿈을 이루어가고 있다.

결국 돈에 대한 믿음이
내 인생을 바꾼다

'만약 돈은 많은데 당신이 사랑하지 않는 사람과 돈은 없지만 당신이 사랑하는 사람 중 어떤 사람을 선택하겠는가?'

우리는 종종 이런 질문에 직면할 때가 있다. 이 질문은 바꿔 말하면 '돈과 행복 중 어떤 가치를 선택하겠는가?'라는 말과도 같다. 특히 이전의 인기 TV 드라마에서는 이러한 진부한 주제로 남녀의 사랑 이야기를 많이 다뤘다. 행복을 모르던 부잣집 남자가 가난하지만 당차고 착한 여자를 만나 행복을 찾아가는 스토리 말이다. 나는 이러한 드라마를 생각하며, 사람들의 머릿속에는 자신도 모르게 돈과 행복은 둘 중 하나를 선택해야 하는 양자택일의 문제라는 생각을 무의식중에 심어준 것이라고 생각한다.

나도 이전에는 돈과 행복은 꼭 양자택일해야만 한다고 생각했다. 그리고 돈을 우선시하는 삶과 행복을 우선시하는 삶 중 후자를 선택하는 것이 올바르다고 생각했다. 왠지 돈을 좇는 삶은 속물에다가 물질적인 것만을 원하는 사람으로 비춰지는 것 같아 싫었다. 이러한 사고 방식에 흠뻑 젖어 있던 것은 내가 첫 직장을 선택하는 기준에도 큰 영향을 미쳤다.

'행복'한 직장인이 되기 위해서는 '돈'을 포기해야 한다고 생각했다. 즉, 내가 원하는 일을 하기 위해서는 낮은 보수를 받는 것도 괜찮다고 내 스스로 합리화시킨 것이었다. 하지만 이제 우리는 누구나 알고 있지 않은가? 이 세상에 과연 '행복한 직장인'이 있기는 한 걸까? 임금을 많이 받는 근로자와 적게 받는 근로자는 보수에 따른 삶의 질적 환경의 차이는 조금 있을 수 있다. 그러나 행복한 직장인이 아니라는 점에서는 결국 같다. 오히려 '행복한 부자'라는 단어가 우리에게 익숙하지만 말이다.

내가 신랑에게 한 달 생활비를 받아 살림을 꾸려갈 때는 그 돈은 내게 한정적인 자원이었다. 그 한정적인 자원은 관리비, 식비, 생활비와 같이 이미 받기도 전에 써야 할 자리가 정해져 있었다. 정해진 곳에 써야 하는 그 돈은 내게 어떤 행복이나 설렘을 주지는 못했다. 오히려 신랑이 내게 따로 주는 용돈을 받아서 내가 원하는 곳에 쓸 때면, 괜히 낭비하는 것은 아닌지, 그 돈을 소비하는 것에 미안한 마음이 항상 쌓이곤 했다. 돈이 가지는 가치에 대해 제대로 알지 못했던 셈이다.

하지만 내가 사업가가 되어 다시 수입이 생기니, 그 돈의 가치가 이전과는 다르게 느껴졌다. 그 돈은 단지 생활비로만 쓰고 끝나지 않았다. 그리고 돈을 쓰면서 내가 이전에 느꼈던 죄책감도 사라졌다. 돈을 사용하면서 마음의 여유로움이 느껴졌다. 그러한 즐거운 마음을 경험하며, 나는 누구나 원하는 것처럼, 돈을 더 잘 벌고 싶다는 생각을 하게 되었다. 아마 내가 그 돈을 쓰며 느꼈던 마음이 과거에는 미안함이나, 죄책감으로 가득 찼다면 돈을 벌 때의 내 마음에도 그 감정과 느낌이 고스란히 전해졌을 것이다. 그러나 이제는 내 마음이 달라졌다. 100년을 이어져 내려온 부의 원리와 원칙에 대한 쓴 《부의 비밀》의 저자 월러스 워틀스(Wallace D. Wattles)는 저서에서 이렇게 이야기한다.

"우리가 부유해지기를 바라는 까닭은 먹고 마시고 즐거워할 때가 되면 그렇게 하기 위해서이고, 아름다운 것들을 가까이하고 멀리 보이는 풍경을 바라보고 마음에 양식을 주며 지성을 계발하기 위해서이며, 남을 사랑하고 친절한 일을 하며 세상이 진리를 발견하도록 돕기 위해서이다."

그리고 조물주가 원하는 것은 자신과 다른 존재들을 돕기 위해 우리가 자신을 최대한 계발해야 하고, 이를 위해 부유해져야 하는 이유를 찾고 있다. 즉, 사람이 돈을 많이 벌고 싶다는 욕망, 부유해지겠다는 생각을 우선시하며, 이를 노력하는 것은 지극히 당연하고 옳은 일이었던 것이다. 더 이상 부자를 꿈꾸지 않을 이유가 없었다. 오히려 그 어느 때보다 부자가 되기를 강렬하게 소망해야 하는 이유이다. '돈이 없어도 나는 행복해질 수 있어!'라는 마음에서 철저하게 벗어나기로 했다.

돈을 가지는 것에 대한 욕망은 구체화되었지만, 단지 남을 더 잘 돕기 위한 이유보다는 보다 나 자신을 위한 목적 실현이 중요함을 느끼는 순간이 내게 찾아왔다. 코로나 19로 인해 우리 가정은 국제 이산가족이 되었지만, 각자의 자리에서 충실한 삶을 살고 있었다. 그러던 중 외국에서 수십 년을 살던 시동생이 그간 불편했던 치아 치료를 받기 위해 한국에 들어오면서 나의 삶에도 변화가 생겼다.

20평 남짓의 집에서 나는 신랑과 그의 동생과 함께 약 6개월을 함께 살게 되었다. 처음부터 반년이라는 시간을 계획했던 것은 아니다. 하지만 생각보다 치료 기간이 길어졌고, 외부적으로는 코로나 19로 인해 캐나다 입국자에 대한 비용 부담이 꽤나 컸다. 그렇게 조금씩 길어지던 체류 기간은 2개월에서 6개월로 늘어났다. 그 길어지는 시간 동안 나는 이 집에서 책임지고 있는 역할을 수행해가며, 나의 본질에 대해 더 깊은 고민을 하게 되었다.

분명 이전에도 전업주부로 신랑을 내조하며 살았다. 집안 살림을 척척 잘해내는 주부 9단의 살림 스킬은 아니었다. 부족했지만, 매일 이 가족들을 위해 식사를 챙기고, 청소와 빨래 등을 하면서도 이제 막 부스터를 달기 시작했던 쇼핑몰을 키워내기 위해 고군분투하며 부족한 시간을 어떻게든 쪼개며 살았다. 가끔은 수면 시간이 4시간도 채 되지 않았다.

그때 내 머릿속에 들었던 생각은, 내 존재의 가치였다. 내가 이 세상에 태어나 집에서 살림만 하는 여자로 살기에는 내 가치가 너무 아깝다는 생각이 들었다. 마치 내가 해오고 있는 집안 살림이 생계를 이어가기 위한 수단이라면, 이제는 그 이상의 무언가를 성취하고 싶었다. 바로 내가 하는 일로 해서금 나를 위한 자아성취와 더 큰 행복을 느끼는 일이었다.

물건을 판매하며, 내 물건을 어떻게 더 많은 사람들에게 알릴 수 있을까? 어떤 광고를 해야 할지에 대해 고민했다. 그리고 한 상품이 많이 판매될수록, 상품으로서의 가치가 올라간다. 그리고 가치가 올라간 상품이 판매자에게는 무기였고, 매출은 자연스럽게 따라왔다. 그리고 그 매출을 통해 나는 내가 시도해보지 않은 더 많은 상품들을 판매해볼 수 있는 다양한 도전의 기회를 가졌다. 나는 그 원리를 내게도 똑같이 적용하기로 했다. '나라는 존재가 가진 가치를 사람들에게 기여할 수 있는 삶을 산다면, 그 과정에서 자연스럽게 경제적 여유는 따라오는 것'이라고 생각한 것이다. 그리고 결과적으로 이렇게 돈을 버는 일이야말로, 내 스스로 자아실현하는 일이자, 내가 성취감을 느끼는 삶, 즉 내 스스로에게 더 많은 기회를 열어주는 것이라고 생각하기에 이르렀다.

몇 달 전까지만 해도, 강의를 들을 때 너무 소심해서 질문조차 제대로 하지 못하는 사람이었던 나는 상대방에게 말을 건네기가 어려워 "아, 제가 원래 성격이 너무 소심해서요"라고 내 자신을 '소심한 사람'이라고 부연 설명하고는 했다. 결국 나는 나 자신을 '소심한 사람'이라고 정의했으니, 항상 소심한 사람으로서의 삶을 살 수밖에 없었다. 내가 부자가 되는 삶을 꿈꾸어 본 적이 없기 때문에, 부자로 살 수 없었다. 결국 내가 나를 정의한 대로 살 수밖에 없는 것이다. 나를 정의하는 힘은 내가 되고자 하는 것, 원하는 것을 얼마나 현실에 가깝게 상상하느냐에 달려 있다.

그래서 나는 더 이상 나를 소심한 사람이라고 설명하지 않는다. 나 자신을 당당하게 드러낼 수 있는 사람이고, 내 가치를 알아보는 사람들에게 그 가치를 전달해주는 사람이다. 그래서 이제는 블로그에 내가 생각하고 느낀 것들을 글로 정성스럽게 작성하기 시작했다. 인스타그램에는 나의 일상뿐만 아니라, 내가 읽으며 느꼈던 책의 인사이트를 사진에 담아 사람들에게 전하고 있다. 또한 이전에는 엄두도 내지 못했던 유튜브를 배워서 SNS에 유튜버가 되었다는 글도 올렸다. 즉, 내가 가진 달란트와 가치를 사람들에게 전달하기로 한 것이다.

그러자 내가 지금까지 느껴보지 못한 감정들을 느끼고 있다. 나의 글과 사진, 생각에 공감하며 응원해주는 사람들의 넘쳐 흐르는 긍정적인 에너지를 전달받게 된 것이다. 어쩌면 얼굴도 잘 알지 못하는 사람의 공감을 받는 것이 뭐 중요한 일일까 생각하기 쉽다. 그러나 다른 사람들의 시선과 공감에 대해 생각하기 전에 더 중요한 것은 이러한 새로운 도전을 하며, 진정한 내 자신의 모습과 마주하게 된 것이다. 내가 쓴 글과 사진, 영상을 보며 내 자신을 바라보게 되었다. 그리고 더 나은 모습으로 발전하고 싶다는 생각이 그 어느 때보다 강렬하다. 나는 나 자신을 잘 드러내지 못한다고 생각하고, 사람들과의 관계가 무의미하다고 느꼈었다. 하지만 이는 스스로의 성장을 위한 도전이 두려웠던 나의 비겁한 변명이었던 것이다.

내 자신의 모습을 객관적으로 마주하며 '나는 앞으로 더 어떻게 성장할 수 있을까?' 끊임없이 고민한다. 그리고 그 고민의 시간을 거쳐 나는 실제로 내가 이 세상에 태어난 존재로서 마땅히 이루어야 할 가치의 빛을 점점 찾아가고 있다. 내 존재의 가치를 실현하는 일이야말로 진정 내가 행복을 느끼며, 부유해진 삶을 이루어가는 일이다. 나의 가치를 다른 사람들과 함께 나누며 그 과정에서 경제적 자유를 이루어간다.

돈이란 결국 우리가 멀리해야 할 대상이 아니다. 두렵거나 겁을 내야 할 대상도 아니다. 돈은 우리가 원하는 것들을 누리고, 내 가족과 주변을 행복하게 만들어줄 수 있는 고마운 가치이다. 단지 나만의 행복이 아니라, 내 주변에도 그 가치를 전달할 수 있다면 그것이야말로 정말 최고의 성취감을 이루며 살 수 있는 행복한 인생이지 않을까?

결국 돈과 행복은 양자택일을 할 수 없다. 함께 생각하는 것이 맞다. 돈이 수단으로써 내게 전해주는 행복함과 즐거움을 누리기 위해 나는 부자가 되기로 결심했다. 그리고 그 과정 속에서 나는 나의 가치를 사람들에게 전달하며 행복을 느끼는 일에 최선을 다할 것이다. 그렇게 나는 지금 부자가 되어가는 중이다. 모두가 나처럼 행복함을 느끼며 부자가 되는 꿈을 이루어가길 간절하게 소망한다.

나는 지금 부자가 되어가는 중입니다

제1판 1쇄 2023년 7월 19일

지은이   서희
펴낸이   최경선   **펴낸곳**   매경출판(주)
기획제작   ㈜두드림미디어
책임편집   우민정   **디자인**   얼앤똘비악earl_tolbiac@naver.com
마케팅   김성현, 한동우, 구민지

매경출판㈜
등록 2003년 4월 24일(No. 2-3759)
주소 (04557) 서울시 중구 충무로 2(필동1가) 매일경제 별관 2층 매경출판㈜
홈페이지 www.mkbook.co.kr
전화 02)333-3577
이메일 dodreamedia@naver.com(원고 투고 및 출판 관련 문의)
인쇄·제본 ㈜M-print   031)8071-0961
ISBN 979-11-6484-567-5 (03190)

이 세상은   까빗는
성취감을   즐이 붕가능하다고
됐던 일은 아니   는 것입니다.
당신의 가능성을 절대 과소평가하지
마십시오
경우 할수 없다고 믿는 사람만이
성공을 이루어 냅니다

김 수로
소아과학 과장

알면서도 알지 못하는 것들

알면서도
알지 못하는
것―――들

김승호 지음 | 권아리 그림

SNOWFOX

"돌아보면 나를 성공으로 이끈 행동들은
모두 평범한 것들이었다!"

1987년 미국으로 건너가 어느 흑인동네에서 슈퍼마켓을 시작한 청년 김승호. 막막한 생계는 어서 빨리 '성공의 규칙'을 찾으라며 매일 그를 몰아붙였다. 20여 년간 이불가게, 한국식품점, 지역신문사, 컴퓨터조립회사, 주식선물거래소, 유기농식품점 등 일곱 차례나 사업을 시작했으나, 끝은 뼈아픈 실패였다.

2019년, 현재 김승호는 세계 1위의 도시락회사 CEO다. 2005년 설립한 회사가 불과 10년 만에 직원 수 4,500명, 연매출 3,500억 원에 이르는 큰 기업이 됐다. 그 역시 시간당 1,200만 원을 버는 슈퍼리치가 됐다. 지난 30년간 다양한 성공과 실패를 경험하면서 그는 과연 '성공의 규칙'을 찾았을까?

여전히 그에게는 알 수 없는 일이다. 누군가에게는 성공의 규칙이 누군가에게는 실패의 요인이 되는 것처럼 보인다. 그러나 성공한 기업인이 되니 여러 분야에서 성공한 사람들과 교류할 수 있게 되었고, 또 그들이 성공하게 된 공통점을 발견할 수 있었다. 성공의 규칙까지는 아니더라도 성공의 지름길로 지침을 삼을 만한 것들이다. 이제 그는 가난한 이민자에서 슈퍼리치가 되기까지 온몸으로 터득한 세상의 경험과 생각의 변천을 이 책에 풀어놓는다. 오래오래 곱씹으며 생각해온 일과 삶, 그리고 사람에 대한 통찰을 이 시대의 성공 도전자들과 나누고자 한다.

—편집인

내게 가장 소중한 _____ 에게

이 책을 드립니다.

이로써 그에게 부와 지혜의 비밀이 더해지길 바랍니다.

서 문

———————

이 책을 쓰기 위해 여러 번 제목을 바꾸고 통째로 내용을 걷어 내기도 했습니다. 전에 쓴 책들과 달리 마음에 욕심이 많아 길을 잃기 여러 번이었습니다.

그래서 언젠가부터 글을 쓰기 전에 목욕을 하고 옷을 단정히 입고 책상에 앉았습니다. 검증 없이 배운 지식을 첨가하지 않으려는 노력이며 알지 못하는 것을 아는 척하지 않기 위함이었습니다. 이것이 내 글을 읽는 독자에 대한 예의와 감사를 표현할 유일한 방법이라 생각했습니다.

저는 최근 몇 년간 한 가지 질문에 빠져 있었습니다. 그 질문은 '사람의 삶의 질에 차이를 만드는 것은 무엇인가?'였습니다. '왜 누구는 성공하고 누구는 실패하는 것일까?', '성공에 규칙이 있는가?'라는 고민이었습니다. 인생의 성공은 물리학 법칙처럼 언제 어디서든 적용되지 않는다는 걸 많이 봐왔기 때문입니다. 누군가에게는 성공의 규칙이 누군가에게는 실패 요인이 되고, 어느 시대나 어느 환경에나 똑같이 적용되는 진리를 찾는다는 것도 불가능한 일처럼 보였습니다. 이런 이유로 남을 가르친다는 것에 혼란을 겪을 수밖에 없었고 성공에 대해 겸손할 수밖에 없었습니다. 그럼에도 불구하고 다시 책을 쓰겠다고 책상에 앉았습니다. 개인적으로는 책을 쓰는 일이 제가 하는 모든 일 중에 가장 힘든 일입니다.

저는 실패와 성공을 다양하게 경험한 사람입니다. 한국과 외국에 거주하며 전혀 다른 문화를 경험했고, 가난과 부의 양극단을 폭넓게 경험했습니다. 한 명의 직원부터 수천 명이 일하는 회사를 만들고 소유했으며, 불행한 시절과 행복한 시절을 두루 겪었습니다. 그렇게 저는 세상에서 성공한 사람 중에 하나가 되었습니다. 덕분에 여러 분야에서 성공한 많은 사람들과 교류할 수 있는 자격을 얻게 되었고, 제가 이룬 성공의 방식과 그들이 이룬 성공의 방식을 비교할 수 있었습니다. 그리고 그 안에서 상당히 많은 공통점과 통찰력을 얻을 수 있었습니다. 이런 다양한 삶의 여정을 지나 지금의 저는 정서적, 신체적, 경제적인 모든 부분에서 가장 행복한 상태로 나이 오십을 넘겼습니다.

이제 세상에 저보다 어린 사람이 더 많은 나이가 되니 감히 세상에 대해 이야기해도 건방지다 욕먹지 않을 시간이 된 것 같습니다. 더불어 세상을 보는 나만의 시각을 세상에 남기는 것이 내가 이룬 성공에 대한 보답이라 느껴집니다.

비록 성공의 규칙을 발견했다고는 감히 말하지 못해도 최소한 지름길이 있다는 것은 말할 수 있습니다.

인간의 삶의 실체는 타인과의 관계입니다. 이 관계를 만드는 기초는 대화입니다. 그 대화의 방법으로 방송이나 강연은 책만큼 진중하지 못합니다. 허풍과 허세도 들어가고 분위기에 따라 폼도 잡고 쇼도 합니다. 하지만 문자로 남은 책은 아무리 저자라도 함부로 할 수 없습니다. 자신의 경험과 생각을 텍스트로 남기는 순간, 이 글들은 내 삶 이후에도 살아남을 것이기 때문입니다. 이렇게 문자로 경험을 나누는 것은 인간이 가진 가장 위대한 능력 중에 하나입니다. 그렇기에 책은 어떤 대화 통로보다 진심을 표현하기 가장 좋은 도구입니다. 당연히 강연이나 방송보다 수십 배 수백 배의 중압감을 느낍니다. 그러나 이런 중압감에도 책을 쓰는 이유는, 이 책을 읽고 그날 저녁 인생이 바뀔 누군가 있다는 것을 믿기 때문입니다. 글이 주는 진실의 힘이 전달될 것을 알기 때문입니다. 비록 그런 사람이 단 한 명이라도 이 책에 기울인 시간과 열정은 하나도 아깝지 않습니다.

막상 책이 완성되고 난 뒤 느끼는 보람은 아이가 자라는 모습을 보며 낳던 날의 고통을 잊어버리는 산모와 같은 마음일 겁니다.

이제 이 책에 지난 삶을 살며 온몸으로 터득한 세상의 경험과 생각의 변천을 적어보려 합니다. 저의 지난 인생에서 일어난 기회와 사명을 공유하는 이 과정을 통해 독자 여러분의 행복과 성공에 도움이 되길 바랍니다. 그리고 나의 사랑하는 세 아들에게도 달리 따로 전할 유언이 필요 없게 되길 바랍니다.

이 책이 만들어지기까지 오랜 우정을 통해 내 인식의 경계를 넓혀주고 나를 가르쳐준 친구이자 선생인 유진구 님과 내용의 조사를 위해 여러 도움을 준 김정현 님과 김아영 님 그리고 디자이너 이창욱 님, 마케팅의 조윤규 님, 경영지원 김천윤 님, 편집장 민기범 님, 교정교열편집 이미순 님, 이가영 님, 정세린 님, 최지선 님, 언론마케팅 담당 이언경 님께 감사드립니다. 무엇보다 흐트러진 여러 글을 모아 아름다운 책으로 만들어준 서진 님께 특별히 감사드립니다.

사장을 가르치는 사장 김 승 호

차 례

역설적으로 가장 돈을 벌기 좋은 시절은 언제나 지금이다.

생각은 경기보다 우선한다.

호경기는 돈 벌기 가장 좋은 시기다.

생각을 바꾸면 불경기 역시 돈 벌기 좋은 때다.

우리는 늘 순풍을 기다리지만

인생이든 사업이든 방향이 정해지지 않으면

순풍이 무슨 쓸모가 있으랴.

한 사람에게는 이기고
두 사람에게는 질 정도의 체력과
모든 사람의 칭찬을 받기엔
약간 부족한 용모를 가진 자가
가장 뛰어난 자가 아니면
무엇일까.

2장

사업을 하려는
사람에게

이 세상에서 가장 높은 곳으로 날아올라
세상 전체를 한눈에 넣어라.
이것은 모두에게 반드시 필요한 것이다.
그렇지 않으면 나는 안개처럼
사라져버릴 것이기 때문이다.

3장

아름다운 사람으로 산다는 것
그리고 남는다는 것

지속적인 행복은
기대와 더불어 이기적인 집착을
기꺼이 포기했을 때 찾아온다.
기대하지 않으면 실망이 없고
상실의 고통을 느낄 이유도 없다.
모든 것은 언젠가 당신을 떠나게 된다.

4장
조금은 느슨하게
함께하는 삶에 대하여

인생이 비참하고 무질서해지는 까닭은
선택한 것과 포기한 것의 차이를 과대평가하기 때문이다.
조금 더 좋은 것이야 있겠지만,
지나친 열정으로 신중함이나 공정함을 유지하지 못하게 되거나,
과거 실수에 대한 부끄러움, 잘못에 대한 후회로
마음의 평화를 잃을 만큼 가치 있는 일은 없다.

5장
인생 어느 모퉁이에서
깨달음의 순간

지금 커다란 난관에 봉착해
어찌할 바 모르는 누군가가 있다면,
그에게 해주고 싶은 말이 있다.
지금 바로 깊이 있는 생각을 하라고 말이다.
이 세상의 어떤 난관도 당신이 고요한 침묵 상태에서
모든 힘을 다해 문제 해결을 위해 집중하면
이를 막을 난관은 없다고 말이다.

6장

자연,
그 순수한 순리를 따라

역설적으로 가장 돈을 벌기 좋은 시절은 언제나 지금이다.

생각은 경기보다 우선한다.

호경기는 돈 벌기 가장 좋은 시기다.

생각을 바꾸면 불경기 역시 돈 벌기 좋은 때다.

우리는 늘 순풍을 기다리지만

인생이든 사업이든

방향이 정해지지 않으면

순풍이 무슨 쓸모가 있으랴.

1장

부를 이루는 길

1
행복은 돈으로
살 수 없는가?

　　돈으로 행복을 살 수 있는가에 대한 논의는 속물적이며 지극히 현실적이다. 돈이 많다고 행복한 것은 분명 아니다. 하지만 누구나 돈이 많았으면 하고, 돈이 많은 사람조차 더 많은 돈을 얻으려는 것을 보면 돈에 어떤 힘이 있다는 것을 부정할 수 없다.

　　부와 가난을 모두 경험한 입장에서 보면, 돈이 상당 부분 행복을 살 수 있게 만드는 것은 사실이다. 모든 행복을 살 수 없을 뿐이지 대부분의 행복을 살 수 있다. 사람은 그 대부분의 행복을 유지하는 것도 힘들기에 돈의 힘이 절실히 필요하고, 돈으로 살 수 없는 행복에 대해선 나중에 해결하리라 기대하며 우선 돈부터 벌려고 한다.

결국, 이 질문에 대한 대답은 둘 다 맞다. 나는 부자이면서 불행한 사람도 만나봤고, 가난하면서 행복한 사람도 만나봤다. 가난이나 부는 행복의 기준이 분명 아니다. 그러나 돈의 가치를 이해하면서 행복의 방법을 터득한 사람에게는 돈이란 어마어마하게 행복을 줄 수 있는 도구다. 돈은 나에게 나 스스로를 위해 사용할 수 있는 인생의 시간을 준다. 돈은 내가 건강할 수 있도록 지나친 노동에서 벗어나게 하고 적정한 영양과 휴식을 마련해준다. 돈은 가족 간의 재정적 문제로 인한 긴장 상태를 쉽게 해결함으로써 스트레스를 줄여준다.

많은 사람들이 돈으로 행복을 살 수 없다고
이야기하며 돈에 대한 욕망을 멈추라고 조언한다.
그 조언자 중에 실제로 막대한 부를 가졌던 사람은
극히 드물다.
사실 돈으로 행복을 살 수 없다는 말은
돈에 대한 잘못된 이해에 기초하고 있다.
돈이 얼마나 있으면 행복하느냐는 관점이 아니라
'돈을 어떻게 사용하느냐에 대한 관점으로
바꿔야 맞는 질문이다.

스스로 만족할 줄 알고 사회와 이웃에 기여할 수 있는 현명한 삶을 배운 사람이라면 돈이 많을수록 행복해질 수 있다. 여전히 돈은 행복을 줄 수 없다고 말하는 사람들은 돈을 잘못 이해하고 잘못 사용해서 그럴 것이다. 물론 돈은 우리를 일반석에서 비즈니스석이나 일등석으로 옮겨주고 은박지 덮인 치킨 대신에 캐비어와 버섯 요리를 먹을 수 있게 해준다. 젊은 시절 정장을 입고 비행기를 탔다가 항공사 직원의 호의로 생전 처음 비즈니스석에 탄 적이 있다. 그 이후로 몇 년을 아무 불평 없이 타고 다니던 일반석이 힘들게 느껴진 적이 있다.

증가된 갈망은 인생에 소소한 행복을 느끼는 감각을 막아버린다. 그래서 더 고급을 찾고 안락함을 유지하려 하며 그다지 필요 없는 회원등급 유지를 위해 불필요한 소비를 하기도 한다. 이런 측면으로 본다면 돈은 우리를 행복하게 만들기는커녕 오히려 불행하게 만드는 것 역시 사실이다. 실제로 벨기에 소재 리에주대(University of Liege) 조르디 쿼드바흐(Jordi Quoidbach) 박사 연구팀은 과학 잡지 《심리과학(Psychological Science)》 8월호에 "부는 우리에게 많은 재화를 소비할 수 있는 기회를 보장하지만, 동시에 기쁨을 느낄 수 있는 감정을 감소시킨다"는 연구를 게재한 적이 있다. 이 연구대로라면 '돈으로 행복을 살 수 없다'라는, 다수가 공감하지만 증명되지 않은 일반적 통설을 뒷받침하는 결과로 보인다.

돈은 우리의 행복에 관한
갈망을 증대시키고 갈망은
중독성이 있으며,
중독은 더 큰 중독을
불러일으키기에
언제나 위험하다.
돈이 점점 많아지면
새 차나 새집이 주는
즐거움의 기간이
현격하게 짧아지는 것도 사실이다.

내가 생각하는 돈으로 행복을 사는 몇 가지 노하우를 공개하고 싶다. 일단 돈으로 무엇을 사고 싶다면 상품이나 물건보다 경험이나 지식을 사라. 모든 물건은 그것이 집이든 차든 고급 가방이든 소유한 지 얼마 되지 않아 매력을 잃기 마련이다. 별장이나 요트는 놀러가기 멀고 사용하기 번거로워 친구들이 이용하게 되며, 가방은 1년만 지나도 중고처럼 보인다. 게다가 나보다 더 좋은 차나 더 좋은 집을 가진 사람을 만나면 자랑은 고사하고 창피해지기 마련이다. 할리우드 로데오 거리에 가면 모든 명품이 엄청난 가격에 팔리고 있다. 세상에 비싸다는 것들은 모두 이곳에 모인 듯하다. 그런데 이런 물건이 삶에 꼭 필요한 것은 아니다. 오히려 필요하지 않은 무엇을 살 수 있다는 것을 자랑하기 위해 비싸게 책정된 상품일 뿐이다. 반면, 캘리포니아 하늘의 색깔이나 날씨는 공짜지만 더없이 아름답고 따뜻하다. 캘리포니아에서 가장 값진 것은 공짜이고, 없어도 사는 데 전혀 지장 없는 로데오 거리의 상품은 가장 비싸다.

나는 비행기 요금에 많은 돈을 쓴다. 부모님의 오랜 친구분들을 초대해 모셔오거나 조카나 친구들을 초대해 여행하는 일은 그랜드 피아노를 사거나 스포츠카를 사는 것보다 재미있고 보람 있다. 이렇게 경험이나 감정은 물질적 만족보다 깊은 행복을 준다. 필리핀에서 사온 물건들은 뭐였는지 기억도 없지만 세부의 푸른 바다와 그에 어울리는 하늘색, 그리고 해변 의자에 비스듬히 기대어 아무 생각 없이 바라보던 곳에서 동네 아이들이 바다로 뛰어들던 모습은 잊히지 않는다. 경험은 감정을 불러일으키지만 물건은 적응이 되어 기억 속에서 사라지기 때문이다. 여행이나 교육 과정에 참여하는 것은 사진 몇 장만 가지고도 두고두고 자랑이 될 수 있다.

또한 비록 이기적인 이유라도 이타적으로 행동하는 방식을 통해서도 많은 기쁨을 누릴 수 있다. 내가 굳이 선량한 사람이 아니라도 남을 돕는 것 자체가 기쁨이 되기도 한다. 누군가를 돕는다는 것은 반드시 도움을 받는 사람을 위하지 않더라도 그 행동을 하는 나자신에게서 충분히 즐거움을 느낄 수 있기 때문이다. 점심을 얻어먹기보다 사줄 때 마음이 편하고 행복한 사람들이 있다. 베푸는 것이 훨씬 행복하기 때문이다.

한번은 옆 테이블에서 휴가 받은 군인 여섯 명이 식사를 하고 있었다. 몰래 직원을 불러 계산을 해놓고 웃으며 지켜봤다. 식사를 마친 군인들이 각자 지갑을 꺼내 들고 카운터로 갔을 때 누군가 음식 값을 지불했다는 것을 알고 일제히 두리번거리며 누가 계산을 했을까 찾고 있을 때 모른 척 밥을 먹는 기분은 더없이 좋았다. 이민 때문에 군대를 가지 않아도 되었던 사람이 젊은 군인들의 밥값 정도 내주는 것은 의무이자 채무처럼 느껴진다. 돈이 있더라도 이 둘 다 갚을 방법이 없지만, 누군가에게 인색해 보이지 않으려 냈던 많은 밥값보다 훨씬 가치 있고 행복했다.

인간은 사회적 관계를 통해 다른 사람과의 관계를 좋게 만들면 행복해진다. 좋아하는 사람이나 좋아하고 싶은 사람에게 밥을 사는 일은 어떤 사치보다 싸고 효율적인 지출이다. 겨우 밥값으로 좋아하는 사람과 즐겁고 행복한 시간을 가질 수 있기 때문이다.

나는 내가 부자가 되어 누리는 행복 중에 비싼 시계를 산다든지 특이한 스포츠카를 사는 것에서 느끼는 행복보다 훨씬 작은, 그리고 자주 있는 소소한 지출에서 행복을 느낀다. 마켓에 들려 꽃 화분 몇 개를 한꺼번에 산다든지, 책방에서 가격표를 보지 않고 맘껏 책을 들고 올 때 부자로서 가장 행복을 느낀다. 작은 행복을 자주 느끼는 데 돈을 지출하는 것이 더 좋은 방법이다.

무엇보다 부자로서 짜릿한 기쁨을 느낄 때는 부자라도 부자로 살지 않을 때다. 사람들이 느끼는 보편적인 행복이 가장 큰 행복일 때가 많다. 가방을 둘러메고 대중교통을 이용하며 요즘 유행하는 영화를 보고 근처 공원에 들리는 일이다. 이러한 행복은 양쪽 경계를 왔다 갔다 할 수 있다는 자긍심을 주고 스스로 돈 아래 있는 것이 아닌, 돈 위에 있음을 공고히 하는 행위다. 자연히 행복이 증가될 수밖에 없다.

행복은 현재 우리의 상황이나 환경 때문이 아니라
이미 우리 안에 내재되어 있다.
돈은 이것을 보완할 뿐이다.
돈이 행복을 주진 않지만 돈이 행복을 도울 수는 있다.
내가 돈을 주인으로 모시지 않고
돈이 나를 주인으로 모시게 만든다면
돈은 얼마든지 우리를 행복하게 만들 수 있다.

나는 행복한

부자가

될 수 있을까…

세상에서 가장 값진 것은

언제나 '공짜'다

2
소득을 열 배로
올리는 방법

      지난여름 어느 강연에 갔더니 부모들이 초등학생 아이들까지 모두 데리고 참석해 있었다. 20년 만에 찾아온 무더위로 강연장 내부는 짜증으로 가득했다. 강연 시간이 낮 두 시라 꾸벅꾸벅 조는 사람도 많아 강연하기에 최악의 조건이었다.

      그런데 막상 돈 버는 이야기를 화제로 강연을 시작하자 부채질로 어수선했던 강연장이 일순간 초집중 모드로 돌변했다. 소득을 열 배 올릴 수 있다니 없던 집중력까지 생긴 모양이었다.

수입의 증가는 삶에 즉각적인 영향을 주는 문제라 어린아이조차 관심을 갖는다. 이제 자신의 소득을 10년 내 열 배로 올리고 싶은 누군가라면 이 글을 신중하게 읽기 바란다. 바라는 바가 있다면, 반드시 이 방법을 시도해보라는 것이다.

첫 번째 할 일은 생각을 바꾸는 일로 시작된다. 소득을 열 배로 늘리겠다는 결심 자체를 해야 한다. 결심하고 목표로 설정하는 일이 돈을 버는 일의 시작이다. 사람들은 돈을 많이 벌고 싶거나 성공하고 싶어 하면서도 구체적인 목표가 없다. 돈을 벌고 싶다면 얼마까지, 성공하고 싶다면 그 성공이 어떤 모습이며 직업의 형태나 수입, 환경까지 명확해야 한다. 좋은 남편이나 훌륭한 사회인 따위는 성공의 목표가 될 수 없다. 그것을 이뤘다는 근거를 객관적으로 인정할 수 없기 때문이다.

순풍이란 배가 가기에 좋은 바람을 말한다. 하지만 배가 가야 할 방향이 정해져 있지 않다면 아무리 좋은 바람이 불어도 의미가 없다. 우리는 늘 순풍을 기다리지만 인생이든 사업이든 방향이 정해지지 않으면 순풍은 쓸모가 없다. 하지만 목적지가 정확하면 어떤 바람도 순풍으로 이용할 수 있다. 역풍이나 폭풍도 목적지에 더 빨리 이르게 하는 바람으로 이용할 수 있다. 목표를 명확히 정했다면 그것이 무엇이든 이룰 수 있다는 스스로에 대한 믿음을 갖고, 목표를 현실화하기 위한 끊임없는 노력이 필요하다. 그리고 이 목표를 잊지 않는 것이 중요하다.

많은 사람이 목표를 이루기 위해 노력한다면서도 목표 자체를 잊는 경우가 많다. 그러니 목표 자체를 끊임없이 자각하는 현실적인 방법을 써야 한다. 종이에 써서 벽에 붙이고 주변인에게 공표하며 목표 내용을 이메일 패스워드로 만들거나 컴퓨터와 스마트폰 초기 화면에 띄우는 방법을 써서라도 잊지 않고 상기하기 위해 노력해야 한다.

생각은 물리적 힘이다. 성공 여부는 목표에 대한 생각을 어떻게 내 머리 속에서 빠져나가지 않도록 하느냐에 따라 결정된다. 이 생각을 효율적으로 하는 사람이 세상을 이끌고 지배하는 사람이다. 이런 내용의 글을 진지하게 읽고 있다는 이유만으로 당신은 성공의 근본적 씨앗을 가진 사람이라고 말할 수 있다.

원래 성공하는 사람은
비범한 사람이 아니다.
평범한 사람이 평범한 일을 비범하게 할 뿐이다.
사회는 학교와 달리 국영수를 잘해야
성공하는 것이 아니다.
생각을 얼마나 깊고 진지하고
효율적으로 하느냐에 따라 나뉘는 것이다.
따라서 미래를 내가 원하는 방식으로
만들겠다고 결심하고,
할 수 있다고 믿는 사람만이
목표를 이룬다는 사실을 받아들여야 한다.

두 번째 할 일은 호황과 불경기에 대한 기준을 재설정하는 일이다. 지금까지 돈 벌기 제일 좋은 시대는 언제였을까? 70~80년대 토지와 집 값이 천정부지로 오를 때라면 당신은 돈을 벌었을까? 80~90년대 하룻밤에도 몇 배씩 주식이 오르던 시절에 살았다면 돈을 많이 벌었을까? 2000년대 IT 붐이 일었을 때 경제 활동의 주체였다면 어땠을까? 아이러니하게도 호황기로 불리던 그 어느 때라도 누군가는 이렇게 말했다. "도대체 호경기는 언제 오는가?"라고 말이다. 하지만 돌아보면 누군가는 부자가 되었고 누군가는 여전히 호경기를 만끽하고 있다. 또 어떤 사람은 엄청난 돈을 벌었으며 누군가의 기업은 초고속 성장을 이뤘다.

역설적으로 가장 돈을 벌기 좋은 시절은 언제나 지금이다. 생각은 경기보다 우선한다. 호경기는 돈 벌기 가장 좋은 시기다. 생각을 바꾸면 불경기 역시 돈 벌기 좋은 때다. 오히려 불경기에 돈을 벌면 상대적 자산가치가 높아져 더 많은 돈을 버는 것이다.

내가 아는 어느 노교수님의 아내분이 암에 걸렸다. 그분은 아내가 안타까워 한탄하셨다. "아이고 저 사람 죽고 나면 나는 이제 혼자 무얼 할까? 누가 내 밥을 해줄까? 누가 나와 함께 시간을 보내줄까?"라고 말이다. 헌데 가만히 들어보면 아내 걱정이 아니라 남겨진 자신에 대한 걱정이다.

내가 아는 목사 친구도 병에 걸렸다. 그러자 장로들을 부르고 다른 목사들을 불러 안수 기도를 받았다. 기도는 "하나님이 이 병에서 당신을 일으켜 세우리라는 것을 믿습니다"라는 말로 끝났다. 성직자조차 자기 먼저 챙기는 마음이 본성이다.

결국 이 세상에서 가장 중요한 것은 자기 자신이다. 경우에 따라서는 가장 이타적인 선의의 행동도 자신을 위한 것이 많다. 기부를 하면 신문에 이름이 나길 바라고, 봉사활동을 하고 명패를 받아오는 일같이 말이다.

자식을 대신해서 죽을 수 있는 사람은 많다. 하지만 자신이 하기 귀찮은 심부름 정도를 시키지 않는 부모는 없다. 자신을 먼저 아끼기에 하찮은 일쯤에는 내 목숨보다 귀한 자식을 시키는 게 사람이다.

분명 자신을 중요하게 여기고 사랑하는 건 자연스런 일이다. 하지만 한발 더 나아가 이렇게나 대단히 중요한 자신을 좀 더 자랑스럽게 만들도록 권하고 싶다. 스스로 자랑스러운 것이 아니라 남들도 나를 자랑스럽게 생각하는 사람으로 말이다. 누구나 자신이 사랑하는 사람이 더 건강하고 경제적으로 여유롭고 어디서나 존경받는 사람이기를 바란다. 마찬가지다. 내가 가장 사랑하는 나 역시, 그런 사람이 되어야 한다.

여기서 세 번째 할 일이다. 나는 내가 생각하는 사람이 분명 될 수 있다는 믿음, 그리고 나 자신에 대한 사랑, 이 두 가지 가치를 깊게 내 안에 받아들여야 한다. 이 두 가지를 받아들이면 운명이 바뀌기 시작한다. 자신에 대한 자긍심이 자신을 불러일으키는 것이다. 또한 내가 얼마나 중요하고 고귀한 사람인가를 인지하는 순간, 다른 사람 역시 그렇다는 것을 알게 된다. 그러면 자신의 격을 높이기 위해 좋은 목표를 갖게 된다.

더불어 다른 사람을 존중하기에 선의의 의도를 가진 일들을 좋아하게 된다. 내 성공을 바라는 사람이 많을수록 나는 성공할 것이고 내 말을 믿어주는 사람이 많아질수록 나는 성공할 것이다. 당신이 자신감 가득하고 밝고 긍정적이면 주변 사람도 당신에게 밝고 긍정적인 태도를 보여줄 것이다. 인간관계는 물론이고 모든 사업 관계도 감정의 결정이다. 지극히 논리적인 결정조차 실상은 감정적 결정을 정당화하기 위한 확인일 뿐이다. 그렇다. 논리는 사람을 설득하지 못한다. 말문을 막을 뿐이다. 그러니 기운이 좋고 긍정적이며 밝은 사람에겐 사업도 운도 사람도 따라붙는다.

나는 출입국 신고서에 나의 직업을 ENTREPRENEUR라고 적는다. 나는 기업가다. 내 기업의 대표, 즉 사장이다. 마찬가지로 자신을 위해 일하는 모든 사람은 사장이다. 그렇다면 직장을 다니는 사람의 경우는 다를까? 생각해보라. 직장에서 누구를 위해 일하는가? 그들도 결국 나 자신을 위해 일하는 것 아닌가? 사업을 소유하거나 경영을 해도 구조 내의 갑을 관계가 있고 정부를 통한 관리 감독을 받는다. 직장에 고용돼 일을 해도 상사가 있고 그에게 관리 감독을 받는다. 동일한 구조다. 결국 우리는 모두 자기 자신을 위해 일하는 '자기'라는 회사의 사장이다. 한 회사 대표는 자기 기업의 서비스나 상품을 시장에 제공해 수익을 발생시키고, 직원으로 일하면 자신의 재능과 시간을 고용주에게 제공해 수익을 만드는 것뿐이다. 지금 어떤 직함으로 불리던 우리 모두는 사장이다.

디즈니 만화영화 〈벅스 라이프〉에 이런 대사가 나온다. "지도자의 첫 번째 규칙을 모르는가? 모든 것이 너의 책임이다." 모든 것이 너의 책임이다. 한 번 더 반복한다. 모든 것이 너의 책임이다.

- 사장이 된다는 것은 회사의 모든 일에 책임을 진다는 의미다.

- 불경기도 사장의 책임이다.
  불경기에 잘될 비즈니스를 선정하지 않았거나 불경기에 대비하지
  않았기 때문이다.

- 직원이 횡령을 해도 자기 책임이다.
  횡령할 수 있는 구조를 방치했기 때문이다.

- 직원들끼리 싸워도 자기 책임이다.
  그런 사람을 뽑았고 영역을 분명히 하지 않은 책임이다.

- 자본이 모자라도 자기 책임이다.
  자본관리에 미숙했거나 자기 입보다 더 큰 물고기를 삼키려 했기
  때문이다. 직원으로 일하는 사장들도 마찬가지다.

- 내 급여가 오르지 않는 것은 내 책임이다.
  사장에게 내가 무엇을 잘하고 있는지 보여주지 않았기 때문이다.

- 인색한 사장을 만나 고생하는 것도 자기 잘못이다.
  그 회사를 살리고 죽일 능력을 보여주면 아무리 인색한 고용주도
  벌벌 떨기 마련이다.

그렇다. 자신이 내 인생의 사장이라고 인지하는 순간, 자신의 문제로 남을 탓하지 않게 된다. 변명도 하지 말아야 한다. 마음에 들지 않는 회사나 사장에 대해 불평할 이유도 없다. 뭔가 맘에 들지 않는다면 사장인 여러분 자신이 직접 그 문제를 해결해야 한다. 무엇이든 달성하고 싶은 목표가 있으면 자신 스스로 달성하는 것이다.

아무도 내 문제를 해결해줄 사람은 없다. 어느 날 갑자기 내가 재벌 2세가 되는 일 따위는 일어나지 않는다. 동쪽에서 귀인이 나타나지도 않는다. 모든 일은 내가 직접 해결해야 한다.

사실 많은 사람들이 성공한 사람은 나와 다를 것으로 생각한다. 때때로 나 역시 일반 사람과 다를 것으로 생각하는 사람을 보곤 한다.

하지만 나는 불과 12년 전까지 40도가 넘는 텍사스 땡볕에서 에어컨도 나오지 않는 시보레 박스 트럭에 한쪽 팔을 태워가며 사과를 실어 나르던 이민자에 불과했다. 내가 아는 수많은 자수성가한 사람들 역시 별반 다를 것 없는 사람들이다. 다른 점이 있다면 효과적으로 성공하는 방법을 알고 있다는 것이다. 단순히 성공하고 싶다는 소망만 품은 것이 아니라 구체적 목표와 함께 이룰 수 있다는 자기 자신에 대한 믿음을 품고 죽기 살기로 노력한 사람들일 뿐이다.

성공도 기술이다. 성공하지 못하는 사람은 성공하지 못할 이유를 가지고 핑계를 준비하고 있다. 너무 작은 목표에 만족하거나 쉽게 포기한다. 건강 문제, 학교, 불경기, 나이, 성별, 가족 문제를 들먹이며 핑계를 준비해놓는다. 내 탓이 아니라 남이나 사회 탓으로 자신의 초라함을 가리려 하지만 이 세상에 성공하지 못할 이유란 없다. 유일한 이유라면 그것은 그의 마음일 뿐이다.

마음을 바꾸면 모든 일이 바뀌기 시작한다. 자기 자신을 믿는 순간 세상은 우리를 위해 일어선다. 무언가 배울 시간이 없다면 집에서 책을 읽으면 된다. 회계학이 궁금하면 회계학 책을 20권 정도 읽어보라. 물리학 역시 그렇게 해보라. 나는 엑셀도 코렐드로우도, 하물며 농사도 그렇게 배웠다.

성공하고 싶다면 닮고 싶은 그 사람을 찾아가 물어라. 나보다 뭔가 잘한 사람이 있으면 만나자고 부탁하고 찾아가라. 선배면 더 좋고 후배라도 부끄럼 없이 배워야 한다. "성공 비결이 뭡니까?"라고 물어보라. 놀랍게도 거의 대부분 기꺼이 자신의 이야기를 들려줄 것이다. 묻기만 해도 지름길을 알려줄 텐데 지도를 들고 동서남북을 찾으며 세상을 사는 사람이 너무 많다.

이제 여러분이 내일부터 새로운 소망을 가지고 그 결심을 이루기 위해 도전한다면 결과는 두 가지뿐이다. 성공하거나 실패하는 것이다. 성공하면 그 길로 계속 가면 된다. 만약 실패해도 좀 더 현명한 사람이 되어 다시 도전하면 된다. 손해 볼 것은 아무것도 없다. 성공했거나 더 현명해졌을 뿐이다. 단지 행동하지 않을 때만 손해가 있을 뿐이다. 지금 즉시 목표를 정하고 행동으로 옮기기 바란다. 오늘 하지 않는 사람은 앞으로도 하지 않을 가능성이 90퍼센트다. 즉시 해야 한다.

총각네 야채가게를 운영하는 이영석 대표는 '즉시, 반드시, 될 때까지'라는 문구를 셔츠에 박아서 입고 다닌다. 즉시 실행하는 사람이 모두 성공하는 것은 아니지만 성공하는 사람치고 즉시 행하지 않는 사람은 없다. 그리고 습관이 되어야 한다. 이런 습관은 10년에 걸쳐 이룰 성공을 단 3년으로 단축시킬 수도 있다.

또 다른 제자 중에 죠스 떡볶이와 바르다 김선생을 운영하는 나상균 대표는 바르다 김선생을 런칭할 당시, 그 김밥집이 어떻게 생겼는지를 하나하나 상상해 그림으로 그려보기까지 했다. 햇빛의 질감과 직원들의 대화 소리, 참기름 냄새, 분주하며 행복한 고객들까지 하나하나 세세하게 상상했다고 한다.

나 역시 2005년도 여름, 휴스턴에 첫 번째 스노우폭스 매장을 오픈하던 그날 저녁 미국 지도를 펼쳐놓고 형광펜으로 점 300개를 찍었다. 미국의 대형 도시마다 점을 찍었다. 다음 날이나, 주말, 다음 달이 아닌, 바로 그날 밤에 300개의 점을 찍으며 300개 매장을 가진 사업가로 나 자신을 만들기로 결심한 것이다. 그리고 상상했다. 점포가 300개면 어떤 계약 내용이 있어야 할 것이며, 본사는 어떻게 생겼고 유니폼과 메뉴의 포장 모양, 더불어 내가 어떤 태도로 사업을 해야 할지 세세히 상상했다.

그리고 미국 전체를 먹기로 '생각'했다. 나는 과일 하나를 따러 미국에 온 사람이 아니라 나무 전체를 뽑을 작정을 하고 미국에 온 사람이었기 때문이다. 나는 생존하기 위해 사업을 하는 것뿐 아니라 내 인생에 자유를 얻기 위해서 사업을 하기로 작정했다. 나의 삶은 나의 생각에 의해 만들어지는 것, 바로 이 점이 인류 역사상 가장 위대한 발견일 것이다. 위대한 현인들이 남긴 생각에 대한 표현에도 그 점은 나타나 있다.

- 우리가 생각을 제대로 변화시킬 때만 다른 것들이 제대로 나타나기 시작한다. 황금은 땅속에서보다 인간의 생각 속에서 더 많이 채굴되었다. (나폴레온 힐, 작가)

- 인생은 우리가 하루 종일 생각하는 것으로 이루어져 있다. (랠프 월도 에머슨, 사상가)

- 우리는 오늘 우리의 생각이 데려다놓은 자리에 존재한다. 우리는 내일 우리의 생각이 데려다놓을 자리에 존재할 것이다. (제임스 앨런, 작가)

- 작은 생각만큼 성취를 제한하는 것도 없다. 자유로운 생각만큼 가능성을 확장하는 것도 없다. (윌리엄 아서 워드, 언론인)

- 위대한 생각을 길러라. 우리는 어떤 일이 있어도 생각보다 높은 곳으로 오르지 못한다. (벤저민 디즈레일리, 영국 총리)

- 사람들은 스스로 상상하지 못하는 일을 결코 이루지 못할 것이다. (카렌 포드, 영화배우)

- 자신이 할 수 없다고 말한 것을 누군가가 하는 것을 보는 것만큼 당혹스러운 일은 없다. (샘 유잉, 시카고 화이트삭스 야구선수)

- 진실하고, 고결하고, 정의롭고, 순수하고, 사랑스럽고……, 평판이 좋은 것이면 어떤 것이든, 만일 그것에 어떠한 미덕이나 칭찬할 만한 가치가 있다면 그것에 관하여 생각하라. (사도 바울)

- 생각하라. 생각은 공짜다. (호아킨 로렌테, 스페인 시사평론가)

그렇다.

호아퀸의 말대로 생각은 공짜다.

다행히도 이 세상에 정말 고귀한 것은 대부분 공짜다.

행복하고 돈 많은 성공한 사람 대부분은 자신이 원하는 것을

어떻게 하면 얻을 수 있는지 생각하는 데 주로 시간을 쓴다.

실제로 내가 만나본 많은 이들이 그랬다.

지금보다 더 많이 벌 수 있는 방법이나 가족의 건강 또는

자신이 원하는 건물, 사업체, 권력에 대해 거침없이

이야기하며 그것을 이룰 방법을 찾고 있는 것을

확인할 수 있었다.

남에 대한 이야기가 아닌 자신에 대해 이야기했으며 그 일을 이룰 방법을 찾고 있었다. 분명 할 수 있다고 생각하고 있기에 어떻게 이룰 것인가를 골몰하게 생각했다. 그러니 누군가와 의견을 나누고 묻고 해결하려 든다. 설령 누군가 안 된다고 해도 거들떠보지 않는다. 오히려 매번 부정적인 사람과는 절교도 서슴지 않는다. 그들은 이미 알고 있기 때문이다. 또 이미 경험했기 때문이다. 안 된다는 말을 귀담아 들었다면 현재 가진 것 중 값진 것은 아무것도 없었을 거란 사실을 말이다. 그러니 언제나 낙관적이며 긍정적이고 포기를 모른다. 남들이 안 된다고 하면 더더욱 방법을 찾으려 애쓴다. 남들이 포기한 일을 성취할 때만큼 통쾌한 것도 없다는 것을 잘 알기 때문이다.

반면 불행하고 성공하지 못한 사람 대부분은 성공한 사람과는 반대의 시간을 쓴다. 그들은 자신이 싫어하는 것과 현재의 문젯거리들, 그리고 누구 탓을 할지 생각한다. 사회를 욕하고 정치인을 나무라고 특정 연예인 흉을 보거나 친구들을 조롱한다. 그들이 이런 일에 시간을 쓰는 사이 성공한 이들은 투표를 하거나 발전적인 일에 참여하고 조직을 구성하고 공부에 매진한다.

결국 성공한 사람은
미래를 어떻게 만들까 생각하고,
불행한 사람은 누가 나에게 상처를 주었는지 생각한다.
인종차별주의자는 가진 것이 혈통 밖에 없고,

여성차별주의자는 가진 것이 고추 밖에 없고,
국수주의자들은 가진 게 조상 밖에 없고,
실패한 사람은 왕년을 들먹거린다.
그들에겐 가진 것이 과거 밖에 없기 때문이다.

이제 마음속 생각의 위대한 능력을 믿기 바란다. 마음에 떠도
는 생각과 저 먼 우주 끝에 있는 별은 모두 똑같은 우주 에너지로부
터 생겨난 것이다. 개인의 가치는 우주의 모든 가치와 같고 한 사람
의 생각의 힘은 저 우주의 모든 힘과 같다. 우리의 생각, 말, 행동은
그것이 무엇이든, 긍정적이든 부정적이든, 자신의 업을 만들고 운명
을 만든다.

썩은 나무로는 조각을 할 수 없다. 인생에 목표가 없고 자신을
믿지 않으면 꿈으로 그 사람을 바꿀 수 없다. 자신의 가치가 저 모
든 우주만큼 가치 있다는 것을 알게 되면 결코 함부로 인생을 살지
않는다. 내가 원하고 원하는 모두를 가질 수 있다는 것을 알면 스스
로 생각하는 능력을 가진 내 존재가 얼마나 위대한지를 알기에 함
부로 내버려둘 수 없다. 따라서 항상 밝고 한결같이 성실한 사람이
되며 무언가를 위해 끊임없이 공부하고 노력하는 사람이 되라. 그렇
게 할 때 당신은 미래지향적으로 변할 것이며 과거에 연연해 후회하
거나 과거를 탓하거나 과거를 자랑하며 보내지 않게 될 것이다.

꿈

...

생각

...

그리고

...

현실

미래에 어떤 이와 살 것이며, 어떤 집에 살고, 어떤 일을 하며 얼마큼의 돈을 벌 것인가를 생각하라. 만약 자신의 수입이 지난해와 같고 3년 전과 차이가 없으며 5년 전과 별반 다르지 않다면, 지난 시간 미래를 그리기보다 과거에 집착하며 살았다는 증거다. 지난 5년 간 그 어느 것도 오늘을 바꾸기 위해 한 일이 없다는 증거다.

반면, 지난 5년보다 더 많은 것을 가졌거나 더 행복해졌다면 그 가치나 행복은 우연이 아니다. 그것을 소망하고 원하고 노력했기에 바뀐 것이다. 현재 자신의 상황을 알려면 과거 행동을 돌아보면 된다. 미래 자신의 상황을 알고 싶으면 지금 내 행동을 살펴보면 된다. 이제 생각하는 능력을 가진 나 스스로가 얼마나 위대하고 사랑스러운가를 기억하라. 그리고 목표를 향해 끊임없이 노력하라. 절대로 흔들리지 말라. 끝까지 계속하라. 절대로 포기하지 마라.

지금 이 순간 이것보다 내게 가치 있는 일은 없다.

3
당신이 갖게 될 전체 부의 측정법:
수각이론

수각(水閣)은 돌로 만든 조형물로 흐르는 물을 담는다.

산사에 들어서면 수각을 흔히 볼 수 있다. 산에서 흐르는 작은 물줄기를 대롱에 연결하면 한 방울씩 떨어진 물로 돌그릇은 가득 찬다. 산 중턱까지 헐떡이며 올라갔다 갈증이 턱까지 찰 때쯤 한 바가지 떠 마시는 그 물맛은 어디에도 비할 수 없다.

부처님 모신 법당이 마음을 다스리는 곳이라면 절간 옆 수각은 몸을 다스리는 최고의 장소다. 산사마다 샘이 흐르는 곳이면 이런 수각을 만들어놓는다. 수각은 작은 그릇만 한 것부터 사람이 들어갈 만큼 커다란 크기까지 다양하다.

강원도 영월 보덕사와 충남 홍성 용봉사에는 이단 수각이 있다. 위쪽의 물은 차를 끓이거나 마시기 위함이고, 아래쪽 물은 쌀을 씻거나 과일을 씻는 용도로 쓰인다. 수각이 클수록 모이는 물의 양도 많고 자연히 많은 사람들이 동시에 마시기에 충분할 정도다. 크기가 작은 경우라도 몇 사람쯤 충분히 마실 수 있다.

수각 이야기를 꺼낸 이유는
사람마다 각기 다른 부에 대한 생각을
가장 적절히 설명할 수 있기 때문이다.
많은 사람들이 부를 다루는 데 미숙한 나머지
많은 돈을 벌어도 모이지 않거나 사라져
결국에는 망하는 일을 심심찮게 본다.
'어떻게 부자가 될 수 있는가?'에 대한 물음은 있으나
'얼마큼 부자가 될 수 있는가?'에 대한 질문에는
관심을 갖지 않는 탓이다.
분명한 것은 부의 크기는 자신이 빚어놓은 크기에 따라
결정된다는 사실이다.
마치 수각의 크기처럼 말이다.

심한 가뭄에도 수각을 크게 만들어놓았다면 더딜지라도 결국 물은 한가득 차게 마련이다. 반면, 굳이 가뭄이 아니라도 수각의 크기가 작으면 겨우 대여섯 명이 마시면 물은 금세 바닥을 보일 것이다. 돈도 마찬가지다. 아무리 많은 돈을 벌어도 마음속 부의 수각이 작으면 항상 돈이 모자라거나 고만고만한 통장 잔고가 유지될 뿐이다. 조금만 경기가 나빠져도 돈을 빌려야 하는 상황에 처하게 되거나 아무리 적은 비용이라도 집안에 돈이 필요하게 돼 여기저기 손을 벌려야 하는 형국이 된다.

사실 급하게 부자가 되면 졸부 티가 난다. 부자가 된 상황을 유세라도 하듯 알리고 싶으니 사치를 일삼고 고급 승용차를 끌며 명품 두르기에 바쁘다. 행동과 품위는 뒤로한 채 부자의 상징을 두루 갖추려 들기 때문이다. 이런 행동들 모두 부의 수각 크기가 작은 경우라 할 수 있다. 물론 부의 수각을 키우는 일은 어렵다. 하지만 분명 누구나 그 크기를 키울 수 있다.

첫째, 내가 원하는 것과 필요한 것을 구분해 물건을 사는 습관이 필요하다. 사람은 흔히 원하는 것을 필요한 것으로 착각한다. 고급 자동차는 원하는 것이지 반드시 필요한 것은 아니다. 비싼 요리와 고급 와인은 원하는 것이지 필요한 것이 아니다. 화려한 정원과 고급 대리석 집은 원하는 것이지 필요한 것이 아니다. 고급 시계는 원하는 것이지 필요한 것이 아니다. 명품 가방도 마찬가지다. 이렇듯 모든 비용을 원하는 것과 필요한 것으로 구분해 지출하게 되면 부의 수각은 몇 배로 커진다.

둘째, 이자의 무서움을 아는 것이다. 사업으로 큰돈을 벌거나 장사로 많은 돈이 들어오기 시작하면 은행 이자를 가볍게 생각한다. 지점장이 찾아오거나 은행 창구를 거치지 않고 따로 마련된 룸으로 안내되니 그 재미가 쏠쏠하다. 그렇게 은행을 우습게 보기 시작한다. 돈을 빌리고 내는 4~5퍼센트쯤의 이자가 우습고 내돈 넣어 1퍼센트도 안 되는 이자 받는 일을 가소롭게 여긴다. 결국 돈을 함부로 빌리거나 투자를 해도 위험성이 큰 자산에 몰아넣는다. 은행 이자 0.25퍼센트 차이가 얼마나 무서운지 모르거나, 내가 이자로 주는 돈 5퍼센트가 얼마나 큰돈인지 이해하지 못하면 모든 재산은 결국 은행이 가져가게 되어 있다.

사업으로 많은 돈을 번다는 건 그만큼 위험도 크다는 뜻이다. 그러나 사업이 언제나 호경기일 수 없는 노릇이다. 반면 원금이 보장되는 은행 상품은 그 이율이 작아도 손실이 없다. 장기적 관점에서 자신의 수입을 안전지대로 옮겨놓는 일에 깊은 관심이 필요한 이유다. 이 두 가지만 정확히 알아도 당신의 수각은 다른 사람보다 100배 이상 커진다.

그렇게 수각을 키웠다면 물이 찰 때까지 오롯이 기다려야 한다. 물이 다 차지 않은 상태로 마구 써도 안 되고 적당하다는 생각에 물길을 돌려서도 안 된다.

수각을 모두 채운다는 건 수각에 들어오는 물보다 퍼내는 물을 적게 한다는 뜻이다. 저축을 하고 부채를 완전히 없애고 세금이 밀리지 않게 하며 들어오는 돈보다 나가는 돈을 적게 만들어 생활해야 하다. 몇 번을 강조해도 지나치지 않다. 결코 수각에 들어오는 물보다 흘러 내보내는 물이 많아서는 안 된다.

물이 많으면 많은 대로, 적으면 부족함에 맞춰 물을 써야 할 것이다. 장마 때 쓰던 버릇으로 가뭄에도 같은 양의 물을 쓴다면 애써 키운 수각이라도 물은 말라버린다. 그러니 현재 자신이 가진 부보다 4분의 1 정도 버는 사람처럼 소비 수준을 지키라 조언하고 싶다. 현재 자신만큼 버는 사람과 같은 수준으로 사치하지 말기를 당부한다. 그리고 이것을 평생 습관으로 유지하기 바란다.

셋째, 수각을 채우고 난 뒤 밖으로 흐르는 물의 관리다. 차고 넘치는 물이라고 아무렇게나 흐르게 둬서는 안 된다는 뜻이다. 넘치는 물은 산새나 작은 짐승이 마실 수 있게 돕고 수국 꽃밭이나 풀밭과 곡식이 자라는 논과 밭을 지나야 한다. 그렇게 수각을 빠져 나온 물은 또 다른 생명을 이롭게 하는 곳으로 흘러야 한다. 결국 돈이 올바르고 가치 있는 일에 쓰여야 한다는 말이다.

배우자가 충분히 만족할 만큼 분배와 소유가 이뤄져야 하고, 넘치지 않을 정도에서 궁하게 살지 않도록 자녀에게도 나눠줘야 한다. 부모를 편히 부양하고 형제들의 자녀들을 교육시키는 데 아끼지 말아야 한다. 거기에 더해 함께 일하는 직원이나 주변인들이 부자가 되도록 만들어야 한다. 밖에 있던 부를 내 안의 수각으로 들어오게 만든 건 과거 자신의 행동이지만, 나에게서 흘러 세상에 나간 재물이 세상을 이롭게 하고 그 이로움을 통해 다시 내가 이로워지는 건 지금 행동의 결과다.

만약 이런 이로운 행위를 멈춘다면
언젠가 내게 들어오던 수각의 물은
멈추고 말 것이다.
위인은 위대한 일을 해서
위대해지는 것이 아니다.
오히려
작은 일을 소홀히 하지 않기에
위대해지는 것이다.
부자가 부를 모으는 것은
복권에 당첨되거나 유산을 상속받아서가 아니라
돈을 대하는 소박한 태도를
유지했기 때문이다.

- 건전지나 우산 같은 작은 물건이라도 매번 두고 다니며 새로 사지 말라.

- 영수증을 챙겨 주차비를 내지 않게 하라.

- 평소에 먹지 않는 팝콘을 영화관이라고 살 이유는 없다.

- 다 쓴 물건은 제자리에 두고 두 번 찾게 하지 말라.

- 돈은 빌려주지도 빌리지도 말라.

- 사치하고 싶으면 이 돈이 늙은 부모에게 얼마큼 유용할까 생각해 보라.

- 트렁크에 넣어둔 마르지 않은 텐트는 결국 일회용이 된다.

- 음식이 다 나온 후에 다른 음식을 시켜도 늦지 않다.

- 더 받아와서 남은 케첩은 돌려줘라.

- 치약은 지금 쓰던 양의 반만 써도 충분하다.

- 최소 한 달은 혼자 운동해보고 할 만하면 체육관을 끊어라.

- 술집에서 허세 부리지 말고 집으로 돌아가라.

- 요트나 별장은 친구가 사게 하라.

- 낚시, 등산, 스킨 스쿠버, 골프, 자전거는 먼저 좋아해라. 장비는 나중에 사라.

- 과식하지 않고 대신 좋은 음식을 먹어라.

이것이 당신의 수각을 키우는 습관이다.
이렇게 한다면 당신은
평생 평안한 부자로
살게 될 것이다.

당신은 원하는 것과

필요한 것을

구분할 수 있는가!

'나는 얼마큼의 돈을 벌 수 있는가?'에

대한 답은

자신의 마음속 부의

수각 크기에 달려 있다

4
부는 부의 속성을
이해하는 자에게 안긴다

준비되지 않은 상태에서 급하게 부자가 되면 그 부를 다스릴 만한 지식을 배울 기회가 없다. 그런 경우 부는 급격히 사라진다. 어떤 사람은 부를 자랑하기 위해 사치를 한다. 명품으로 휘감아도 태도가 따라오지 않아 품위가 없다.

어떤 이들은 중독자가 된다. 비싼 운동, 고급 와인, 성적 쾌락, 심지어 마약까지 흥분에 몸을 맡긴다. 어떤 이들은 그것으로 권력을 잡으려 한다. 정치인들을 후원하거나 매수하고 직접 정치에 뛰어들거나 권위 있는 자리를 돈으로 사려고 시도한다.

이런 태도들은 돈이 좋아하지 않기에 돈은 곧바로 그 사람 곁을 떠나간다. 이런 사람들이 얻은 일시적 행운은 잠깐의 달콤함을 줄 수 있으나, 결국 그에 상응하는 쓴맛이 곧바로 따라온다. 한번 돈을 가져본 사람은 가난을 지극히 무시하여 그가 행복이라 부르는 잘못된 행복을 따라다닌다. 하지만 그건 가난의 꼬리일 뿐이다.

부자가 되는 것과 부자로 사는 것은 다른 능력이다. 부자가 되는 것은 행운, 유산, 노력 등으로 가능하다. 그러나 부자로 사는 것은 순전히 세상 순리에 대한 공부다. 간혹 부자가 된 사람 중에 부도덕한 인간들을 보더라도 그것을 따라하거나 부러워하면 안 된다. 좋은 밭에 뿌려진 씨앗이라고 모두 뿌리를 내리는 건 아니다. 척박한 땅에 뿌려진 씨앗이라고 모두 죽지 않듯 몇몇이 전부를 대신하지 않는다. 덕을 품지 않은 부자는 그 부 안에서조차 빈곤과 불행, 그리고 불안을 겪는다. 때론 부를 이용해 벌린 모든 비도덕적 행동에 대한 결과가 하나하나 되돌아오는 것도 볼 수 있다. 당신이 부를 통해 진정한 행복을 누리기 위해서는 부의 소유자가 아닌 부의 관리자라는 생각이 필요하다.

내가 이룬 뭔가는 모두 어떤 인과관계의 결과물이다. 내 모든 행동은 결과에 영향을 미친다. 마찬가지로 지금의 부에 영향을 미친 자신의 행동을 명확히 이해할 필요가 있다. 자신이 이룬 것을 유지,

개선, 확대할 수 있는 최선의 방법을 찾아야 한다. 이 세상은 우리의 행동과 생각을 반영하는 거울과 같다. 거울에 어떤 모습으로 나타나느냐는 어떤 모습으로 행동하느냐에 달려 있다. 이것은 인과관계의 상호 작용에 따라 빈틈없이 움직인다. 사소한 생각 하나, 사소한 행동 하나가 톱니처럼 이어지고 연결되어 결과를 만들고 변화를 불러온다.

부는 간혹 몰려다니는 버릇이 있어
누군가에 품에 안길 때가 있다.
그런데 그것을 안은 사람이 부를 어떻게 대하느냐에 따라
그 품에 계속 있을 수도, 곧바로 떠날 수도 있다.
부는 중력처럼 커질수록 모이는 속성도 있고,
옳은 가치 외엔 자신보다 가치 있는 꼴을
보지 않으려 하는 속성도 있다.
거만한 꼴을 보지 못하며,
푼돈을 우습게 대하면 목돈을 데리고 나가고,
사치와 폼 재는 데 자신을 사용하면
한날 아침에 집을 나가버린다.

대신, 사랑하나 자랑하지 않고, 작으나 크나 아껴주고, 가끔씩 좋은 곳에 보내주고, 가치 있는 일에 사용하면 절대 떠나지 않고 오

히려 다른 부를 데려와 함께 산다. 부도 바른 행동, 평화, 온유, 선의, 순수, 사랑 등을 따라 움직인다. 따라서 급하게 부자가 된 사람은 항상 절제하고 겸손해야 하며 부를 앞에 내세워 세상과 싸우는 방패로 만들지 말고 자신이 앞서서 보호해야 한다. 부를 인격체처럼 생각하면 내가 부에 대해 어떤 태도를 가져야 할지 매 순간 혹은 모든 영역에서 저절로 답이 나올 것이다.

5
달콤한
고통

후배 하나가 내 부추김에 힘입어 LA 유명 몰에 매장을 하나 열면서 많은 공부를 했다. 그 과정이 가혹해서 안쓰러울 정도였다. "어떻게 지내냐"는 질문에 돌아온 대답이 '고통이 약간 즐거운 단계'에 들어왔다는 것이어서 쓴웃음을 지은 적이 있다.

영어 표현 중에 Sweet pain(달콤한 고통)이라는 단어가 떠올랐다. 마사지를 세게 받으면 아프지만 시원한 느낌이 들 때 같은 것이다. 고통은 일정하게 찾아오면 익숙해진다.

가끔 조카딸들이 드문드문 자란 수염을 뽑겠다고 덤비는 일이 있는데 처음엔 정신이 번쩍 날 정도로 따갑다가도 익숙해지면 잠을 잘 정도가 된다. 모든 고통은 이처럼 익숙해진다. 때론 익숙한 고통이 쾌락이 되기도 한다. 어려운 일이 계속 이어지면 처음은 놀라고 고통스럽지만 시간이 지나면 할 만하다는 생각도 들고 자신감도 생긴다. 여러 번 망해보면 창피스럽긴 해도 나름 이력이 붙기 마련이다. 사실 실패에 대한 고통보다 무언가 최선을 다하지 못한 고통이 몇 배 더 클 때가 있다. 그래서 단순한 실패는 시간이 지나고 나면 '달콤한 고통'이 되고 만다.

만약 인생에서 고통이 없다면 우리는 한 번도 제대로 생각하지 않았을 것이다. 어쩌면 인간의 인식체계가 생겨나지 않았을 수도 있다. 고통은 우리를 변하게 하고 방어하게 하고 생각하게 만듦으로써 우리를 발전시킨다. 만약 우리 몸에 상처가 나고 질병이 생겼는데 고통이 없었더라면 대부분 쉽게 죽었을 것이다. 다행히도 이 세상은 고통으로 가득 차 있다. 그리고 다행히 그것을 이겨내는 일들로 가득 차 있다.

대부분의 성공한 사람은 어제를 힘들게 보냈다. 그리고 오늘도 힘들게 보낸다. 내일도 고통스러울 것을 알지만 모레는 아름답다고 믿는다. 그러나 어제도 오늘도 힘들었던 많은 사람들이 내일이 무서워 고통을 받아들이지 못하고 오늘 끝내고 만다. 인생에서 쉽고 편하게 이루어진 성공이란 없다. 그런 성공은 아직 성공이 아니기 때문이다. 그래서 남이 주거나 상속받은 성공은 끝이 좋지 않은 것이다.

모든 참된 성공은 고통과 시련을 통해 강해지고 결속되며 가치를 지니게 된다. 애벌레가 번데기에서 탈피하지 않고서는 나비가 될 수 없다. 이 우주 안에서는 그 어떤 것도 직선으로 움직이지 않는다. 누구든 흔들리며 간다. 빛조차도 중력을 벗어나지 못하고 휘어져 다니듯 누구든 고통을 벗어나 살아갈 사람은 없다. 그러나 그 고통 중에 상당히 많은 고통은 위장된 고통이다.

심리학자 어니 젤린스키(Ernie J. Zelinski)가 말했듯
걱정의 40퍼센트는 절대 현실로 일어나지 않고,
걱정의 30퍼센트는 이미 일어난 일에 대한 것이다.
걱정의 22퍼센트는 안 해도 그만인 사소한 것이고,
걱정의 4퍼센트는 우리가 바꿀 수 있는 것이다.
나머지 4퍼센트는 우리 힘으로도 어쩔 도리가 없는 것이다.
불과 4퍼센트 때문에 나머지 96퍼센트까지
걱정을 더 하며 사는 것이다.

위장된 고통을 제거하기만 해도 진짜 고통을 대하는 태도가 한결 가벼워지고 능숙할 수 있다. 세상은 쉽게 바뀌지 않는다. 세상을 바꾸느니 내가 바뀌는 것이 빠르고 쉽다. 정말 고통을 받고 싶지 않다면 단 하나의 방법이 있을 뿐이다. 그렇다. 당신이 생각하는 그대로다. 그러니 고통을 즐겨라. Sweet pain!

6

제 꿈은
100억을 버는 것입니다

한 강연장에서 질문을 하던 20대 초반 젊은이가 자신의 꿈은 100억 자산가가 되는 것이라고 밝히자 관중들 사이에서 살며시 웃는 소리가 났다. 기분 나쁜 비웃음은 아니었다. 다만 믿기지 않는다는 암묵적 동의에 대한 반응이었다.

나는 그 젊은이를 불러일으켜 세우고 지금 얼마나 가지고 있는지 되물었다.

"지금은……. 네! 저는 현재 한 푼도 없습니다!"

그러자 청중의 웃음소리는 조금 더 커졌다.

이 젊은이가 대단한 허풍쟁이가 될 수도 있는 상황이었다.

나는 그대로 젊은이를 세워둔 채 이렇게 설명했다.

"자! 100억을 벌기 위해서 가장 먼저 해야 할 일은 10억을 버는 일입니다. 10억을 벌기 위해서 가장 먼저 해야 하는 일은 1억을 버는 일입니다. 1억을 벌기 위해서 가장 먼저 해야 할 일은 1,000만 원을 모으는 일입니다. 그렇다면 당신은 1,000만 원을 모을 자신이 있습니까?"

그 청년이 답했다.

"네, 자신 있습니다!"

나는 그를 연단 위로 올라오게 한 뒤, 스위스제 몬데인(Mondaine) 시계를 풀어 채워줬다. 그리고 나중에 100억 자산가가 되면 그때 이 시계를 풀어 당신과 똑같은 젊은이가 나타나면 전해주라고 말한 뒤 내려보냈다. 뒤돌아 내려가는 그 청년의 어깨 너머 가득 찬 자신감이 보였다.

사실 모든 목표는 조각냈을 때 쉬워진다. 아무리 커다란 목표도 시작 지점에서 세분하면 도전할 만한 목표로 수정된다. 특히 돈에 관련된 목표는 더더욱 쉽다. 1,000만 원의 1,000배가 100억이다.

하지만 돈의 힘을 알고 나면 의외로 달성 가능하게 보인다.

예를 들어 1,000만 원을 모을 때마다 들이는 힘의 크기가 100이
라고 가정해보자. 1억이 되기 전까지 매번 1,000만 원을 모을 때마다
똑같이 100의 힘이 필요할 것이다. 하지만 그렇게 1억이 모이고 나
면 1,000만 원을 모으는 데 들이는 힘은 50으로 줄어든다. 결국 500
만 원을 모으는 힘 정도만 들이면 된다. 그렇게 모인 돈이 10억이 되
면 이제 1,000만 원을 모을 때 100만 원을 모으듯 쉬워지고, 나중엔
10만 원을 모으듯 쉬워지게 마련이다.

돈이란 숫자상 의미로는
처음의 1,000만 원이나
목표 마지막의 1,000만 원이나 같은 가치를 지닌다.
하지만 돈의 특성 자체가 중력과 같아서
무게가 많아질수록
주변을 빨아들이는 특징을 지닌다.
1억의 돈이 1,000만 원을 만들어내는 힘보다
10억의 돈이 1,000만 원을 만들어내는 힘이 열 배 이상 세다.

그러니 이 젊은이가 처음 1,000만 원을 잘 모은다면, 그 돈을 절대 잃지 않겠다고 결심하면, 그렇게 1억만 잘 만들 수 있다면 100억을 만드는 일은 결코 허망한 목표가 아니다.

내 주위엔 이런 열정 가득한 젊은 친구들이 수없이 많다. 20대 젊은 친구인 오창민 군이나 현 직장인인 홍서진 씨는 각각 100억이 목표다. 이성천 군은 매장 10개가 목표다. 이정교 군은 매일 1억씩 365억의 매출을 올리겠다는 목표를 가지고 움직이고 있다. 직원 10명 남짓의 현재 회사 규모에서 믿기지 않을 만한 매출 목표다. 강원호 군은 목표를 1조로 수정했다. 현재 매출의 무려 20배에 가까운 목표다. 성공하게 되면 친구들 45명을 데리고 유럽 여행을 가기로 했다. 체육관을 운영하는 김현진 군은 500억, 허진숙 대표는 500억, 또는 100만 부의 책을 파는 목표 등 현실적 세계에서 일반인들의 생각을 훨씬 뛰어넘는 커다란 목표를 가지고 있다. 그리고 이 목표를 이루기 위해 노력하고 있다.

경제성장률 3퍼센트나 물가상승률 5퍼센트보다 많이 성장하면 추락을 하지 않은 것이 현실이다. 매년 10퍼센트만 성장시킨다 해도 멋진 목표인데 이들은 어떻게 수 배, 수십 배, 수백 배의 목표를 설정하고 이를 도전 과제로 삼을 용기를 갖는 걸까?

이들에겐 목표를 세분하는 능력이 있기 때문이다. 이정교 군은 주로 홈쇼핑을 통해서 제품을 파니 하루에 1억 원 판매로 목표를 세분화한 것이다. 현재 홈쇼핑에서 1억 매출은 그다지 큰 목표가 아니기 때문이다.

목표란 정확해야 한다. 물론 정확한 목표라고 모두 달성되지는 않는다. 하지만 정확한 목표를 갖고 성공한 사람 대부분은 "그렇게 정확한 목표가 없었더라면 성공할 수 없었을 것"이라 말했다. 결국, 정확하지 않은 목표는 달성된 적이 없다.

목표가 어디에 있고 그곳에 가기 위해 매일매일 무엇을 했는지 자문해야 한다. 목표를 세분해도 도전하지 않으면 목표는 그저 꿈이다. 꿈을 실현하는 것이 목적이라면 하나하나 조각내어 부셔버려야 한다. 목표는 커도 좋다. 아니 커야 한다. 작은 목표는 작은 성취감을 주지만 큰 목표는 이루고 나면 자신의 극대화된 가치를 보게 된다. 커다란 목표를 가졌다는 것은 다른 사람이 보지 못한 비전을 갖고 있다는 뜻이다.

이 목표를 이루어나가는 순간, 자신은 남과 다르다는 것을 증명하는 것이다. 이 세상에서 가장 황홀한 것 중에 하나는 남들이 모두 안 된다고 말리거나 포기한 일을 이루는 것이다. 커다란 목표는 누구나 이룰 수 있는 것이 아니다. 하지만 누군가는 어딘가에서 항상 그 일을 이루고 있다. 그 사람을 나로 만들면 된다. 내가 되면 된다. 이렇게 한번 이루어내면 그동안 잃었던 모든 신용을 단번에 가져올 수 있고 미래에 대한 신용까지도 받아낼 수 있다.

결국 목표를 이루는 것의 가장 큰 장애물은 그 크기가 아니라 '정말 그것이 당신이 원하는 것'인가다. 그 목표를 세분해서 이뤄가는 동안 싫증 내지 않고 게으름을 피우지 않고 굳건히 걸어갈 것인가의 문제다. 주저하지 않고 차근차근 전력을 다하는 것 외엔 다른 방법이 없다. 목표를 이루기 위한 다른 길을 찾는다는 것은 핑곗거리를 찾아 포기할 생각을 하는 망설임일 뿐이다. 목표를 어떻게 이룰까에 대한 고민은 그 목표를 이룰 수 있다고 믿는 사람에게서 나타난다. 자신을 의심하고 자신의 의지를 스스로 믿지 않는 사람에게 목표로 가는 지름길은 결코 나타나지 않는다. 할 수 없다고 생각하는 꿈이나 하지 않겠다고 마음먹은 목표는 결코 이루어지지 않는다.

이제 꿈을 종이에 적어라. 꿈은 종이에 적으면 목표가 되고, 그것을 자르면 계획이 되고, 계획을 실현하면 현실이 된다. 목표를 작게 조각내어 매번 성공하라. 그것이 버릇이 되면 어느새 큰 성공을 차지하고 있을 것이다.

7

그래서 무엇을 했는가?
얼마나 오래 했는가?

나는 줄기차게 그 사람의 크기는 그 사람의 생각의 크기라고 말해왔다. 그런데 이 크기를 실제로 현실에서 만들어내는 도구는 끈기와 기개다. 이 두 가지가 없으면 생각을 현실화할 수 없다.

평범한 사람도 끈기가 있으면 비범해지고 비범한 사람도 끈기가 없으면 평범한 사람이 된다. 끈기는 모든 것을 이겨낸다. 세상은 기다릴 줄 아는 사람에게 보상한다. 기회는 항상 다시 돌아오는데 끈기가 없으면 돌아오는 것을 보기 전에 그만두게 된다. 이외수의 존버 정신(존나게 버티는 정신)은 존중받을 만하다. 어떤 분야에 있는 사람일지라도 성공과 가장 큰 상관관계가 있는 개인적 품성이라면 나는 당연히 끈기를 첫 번째로 본다.

업무 지시를 받은 직원들 중에서 "상대 거래 회사가 저희 제안을 거절했습니다"라고 단순히 상황을 알리며 스스로 포기하는 사람과 "이번 제안에 거절했으니 다른 제안을 해보겠습니다"라고 포기하지 않는 사람의 일의 성과 차이는 전혀 다르다.

끝까지 해내려는 의지가 있음을 상대가 알면 함부로 버려두지 않는다. 싸움에서 내가 아무리 힘이 강해도 상대가 이 싸움에서 죽기 살기로 마음먹고 덤비면 이길 방법이 없다. 내가 그를 실제로 죽일 수 있는 상황이 아니라면 오히려 상대를 존중하거나 달래야 한다. 끈기는 성공을 잡기 위한 위대한 무기다. 끈기를 대신할 만한 것은 거의 없다. 똑똑한 사람이 다 성공하는 것은 아니다. 천재라고 다 성공하는 것도 아니다. 똑똑하고, 천재적이고, 재능이 많고, 돈이 많고, 교육을 많이 받은 사람 중에도 낙오자들이 수두룩하다. 모두 끈기를 갖추지 못했기 때문이다. 능력의 다른 말은 끈기다.

언젠가 울타리를 잠그는 열쇠를 잃어버려 자물쇠를 부셔야 할 일이 있었다. 망치로 열 번을 내려치고 스무 번을 내려쳐도 꼼짝을 하지 않았다. 작은 망치로 상업용 대형 자물쇠를 부셔서 연다는 것은 어림도 없어 보였다. 마사지 받는 것처럼 자물쇠는 태연했다. 어떤 사람은 이런 경우에 서너 번 쳐보고 포기할 것이고, 일부는 스무 번쯤 하다가 그만둘 것이다. 내가 끊임없이 쳐본 이유는 망치가 부러지지 않기 때문이다. 망치가 부러지기 전까지는 그만두면 안 된다. 결국 100번 가까이 치자 한 방에 후드득 자물쇠 고리가 부서졌다. 끈기 있는 작은 반복에 대형 자물쇠도 버틸 재간이 없었던 모양이다.

누군가에게 거절당하거나, 어떤 일에 실패했을 때 당신은 몇 번까지 다시 도전해봤는가? 대부분은 바로 그 자리에서 포기한다. 그리고 그 포기를 예의, 배려, 적절치 않은 시기, 재도전 등으로 표현하지만 핑계를 다른 말로 표현했을 뿐이다.

힘들 때나 어려울 때나 꾸준히 묵묵히 계속하는 것, 이것보다 무서운 힘은 없다. 가장 어려운 것을 가장 쉽게 해결하는 능력이고 가장 쉬운 것 같아도 가장 어려운 일이다. 보통의 경쟁에서는 힘이 강한 자가 이긴다. 그런데 힘이 강하다는 뜻은 외적 덩치나 자산을 말하지 않는다. 그것은 얻어맞더라도 굴복하지 않겠다는 내적 결심을 말한다. "그 정도면 잘했어"라는 말을 듣기 바란다면 무언가를 이룰 생각은 포기해야 한다.

"나는 꿈이 있다"라고 말하는 사람에게 묻고 싶다. 그래서 무엇을 했는가? 얼마나 오래 했는가? 누군가가 꿈을 가져다주길 바랐거나 우연한 요행이 생기기 바랐다면 틀린 생각이다. 그런 사람은 "나는 꿈이 있었다"라고 말하며 살게 될 뿐이다. 성공한 사람에 대한 평가 중에 운, 기회, 용기, 단호한 결정, 재능으로 불리는 모든 요소 뒤엔 끈기가 버티고 있음을 알아야 한다.

마지막 한 방,
모퉁이 끝,
기절 직전까지 자신을 몰아본 적이 있는가?
절대 느린 것을 염려하지 마라.
멈추는 것을 염려하라.
좋은 사람은 계속 성장한다.

조금씩이라도 성장하면 절대로 버리지 말라. 그러나 멈추면 살펴라. 멈추면 썩는다. 썩으면 주변까지 상하게 한다. 아무리 위대한 사람도 멈춘 사람은 상한다. 그러니 고개를 번쩍 들고 세상을 똑바로 보고 굳건히 달려나가라. 인생이란 불가능한 것을 이루기 위해 노력하는 시간만으로도 부족하다. 실패한 것을 후회하기엔 시간이 없다.

이루고 싶다면 싸워 이기면 된다. 이기지 못하겠으면 노력하면 된다. 노력하기 싫으면 포기하고 인정하면 된다. 기개가 있는 사람은 포기하기 싫어한다. 포기하지 않으면 이긴다. 이긴 자는 이룬다. 끈기와 기개만 가지면 누구든지 성공한다.

꿈이 다가오지 않는다고
실망하거나 분노하지 말라.
꿈은 다리가 없다.
당신이 앞으로 나아가야 한다.
꿈은 절대로 도망치지 않는다.
꿈은 다리가 없기 때문이다.
앞으로 나아가라.
한 걸음 한 걸음 끊임없이…

8

위험을
감수하는 자들

인간의 특징 중 하나는 위험에서 멀리 떨어지려 한다는 것이다. 그러나 내 주변은 반대로 위험을 가까이하려는 자들로 언제나 우글 거린다. 그들 중에는 다니던 직장을 그만두고 전 재산을 털어 아무 경험도 없는 사업을 시작한 사람도 있고, 다니던 학교를 그만두고 단 돈 백만 원을 들고 동남아 시장에서 비즈니스를 시작한 사람도 있다.

망한 비즈니스를 겁 없이 인수하거나, 늦은 나이에 암벽 등

반을 시도하고, 신상품을 개발하기도 한다.

나는 그들 사이에 있을 때 가장 행복하고 짜릿하다. 이들과 공감하고 의견을 나누고 생각을 교류할 때 위험은 안정과 자유를 확보하기 때문이다. 아무런 위험을 감수하지 않으려 하면 얻을 수 있는 게 아무것도 없다. 오히려 그로 인해 인생은 더 큰 위험에 처하게 될 뿐이다. 스티븐 코비(Stephen Covey)는 인간의 "가장 큰 위험은 위험이 없는 삶"이라고 말했다.

나는 주식을 살 때 집중 투자를 선호한다. 하나의 주식에 전액을 쏟아붓는다. 흔히 말하는 투자 방식이 전혀 아니다. 일반적으로는 가장 위험한 투자 방식이다. 그렇다고 도박을 하는 것도 아니다. 분산 투자란 자신이 뭘 하는지 모르기에 위험을 나누겠다는 의미다. 하지만 한 회사에 대해 오래 깊이 알고 있으면 모르는 열 군데에 투자하는 것보다 낫다. 위험을 이해할 때 위험이 사라지는 원리다.

모든 위대한 결과는 대부분 위험을 무릅쓴 결과다. 위험을 거치지 않은 대가는 작고 보잘것없으며 쉽게 사라진다. 나는 위험을 감수하는 자들이야말로 인생의 선생이라고 느낀다. 기꺼이 위험을 감수하고 그에 대한 책임을 지려는 사람이야말로 열매를 먹을 자격이 있다. 원래 인생은 전체가 위험으로 둘러싸여 있다. 이런 인생에서 위험을 거부하고 위험을 피해 산다는 건 불가능한 일이며 가장 어리석은 일이다.

위험이란 칼과 같아서
날을 잡으면 다치지만
손잡이를 잡으면 멋진 도구가 된다.
하지만 위험하다고 피하기만 하면
상처가 날 수밖에 없다.
인생에 두려운 것도 없고 배신도 없었고
모욕을 당하거나 굴욕적인 날들도 없었다면
그는 한 번도 위험을 감수해본 적이 없다는 뜻이다.
내가 위험을 감수하거나 위험을 두려워하지 않는 이유는
위험 속에 보물이 숨겨져 있기 때문이다.

위험 속에는 기회라는 보물과 변화라는 보물, 그리고 보상이라는 보물이 있다. 인생에 기회를 얻고 이를 통해 변화하고 보상을 얻는 모든 일이 하나의 콩깍지 안에 들어 있는 것이다. 나는 하루에도 수없이 많은 중대하고 시급한 결정을 내린다. 이런 결정들은 나와 내 주변, 그리고 다른 사람들의 삶에 직접적으로 중대한 영향을 미친다. 이런 결정을 내리는 데 걸리는 시간은 때에 따라 채 1분도 안 되는 경우도 흔하다. 이런 결정들이 하루에 몇십 개씩 이어지는 일도 있다.

흥미로운 점은 이 결정들이 모두 위험을 회피하는 방향으로만 이어지지 않는다는 것이다. 100억짜리 임대계약이라든지, 수백억이

들어가는 신규 사업이라든지, 새로운 나라에서 사업을 시작하는 일, 다른 도시에 많은 매장을 동시에 열어야 하는 일 등은 경중에 따라 회사의 운명을 바꿀 수도 있다. 경우에 따라서는 회사의 존폐를 결정할 만큼 중대한 사안들이다.

만약 이런 일들에 대한 결정이 위험을 회피하는 방향으로만 흘러간다면 이런 안건 자체가 생기지도 않았을 것이다. 아무리 큰 조직이라도 위험 회피를 우선으로 하는 결정들은 조직을 진취력이 사라지고 두려움으로 가득 찬 사자에 불과하게 만든다. 마치 쥐도 무서워서 도망 다니는 사자와 같다. 그런 사자라면 결국 굶어 죽게 돼 있다.

이런 사람들이 말하는 유일한 가치는 신중을 기한다는 것이다. 그러나 신중을 기하는 것 중에 위험을 정면 돌파하는 것이 포함돼 있음을 전혀 이해하지 못한다. 그래서 나는 신중을 기하는 사람들이 하지 않을 많은 일을 위험과 함께 결정해나간다.

사람들은 흔히 눈에 보이는 안전이 최고의 위험 대비라고 생각한다. 마치 생선에서 콜레라균이 발견됐다는 소리가 들리면 모든 해산물 식당이 폭탄을 맞는 식이다. 그러나 실상 콜레라균 때문에 사망한 사람은 식당을 찾아가다 자동차 사고로 죽은 사람 수보다 적을 것이다. 비행기 사고가 무서운 사람들은 연간 비행기 사고로 죽은 인원보다 공항으로 가는 길에서 자동차 사고로 죽은 사람이 더 많다는 것을 알아야 한다.

 암으로 사망할 위험 때문에 그슬린 고기를 가려 먹는 사람이
음주운전을 하고 집으로 간다면 위험을 심각하게 잘못 이해하고 있
는 것이다. 위험을 객관적으로 판단하지 못하면 더 큰 위험에 우리
를 내몰게 될 뿐이다. 인간의 보편적 위험을 제거하려는 안전 욕구
때문에 수많은 보험과 공공 정책, 의료 정보들이 난무한다. 전기용
품의 보증 기간을 포함해서 어린이 암보험, 유기농 식품, 방염 커튼,
이중 창문에 이르기까지 모든 것이 위험을 방지하기 위해 생겨났다.
문제는 이렇게 모든 위험을 배제하려는 사람들이 위험을 정면으로
돌파하는 사람들에 비해 건강하고 안정적인 삶을 유지하지 못한다
는 점이다. 그들도 결국 모두 죽는다.

오히려 위험을 감수하는 사람이
더 많은 분야에서 괄목할 만한 성장을 이루며
그 열매를 즐기는 삶을 유지하고 있다.
한 영역에서 자리를 차지한
그 어느 누구도 위험을 배제하는 삶으로
그 자리에 오른 사람은 없다.

내가 아는 어떤 부부는 젊어서 대기업을 다니다 샌드위치 체인점을 오픈한다는 계획을 세웠다. 그리고 모든 실패 가능성을 세세히 조사했다. 무려 수개월에 걸친 조사 끝에 내린 결론은 위험성을 제로로 만드는 것은 불가능하다는 것이었다. 차라리 그 돈을 은행 정기예금에 넣는 것이 낫겠다고 결론을 내렸다. 리먼 사태 당시 은행이 붕괴되는 것을 보며 그 부부가 제로 위험성에 대해 어떤 평가를 내렸을지 사뭇 궁금해졌다. 이런 사실을 생각하면 우리는 위험을 바라보는 시각을 완전히 새로 정립해야 한다. 이 판단 기준이 바뀌면 직업이나 생활, 정치, 신념마저 바뀐다. 완벽한 안전지대란 없다. 이를 알면 스스로 안전지대를 만들기 위해 위험과 당당히 싸워나가야 한다는 것을 알게 될 것이다.

한 사람에게는 이기고
두 사람에게는 질 정도의 체력과
모든 사람의 칭찬을 받기엔
약간 부족한 용모를 가진 자가
가장 뛰어난 자가 아니고
무엇일까.

2장

사업을 하려는 사람에게

1
경쟁자가
사라졌다

경쟁자가 사라졌다. 사라진 이유는 두 가지다. 스스로 자멸한 경우와 내가 이긴 경우다. 자멸하는 경우는 시장이 축소되면서 생긴 현상이고, 내가 이긴 경우는 경쟁을 통해 이긴 경우다. 그러나 어떤 방식으로 경쟁자가 사라졌든 두 가지 모두 위험한 상황이다.

일본 도쿄역 다이마루 백화점 지하상가에 가면 수십 곳이 넘는 도시락 집이 있다. 도시락 하나에 십만 원짜리부터 몇천 원짜리까지 다양하다. 하루 이용객만 수천 명이다. 그렇게나 많은 도시락 가게가 모이지 않았다면 고객도 모이지 않았을 것이다. 단순한 전쟁이라면 적을 죽여야 내가 살 수 있다.

그러나 요즘은 일대일 맞장 전투가 아니다. 다자간의 다시장 전투다. 경쟁자가 한 명도 아니고 이 싸움터에서 이겨도 다른 싸움터에서 전혀 다른 경쟁자가 넘어 들어온다. 경쟁에서 살려면 상대를 사라지게 할 게 아니라 함께 경쟁하며 더 큰 시장으로 만들고 발전시켜야 되는 환경으로 변했다. 혼자 살기 위해 경쟁자를 시장에서 죽이는 전략은 이미 효용가치가 사라졌다. 비경제적인 것이다. 고객에게 시장을 만들어주고 그 시장이 다양한 서비스와 상품을 제공하는 생태계를 만드는 일은 혼자 할 수 없다. 경쟁하면서 공존한다는 것은 시장 자체를 키운다는 의미로서 매우 중요하다.

저온살균공법을 국내 시장에 처음 선보인 파스퇴르유업은, 당시 기존 경쟁자들의 고온살균공법과 차별화를 선언하며 도전장을 내밀었다. 파스퇴르는 파격적인 문구로 신문 전면 광고를 펴부으며 직접 소비자를 설득해나갔다. 촌스럽지만 한편으로 당당한 그들의 광고는 소비자의 관심을 끄는 데 성공했다. 여기에 위기를 느낀 경쟁사들은 공정거래위원회에 제소하며 법정 싸움을 벌였다. 언론은 이 사건을 크게 이슈화했다. 재판에서는 패소했지만 파스퇴르는 소비자에게 자신들을 각인시키는 데 성공했다. 그리고 부자동네 우유라는 포지셔닝으로 성공했다.

한번 이긴 파스퇴르는 타 회사 제품에 섞여 있다는 '고름 우유'를 이슈화하며 제2의 도약을 시도했다. 하지만 그들의 고름 우유 전략은 전체 소비자들이 유가공품 자체를 외면하게 만드는 결과를 낳았다. 업계 전체는 심각한 타격을 입었다. 결국 파스퇴르 역시 회복할 수 없는 피해를 입었고, 부도를 거쳐 다른 유가공 업체에게 매각되는 운명을 맞았다. 장악을 위해 경쟁자를 죽일 때 시장이 어떻게 움직이는지 잘 보여준 경우다.

몇 년 전 세계 1위 해운사인 머스크가 컨테이너 1,800개를 한번에 실어 나를 수 있는 초대형 컨테이너선 스무 척을 주문한 일이 있었다. 1만TEU급도 드물던 시기에 1만 8,000TEU급 대형 컨테이너선 투입으로 운임 단가를 획기적으로 낮춰 경쟁사를 따돌리겠다는 것이 머스크의 전략이었다. 뒤따라서 2위 해운사인 MSC도 1만 8,000TEU급 네 척을 발주했다. 1만 8,000TEU급 이상 컨테이너선은 1만TEU 이하 선박에 비해 운송비를 30퍼센트 정도 아낄 수 있었다.

머스크는 이듬해 운임 가격을 절반 가까이 낮추는 데 성공했다. 경쟁 해운사들의 실적은 급격히 악화됐다. 2012년은 국내 4대 해운사들이 2조가 넘는 적자를 기록한 해다. 이후 해운사들은 대형 선박을 앞세워 운임 경쟁에 나섰다. 그러자 해운사들은 경쟁에서 밀리지 않기 위해 합병에 나섰다. 프랑스 CMA가 넵튠 오리엔트 라인스(NOL)를 인수했고, 중국원양운수(COSCO)는 차이나시핑(CSCL)을 사들였다. 결국 지나친 가격경쟁은 전 세계 주요 해운사들의 실적 악화를 초래했다. 경쟁사를 따돌리고 독식을 꿈꾼 머스크 역시 2016년 1분기 순이익이 작년 대비 86퍼센트 감소하는 결과를 맞았다.

위 두 가지 사례는 경쟁자를 죽이려다 자신의 목을 조른 케이스로 볼 수 있다. 경쟁자는 단순히 내 지역에 침범한 무뢰한이 아니다. 오히려 같은 사업을 하는 동업자고 협력자며 조력자다. 날기 위해 한 쌍의 날개가 반드시 필요하듯 말이다. 새로운 사업을 시작하고 곧이어 경쟁자가 따라붙으면 공짜로 밥숟가락 얹은 듯 욕하기 일쑤다. 그러나 신규 사업을 하면서 새로운 영역에서, 그것도 혼자 힘으로 관심을 집중시키는 건 불가능하다. 신규 사업 진입 비용은 사업 자체 비용이라기보다 사업 영역을 설명하기 위한 마케팅 비용이기 때문이다. 이때 무엇보다 필요한 건 더 많은 자본이 아니라 이 자본을 무상으로 지불해주는 경쟁자다. 시장의 관심을 받지 못하는 이상 단독 주자라도 이내 사그라지기 때문이다. 새로운 시장을 혼자 확장시킨다는 건 역부족이니 말이다.

결국 경쟁자는 협력자이자 조력자다.

경쟁자는 자기 자본을 홍보비용으로 사용하며

무상으로 시장을 확대시켜주는 역할을 한다.

그러므로 시장 경쟁 초기에 경쟁자가 나타나는 것은

아쉬운 일이 아니라 기회다.

시장을 독점하면 혼자 100개를 먹지만

시장을 열 배로 키워 20퍼센트를 차지하면

200개를 먹을 수 있다.

결국 내가 이긴다는 것은 경쟁자를 죽이고

홀로 선다는 뜻이 아니다.

경쟁자와 함께하지만 한발 앞서 있다는 뜻이다.

사업에서 이긴다는 건 없다.

그저 앞서 있을 뿐이다.

미국 최대 식품유통 회사 크로거(Kroger)에는 1등 아니면 2등 전략이 있다. 각각의 도시에서 1등 혹은 2등으로 살아남겠다는 전략이다. 반드시 1등도 아니고 그렇다고 3등도 아니다. 이 전략으로 미국 35개 주에 2,778개의 매장을 운영 중이다. 크로거의 주가는 지난 5년 사이 10불에서 40불까지 올랐다. 미국 내 최대 식품점이 된 것이다.

이것이야말로 플라톤이 언급한 "한 사람에게는 이기고 두 사람에는 질 정도의 체력과 모든 사람의 칭찬을 받기엔 약간 부족한 용모를 가진 자가 가장 뛰어난 자"가 아니고 무엇일까. "훌륭한 경쟁자보다 더 큰 축복은 없다"고 말한 톰 피터스의 말이 생각나는 대목이다.

경쟁자를 죽이려 하지 말고 그들과 함께 외형을 확대하고 서로 그릇을 넓혀갈 수 있어야 한다. 그들은 사업에 긴장감을 불어넣고 역동성 있게 만든다. 이제 경쟁자를 인정하자. 그들을 존중해야 한다. 경쟁자에게서조차 존경받는 사람이 되어야 한다. 경쟁자를 이기기 위해 수단과 방법을 가리지 않는다면 나 역시 수단과 방법을 가리지 않는 경쟁자를 만나게 될 것이다. 정정당당하게 얻지 않은 모든 승리는 언제나 같은 방법으로 빼앗기기 마련이다.

경쟁사보다 더 싼 물건에 관심을 갖고, 경쟁자보다 더 많은 매출을 올리는 게 목표이며, 경쟁자보다 더 많은 매장을 갖는 일에 집중하면 고객이 어디에 있는지 알 수 없다. 고객이 원하는 가치를 찾는 데 집중하기보다 경쟁자가 무엇을 하는지에 집중하고 있다면 이미 그 기업은 사업의 본질을 잊은 경우다.

세상에 직선으로만 움직이는 것은 아무것도 없다. 하물며 빛도 중력을 따라 휘어질 줄 안다. 방해를 받지 않는 사업이란 없으며 방해를 받지 않는 상황도 없다. 흔히 경영자는 자신의 업종에 있는 경쟁업체만 경쟁자라 인식하지만 이미 산업 간 경계선이 무너진 지 오래다. 구글이 자동차 산업을 위협하고 애플이 전화기 사업을 가져갈 줄은 불과 10년 전만 해도 상상할 수 없었다. 편의점은 식당을 위협하며 게임회사들이 신발 산업을 위협해 들어온다. 그러니 같은 업종에 있는 사람들은 더욱더 경쟁자와 의지를 굳게 하며 경쟁자를 존중하고 인정해야 한다.

내게서 배웠다거나 나보다 어리다거나 자신보다 경험이 부족하고 타 지역인이라는 등, 부모의 배경 따위를 문제 삼아 존중하지 않는다면 상대도 같은 이유로 당신을 존중하지 않는다. 이런 태도가 지나쳐 권위와 탐욕으로 가득 찬 조직은 결과적으로 산업 전체의 불안정을 초래해 작은 위험에도 쓰러진다. 반면에 정직, 공존, 존중, 이해의 문화를 가진 조직은 점점 견고해지며 유연함을 유지해 성장한다.

이 세상에 나와 아무런 관계가 없는 것은 하나도 없다. 내 눈에 보이는 것들 중에 나와 아무런 관계가 없는 것은 단 한 개도 찾을 수 없다. 인간은 언제나 주위의 모든 것과 어울려 살아야 한다. 생명이 있는 것이든 생명이 없는 것이든, 나와 상관이 있는 사람이든 아니든, 사물이든 물건이든 건물이든 모두 한 하늘 아래 있고 한 공간 안에 있다. 가까운 것은 가까운 이유로 더 많은 영향을 주고받을 것이고 멀면 먼대로 다른 영향을 줄 것이다. 이 공감은 다른 사람의 입장이나 다른 상황에서 존중을 만든다. 이런 상호 공감의 확장이 나를 성장시키고 공동체 전체를 안전하게 하며 전체가 성장하는 틀을 만든다. 남을 지게 만든다고 내가 이기는 것이 아니다. 상식이야말로 최고의 지성이다.

2

사장으로서 나의 복무신조
by 김승호

자신의 타이틀이 직업이자 직책인 경우는 대통령과 사장을 빼면 거의 없다. 이 두 직책은 나라든 독립된 법인체든 조직의 가장 위에 선다는 책임과 의무를 지닌다. 그들은 조직을 통솔하고 유지, 확장하기 위한 품격이 필요하다.

일부 직업군은 자신들만의 강령과 신조를 만들고 선서를 통해 서약하기도 한다. 의사들은 의학의 아버지 히포크라테스 선서를 기반으로 만들어진 「제네바 선언」을 서약한다. 의사라는 직업에 부합되는 윤리와 품위를 유지하기 위한 기초 틀을 다지는 것이다. 간호사들도 나이팅게일 선서를 통해 간호를 받는 모든 사람에게 최선을 다하겠다는 선서를 한다.

미 육군들은 미 육군 복무신조 솔져스 크리드(Soldier's Creed)를 통해 "나는 쓰러진 전우를 버리지 않는다" 같은 군의 존재 이유가 포함된 열세 개의 신조를 암기한다. 대한민국 육군 역시 네 개의 복무신조를 가지고 있다. 교직 윤리헌장은 교직에 대한 가치를 가장 잘 표현하고 있다. 기업들조차 기본적인 가치관과 신념을 문서화해 문화를 만들고 그들의 기본 신념을 토대로 주주, 임직원, 고객, 사회에 대한 표준 정책을 규정해 기반 가치로 삼고 있다.

나 역시 사장인 나 자신을 포함해 모든 사장이 기준으로 삼을 신념을 열 가지로 정리했다. 누구라도 나와 같은 마음으로 사장이란 직책을 받아들일 사람은 이 열 가지 신조를 복사하고 서명해 사무실 책상에 붙여놓기 바란다.

사장으로서 나의 복무신조

(회장 김승호)

1. 나는 이 회사의 대표로서 임직원, 주주, 소비자, 사회가 모두 이익이 되는 일을 찾아 회사의 성장을 도울 것이며 이들 구성원 모두가 행복할 수 있도록 노력하겠다.

2. 나는 직원 개개인을 성별, 인종, 종교, 성 정체성, 나이 등으로 승진이나 임금에 차별하지 않으며, 인격 모독적인 언어 행동을 하지 않겠다.

3. 나는 직원의 사생활에 관여하지 않을 것이며 이를 판단 근거로 사용하지 않을 것이며 업무 이외의 시간을 존중하겠다.

4. 나는 내 직원들을 부당한 압력과 부당한 대우에서 보호할 것이며 거래처에 부당한 압력과 부당한 대우를 요구하지 않겠다.

5. 나는 선의의 의도를 따라 사업을 할 것이며 청탁이나 뇌물 등의 부정한 이익을 얻지 않을 것이며 회사의 수익을 부당하게 사용하지 않을 것이다.

6. 나는 끊임없는 공부와 자기계발을 통해 사업을 확대, 보전하며 직원들의 건강과 나 스스로의 건강을 지키겠다.

7. 이 회사가 사회에 공헌하는 회사인지 항상 고민하고 해가 될 일은 하지 않겠다.

8. 나는 직원, 소비자, 경쟁자에게 모두 존경받는 경영자가 되겠다.

9. 나는 성실하게 납세의 의무를 다할 것이며 탈세 및 기타 범죄와 관련된 사업은 하지 않겠다.

10. 나는 자랑스러운 사업가이자 기업가로 사회에 고용을 창출하고 환경보호와 문화 사랑을 평생의 보람으로 간직하겠다.

이 글을 읽고 서명을 마친 사장들은
앞으로 이런 자세와 의무감을 가지고
사장의 직책에 임해주기를 권한다.
더불어 사장이 되고자 꿈꾸는 모든 이도
이런 자세를 마음에 담아
훌륭한 사장이 되길 바란다.

사장으로 산다는 것은

수많은 책임을

받아들인다는

각오를 포함한다

누구라도…

더 나은 사장의 길을 갈 수 있기를…

3
가짜 사업을 하고 있는
당신에게

    불과 20년 전만 해도 대량생산으로 원가를 낮춘 제품들이 시장을 장악했다. 하지만 모두와 똑같은 제품을 가진 것에 만족하지 못하는 소비자들이 나타나기 시작했다. 소비자들의 서비스 개선 욕구가 더욱 강렬해지자 모든 경제 영역에서 품질 개선 운동이 일어났다.

    서비스 산업 역시 예외일 수 없었다. 의사나 공무원들조차 승무원이나 백화점 직원처럼 서비스 품질 교육을 받아야 했다. 그렇게 가격보다 품질 좋은 제품을 만드는 기업이 더 많은 이익과 사업 가치를 만들어냈다. 생산자는 브랜드를 만들고 그 상품의 이미지 유지에 많은 비용을 지불했다. 소비자들은 이내 그런 브랜드 가치를 믿고 상품과 서비스를 구매하기에 이른다.

하지만 이런 시장 뒤 거대한 또 다른 시장이 다가와 있다. UCLA 앤더슨 경영대학원의 경영자교육 교수이자 분석가인 조셉 파인(B. Joseph Pine II)과 제임스 길모어(James H. Gilmore)는 이를 '경험경제 시대'라고 표현했다.

대량생산 경제 환경에서 소비자는 생산자가 누구인지 알 필요가 없었다. 그저 물건이 싸면 가치는 충분했다. 브랜드 시장에서 소비자는 형성된 브랜드 가치에 입각한 가격을 지불하면 그만이다. 상품의 브랜드가 자신의 사회적 위치를 알려주기 때문이다. 앞으로 우리가 주목해야 할 것은 경험경제 시대다. 경험경제란 소비자와 생산자가 상품이나 서비스의 가치에 나타내는 공감을 뜻한다. 소비자의 공감을 이끌어내기 위해 생산자의 진정성이 필요한 시대가 됐다. 제품이 만들어진 이유나 제품을 생산하는 방법에 대한 솔직한 이야기, 즉 사업이든 상품이든 스토리가 필요하게 된 것이다.

경험경제의 연관 단어는 진심, 솔직, 공유, 공정, 정직, 공개, 분배, 배려, 합리, 믿음이다. 이제 사업은 이 단어 중 어느 것을 자신의 것으로 만들 것인가에 달려 있다. 시장에서는 더 이상 고급이나 신속, 청결, 친절만으로 경쟁할 수 없다. 이제 경험경제는 선택이 아닌 필수 사항이다. 제품의 공급을 넘어 소비자와 함께 만들어간다는 느낌을 부여해야 한다.

미국의 탐스슈즈는 신발을 한 켤레 판매할 때마다 빈민국에 한 켤레의 신발을 기부한다. LG생활건강의 비욘드(Beyond)도 국내 최초 무(無)동물실험 제품을 출시했으며 판매 수익금의 일부가 자동으로 멸종위기동물 보호 펀드에 적립된다. 커피전문점 할리스커피는 국제 열대우림동맹(Rain Forest Alliance) 인증마크가 있는 원두만 사용한다. 이를 통해 자연 보호와 노동자 권익 향상을 돕고 있다. 지난 2014년부터 이런 방식을 도입한 할리스커피는 원두 소비량이 매년 월평균 12퍼센트씩 증가했다. 유니클로 역시 지난해 기부를 받은 1,000만 벌의 의류를 난민들에게 전했다.

이제 기업의 가장 큰 실수는 과장과 사실이 아닌 것을 광고하는 일일 것이다. 아무리 몇 겹을 칠해도 화장품 광고 속 연예인처럼 되지 않는다는 것을 이제 소비자도 다 안다. 모니터에 등장하는 저 햄버거 사진과 내가 받아 든 햄버거가 결코 같지 않다는 것도 안다. 그 실망감은 아이폰을 주문했는데 포장을 뜯어보니 벽돌이 배송돼 온 것과 다르지 않다.

소비자는 내 손에 주어질 제품 그대로의 사진을 원한다. 그렇게 할 수 없다면 차라리 돈을 더 받고 제대로 만들어주길 바란다. 광고에서 보여주는 것처럼 사실로 만들어줄 때 소비자는 공감한다. 광고 이상의 가치를 준다면 소비자는 감탄한다. 오히려 광고가 필요 없는 시대가 되어가는 것이다. 소비자와 공감을 나눴는데 광고가 무슨 필요가 있을까.

프랜차이즈에서 가장 위험한 회사는 간판에 '가맹점 모집'이라고 써놓은 곳이다. 그런 식으로 가맹점을 모집해야 되는 수준이라면 본사가 무엇으로 수입을 내는지 뻔하다. 기업도 마찬가지다. 광고는 소비자를 현혹시키는 게 주목적이다. 셀 수 없이 많은 광고에 진정성이 사라진 지 오래다.

소비자는 본질에 충실한 기업을 분명 사랑한다. 사랑이란 모름지기 감출 수 없는 것이다. 자랑하려 들고 누구에게든 보이려 든다. 생산자가 소비자에게 애정을 가질 때도 마찬가지다. 이제 경험경제가 우리 생활에 더 깊숙이 들어올 일만 남았다. 어쩌면 대기업보다 중소기업이 이 경험경제 시대의 최대 수혜자가 될 수도 있다. 진정성이 사업의 근간이 되기 때문이다. 나는 모든 사업가에게 권고한다. 이런 사업 환경을 앞두고 가짜로 사업하지 말기를 말이다.

선의의 의도를 가지고

소비자를 존중하면

기업은 소비자의 존중을 받는 시대다.

자신의 양심과 사업을

함께 발전시킬 수 있는

절호의 기회가 왔음을 깨닫기를 권한다.

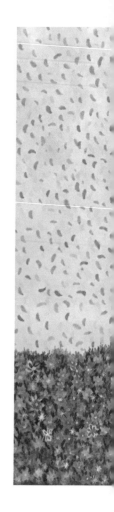

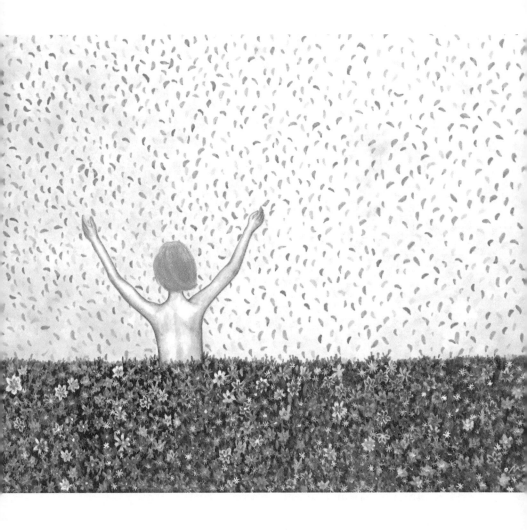

4

먼저 살아남은 뒤에
좋아하는 일을 하라

자생력이란 스스로 생존하는 힘을 말한다. 외부 도움 없이 스스로 생존하는 것이야말로 가장 건강한 상태를 유지하는 비결이다.

우리 몸에는 평상시에도 호흡이나 음식을 통해 많은 중금속, 병균, 바이러스, 세균이 들어온다. 호흡으로 들어오는 박테리아성 감염질환, 곰팡이 같은 균류 감염질환, 바이러스성 감염질환 등을 합치면 100 종류가 넘는다. 손에 들러붙는 미생물 수는 상상을 초월한다. 미국 콜로라도 주립대 연구에 따르면, 한쪽 손바닥에만 150여

종류의 세균이 있다고 한다. 양손을 합해 똑같은 세균이 붙어 있을 확률은 고작 17퍼센트라고 하니 얼마나 많은 종류의 세균이 있는지 짐작할 수 있다. 하지만 대부분의 병균은 호흡기관을 지날 때 상당수 걸러진다. 일부가 들어와도 우리 몸속 상피세포나 폐포에 있는 대식세포가 침투나 집단형성(colonization)을 막는다. 뼈가 부러져도 스스로 붙으며, 칼에 베이면 피를 멈추게 하고 미세혈관을 연결해 새로운 살로 채운다.

수많은 위험에도 인간이 살아남을 수 있었던 이유가 바로 이 자생력 덕분이다. 생명이 있는 모든 것은 자생력을 가지고 있다. 스스로 살아남을 수 있는 능력이야말로 생명체의 가장 큰 매력이다. 인간의 몸 자체가 가장 위대한 의사이자 가장 성공적인 제약회사인 셈이다.

역설적으로 인간은 아직 감기조차 정복하지 못했다. 감기약은 감기 병균을 죽이는 게 아닌 열과 기침 같은 증세를 줄이는 역할을 한다. 그래서 약을 먹으면 일주일 안에 낫고, 약을 안 먹으면 7일 안에 낫는다는 농담이 있다. 사실 감기 바이러스의 종류가 워낙 많아 치료 자체가 거의 불가능하기 때문이다.

사업도 다를 게 없다. 인간의 사상이나 사업도 자생력이 있으면 스스로 살아남는다. 광고나 자본 혹은 운 좋은 홍보를 통해 갑자기 자란 사업체들도 그 안에 자생력이 없으면 부푼 풍선처럼 터지기 마련이다. 사회적 기업 역시 마찬가지다. 남에게 의존해 산다는 것은 한계가 있다. 사회적 기업은 그 자체가 명분이나 특정 구성원의 열의에 의해 유지되기 쉽지만 결과적으로 지원 세력의 수혈이나 보호에서 벗어나 혼자 걸을 수 있어야 한다.

나 역시 서울에 첫 스노우폭스 매장을 열 때 '자생력 테스트'가 필요했다. 메뉴와 주문 과정이 없는 식당 개념인 그랩앤고(Grap-N-Go) 모델이 한국에서 자생할 수 있는지 알아야 했다. 한국의 사업 토양이 그랩앤고 모델을 받아들일 수 있는지 확인이 필요했다. 지인들이 보내온 축하 화환은 보이지 않는 곳으로 옮기고 소비자에게 이제 막 오픈했다는 사실을 알려주지 않기로 했다. 당연히 오픈 광고나 팸플릿, 풍선을 거는 일도 없었고 일체의 홍보도우미도 부르지도 않았다. 어제까지 비어 있던 상가에 갑자기 그랩앤고 도시락 매장이 생긴 정도로 알려지기 바랐기 때문이다.

아무리 고객이 모른다 해도 갑자기 생겨난 가게에 하루에 한 명은 올 것으로 봤다. 그 한 명만 만족하면 된다는 각오였다. 만족한 고객 한 명은 내일 다른 고객을 데려올 것이고 이것이 어디까지 누적되는지 알고 싶었다. 이 누적이 스스로 살아남을 정도의 매출을 만들지도 궁금했다. 이 방법은 직원들에게 경각심을 주었다. 홍보를 하지 않는 상황에서 고객을 만족하게 만들어 다시 오게 한다는 것은 가장 어려운 마케팅이기 때문이다. 그렇지만 기본에 충실하게 만드는 효과가 있었다.

회사에서 내린 상권분석 판단으로 해당 지역 내 하루 도시락 판매 매출은 150만 원이 최고였다. 적당히 망하기 좋은 금액이었다. 자생력을 갖추기 위한 매출 목표는 250만 원, 실제 우리의 매출 목표는 500만 원이었다. 150만 원 정도 예상되는 자리에서 500만 원을 판다는 건 무리였다. 하지만 언제 올지 모를 한 명의 고객을 만족시키는 일을 목표로 잡고 오픈부터 문 닫기 직전까지 100퍼센트 완벽한 진열을 유지했다. 업무가 끝나면 하루 매출보다 많은 상품을 그 자리에서 모두 폐기했다. 불과 30분 전에 만든 신선한 제품이 대다수였다.

　　그렇게 버티며 고객을 하나하나 모았다. 직원들은 고객 한 분이 아쉬워 더 친절할 수밖에 없었고 셀프 서비스 매장이지만 풀 서비스 매장에 가까운 친절을 베풀었다. 결국 2개월 남짓 만에 첫 500만 원 매출 목표를 달성할 수 있었고, 내가 바라던 자생력 테스트를 통과했다. 많은 오류와 실수를 통해 멋지게 항체를 만들어낸 것이다. 스스로 자생력을 갖췄음을 증명해낸 그제야 비로소 우리는 공격적인 광고로 사업을 알려나갔다.

사람도 자립할 수 있다는 것을
증명할 수 있을 때
사회적 자생력을 갖췄다고 볼 수 있다.
"좋아하는 일을 해야 할까요?,
돈 버는 일을 해야 할까요?"라고
많은 사람들이 내게 묻는다.
하지만 언제나 내 대답은 한결같다.
"먼저 살아남은 뒤에 좋아하는 일을 하라"고 말이다.

내가 살아남고 의식주를 해결하고 가족을 위해 잉여 자산을 만
드는 능력이 삶의 기본이다. 이를 무시하는 사람은 사회에서 가장
낮은 대우를 받을 수밖에 없다. 몸에 많은 양의 박테리아가 한꺼번
에 들어오거나 면역이 떨어진 상태로 유해균을 만나면 심각한 질병
에 걸릴 수 있다. 어쩌면 감기 같은 가벼운 질병으로 사망에 이를 수
도 있다.

마찬가지로 회사 내 한 구성원의 지나친 취미생활, 잡기, 오락,
편중된 인간관계, 자기 직업에 대한 능력을 향상시키지 않는 태도
등은 기업에 들어오는 박테리아와 같다. 무엇이든 지나치면 사회적
으로 뒤처지거나 파멸할 수 있다. 기업 역시 다양한 부정, 불평불만,
불경기, 부도덕성 등에 노출될 때 성장이 정체되거나 망해버린다.

인생에서 내가 진실로 원하는 것이 무엇인지를 알아내기란 쉽지 않은 일이다. 오히려 원하는 걸 이루기가 쉽다. 진심으로 원하는 게 뭔지 알 때까지라도 우리는 살아남아야 한다.

5

배우자에게 돈과 지분
그리고 신뢰를 맡길 때

내가 가르치는 사업가들이 있다. 이들은 중앙대학교가 마련한 글로벌 경영자 과정에 들어온 중견 사업가들이다. 사업의 방향이나 목적을 비롯해 현실적인 사업 테크닉을 공부하고 싶어 모인 이들이다.

한 학기마다 45명씩 다양한 분야의 사장들이 매주 모여 깊이 있는 공부를 한다. 사장인 내가 또 다른 사장들의 스승이 되는 것은 인생에서 가장 자랑스러운 일이다. 돈과 상관없이 하는 일은 사명이 된다는 말을 실감나게 해주는 일이기도 하다.

나는 이 과정 중에 배우자와 함께 참여하는 수업 날을 만들었다. 그리고 수업 전 주, 아무 이유 없이 배우자에게 꽃을 선물하라는 숙제를 낸다. 아무 이유 없이 '그냥' 말이다.

제자들은 고맙다거나 사랑한다는 평소 마음을 담아 자신들의 배우자에게 꽃을 선물한다. 그리고 꽃을 건네는 장면을 찍어 내 페이스북 계정에 포스팅하며 과제를 마친다. 사실 이 숙제 때문에 많은 사업가의 아내들이 꽃을 받고 감동해 울기까지 한다. 물론 또 무슨 사고를 쳤냐고 다그치는 사람도 있다는 우스갯소리도 들린다. 그러나 이내 아무 이유 없이 꽃을 선물한 것을 알고는 너나없이 행복해한다.

그들은 모른다. 사업하는 사람은 모두 자신이 잘나서 그 자리에 있는 줄 안다. 하지만 배우자를 잘못 만났다면 사업적 능력조차 기를 기회가 없었을 것이다. 내 친구 중 한 명은 어릴 적부터 뛰어난 수완으로 모두의 기대를 받았다. 하지만 사업이라면 무조건 반대하는 아내를 만난 탓에 아무것도 시도하지 못했다. 결국 어느 사장의 운전기사가 그의 마지막 직업이 되었다.

배우자는 사업가의 실제적 동반자다. 배우자는 자신이 사업을 하는 동안 가정에서 빈자리를 이끌고 실질적 조언을 주는 이다. 위험을 묵인하는 배짱으로 지원하거나 적극적인 지지로 사업을 함께 하는 동업자다. 그들이 없었다면 당신의 사업도 없었다. 그럼에도 사업가의 배우자를 성공에 묻어가는 무상혜택 수혜자처럼 대한다. 사회뿐 아니라 가정에서도 그렇다. 사업이 번창하니 살림은 윤택해졌어도 남편의 성장은 신문에서나 읽게 되고 남편의 활동 영역과 만나는 사람들의 수준은 점점 높아져 위축감이 들기 일쑤다.

사업의 반은 '법적으로 내 것이다'라고 주장하자니 회사가 팔린 것도 아니고 생활비를 안 주는 것도 아니니 의미가 없다. 그렇다고 같이 사는 동안에 그 문제로 법정에 갈 수도 없다. 아내들은 불만의 근원이 어디서 온 건지도 모른 채 알 수 없는 불만을 쌓아간다. 사장인 남편은 아내가 사업에 관해 묻거나 확인하려 드니 화부터 내고 본다.

하지만 해결 방법은 어디에든 있기 마련이다. 나의 생각은 이렇다. 나는 모든 사업체의 법적 소유권에 상관없이 결혼 이후 성장한 모든 부분의 절반은 배우자의 것이라고 주장한다.

식당이건 상장회사건 상관없다. 그러므로 나는 회사 이익의 반은 배우자에게 배당하라고 가르친다. 지금 회사가 성장 단계라 반이나 배당하면 안 된다는 주장도 있고 추가 사업을 위해 유보금을 갖춰야 한다는 주장도 많다. 하지만 그건 배우자의 몫이니 결정도 배우자가 하게 하라고 권유한다. 대신 배우자에게는 그 돈을 잘 관리했다가 자금에 문제가 생길 때 다시 빌려주라고 말한다. 회사 이익의 절반에 대한 자주권이 배우자에게 있고 그 돈을 직접 관리하고 소유할 수 있음을 인정해주라는 의미다.

사실 이렇게 하는 일이야말로 집안의 실질 자산이 확보되는 일이다. 남편의 사업이 잘된다 해도 회사의 돈이란 회사 내에서 없어지고 사라지기 마련이다. 돈은 집으로 옮겨지기 전까지 실제 소득이 아니다. 그 집안의 실소득은 회사 장부상 순이익이 아니다. 아내에게 옮겨진 돈이야말로 실소득이다. 이런 식으로 배우자를 진정한 파트너이자 동업자로 대하는 순간 그 가정은 사업과 가정에서 모두 성공한다. 그러니 가장 소중한 파트너에게 꽃 한 다발을 보내지 않을 수 없다. 회사를 운영하는 사람에게 가장 큰 자산은 배우자의 지지다.

그것은 회사의 첫 번째 자산이자

가장 마지막 자산이기도 하다.

사장으로 사업적으로

아무리 성공했어도 가정에서 실패했다면

사업의 의미는 돈을 버는 것 이외엔

아무것도 남는 게 없다.

사람으로 한 인생을 살면서

돈을 버는 것을 목적으로 살았다는 것처럼,

혹은 돈 번 것 이외엔

남은 것이 없는 인생처럼

실속 없는 일도 없다.

배우자에게 지지받지 못하면서
외부에서 아무리 많은 칭찬과 존경을
받은들 무슨 가치가 있을까?
가정에서의 실패는 사회에서의 어떤 성공으로도
대체하지 못한다.
집안에서 사랑받지 못하는 한
밖에서 받는 사랑은
모두 허상일 뿐이다.

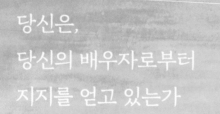

당신은,
당신의 배우자로부터
지지를 얻고 있는가

6

여성 동료를
어떻게 볼 것인가

전 세계적으로 여성의 경제 참여 비율이 늘고 있고 여성 기업가나 여성 경영자의 인원도 늘고 있다. 최근 한국 국세청 발표에 따르면, 신규 사업자 중 여성의 비율이 절반에 가까운 47퍼센트에 달해 개인사업자의 절반이 여성인 것으로 조사됐다.

미국의 경우 일반적으로 여성 경영 기업은 전체 기업의 3분의 1에 해당된다. 이는 계속 증가하는 추세여서 앞으로 많은 남자들이 여성 상사와 일하게 될 것이다.

내가 소유한 회사의 절반 이상이 여성이 사장이고 훌륭히 업무를 수행하고 있다. 선진국들은 여성의 창업이나 경제활동 비율을 높이기 위해 다양한 지원을 준비하고 있고, 이에 힘입어 경제협력개발기구(OECD) 국가의 대졸 이상 여성 경제활동 참가율은 평균 82퍼센트에 달한다. 우리나라의 60퍼센트 비율에 비하면 매우 높은 수준이다.

현재 OECD 국가 전체에서 개인 소유 사업의 20~40퍼센트가 여성 경영 체제다. EU 국가들에서 기업의 4분의 1이 여성 소유이며, 그 비율은 지난 10년 동안 꾸준히 증가해왔다. 특히 한국과 멕시코의 경우 상당한 증가세가 이어지고 있다. 그러나 높은 창업 열기에도 불구하고 여성 창업자들의 대부분은 아직 자영업인 경우가 가장 많다. 특히 여성 소유 기업의 80퍼센트가 연매출 5만 불 이하의 소규모 기업이다. 이는 여성의 창업이 남성의 창업보다 시장 진입이 어렵고 필연적 요소가 많기 때문이다. 여성의 참여는 육아를 완전히 배제할 수 없는 상황이 많아 근로시간의 제약이 많고 여전히 일부 업종에 국한돼 창업이 이루어진다.

하지만 창업에 성공하면 일과 가정의 균형 있는 삶을 유지하는 데 도움이 되고 자신의 사회적 지위를 높일 수 있기에 이런 성장은 계속 이어질 것으로 보인다. 아직까지는 여성의 기업 경영 경험이 남성에 비해 현저히 적기에 이런 경험 부족은 사업자금을 모으기 위한 융자와 투자에 관련해서도 주관적 판단을 많이 받고 있다. 그러나 이미 창업한 여성 사업가들이 남성 사업가에 비해 실패할 확률이 높다는 증거는 어디에도 없다.

여성 사업가나 남성 사업가는 창업 후 3년 정도는 비슷한 실적을 보이고 오히려 일부 국가에서는 고용 창출 면에서 남성 기업인들을 앞서고 있다. 흥미로운 점은 여성 경영 기업들의 매출 증가율이 남성 경영 기업들보다 두 배가량 높다는 점이다. 독일 튀빙겐대학교 연구에 따르면 사내에 여성 임원 비율이 30퍼센트 이상인 기업과 전원 남성으로 구성된 기업을 비교했을 때 여성 임원이 많은 기업이 월등히 높은 경영 성과를 올리고 있는 것으로 조사됐다. 더불어 경영상의 투명성과 재무 상태도 더 좋은 것으로 나타났다.

현재 한국 상장사에 여성 임원 비율은 불과 2퍼센트대다. 하지만 "여성 이사들이 많을수록 기업의 경영 실적이 좋고 투명한 조직이 된다"는 자료만 보더라도 우리나라의 경제 성장을 위해 여성의 사회 고위층 진출을 적극 지원해야 한다. 미국 비즈니스 잡지 《포춘(Fortune)》이 선정한 200대 기업의 경우 이사회의 여성 임원 비율이 평균 43퍼센트에 달하는 것을 보면 여성이야말로 회사의 기업 가치와 성과를 높이는 데 매우 효과적인 보물이다.

공기업의 경우는 쿼터제처럼 일정 비율을 여성 임원으로 채우는 방안도 고려해볼 만하다. 하지만 이런 요구와 효용성에도 불구하고 아직도 한국 문화에서는 여성들을 기업가나 경영자로 온전히 대우하지 않는 것을 자주 본다. 흔히 남자 직원은 남직원이라고 부르지 않으면서 여자 직원은 여직원이라 부른다. 이런 배경에는 직원이라는 개념보다 여자라는 명제를 앞서 인식하고 있다는 뜻이 있다. 남사장이란 말은 없어도 여사장이란 말은 있다. 경영자나 직원으로서 여자인지 남자인지 전혀 구분할 이유가 없음에도 호칭에 그렇게 따라붙는다. 남녀 사업가들의 단순한 친목 자리에 주빈이라도 있으면 양옆에 여성 사업가들을 세운다거나 술자리 옆에 앉히는 일은 지금도 여전히 일어나고 있다. 그러니 하급 직원들 사이에서 일어나는 일은 짐작하지 않아도 알 수 있을 정도다.

나와 함께 일하는 여성 임원들은 객관적 기준에서 남성 임원들보다 전혀 뒤떨어지지 않는다. 오히려 그들은 조용한 카리스마를 통해 회사의 가치를 높이는 데 많은 도움이 되며 뛰어난 실적을 보이고 있다. 부정에 연루될 일도 적고 부정직한 방법이나 뇌물, 청탁 등으로 사업을 확장할 생각도 없다. 그러므로 온전히 실력으로 승부를 보려는 경향이 강해 비즈니스의 본질에 가깝게 행동함으로 양질의 신용을 만들어내고 있다.

편법과 친분 관계로 맺어지는 사업은 모래성같이 허약하다. 작은 파도에도 쉽게 허물어지기에 오직 사업의 가치로 성공하려는 사업가들 사이에서는 오히려 여성 경영자들이 남성에 비해 높은 성과를 이룰 수 있다.

앞으로 많은 남자들이 여성을 상사로 모시게 되거나 동료로 맞이하게 될 것이다. 이제 남자들은 여자들과 일하는 방식을 배워야 한다. 회식은 이탈리안 레스토랑에서 파스타를 먹고 2차로 커피숍에 들렀다가 어린아이가 잠들기 전인 9시면 돌아가야 한다. 2차, 3차 술에 취해 비틀거리며 부하 직원을 괴롭게 하면서 그것을 결속이라 부르고 애사심 고취라 부르는 일은 더 이상 볼 수 없을 것이다. 숙직이나 당직은 사라질 것이고 가족을 등한시하는 남자 부하 직원은 낮은 평점을 받을 수 있으며 남성 중심의 점심 메뉴 선택권도 사라질 것이다. 이 모든 것은 전체 사회적 측면에서 상당히 우호적이며 행복 추구권에 가깝게 다가서는 일이다. 이 모두가 여성이 남성들과 함께 일하며 생기는 현상이다.

나는 30년 전 미국 이주 초기에 젊은 여자들이 길거리에서 남자들과 함께 담배를 피우는 모습을 보고 충격을 받았다. 여성의 이런 권리는 최근 10여 년 사이에 획득한 것 중 일부다. 그런데 이제 남자들이 현실 세계인 일터에서 여성들과 함께 일하게 된 것이다. 그것도 아랫사람이 아닌 동료나 상사로 함께 일하는 시대가 온 것이다. 이 현상을 받아들이지 못하거나 이런 업무 방식을 이해하지 못하는 일부 남자들은 여전히 여성들의 권리 확장과 사회적 약진에 대해 심한 거부감을 표출하고 있다. 그러나 앞으로는 여성들과 함께 일하지 못하는 모든 남자는 도태될 것이다.

이제 일터에서
남성과 여성의 구분은 없어졌다.
회식을 커피숍에서 팥빙수로 끝내는 것이
자연스러운 일이 되었다.
나는 모든 남자에게 간단하게 말하고 싶다.
여성을 동료로 받아들여라.
이것은 현대사회가 옳은 방향으로
나아간다는 뜻이고
자녀들이 더 행복한 환경에서
일을 하게 됐다는 뜻이다.

여성 사업가의
다양한 능력은
사회의 축복이다

7

왜, 어떻게, 무엇을
VS 무엇을, 어떻게, 왜

세상에는 수많은 조직 경영 이론과 경영 구조들이 있다. 자신들의 창업 문화나 창업 당시의 지분구조에 따라 여러 형태의 회사들이 존재한다. 몇 년에 한 번씩 잘나가는 회사를 중심으로 새로운 경영법이 재평가되고 보급되고 사라진다.

경영 구조 또한 최고 경영자로부터 직접 지시를 받아 일을 하는 라인 조직, 전문가들의 지휘를 받는 지능식 조직, 팀별 조직,

프로젝트 조직이 있고 심지어 매트릭스와 네트워크 조직도 있다.

이런 구조에 따라 회사 조직도가 나뉘며 이에 따라 업무 지시나 업무 진행이 이루어진다. 무엇이 경영의 질을 높이고 생산성을 높이는가에 대한 연구는 기업이 생긴 이래 끝없이 변화하며 성장하고 있지만, 무엇이 최고의 방법인지는 아직도 알려지지 않았다. 기업은 이 문제로 언제나 고민하고 공부하지만 누구에게나 정답인 경우는 아직 발견되지 않았다.

그런데 여기서 흥미로운 점이 있다. 경영 방식이나 기업 문화, 혹은 사업 영역이 전혀 다른데도 항상 성장하며 항상 혁신적이고 항상 성과를 내는 회사들이 있다는 점이다. 결국 어떤 기업이든 조직이든 그 일을 하는 방식의 문제가 아니라 그 일을 다루는 태도에 방법이 있다고 결론지을 수 있다.

나는 사이먼 시넥(Simon Sinek)이 스스로 '골든서클'이라 부르는 어떤 논리에 감탄하고 말았다. 굳이 이론이라고 말할 수도 없는 단순한 발견이라도 말이다. 그것은 부하 직원들을 가르쳐서 일을 하게 만드는 방법 3가지다.

첫 번째는 〈무엇을〉 하는지 가르치는 것이다. 이 회사는 무슨 일을 하고 〈무엇을〉 파는지를 설명한다. 골목 가장 안쪽에 들어와 장사를 하지만, 이 동네에서 빙수를 가장 잘 만들고 좋은 재료를 쓰며 메뉴의 양이나 질이 인근에서 가장 우수하다는 것을 설명해주는 것이다. (사장의 속마음: 자! 잘 팔 수 있겠지?)

두 번째는 해당 업무를 〈어떻게〉 하는지 가르치는 것이다. 주문은 〈어떻게〉 받고 어떤 식의 추가 질문을 통해 객단가를 올릴 수 있으며 남녀가 함께 온 고객이나 여자들끼리 온 고객에겐 〈어떻게〉 대해야 하는지를 가르칠 수 있다.

서빙이라면 그릇은 〈어떻게〉 잡고 손님에겐 〈어떻게〉 말하고 남은 그릇과 테이블은 어떤 방식으로 수거하고 닦아야 효율적인지를 가르치는 것이다. 〈어떻게〉 하는 것은 아주 중요하다. 〈어떻게〉 하는지를 알아야 실무에 적용하고 급여의 가치를 창출해낼 기본이 되기 때문이다. (사장의 속마음: 자! 어떻게 하는지 알겠지?)

마지막으로는 〈왜〉 이 일을 하는지 알려주는 것이다. 이 마지막에 〈왜〉라는 방식에서 모든 기업이나 조직은 다른 기업이나 조직과 그 성과와 발전 속도가 달라진다. 〈왜〉 이 일을 하는가에 가치를 부여하면 직원들에게 업무 지시를 일일이 할 필요도 확인을 하거나 회의를 할 필요도 없어진다. 세상에 어떤 단체나 회사도 자기들이 무슨 일을 하는지 잘 알고 있다. 자기 회사가 무슨 일을 하는지 모르고 회사에 다니는 사람은 세상에 아무도 없을 것이다. 직원이 1,000명이 있는 회사라면 그 1,000명 모두 자신의 회사가 〈무엇을〉 하는 회사인지 잘 알고 있을 것이다.

그런데 그 일을 하는 1,000명 중에 일부는 아주 그 일을 잘하는 사람들이다. 그들은 〈어떻게〉 그 일을 하는지 알고 있다. 제품의 특성이나 서비스의 종류를 잘 알고 있고, 시장의 경쟁자들을 〈어떻게〉 이길 수 있는지 잘 꿰뚫고 있는 세일즈인도 있고, 〈어떻게〉 상품을 만들어내는지, 그 방식이나 기술적인 테크닉은 무엇인지 잘 알고 있는 직원들도 있다. 사람들을 잘 다루고 조직 내에 〈어떻게〉 활기와 역동성을 잘 부여하는지 아는 관리자들도 있을 것이다.

그러나 이런 조직 안에도 〈왜〉 이 일을 하는지 알고 있는 사람은 몇몇 안 된다. 〈왜〉 이 일을 하는지 아는 사람들이 많아질수록 회사는 단단하고 결속력이 강해지며 사회 내에서 그들의 가치를 표방해나가면서 지속 성장을 이룬다. 〈왜〉 이 일을 하는지 알게 된 사람들은 결코 그들의 회사가 단순히 이익을 내기 위해 빙수를 만든다고 이해하지 않는다.

그들은 세상이 달콤하다는 것을 알리기 위해 빙수를 만든다. 그들은 단지 편안한 잠을 위해서가 아니라 위안을 위해 침대를 만들고, 이동을 위해 차를 만드는 것이 아니라 세상과의 소통을 위해 차를 만든다. 풍미보다는 연인의 유혹을 위해 포도주를 만들고, 명령 때문에 불 속에 뛰어드는 것이 아니라 생명의 가치를 위해 불구덩이에 뛰어드는 사람이 소방관이다. 기술을 가르치기보다 사회의 변혁을 위해 선생 노릇을 하는 것이다.

신제품을 아름답고 싸게 만드는 것이 아니라 세상에 대한 도전을 가치로 두거나, 음식을 맛있고 싸게 만드는 것이 아니라 한 끼 식사로 가족을 느끼게 할 때 〈왜〉 일을 하는지에 대한 정의가 달라지기에 그에게 〈무엇을〉 혹은 〈어떻게〉를 가르칠 이유가 사라진다. 스스로 〈어떻게〉 하려고 하기 때문이다. 그래서 직원들에게 〈왜〉 이 일을 하는지 가치를 공감하게 하는 일이 가장 현명한 조직 경영의 근본 노하우다.

인간은 가치와 명분에 따라 움직인다.
그 일에 가치를 부여하지 않으면
조직 내에서 한 부품 같은 구성원으로 추락하며
동기도 의욕도 욕구도 사멸된다.
이럴 때 이런 사람들을 움직일 수 있는 유일한 도구는
급여와 더 많은 급여뿐이다.
하지만 〈왜〉에 대한 이해와 공감이 들어가는 순간
이 조직은 위대한 조직이 된다.

인간은 무엇을 하기 위해서 감정이 필요하지 않다. 그냥 시키면 할 수 있는 것이고 급여를 주면 당연히 할 것이다. 여기에 자발성

은 없다. 그러나 인간의 감정을 건드리는 〈왜〉 해야 하는가를 이해
시키면 스스로 자발성이 생기고 의욕을 만든다.

〈무엇은〉 단순한 정보다. 듣고 기억하면 그만이다. 〈어떻게〉는
기능이다. 손과 몸의 훈련으로도 가능하다. 그러나 〈왜〉는 우리의
감정을 다스릴 열쇠다. 충성, 믿음, 정직 등 인간 본연의 가치를 갖
게 하며 인간의 행동과 의사결정을 유도하고 이끈다. 우리는 안다고
행동하지 않는다. 아는 것은 아는 것일 뿐이다. 아이스크림이 맛있
다고 아무 때나 먹지 않고 애국이 멋지다고 다들 군인이 되는 것도
아니며 고급이라고 명품을 사지도 않는다. 논쟁에서 졌다고 설득당
하지도 않고 상대의 주먹 때문에 존경하지도 않는다. 마음은 힘이나
논리로 설득되지 않는다. 마음이 간 후 이를 논리적으로 포장하고
힘으로 강제할 뿐이다.

당신이 하는 일을 〈왜〉 하는지 모르면서 남에게 표를 구하거나
물건을 팔거나 계획에 동조하게 하려 한다면 이미 실패했다. 당신이
가진 것을 필요로 하는 사람에게 파는 것이 아니라 당신이 믿는 것
을 팔아야 한다. 당신이 믿는 것을 믿는 사람을 찾아내서 함께 일하
는 것이 참된 고용이다. 그것이 아니면 그냥 취직이다. 단지 그 일을
할 줄 안다는 이유로 고용을 했다면 그들은 돈을 위해서만 일을 할
것이고 더 많은 돈을 주지 않으면 떠날 것이다. 그러나 당신이 믿는
것을 믿는 사람을 고용한다면 그들은 당신과 같은 신념으로 일을
할 것이다. 그러기에 다그치고 가르치고 관리하고 평가할 이유가 사

라진다.

〈왜〉가 사라진 조직은 서서히 죽어가고 〈왜〉가 설명이 안 되는 회사는 지속 성장할 수 없다. 당신의 조직이 많은 〈무엇을〉과 조금의 〈어떻게〉와 혼자 〈왜〉를 가진 상태라면 많은 〈왜〉를 가진 조직으로 바뀌어야 한다.

무엇인가 성장하는 것은 모두 당신 같은 혁신가들이 초기 수용자(13.5퍼센트)들과 초기 대다수 수용자(34퍼센트) 같은 그룹을 설득해나가면서 변혁이 일어나고 성장을 증폭시킨 결과다. 혁신가들은 인구 대비 불과 2.5퍼센트밖에 없다. 나머지 50퍼센트의 느린 수용자들과 아주 느린 수용자들 중 조직 내에 〈왜〉에 대한 신념을 이해하고 있는 사람이 얼마나 많으냐에 따라 그 성장이 결정된다. 우리가 정치 지도자를 지도자로 받아들이는 이유도 그들의 계획 때문이 아니라 그들의 영감에 감동하기 때문이다.

계획을 따라 그들을 따른다면
계획이 바뀌거나
무산되면 적으로 돌변한다.
하지만 그가 삶의 가치를 설명하고
인생의 의미를 주는 순간
우리는 의무감이 아닌
자발적 동기에 따라 그들을 따르고
그가 요구하는 지시를 받아들인다.
〈왜〉가 빠진, 〈왜〉를 이해하지 못하는
모든 조직은 〈왜〉를 가진 조직에게
묻혀 사라질 것이다.

무엇을

…

어떻게

…

왜

8

갑질 논란
그 중심에 서서

2015년 10월 어느 날 아침, 나는 한국 매장에 '공정 서비스 권리 안내'라는 제목의 손바닥 두 개만 한 사이즈의 안내문을 붙였다. 이 글이 전국을 떠들썩하게 하고 70여 회의 인터뷰로 이어질 줄은 그때는 생각지 못했다. 그 글은 이랬다.

공정 서비스 권리 안내

우리 직원이 고객에게 무례한 행동을 했다면
직원을 내보내겠습니다.
그러나
우리 직원에게 무례한 행동을 하시면
고객을 내보내겠습니다.

상품과 대가는 동등한 교환입니다.
우리 직원들은 훌륭한 고객들에게
마음 깊이 감사를 담아 서비스를 제공하겠지만
무례한 고객에게까지 그렇게 응대하도록
교육하지는 않겠습니다.

우리 직원들은 언제 어디서 무슨 일을 하든지
항상 존중을 받아야 할 훌륭한 젊은이들이며
누군가에게는 금쪽같은 자식이기 때문입니다.

직원에게 인격적 모욕을 느낄 언어나 행동,
큰 소리로 떠들거나 아이들을 방치하여
다른 고객들을 불편하게 하는 행동을
하실 경우에는 저희가 정중하게 서비스를
거부할 수 있음을 알려드립니다.

―브랜드 최고 관리자

글은 순식간에 퍼졌다. 페이스북에서는 공유가 수천 건으로 이어지고 1,000개가 넘는 댓글이 달렸다. 일본에까지 이 논란이 소개돼 60만 명 이상의 사람이 좋아요를 누르는 일로 번졌다. 사실 그 안내문을 붙이기 전에 우리가 운영하는 매장의 한 곳에서 작은 사고가 있었다. 마감 세일을 핑계로 어차피 버릴 것인데 더 달라는 고객과 시비가 있어 고객이 직원을 밀치고 막말을 퍼부은 일이 생긴 것이다. 흔히 한국에서 진상고객이라 부르는 이런 무례한 고객이 미국이라고 없지 않다. 그러나 미국에서는 "We reserve the right to refuse service to any one(우리는 손님이 누구이건 받지 않을 권리가 있다)"이라고 써놓고, 소란을 일으키는 고객에게 그 글만 손가락으로 가리키면 그만이다. 그래도 말썽이 계속되면 경찰을 불러 내쫓는다.

나는 전 세계 여러 나라에서 매장을 운영하고 있다. 그런데 유독 한국 매장에 이런 것을 붙였다는 것이 사회적 이슈로 등장하는 배경을 생각해보았다. 한국은 지난 80~90년대 산업화 과정을 거치며 서비스 문화 역시 급격하게 발달했다. 그러나 많은 기업들이 그동안 윤리를 포함하지 않은 CS교육을 보급했다. 그들은 이 문제를 내면에 숨기고 자신들의 직원들에게 인간으로서의 최소한의 존중도 보장하지 않은 채 친절이란 미명을 강요하고 있었다. 그러니 비합리적으로 접근하는 모든 고객에게조차 무조건 복종하는 문화를 만들어낸 것이다.

일부 콜센터의 직원들은 손님보다 먼저 전화를 끊지 말라는 규정 때문에 욕설이나 모욕 혹은 성추행에 가까운 무례에도 전혀 대응하지 못하고 있다. 백화점 시식 코너에서 시식이 아닌 식사를 하는 고객에게도 그만하라는 소리조차 함부로 못한다. 식당에서 20분 넘게 소리를 질러대며 항의하는 불량고객 옆에서 밥을 먹어본 사람이라면 자기가 대신 싸워보고 싶던 경우가 분명 있을 것이다. 그들은 결국 선량한 고객들을 볼모로 협박을 할 뿐이다. 환불하는 곳이 뒤편에 있다는 소리만 듣고 책을 집어 던지며 "니가 갔다 와야지 고객이 가야겠냐?"라며 고성과 욕설을 하는 고객이나, 배송이 늦었다고 정신적 피해 보상을 요구하는 행위, "햄버거 나왔습니다"란 말에 왜 반말을 하냐며 삿대질을 하는 사람을 보면, 그 집에서는 아내가 "밥도 나오시고 찌개도 나오셨다"고 말하는 것 아닌가 하는 생각이 든다.

문제는 기업이 이런 악성고객들로부터 자신의 직원들을 보호해주지 않는다는 것이다. 형사법상 고객에게 뺨을 맞거나 폭언, 모욕을 당했을 때 처리할 폭행죄나 모욕죄가 있다. 그러나 고용주나 사용자에게 해고당할 위험이 있으니 직원들은 혼자 정글에 버려진 꼴이 된다.

기업 대표들이 공정에 기반을 둔 적절한 응대 조치만 취해주어도 이런 악성고객들은 순식간에 사라질 수 있다. 한국인의 소비자 수준이 문제라기보다 기업이 직원에게 이런 문제를 지나치게 책임 전가해놓은 탓이다. 이번 내 글에 쓰인 일반 대중의 공명심을 보면 원래 우리는 꽤 좋은 소비자요, 훌륭한 감정적 동조를 할 줄 아는 멋진 사람들임을 알게 된다.

나는 내 젊은 직원들이 자신들이 다니는 회사에 자부심을 가지고 자신의 일에 자긍심을 느끼는 것을 사랑하고 존중한다. 그 나이의 젊은이들이 성실하게 일한다는 사실 자체만으로도 그들은 충분히 존중받아야 할 사람들이다. 그런데 그런 무례한 고객 하나 때문에 삶에 회의를 느끼고 자신의 직업에 상실감을 가지고 좌절하는 것을 그냥 지켜볼 수 없다. 내 직원을 지켜줄 사람은 나밖에 없기에 이런 의사 표현을 적극적으로 할 수밖에 없다. 결국 직원들도 일에 대한 애정이 깊어지고 고객을 대하는 태도 역시 진정을 담게 된다.

기업 대표가 올바른 대처를 계속 미루고 불량고객에 대한 모든 책임과 업무를 직원에게만 전가해 숨는다면 결국 정당한 소비자가 피해를 입을 뿐이다. 나의 이 일에서 보듯 일반 소비자들 역시 합리적 시선으로 일을 본다는 걸 알 수 있다. 기업의 대표라면 이제 안심하고 무서워하지 말기 바란다. 비겁하게 직원 뒤에 숨어 친절만을 강요하지 말고 자신의 직원들과 자신의 진정한 고객들을 불량하고 무례한 고객들로부터 적극적으로 보호해주기 바란다. 우리는 원래 모두 꽤 괜찮은 사람들이기 때문이다.

기사 밑에 달린 댓글 몇 개를 보다가 몇몇 근로자들이 "우리도 지켜주세요"라는 글을 달아놓은 것을 보았다. 나는 울지 않을 수 없었다. 다행히 이 사건이 있은 후, 언론은 서비스 종사자들 편에서 일반 소비자들과 무례한 갑질 고객들을 분리해내기 시작했고, 이후 여러 갑질 논란에서 무례한 고객들에게 많은 질타가 이어졌다.

수많은 업체의 사장들이 동참하여 자신들의 직원을 보호하는 것에 관심을 가지기 시작했다. 국회에서는 입법청원을 위한 자료 조사가 진행되어 전 사회적인 공감대를 이루는 계기가 되었다. 어떤 사람은 이를 '을의 반란'이라 이름 짓고 '을의 반란을 주도한 갑'이라는 호칭을 내게 줬다. 만약 이 일로 한국의 건전한 고객 문화가 정착된다면 뒤늦게 한국 사회에 합류하게 된 나로서는 이보다 더 보람 있는 일은 없을 것이다.

이 세상에서 가장 높은 곳으로 날아올라
세상 전체를 한눈에 넣어라.
이것은 모두에게 반드시 필요한 것이다.
그렇지 않으면 나는 안개처럼
사라져버릴 것이기 때문이다.

3장

아름다운 사람으로 산다는 것
그리고 남는다는 것

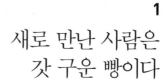

1

새로 만난 사람은
갓 구운 빵이다

인간관계를 하나의 과일나무로 보면 가족은 뿌리와 같다. 친척
은 각각의 기둥이며, 동창이나 오랜 친구는 그 친분의 깊이에 따라
굵은 가지를 지나 뻗어 있는 가지다. 나무가 크고 굵다는 것은 깊이
있는 친분관계나 인연이 많다는 의미로, 흔들리지 않는 지지를 받고
있다는 뜻이다.

잔가지가 많고 풍성한 경우는 최근에 만나는 사람의 폭이

넓다는 의미다. 사람들은 흔히 우정의 깊이가 깊은 사람과 삶의 가치를 나누거나 사업관계에서 이득이 일어난다고 생각한다. 하지만 나무는 그 크기에 상관없이 모두 가지 끝에서 잎이 나고 열매를 맺는다.

과실은 결과지에서 자라는데, 대부분의 결과지는 태어난 지 얼마 안 된 1년생 혹은 2년생 가지다. 3년 이상 된 가지에서 과일은 거의 나오지 않는다. 비율로 따지면 감나무는 1년생 가지와 2년생 가지에서 거의 100퍼센트 과일이 열리고, 3년생 이상은 아예 없다. 복숭아나무 역시 1~2년생에서 거의 모든 열매가 열린다. 노쇠한 가지들은 이런 1~2년생 가지가 성장하는 데 도움이 될 뿐 직접 열매를 맺지 못한다. 열매를 맺지 못하는 노쇠한 가지를 잘라내면 그 잘라낸 자리에서 새 가지가 자라나 그제야 다시 열매를 맺기 시작한다.

인간관계라는 나무도 마찬가지다. 새로운 사업, 연애, 정치권력의 분배, 이념의 공유가 최근에 만난 사람 사이에서 이뤄지는 것을 볼 수 있다. 근래 당신이 이득을 보거나, 지식을 활용하거나, 사업적 결정을 내린 것은 대부분 만난 지 얼마 안 된 사람과 벌인 것들이다. 삶에서 성공하고 많은 열매를 거둔 사람은 이렇게 최근에 만난 사람을 잘 활용한 사람인 것이다.

물론 오랜 인연은 자신을 지탱하는 가지로 정서적 양분을 준다. 하지만 오랜 인연은 검증이 됐다는 생각에 인연 자체만을 중요하게 여기게 된다. 이렇게 오랜 인연에게 안주하는 나무에는 잎사귀도 열매도 열리지 않는다. 그런 인연은 검증이 됐어도 확장이 일어나지 않기 때문이다. 늙은 가지에서는 열매가 열리지 않는 것과 같은 이치다. 새로운 가지를 만들지 못하는 나무는 굵어지다 안으로 구멍이 나고 그렇게 빈 통이 된 뒤로는 이내 쓰러지고 만다. 오랜 인연에 안주한다는 것은 고착하는 것이고, 새로운 가지를 키우고 열매를 맺을 기회를 잃는다는 것이다. 결국 굵기만 키우다 고사하는 것이다.

물론 새로운 가지는 약하다. 그래서 처음 만나는 사람에게는 정성을 다해야 하며 성실해야 한다. 약속을 잘 지키고 좋은 첫인상을 주기 위해 노력하며 그를 이해하고 존중해야 한다. 꽃이 피고 열매가 자리를 잡기 위해서 당연히 그렇게 해야 한다. 새로운 인연과 단 한 번의 만남에도 최선을 다해야 하는 것이다. 상점에서 우연히 마주친 사람, 식당의 점원, 공항에서 만난 옆자리 승객, 각종 모임에서 알게 된 사람, 친구의 소개로 알게 된 새 친구 등 모두에게 품위 있고 솔직해야 한다. 그들이 바로 내 인생의 꽃이요, 열매를 가져다줄 사람이기 때문이다.

나 역시 인생을 돌아보면 새로운 사업을 하거나 아이디어를 주거나 거래를 열어주고 자본을 마련해준 사건들이 모두 새로 만난 사람들로부터 나왔다. 어떤 이들은 처음 만난 자리에서 새 사업의 파트너가 되기도 했다. 또한 중요한 사업적 결정이나 판단 대부분이 만난 지 1년 안쪽인 사람들과의 관계에서 빚어진 경우가 다반사였다. 연애에 빠질 때도 늘 주변에 있던 사람이 아닌 낯선 사람과 시작하며 불과 몇 분 만에 인생 전체를 거는 청혼을 하는 경우도 있다. 만약 당신이 처음 만난 사람에게 호감을 줄 수 있는 사람이라면 인생에서는 이미 성공한 사람이나 다름없다. 첫인상만으로 사윗감, 혹은 며느릿감으로 호감을 느끼거나 두 번째도 좋은 인상을 느끼면 무한한 신용을 저절로 부여하기 때문이다.

자동차 판매원에게 가장 소개를 많이 해주는 사람은 방금 차를 사간 사람이고, 식당에 새 손님을 데리고 오는 사람들도 최근에 고객이 된 사람들이다. 집에 놀러 오는 사람들도 결혼한 형제나 자매보다 최근에 알게 된 사람들이 더 자주 들락거린다. 인간은 처음 보는 것에 매력을 느끼면 검증에 소요되는 시간을 무시한다. 감정이 앞서면 논리는 감정에 가려질 뿐이기 때문이다.

나는 영국의 엘리자베스 여왕도 방문했다는 그 유명한 프랑스 파리 빵집 스토레(Stohrer)의 빵이나 긴자 키무라야(銀座木村屋)에서 파는 앙금빵보다 맛있는 빵을 만들 수 있다. 강력분과 우유, 생이스트, 그리고 약간의 소금과 설탕만 가지고도 우리 집 부엌에서 세상에서 가장 맛있는 빵을 만들 수 있다. 그 빵의 이름은 '갓 구운 빵'이다.

벚꽃을 소금에 절여 만든 앙금이 없어도 갓 구운 빵 냄새가 진동하는 내 식빵보다 맛있을 수는 없다. 내 빵은 껍질이 부드럽게 바삭거리고 손으로 집기에 약간 불편할 정도로 뜨겁고, 안을 자르면 하얀 김이 사르르 빠져나오며 탄수화물을 구운 고소한 냄새가 은은히 밀려오기 때문이다. 나는 갓 구어 아직 뜨거운 빵을 칼로 자르기도 전에 손으로 쭉쭉 찢어 먹는다. 나의 부엌 한편 오븐에서 바로 나온 갓 구운 빵을 이길 빵은 세상 어디에도 없다.

> 새로운 인연은 인생에 있어
> 갓 구운 빵과 같다.
> 신선하고 맛있으며
> 그 모습에 상관없이
> 가장 아름다운 대상이기 때문이다.

인간이 바뀌는 두 가지 계기는 새로운 곳에 살게 되거나 새로운 사람을 만나는 일이다. 이 두 가지가 한 번에 바뀌는 경우가 외국으로 이주하거나 이직할 때다. 이런 경우라면 누구든 순식간에 완전히 다른 사람이 될 수 있다. 결국 환경이 바뀌거나 최근에 만난 사람이 나를 바꾸고 성장시키며 삶을 윤택하게 혹은 거칠게 만든다. 새로운 사람과의 관계는 이렇게 한 개인의 삶에 지대한 영향을 준다.

내성적이거나 사람을 사귀는 데 문제가 있는 사람은 사회에서 열매를 맺기 힘들다. 사람 자체가 열매를 가져다주기 때문이다. 하지만 사교성이 부족한 사람이라도 점잖고 품위 있는 행동을 유지하면 진지한 새 친구를 만들 수 있다. 기존의 친구들이 이미 사귀어 놓은 친구들과 친해지는 것도 좋은 방법이다. 오히려 허풍스럽게 여기저기서 친구들을 만드는 것보다 실속 있게 새 친구를 만들 수 있으니 말이다.

내게 충분히 호감을 느끼고 편하게 연락하여 저녁을 같이 먹을 수 있는 친구가 많은 사람은 성공한다. 그리고 그 성공이 친구들 사이에 자랑이 된다면 그는 더 크게 성공할 것이다. 성공은 사람들 사이에서 태어나야 그 가치가 온전히 나타난다. 혼자 뭔가를 발명해 성공하는 사람은 그 자산이나 사회적 명성이 제 가치를 못한다. 함께 즐기고 기뻐하는 사람이 없기 때문이다.

다만 한 가지 잊지 말아야 할 것은, 친구가 너무 많으면 실속 없는 일이 많이 벌어져 실제 성과를 이룰 사건 자체가 없어진다는 사실이다. 예를 들면 사과가 열리는 가장 적합한 잎사귀 개수가 50개인 것과 같다. 잎이 너무 많으면 햇빛 부족으로 열매의 당도와 색깔이 떨어진다. 그러므로 과실수는 정기적으로 가지를 과감하게 속아내고 일부를 아주 잘라내는 전정(剪定) 작업을 해준다.

웃자람가지나 도장지(徒長枝)라 불리는 나뭇가지는 세력이 왕성해 지나치게 자란 가지다. 굵고 잎은 크나 전체적으로 연약하고 나무 모양도 고르지 않아 잘라내는 게 일반적이다. 그대로 두면 주요

가지로 가야 할 양분을 흡수해버리는 경우도 생긴다. 바로 가족이 피해를 보는 경우다. 따라서 친구 관계도 현명한 전정 작업이 필요하다. 전정 작업을 통해 양분과 잎의 숫자, 나무로 들어오는 햇빛의 양을 조절해 균형 잡힌 과실수로 자라게 만드는 것이다.

이것은 새로운 친구가 아무리 큰 도움을 준다 해도 지나치거나 무례하거나 우정 이상의 것을 요구하는 사람은 가지를 치듯 잘라내야 함을 뜻한다. 또는 너무 많은 이슈로 실상 쓸모없는 잡다한 에피소드를 말하기도 하는데 이때도 가지치기가 필요하다. 이런 과정을 소홀히 하면 상품성이 떨어지고 맛없는 작은 과일을 맺거나, 나무 전체를 힘들게 할 수 있다. 때론 바람에 큰 가지를 부러지게 만들수도 있다. 결국 남과 어울리다 가족을 버리는 경우와 같다 볼 수 있으니 언제든 그 현명함을 잃지 않아야 한다.

2

열 가지 호칭과
한 가지 사명

사람들이 나를 부르는 호칭은 참 여러 가지다. 사장님, 대표님, 회장님, 의장님처럼 사업적 관계에 있는 사람들이 부르는 호칭과 여보, 아빠, 이모부, 오빠, 형, 승호 씨 등의 친족이나 친구 그룹들이 부르는 호칭이 있다. 그런데 지난 2년 전부터 나를 부르는 호칭에 변화가 생겼다.

공개 강연이나 대학에서 수업을 하다 보니 선생님, 스승님,

교수님으로 부르는 사람도 있고, 간혹은 멘토님이란 호칭을 쓰는 사람도 생겼다. 내게 직접 교육을 받지 않은 사람들도 페이스북이나 메일을 통해 교수님, 스승님이라 부르며 인사를 건넨다.

한국에서는 호칭이 관계를 정립하는 데 상당히 유용하기에 미국처럼 미스터 김이나 짐(Jim, 본인 영문 이름)으로 통일할 수 없음을 잘 안다. 이런 다양한 호칭 중에 가장 자부심을 주는 것은 아무래도 스승님, 교수님 같은 호칭이다. 대표님, 사장님, 회장님이란 용어가 흔하기도 하지만 아무래도 사람을 가르친다는 의미의 호칭들이 자긍심을 불러일으키는 것은 사실이다.

나는 지금 한국에서 '사장을 만드는 사장' 노릇을 하는 중이다. 내 수업에는 한국에서 제법 인정받는 중견기업 대표부터 창업을 꿈꾸는 직장인, 사업가가 되고 싶은 장사꾼, 선생님들, 각종 '사'자로 끝나는 전문직 사람들, 미래의 청년 기업가들이 모여 있다. 2주에 한 번씩 한국과 미국을 오가며 강의한다는 일은 쉽지 않다. 그러나 이 강의를 듣기 위해 부산이나 거제도, 멕시코와 필리핀, 중국을 매주 오가는 제자들이 있으니 강의에 대한 자부심으로 힘든 것을 잊는다. 그렇게 나는 1년에 두 차례 16주씩 강의를 하고 있다.

돈을 받고 일하면 직업이지만 돈을 넘어 일하면 소명이란 말이 있다. 또한 직업으로 일하면 급여를 받고 소명으로 일하면 선물을 받는다는 말이 있다. 이 일이 근래 나의 소명이고 선물이다. 사람들은 돈을 많이 벌면 성공했다 말하지만 나는 내가 가진 재산이 내 성공의 척도가 아니라는 것을 너무 잘 알고 있다. 높이 쌓는 것만이 성공이 아니라 멀리 온 것도 성공이기 때문이다. 강연을 하다보면 잠석을 위해 얼마나 많은 노력이 필요했을까 짐작되는 분들이 꽤 있다. 그러니 많은 부와 큰 사업을 무기로 성공을 자랑할 처지가 아닌 것이다.

오히려 어느 때에는 내가 가진 것이 부끄러울 뿐이었다. 자연스레 내 고민은 사회를 위해 어떻게 기여할 것인가로 옮겨졌다. 단순히 기부나 의견을 나누는 일 정도에서 벗어나 실질적으로 도움이 될 만한 일을 찾기로 한 것이다. 그 무렵에 중앙대학교의 권창심 교수가 찾아와 중견 기업가들을 글로벌 경영자로 만들어 줄 사람을 찾는다고 했다. 돈을 넘어 소명이 될 만한 일이었다. 내 할 일이 생긴 것이다.

나는 자신의 직업을 장사꾼이 아닌 사업가로 바꿀 의향이 있고 매출을 500억부터 1조까지 키울 사람들을 공개 모집했다. 학교를 통해 선의의 의도를 가진 사업가들을 만들어내기로 결심했기 때문이다. 자본주의 사회에서 자본의 힘은 인간이 가진 권력 중 가장 큰 권력이다. 즉각적이며 매우 디테일한 부분까지 그 힘이 미친다. 사장이 직원에게 미칠 수 있는 영향은 어떤 현실적인 권력보다 즉각적이며 강력한 것과 같은 이치다.

나는 이 점을 주목했다. 사업가가 사업의 목적을 자신의 자산을 모으는 일에만 두지 않고 선의의 의도를 유지시켜 주는 것에도 힘쓰도록 가르치기 위해서였다. 그들이 이런 시대정신을 이해하고 따를 때, 내가 가진 모든 사업가적 지식과 경험, 그리고 인맥을 통해 그들이 백만장자, 천만장자, 억만장자가 되도록 최선을 다해 돕고 싶었다.

이전부터 최근 학교를 통해 배출된 제자는 다양한 분야의 사업과 직업군으로 확대됐다. 수백의 제자는 수천의 사업체로, 다시 수만의 직원들과 이어져 있다. 조 단위 비즈니스를 향해 가고 있는 사람부터 수천 억, 수백 억 매출을 만들기 위해 노력하는 이들도 많다.

일부 제자들이 해외 여러 나라에 사업체를 만들어가는 모습이 자랑스럽다. 제자들의 회사 직원들이 페이스북을 통해 우리 사장님이 바뀌었다는 소리를 할 때마다 보람을 느낀다. 사장들이 직원이나 고객, 혹은 경쟁자까지도 유기적 협력구조로 이해하고 사업을 시작한 까닭이다.

나는 기업가가 기업을 통해 세상을 바꿀 수 있다고 믿는다. 적자생존이나 약육강식, 자연선택이라는 말이 있다. 적자생존, 환경에 적응하는 것만 살아남고 나머지는 사라진다는 의미다. 강자에게 먹힌다는 약육강식이나, 적응하는 생물은 생존하고 나머지는 저절로 사라진다는 자연선택 역시 강자 중심으로 살아남는다는 뜻이다. 산업계나 기업도 이런 생태이론과 유사한 행동 형태를 신봉했다. 업계 선두로 올라선 뒤 후발주자를 죽이는 일을 자신이 사는 방식으로 이해했다.

그러나 생태계에서조차 다윈의 이런 이론들은 도전을 받고 있다. 다윈의 이론상 경쟁자에 대한 협력은 곧 진화론에 역행하는 행위다. 하지만 우리가 이해하지 못하는 방식으로 살아남은 생명체들이 많다. 마틴 노왁(Martin Nowak)과 로저 하이필드(Roger Highfield)가 함께 쓴 『초협력자』는 인간을 최고의 협력자라고 말한다. 그 협력이란 공동의 목적을 위한 단순한 협력에 그치지 않는다. 평판, 혈연, 배려, 믿음, 관용, 너그러움 같은 특성들이 다윈의 배신 전략보다 이익이 되는 상황이 더 많다는 점이다. 지금까지는 전통적인 진화론에 따라 선택(selection)과 변이(mutation)라는 두 개의 원칙만을 유용하게 봤다. 하지만 협력이야말로 성장의 가장 유용한 방법임을 설명하는 것이다.

치열한 산업 경쟁에서 공생과 협력은 오히려 가장 근사한 성장 모델이다. 기업은 사회문제를 일으켜 이윤을 창출한다. 기업은 공해를 줄이려는 노력보다 공해를 만들 때 더 많은 돈을 번다. 환경오염을 줄이기 위한 설치들은 많은 비용이 들기 때문이다. 안전장치를 무시하는 작업 환경은 기업에 더 많은 이윤을 준다. 안전한 작업 환경을 유지하는 것은 많은 비용이 들기 때문이다. 기업은 전통적으로 이런 방식으로부터 수입을 만들어왔다. 하지만 지금은 다르다. 오히려 사회문제를 풀어나갈 때 이득을 얻는다는 사실을 깨달아가고 있다. 그야말로 진정한 이윤이라는 것을 말이다.

실제로 공해와 매연을 줄이면 더 생산적이고 효율적인 사업체로 바뀌어 이윤도 증가한다. 안전한 작업 환경을 제공하고 사고를 예방할 때 더 많은 기업 이익이 창출된다는 게 밝혀졌다. 공생과 협력은 돈이다. 이것은 곧 사회 공정성이다. 경제적 효율에서도 이익으로 되돌아온다. 직원이 행복하고, 근무량을 조정하며, 복지에 힘을 쓰면 곧 기업에 이득이 된다. 건강한 직원들은 더 생산적이며 결근이나 이직률이 낮기 때문이다.

그렇다. 협력, 공생, 공정은
새로운 이익의 막강한 도구다.
기업이 야박하게 행동하는 것이
단기적으로는 이익일지 몰라도
장기적으로 보면 점점 더 많은 경우에서
그 생각이 틀렸음이 확인될 뿐이다.
결국 이런 생각들 때문에
나는 기업의 대표들에게 혼자가 아닌,
함께 이기는 법을 가르치고 싶었다.

나는 제자들에게 그들의 사업이 회사, 직원, 고객, 경쟁자, 협력사 모두에게 도움이 되는 유기적 사업 환경이 되게 하라 독려한다. 이것이야말로 이 거친 사업계에서 가장 멀리, 오래, 그리고 높이 갈 수 있는 최선의 방법이기 때문이다. 이제 억지로라도 선한 사람이 되어야 한다. 세상에 온전한 승자는 없다. 경쟁자를 없애면 다음 날 다른 경쟁자가 나타날 뿐이다.

서울에 있는 우리 회사 매장에는 고객은 물론이고 경쟁업체까지 모두가 마음껏 사진을 찍어도 된다는 안내문을 걸어놓았다. 나는 경쟁자가 우리 업체를 모방하고 발전하는 것을 방치한다. 그런 경쟁자들은 오히려 비열한 짓을 하지 않을 것이며 그 경쟁을 통해 산업 전체가 발전해나갈 수 있다고 보기 때문이다.

협력과 배신이 공존하고 나를 죽이려는 사람이 나타나도 협력은 여전히 가장 최고의 전술이며 전략이다. 나는 이런 생각을 받아들인 제자를 선의의 의도를 가진 사업가로 규정한다. 이런 선의의 의도를 품은 사업가들이 사업을 키울수록 그들의 힘과 영향은 점점 커진다.

실제로 많은 제자들이
자신들의 직원을
백만장자로 만들 꿈을 꾸고 있다.
실적을 나누고 멋진 자동차를 사주고
여행으로 보상하는 등
지극히 이타적인 행동을 통해서도
이기적 욕심을 채울 수 있음을
배워가는 것이다.

무엇보다도 그 권력이 자신을 보호하고 자신의 보호 아래 있
는 사람들을 지킬 수 있기에 그 힘의 크기를 늘리고 사용함에 옳은
가치를 부여하고 싶다. 나는 감히 이들이 세상의 구원자가 되리라고
믿지는 않는다. 그러나 나는 죽어서 가는 천국이 아닌 우리가 살아
있는 동안의 천국을 꿈꾼다.

3

스승의
품격

남을 가르친다는 건 가장 가치 있는 일이며 가장 위험한 일이다. 작은 교훈 하나로 한 사람의 인생이 완전히 달라질 수 있으니 말이다.

만약 옳지 못한 뭔가를 배운다면 한 사람의 인생에 커다란 상처가 될 수도 있다. 더불어 수정할 기회를 영영 갖지 못해 비뚤어지게 자란 나무같이 될 수도 있다.

교훈에는 행동이나 생각의 근본체계를 세워주는 하드웨어가 있고, 방법이나 노하우를 전하는 소프트웨어가 있다. 좋은 선생이라면 소프트웨어로 하드웨어에까지 영향을 미치도록 가르치는 사람이라 생각한다.

사람은 음악으로도 사랑의 아름다움을 배울 수 있다. 수학이 진리탐구의 기준을 제시해주기도 하고 춤을 통해 정열도 배울 수 있다. 투자로 욕심과 절제의 능력을 얻거나 SNS로 현대사회의 인간관계 형성 방법과 예의를 배울 수 있다. 가르치는 내용이 무엇이든 그 위치에 서는 순간 배움을 청한 이들의 인격적 운영 방식에 영향을 미치는 권한을 갖게 된다. 그러니 가르치는 사람은 무엇을 가르치든 삶의 모범이 돼야 하고 더 높은 자기 표준을 가져야 한다.

가르치는 사람이 음흉한 내면을 가지고 교훈을 일삼으면 결과는 뻔하다. 마치 서서히 독을 먹은 듯 점점 위축되거나 그 선생에게 벗어나지 못하게 된다. 어떤 일이든 정답이 그 선생에게 있는 것처럼 여기게 되니 발전은 먼 얘기다. 물론 모든 걸 가르칠 수 있는 선생은 없다. 그러니 가장 훌륭한 선생은 자신을 뛰어넘도록 가르치는 사람이다. 자신의 어깨를 내주어 담을 넘도록 받쳐주는 사람인 것이다.

그들은 제자가 자신을 뛰어넘었을 때 가장 기뻐한다. 자신에게 배운 사람을 본인의 담장 안에 가두고 그 이상 높이 날지 못하게 만드는 사람이야말로 가장 위험한 선생이다. 스스로 자각하며 응용하고 더 나은 방법을 찾아 성과를 이뤘을 때 함께 기뻐하고 칭찬할 수 있는 사람. 그런 사람이야말로 스승이다.

가르치는 사람은 때로 자신의 무지를 숨기려 할 때 거짓을 가르치게 마련이다. 모르는 것을 그대로 인정할 수 있어야 배움을 받는 사람이 해답을 찾을 수 있는 법이다. 하지만 명성이 쌓일수록 모든 걸 다 아는 체해야 한다는 늪에 빠지기 쉽다. 다 아는, 해답을 가진 사람으로 비춰지고 싶다는 욕망에 검증되지 않은 지식으로 가르칠 수 있다. 그러다보니 여기저기 우르르 끌고 다니며 수많은 시행착오를 서슴지 않는다. 제자의 성공보다 자신이 유명해지고 칭찬받기 위한 가르침을 앞세우니 재밌는 흥밋거리를 채워 넣기 바쁘다. 더 나아가 다른 사람의 경험을 자신의 일인 양 말하면서도 두려움조차 갖지 못한다. 이런 교육의 피해는 결국 고스란히 배우는 사람에게 돌아온다. 그러나 가르치는 사람 역시 치명적 자괴감과 상처를 입기 마련이다.

그러니 가르치는 사람은
자신이 검증할 수 있는 사실이 아닌
그 외의 것들로 누군가를 가르쳐서는 안 된다.
지식을 넘어 그 내면의 의도로 지혜에 이르도록
가르치는 선생은 많지 않다.
결국 가르치는 사람이나 배우는 사람
모두 각별한 노력이 필요할 것이다.

최고의 선생은 경험하고 검증된 것을 가르치되 자신의 가르침을 유일한 진리인 듯 막아서지 않아야 한다. 자신의 경계를 넘어 성장하고 그것이 학문이든 사업이든 더 큰 성공을 이룰 수 있도록 도와야 한다. 할 수 있다면 온 힘을 다해 선함을 가르쳐야 한다. 이것이야말로 가장 위대한 스승이 갖춰야 할 가르치는 자의 품격이다.

올바른 스승은

온 힘을 다해

선함을 가르쳐야 한다

4

고독
그 쓸쓸함에 대하여

많은 사람들이 고독하다. 세상에 마음 나눌 친구 하나 없고 같이 자란 형제나 자매도 살갑지 않다. 배우자는 남이나 다름없다. 공허한 마음이 가득하고 결국 자식밖에 없다며 정을 붙여 길러도 다 자란 아이들은 오히려 멀리 도망간다. 누구 탓일까? 누가 해결할 수 있을까?

자신이다. 고독하다 못해 외로운 상황의 근본적 이유는 모

두 자신에게 있다.

아는 사람은 많은데 마음 나눌 친구가 없다는 사람은 친구를 먼저 찾는 일을 하지 않았을 것이다. 먼저 친구하자고 다가서는 일이 없었을 것이다. 친구가 무엇을 필요로 하는지, 무엇을 가장 고민하는지 생각해보지 않았을 것이다. 그러면서 마음 나눌 친구가 없다고 말한다.

즉, 자신이 고독하다고 느끼는 내면에는 자신에 대한 집착이 있다. 나는 고결하고 근사한 사람이라서 함부로 남에게 나아가기에는 격이 맞지 않는다고 생각한다. 항상 공손하고 아랫사람에게 존대를 하지만 가깝지 않은 사람에겐 "너는 여기까지야. 내가 예의 바르게 행동하고 있으니 너도 예의 바르게 행동해. 더 이상 가까이 오지 마"라고 말할 뿐이다. 이런 사람들이 상점에서 직원들을 대할 때의 냉랭함이나 가벼운 실수에 대해서도 싸늘해지는 것을 보면 그때야 비로소 본성이 나온다. 자신은 결코 그런 생각을 해본 적이 없다 하나 행동은 그렇게 하고 있으면서 홀로 피해자 역할을 하며 자기 자신조차 속이고 있는 것이다. 제법 괜찮아 보이는 사람들이 의외로 친구가 없는 경우가 다 이런 경우에 해당된다. 이런 사람들은 의외로 많은 적을 만들고 무엇보다도 가장 큰 적은 자기 자신이 되고 만다.

하지만 자신을 놓고 다가가는 순간, 많은 진지한 친구들을 만나게 되고 자신을 구해주는 사람은 결국 자기 자신이었다는 것을 알게 된다. 고독을 즐기는 인간은 그리 많지 않다. 고독을 즐기는 척하며 자신의 편협함을 가리며 고상함으로 위장하고 있을 뿐이다. 모든 인간은 마음을 나누고 살을 어루만지고 공감하고 존중받음으로써 생에 가치와 행복을 느낀다. 그렇게 함으로 느끼는 행복이 부에서 오는 행복보다도 강한 기쁨을 준다. 더는 세상이 변하고 사람이 변했다고 불평하지 말라. 세상이나 사람은 한 번도 변한 적 없다. 변한 것은 당신이고 이를 고칠 사람도 당신이다.

고독이 어찌
즐거울 수 있겠는가

5

사기와 사이비 선생의
공통점

    가르침이란 어떤 경우라도 삶에 좋은 영향을 주어야 한다. 좋은 영향을 주었다면 그것은 몸으로 나타난다. 실제 신체적으로 건강하고 밝은 모습을 보여야 한다. 인도의 한 철학 유파는 질병에 걸리는 것을 그들의 학문에 위배된 것으로 받아들였다.

    아픔이나 질병은 원래 세상의 생명 원리에서 질서를 벗어났다는 말이기에 옳지 않다고 받아들였다. 옳은 신념에 기초한 밝은 가르침이라면 인간은 건강하다. 왜냐하면 옳은 가르침은 인간에게 행복을 주고 행복한 사람은 건강하기 때문이다. 인간의 정신은 우리의 생각보다 더 깊게 육체와 연결돼 있다.

흔히 몸이 아프니 마음이 우울해졌다고 하지만, 마음이 우울해서 몸이 아파졌다는 생각을 하지 못한다. 마음이 우울하면 면역력이 약해지며 병이 생기기 마련이다. 육체의 대부분의 병은 마음에서 온다. 스트레스가 원인이고 스트레스는 잘못된 가르침과 순리에 역행한 결과다. 마음 속 고난은 몸의 정상적인 활동을 저해하고 질병을 만들고 별것 아닌 병을 큰 질병으로 키우기도 한다. 거의 모든 질병은 세상을 대하는 태도의 불성실에서 기인한다. 질병은 우리가 몸을 제대로 돌보지 않은 탓이다. 평소 섭취하는 음식과 습관만 바꿔도 꽤 많은 질병에서 자유로울 수 있다.

아침이면 많은 TV 채널에서 갖가지 질병에 대한 공포를 담은 방송을 한다. 미리 알면 대비할 수 있다는 생각에 방송을 보는 사람들이 꽤 많다. 하지만 병에 대해 유난히 걱정이 많은 일명 '건강염려증' 때문에 병이 생긴다. 건강에 대해 잡다한 정보가 많은 사람들이 병원을 더 자주 다니는 것처럼 말이다. 병원을 자주 가는 사람들은 유난히 여러 병을 옮겨가며 앓는 것처럼 보인다.

사실 낙천적이고 순수하고 긍정적인 사람들은 병에 걸리는 비율도 적지만 걸려도 쉽게 회복한다. 마음에 불안, 분노, 질투, 탐욕과 같이 정신을 혼란스럽게 하고 상처가 되는 감정을 지속하는 육체는 건강할 수 없다. 소화불량, 관절통, 두통, 불면증, 화병, 우울증은 내가 만드는 병이다. 타박상이나 골절상을 제외한 거의 모든 병은 스스로 만드는 병이다. 경우에 따라서는 타박상이나 골절상도 마음에 찬 근심 때문에 부주의하여 생길 수도 있다.

나는 몇 년 넘게 고생하던 알레르기를 마음을 바꿔 한순간에 나 스스로 낫게 한 적이 있다. 같은 공간에서 일하는 다른 사람들은 없는 알레르기가 유독 나에게만 있는 건 내 마음이 약해서라는 결론이 섰다. 몸의 저항력이 약해진 탓인 게 분명했다. 나는 즉시 옷장 안으로 들어가 몸을 위로하며 따뜻하게 안았다. 그날 이후 몸은 정상이 되었다.

필요 이상의 불안이나 흥분은 몸을 약하게 하며 모든 바이러스에 무력해지게 만든다. 몸이 무력해지면 모든 병은 들어오고 나가질 않는다. 자신의 내면을 가만히 들여다보면 몸에게 옳지 않은 많은 실수들을 하고 있었음을 알 수 있다.

다행인건 병의 시작이 마음이듯 그 치유도 마음부터라는 점이다. 이미 아픈 몸은 마음으로부터 병을 고치기 시작한다는 것조차 받아들이기 쉽지 않다. 그럼에도 마음을 다스리고 화를 누르고 긍정적인 생각을 갖고 용서하면 어떤 병은 그 자리에서, 어떤 병은 얼마 후에 사라져 버린다. 평온한 마음과 명랑한 마음을 지닌 사람은 잔병조차 없다. 반면 매사를 걱정하고 조급해하고 불안해하는 사람은 늘 이런저런 병을 달고 산다. 그래서 건강과 성공은 '짝'이다. 좋은 가르침과 건강도 '짝'이다. 선생이 건강하지 않으면 분명 그는 학문을 이용해 권위를 부리거나 자기 울타리에 제자들을 가두려는 욕심꾼일 수 있다.

만약 당신이 누군가를 가르치는 사람이라면
당신은 건강해야 한다.
아이들에게 영어를 가르치든,
태권도를 가르치든,
아주머니들에게 노래를 가르치든,
노인정에서 댄스를 가르치든 마찬가지다.
무엇을 가르치든
선생은 활기 있고 목소리가 맑고
움직임이 씩씩하며
걸음이 단정한 사람이 최고다.

특히 명상, 종교, 철학, 윤리, 고전 등을 가르치는 선생이라면 더더욱 말할 것도 없다. 이는 마치 돈 한 푼도 벌지 못한 사람이 주식을 가르치는 것과 같고, 제 얼굴도 못 다루면서 피부과를 운영하는 의사와 같다. 자본이 더 있었더라면 내 투자원리를 적용해

선생의 가치는

얼마나 아름다운 내면을 가졌는가에

달려 있다

거부가 됐을 거라는 말이나, 원래 피부가 안 좋게 태어났다는 건 변명일 뿐이다.

나는 다른 회사를 인수하거나 주식을 매입할 때 장부보다 그 회사를 운영하는 사장의 태도와 생각, 직원들의 충성도, 그리고 화장실 같은 것을 보고 투자 여부를 판단한다. 장부는 속일 수 있어도 보이는 모습은 속일 수 없다. 보이는 모습은 속사람을 반영하기 때문이다. 직원을 평가하거나 승진을 시킬 때도 건강이 큰 기준 중 하나다. 만약 조직의 책임자가 최근에 병원을 자주 들락거린다는 소문이 들리면 그 전체 조직을 유심히 관찰한다. 그렇다. 건강은 사유의 반영이다.

나쁜 습관을 바꾸고 폭식이나 과식을 금하고 술, 담배를 절제하며 집안 출입을 일정하게 하고 함부로 사람을 사귀지 말고 가족을 먼저 보살피고 지나치지도 모자라지도 않은 운동을 하고 청결한 위생상태를 유지해야 한다. 실제 삶에서 균형을 잡지 못하면 그가 가르치는 모든 것은 허상이 된다. 내 몸 하나 다스리지 못하는데 그 가르침을 어디에 쓴단 말인가! 그것은 사기다. 선생인 사람들은 이 충고를 진지하게 받아들이고 선생을 찾은 이에겐 이 충고가 기준이길 바란다.

6

수줍음 많은 사람도
리더가 될 수 있는가

　　지도자로 불리는 사람 중에 겉과 속까지 지도자인 사람이 과연
얼마나 될까? 의외로 내가 지금까지 만난 리더 중에는 자신을 자신
있게 리더로 여기는 사람이 드물었다.

　　직원 수가 수천이 넘는 경우도 별반 다르지 않았다. 그들 역
시 내면에 소심함과 불안이 가득했다. 이미 규모를 갖춘 사업가
도 마치 아이처럼 더 큰 규모의 사장에게 심정적으로 기대고 싶어

했다. 리더십에 대한 정의를 다시 내려야 할 만큼 대부분의 리더가 같은 패턴을 보였다. 실제로 리더 중에는 상당히 내성적인 사람이 많다.

집안에서도 자식이 셋이면 그중 하나는 조용하다. 부부도 한 사람이 활동적이면 다른 한 명은 조용한 커플이 많다. 우리는 흔히 외향적인 사람들이 더 진취적이고 나은 사람이란 편향을 갖고 있다. 어릴 적 학교에서 발표를 잘하거나 모임에서 흥을 돋우거나 대중 앞에서 말을 잘하는 사람을 더 나은 사람으로 여긴다. 반면 조용하거나 나서지 않는 사람, 또는 수줍음이 많은 사람은 부실한 사람으로 취급받는다. 그러나 어느 조사에 따르면 지구상 전체 인구 중 3분의 1은 내성적인 사람이라고 한다. 문제는 내성적인 사람들이 이런 뿌리 깊은 편향에 휩쓸려 본인들 스스로 기가 죽거나 그 평가를 받아들인다는 점이다.

내 경우만 봐도 나는 상당히 내성적인 사람이다. 직원들이 애써 준비한 생일파티도 쑥스러워 몰래 도망갈 정도다. 여러 사람이 나를 위해 케이크를 놓고 노래를 불러줄 때 받게 되는 주목은 부끄럽다. 여럿이 쳐다보는 노래방에서 노래하는 것은 여전히 힘들다. 하지만 수백 명 앞에 서는 강연은 오히려 편하다. 천연덕스럽게 농을 던질 수 있다. 학생들 앞에서 하는 강의는 능숙하지만 그들이 모인 뒤풀이 건배사 요청에는 말문이 막힌다. 그뿐 아니다. 나는 대부분의 외부 저녁 식사 초대를 거절한다. 대통령이 참석하는 저녁 모임도 거절한 적이 있다. 방에서 혼자 보내는 시간이 힘들지 않을 뿐 아니라 어슬렁거리며 걷는 동네 산책도 즐긴다. 비행기에선 옆자리가 비어 있길 바라고 극장을 제외하곤 어디든 구석진 자리를 좋아한다.

그렇다면 부끄러움과 내성적인 성품의 차이는 뭘까?

부끄러움은 사적 영역에서 이뤄지는 주목에 대한 경계다. 그러나 내성적인 성격은 사회적 환경에 대한 자기 태도다. 내성적인 것은 단순히 부끄러워하는 것과 다르다.

노래방이란 사적 공간에서는 부끄럽지만 대학 강단은 사회 활동의 일부이기에 지극히 자연스러울 수 있는 것이다. 주변에서는 건배사 요청 따위에도 쭈뼛거리고 어색해하니 어떻게 회사를 운영하는지 묻는다. 하지만 내성적인 것과 부끄러움은 다른 것이라 대외활동에 문제가 없다. 낯선 여인 한 명 앞에서는 부끄러워할 수 있지만 한 무리의 여자들 앞에서라면 한 시간도 떠들 수 있는 것과 같은 이치다.

외향적인 사람들은 자극을 통해 생동감을 얻고 즐거워한다. 반면 내향적인 사람은 조용하고 절제된 공간에서 가장 큰 기쁨을 느끼며 창의적인 생각을 만든다. 나 역시 새로운 아이디어나 목표 대부분이 산책이나 독서, 혹은 멍하게 있다가 얻은 것들이다.

그럼에도 현대 교육이나 문화는 모두 외향적인 사람들의 기준에 맞춰 만들어져 있다. 학교와 직장 역시 모두 외향적인 사람들의 기준에 맞춰져 있다. 조별 과제, 회식, 단체 보상, 단체 기합, 술잔 돌리기, 합창, 건배사, 단체 사진, 구호 모두 집단 동조를 통해 성과가 나온다고 믿는 신념에서 생긴 것들이다. 외향적인 행동 형태 속에 창의성과 생산성 모두 나온다고 믿는 것이다.

유머 있고 매력적이며 언변이 좋은 사람이 앞에 나서면 우린 그의 다른 재능과 가치를 살펴볼 사이도 없이 따르게 된다. 카리스마가 실제 능력과는 아무 상관이 없음에도 남들을 따라 행동한다. 그렇게 만들어진 리더들이 더 생산적이거나 도덕적이거나 문제를 더 잘 풀어나간다는 보장이 전혀 없음에도 외형적이란 이유로 리더로 안착되고 인정받게 되는 경우가 흔하다. 그런 이유로 여자보다 남자 리더가 많은 것이 사실이다. 문화적으로 남자들은 외향적으로 자라도록 압력을 받아왔고 상대적으로 여자들은 내성적인 것이 미덕이 되었기 때문이다.

하지만 리더십에 대한 정의를
명확히 정리하면
내성적인 사람도 리더가 되는 데
전혀 문제가 없는 시대가 되었다.
조용하고 내성적인 사람도
그 인품과 도덕성 혹은 그의 능력만으로
리더로 존중받는
시대적 환경이 열린 것이다.

사실 나는 내향적 성품을 지닌 사람이 더 창의적이라고 생각한다. 그리고 그런 성향을 가진 사람이 훌륭한 지도자의 자질이 있다고 믿는다. 내성적인 사람이 리더가 되어 능동적인 부하직원을 다스리면 그들의 생각을 잘 받아주고 활용할 줄 알기 때문이다. 반면 외향적인 상사들은 매사에 흥분해서 앞서 분위기를 주도하기 일쑤라 다른 생각을 가진 직원의 의견을 들을 기회 자체를 놓친다. 펜실베이니아대학교 와튼스쿨(Wharton School of the University of Pennsylvania)의 애덤 그랜트(Adam Grant)는 내성적인 지도자들이 종종 외향적인 사람보다 더 좋은 결과를 낳는다는 연구 결과를 발표하기도 했다.

역사적으로도 진취적이고 개혁적으로 세계 역사를 바꾼 인물들 중 많은 사람들이 내성적이었다. 루스벨트나 간디만 해도 조용할 뿐 아니라 심지어 수줍음이 많은 사람이었다. 하지만 그들의 신념이나 행동은 믿고 따르기에 충분했기에 외향적이지 않아도 리더로 인정받았다. 오히려 대중은 지도자로 불리는 것 자체를 즐거워하는 리더보다 상징적으로 따를 수 있는 조용한 리더를 더 따르기도 한다. 찰스 다윈도 혼자 숲속을 거닐기를 좋아했고 저녁 식사 파티의 초청을 거절하기로 유명했다. 애플 컴퓨터를 발명한 스티브 워즈니악은 너무 내성적이어서 집을 나갈 수조차 없었다. 세상의 주요 종교 창시자들도 의외로 조용한 사람들이었다. 모세는 리더가 되기엔 터무니없이 부족한 사람이었고, 예수, 부처, 모하메드도 광야나 들로 혼자 다니길 좋아했던 사람들이다.

엄밀히 말해 내성적인 사람들은 창의성에서 외향적인 사람을 앞선다. 그렇게 깊이 있는 고민을 통해 내놓은 창의적 아이디어를 외향적인 사람들이 받아 현실화하거나 세상에 알린다. 그러니 굳이 어떤 성격이 더 좋다 말할 이유가 없다. 모든 사람은 그저 다양할 뿐이다. 혈액형처럼 정확하게 구분되는 것도 아니다. 이런 개념을 대중화한 심리학자 칼 구스타브 융(Carl Gustav Jung)은 '순수하게 내성적이거나 순수하게 외향적인 것은 없다'고 말했다.

가장 좋은 경우는 내성적 성격의 장점인 창의성과 외향적 성격의 장점인 생산성이 합쳐진 둘의 중간에 있는 경우일 것이다. 너무 외향적이면 일을 저질러 수습이 안 되고 너무 내성적이면 사회생활이 힘들 수 있기 때문이다.

이제 사회 곳곳에서 여성이 조직을 이끄는 리더로 서는 경우가 매우 많아졌다. 이 또한 나는 지극히 당연한 현상이라고 생각한다. 내가 소유한 회사들만 봐도 사장의 반이 여성이다. 이들 여성 사장들은 조용하고 온화하면서도 절제된 행동으로 회사를 운영하고 있다. 심지어 매우 잘한다. 그들은 강렬한 성격의 남성 경영자들보다 부정에 휘말릴 경우가 적고 여성 특유의 감성으로 직원들을 편안하게 다룬다. 또한 경계를 넘어 욕심으로 회사를 위험하게 만들지도 않는다. 내성적인 성격의 사람이 훌륭한 지도자가 될 수 있다는 걸 충분히 증명하고 있는 셈이다.

깃발을 들고 앞으로 나가는 사람만이 지도자가 되는 세상이 아니다. 자녀들이 내성적이라고 수줍어한다고 일부러 애써 바꾸려고 하지 않기를 당부하고 싶다. 내성적인 성품은 병이 아니다. 더불어 문제가 있는 것도 아니다. 오히려 자신의 우월함으로 남을 해치지 않는 사람이란 평가를 받으며, 부드럽게 그러나 명료하게 말하는 방법만으로도 충분히 다른 사람들의 리더가 될 수 있다.

7
세상 가장 높은 곳으로
날아오를 당신

당신은 당신이 알고 있는 당신보다 높게 날 수 있다. 나는 어릴 적 나 스스로 대단한 사람이 되기로 결정했다. 남이 나를 어떻게 대우하는 것에 상관없이 나 스스로 나를 존중하기로 결심한 것이다.

나는 재산이 나보다 더 많은 사업가나 유명 연예인, 혹은 저명한 정치인들과 찍은 사진을 자랑하지 않는다.

지극히 사적인 친구가 아니라면 사진 한번 찍은 관계를 자랑이라 생각하지 않았다. 대통령이 오는 자리에 초대받은 적이 있지만 악수나 한번하고 과자나 집어 먹고 오는 자리라는 걸 알고 난 후 거절했다. 좋아하지도 않는 샴페인에 과자나 집어 먹기 보단 집에서 김치찌개를 먹으면서도 충분히 내 존엄을 유지할 수 있었기 때문이다.

어느 때인가 특정 유명 연예인이 자신의 사회사업과 관련해 자문을 요청하기에 두어 번 만난 적이 있었다. 하지만 밥값 낼 생각을 안 하기에 더 이상 만나지 않았다. 내가 상대를 연예인으로 만나는 것도 아닌데 친구 사이라면 최소한 밥값 정도는 돌아가면서 내는 예의는 있어야 된다고 믿었기 때문이다. 나는 한국 사람이 다 아는 연예인이고 그와 함께 밥을 먹을 때 식당 직원이나 손님들이 두리번 거리고 사인을 받아 간다 해서 같은 자리에 있는 나의 자존감이 올라간다고 생각하지 않는다.

대통령과 찍은 사진을 빌미로 주위에 자랑할 이유도 없다. 정치 권력에 관심이 없어 눈치를 볼 필요가 없기 때문이다. 나는 유명 연예인과 찍은 사진으로 나를 돋보이게 할 필요가 없다. 나 스스로가 그들보다 유명할 수 있다고 생각하기 때문이다.

나는 나보다 더 부자에게 기가 죽지도 않는다. 그들 나이쯤에는 내가 더 부자일 수도 있고 부모에게 재산을 받아 부자가 된 젊은 기업가들을 자수성가한 식당 주인보다 훌륭하다고 보지도 않기 때문이다. 내가 유일하게 눈치를 보고 자랑할 사람들은 나보다 학문이 깊고 많은 책을 읽은 지식인들이나 지혜가 많은 선생들이다. 권력이나 인기엔 무심하고 재산은 있다가 없기도 하지만 지식과 지혜는 함부로 넘을 수 없기에 존중할 수밖에 없다. 또한 지식과 지혜는 그 앞에 고개를 숙여도 내게 굴욕감이나 자신감에 상처를 주지 않고 오히려 나를 더 높게 날 수 있게 돕는 도구이기에 얼마든지 존중을 표해도 상관이 없다.

스스로 자존감을 높이는 최선은
자신이 주변 환경에서 우위에 서는 것이다.
내 주변 환경에 내가 지배당하는 순간
나는 내 자존감을 유지할 수 없게 된다.
이웃의 평판에 눈치를 보고 시류에 따라 처지를 바꾸고,
만나는 사람에게 모두 좋은 사람이 되려고 애쓰고,
남의 말에 따라 자신의 행동을 바꾸면
결국 억압되어 모든 것에 지배당하고
낮은 대우를 받고 불행해진다.

또한 세상과의 관계 설정에서 겸손을 핑계로 자신을 낮은 단계에 놓으면 노예의 모습을 갖춘다. 자기 스스로 지은 감옥에 갇히는 것이다. 남의 눈치를 보며 자신의 행동을 결정하고 자유보다 감옥이 더 안전하다고 느끼게 된다. 자유를 부담스러워하고 남에게 내 자유를 가져가 달라고 결정권 자체를 양보한다. 이런 사람은 엄격한 규칙과 제도를 기꺼이 감당하며 축제가 열리면 참여자가 아닌 행사 도우미로 자신을 낮춰놓는다. 자신의 인생이란 축제에도 여전히 남처럼 행사 도우미가 되는 것이다.

결국 자신이 결정할 수 있는 것은 아무것도 없고 아무것도 하지 않으려 한다. 이런 태도를 계속 유지하면서 나이가 들면 고착화되어 할 수 있는 것이 아무것도 없어져 결국 버림받게 된다. 버림받은 후엔 스스로 무슨 일이 일어났는지 모른다. 자신은 항상 남을 배려하고 존중하고 착하게 열심히 살았는데 왜 내게 이런 대우를 하는지 원망하게 된다. 동네에서 남편이 바람나면 동네 사람은 다 알아도 마누라만 모르듯이 주변 사람은 다 아는데 정작 본인은 무엇이 잘못인지조차도 모르는 것과 같은 이치다.

자신을 높이기 위해서는 스스로 자신에 대한 자존감을 높여야 한다. 자기 스스로가 얼마나 가치 있는지를 자각해야 한다. 외부 환경에 대한 자신의 위치를 재수정하기 위해 환경의 변화에 능동적이고 적극적으로 대처해야 하는데 이를 위해선 '정신차림'이 필요하다.

흔히 정신을 차리고자 각오할 때 머리를 흔들어 시선을 똑바로 하곤 한다. 이처럼 세상에 대한 태도를 흔들어 수정한 후에 바로 세상을 마주 보는 것이다. 나 스스로 자존감을 높이려면 작은 성공이나 주변의 호의 혹은 칭찬만으로는 부족하다.

나에 대한 가치를 스스로 찾아내고 그에 걸맞은 행동을 하고 걸맞은 장소에 가야 한다. 어리석은 사람들과 명분 없는 술자리나 미팅을 자제하고 거만한 무리들이나 불량배들과 거리를 두어야 한다. 밝고 건강하고 배울 만한 곳을 찾아다니고 밝고 건강하고 배울 만한 사람들과 어울려야 한다.

어려서는 부모가 우리의 기준이 된다. '우리 엄마가 그랬어'라고 말하는 것처럼 말이다. 그러다 성장할수록 선생님 혹은 스승, 더 커서는 신문, 잡지, TV, 책 등으로 기준이 옮겨진다. 그렇게 자신의 인생관이나 세계관이 생기면서 가치관이 달라지듯, 나의 기준을 점점 넓혀가야 한다. 궁극적으로는 나와 온 세상이 같아져서 세상 전체와 내가 견주어야 할 정도로 자라야 한다. 나 없이 존재하는 이 세상은 아무 의미가 없다. 그러므로 나는 이 세상이고 이 세상이 나다. 그걸 명확히 인지하게 되면 절대로 나를 함부로 대할 수 없고 어느 누구도 나를 함부로 하게 내버려두지 않을 것이다.

이런 인식에서 자존감이 탄생한다. 이 자존감을 갖지 못하면 자유를 얻을 수 없고, 자유가 없으면 행복할 수 없다. 자존감이 파괴되면 모든 것을 잃는다. 그렇기에 우리는 현실과 맞서 싸우고 저항하고 의문을 갖고 행동하는 것을 주저하면 안 된다. 세상은 항상 변화하기 때문에 변화에 끌려다닐 것이 아니라 변화를 주도하고 변화를 이끄는 사람이 되어야 한다.

자존감이 충분하면
누구와 비교해
자신을 평가하지 않게 된다.
나 스스로 가장 높은 곳에 있기에
비교할 이유도 방법도 없다.
이때야 비로소 막힘이 없어져
시야가 넓어지고
보는 만큼 자유롭게 되고
사랑하게 되며 행복을 얻게 된다.

그것은 내가 언제라도 이 세상을 움직이는 가장 근원적인 힘과 언제든 함께하고 소통할 수 있다는 자신감의 바탕이 되기 때문이다.

이 세상에서 가장 높은 곳으로 날아올라 세상 전체를 한눈에 넣어라. 이것은 모두에게 반드시 필요한 것이다. 그렇지 않으면 나는 안개처럼 사라져버릴 것이기 때문이다. 자전거는 정지하면 쓰러지고, 회사는 성장하지 않으면 망하며, 소통하지 않는 인간은 살아서 죽고, 이익이 늘지 않는 자본은 붕괴되며, 변화하지 않는 유행은 사라지기 마련이다. 자존감을 가지면 나아가고 성장하고 변하고 소통한다.

나는 위대하다. 나는 생각하는 독립된 인격체이다. 나는 모든 우주와 동등하다. 나는 이 세상 전체를 대변한다. 나는 나 스스로가 하나의 우주다. 그러므로 나는 우주를 대표해서 고결하게 행동할 것이며 우주 전체의 모든 생명과 공존할 것이고 어느 누구도 함부로 나를 대하지 않도록 할 것이다. 결국 스스로 자기 자신을 어떻게 대접하느냐에 따라 세상도 나를 어떻게 대접할 것인가를 결정하기 때문이다.

당신은 이미

그 자체로

완벽하다

8

함부로 권위에
굴복하지 말 것

유명인은 자신이 만나는 사람을 다루는 기술을 잘 알고 있다. 유명해지기 전에는 전혀 없던 기술이었을 것이다. 모두는 아니지만 유명인 대부분은 세상에 가면을 보여주고 실제 모습은 감춘다. 그렇게 대중을 상대하고 다루는 '기술'을 발전시켜 나간다.

자신의 본래 모습과 대중에게 보이는 괴리를 소화해내는 데 익숙해지도록 자신을 변모시킨다. 그렇게 남들이 바라는 모습으로 연기하고 행동하고 더 잘하려고 연습까지 한다.

그래서 대중이 아는 유명인의 모습과 그들의 실제 모습이 정확히 일치하는 사람을 찾기란 매우 어렵다. 그 직업이 작가, 배우, 정치가, 사업가, 가수 혹은 성직자이든 상관없이 그렇다.

유명해진다는 것은 대단한 권력이다. 유명하다는 이유로 무조건 백악관 뒤뜰로 들어와 대통령을 만난 엘비스도 있다. 호감으로 다가오는 모든 사람은 그들에게 돈이고 정보이고 힘이다. 유명인이 무엇을 만지거나 다루거나 사거나 말하면 그의 것이 되고, 그 사람으로 인해 생긴 것처럼 바뀐다. 경전의 문구조차 유명인이 말하면 그가 처음 한 말이 되고, 제법 유명한 식당도 유명인이 들르면 그것으로 인해 유명해진 식당처럼 된다. 책 한 권, 노래 한 곡도 유명인의 입에 오르내리면 다른 가치가 부여된다. 유명하다는 것은 언제든 어느 상황에서든 예외를 만드니 마치 즉각적으로 법이 바뀌는 것과 같은 느낌이다.

사람들의 무한한 호감을 받는다는 것은 굉장한 권력이다. 호감은 모든 규칙을 바꿔버리기 때문이다. 하지만 유명인들은 그 호감이 주는 호의를 냉큼 받아먹지 않는 기술을 가지고 있다. 그러는 순간에 호감이 사라질 것을 알기에 대중이 호감을 스스로 바치도록 행동한다. 모든 유명인은 그들이 실제로 유명해지는 순간, 두 가지 방향으로 자신을 인식한다. 하나는 실제로 자신이 대단한 사람이라고 느끼는 사람과 다른 하나는 조작된 대중 이미지와 자신을 분리해내는 사람이다.

　문제는 둘 다 한 개인에게는 위험한 상황이란 점이다. 스스로 거인이라 믿는 순간, 걸음을 뒤뚱거리게 되며 어느 날 무참히 쓰러질 것이다. 대중 이미지와 자신의 괴리가 먼 사람이라면 자존감에 상처를 받아 대인 공포증에 시달리게 될 수도 있다. 상황이 이러니 유명인에 대한 환상을 버리고 그 권위에 복종하지 않기 바란다.

유명인과 그 유명인의 행동을 분리해서 이해하고
바라보아야 한다.
유명한 사람이 다니는 식당의 음식이라고
내게도 맛있는 것이 아니라
단지 그에게 맛있는 것이고,
유명한 사람이 가르친 것이라고 해도
그 시대와 상황을 구분해 이해하며,
유명한 사람이 입는 옷이라도
그의 몸매와 내 몸매를 비교해야 한다.
유명 성직자라고 해도
하나님과의 사이에서
자신보다 한 치 앞에 있는 것이 아니다.

성경이 라틴어로 쓰여 있는 시대도 아니고 경전이 전부 산스크리트어로 되어 있는 시대도 아니다. 유명한 정치인이라도 그를 무릎 꿇게 하는 정적은 언제든 나타나고, 유명 작가라도 집에서는 발로 걷어차이고 무명작가가 써놓은 문구가 탐이 나 군침을 흘릴 수도 있다. 유명 사업가라도 내년을 알 수 없고, 멋진 강연자들도 3년, 5년을 가는 경우가 거의 없다.

그러니 함부로 권위에 복종하지 않기 바란다. 스스로 생각하고 판단하라. 권위에 대한 비판 없는 무조건적인 존중은 스스로 노예가 되는 것과 같다. 모든 유명인이 그 유명세로 행동하는 모든 것에 독립적 판단을 할 수 있는 생각의 힘을 키워야 한다.

우리가 권위를 존중할 때는 상대가 그 권위에 책임을 질 때 뿐이다. 그러나 당신을 알지 못하는 그 유명인은 당신의 존중에 책임을 지지 않을 것이다. 그러니 스스로 독립적 판단을 해야 한다. 인기나 명성을 쌓는 데는 10년이 걸리기도 하지만 무너지는 것은 하루아침 일 수도 있다.

우리는 사회에서 존경받던 이들이 성추행, 비리, 위계에 인한 협박, 자살 등으로 쓰러져 가는 모습을 종종 본다. 그들에게 주었던 존경과 권위를 그들은 되돌려주지 않는다. 달라고 말한 적이 없기 때문이다. 우리가 자발적으로 주었기에 그들은 진심으로 사과하지 않는다. 다시 그 자리를 회복하기 위해 우리의 아량에 기댈 뿐이다. 그것이 그들의 참모습이다. 뿌리가 없는 명성은 크면 클수록 추악하다. 명확한 분별은 마음 안에서 찾아야 한다. 이를 다른 사람의 명성에서 찾는 것만큼 무모하고 어리석은 일은 없다.

그들이 위 또는 아래라고 말하는 것이나 동쪽이나 남쪽이라고 말하는 것, 혹은 오른쪽이나 왼쪽이라고 말하는 모든 것은 그들 생각일 뿐이다. 이런 구분은 아무런 의미를 가지지 못하고 절대적인 진리도 아니다. 유명인이 만든 그런 분별을 권위 때문에 따라가는 것은 무의미한 행동이다. 그러한 분별은 애초에 존재하지도 않기 때문이다. 스스로 자기 내면의 용기를 가지고 스스로의 역사를 만들기 바란다. 스스로의 경험을 기억하고, 스스로의 시각으로 살피고, 스스로의 해답을 찾아 자신만의 교훈을 만들어내기 바란다. 책임이 따르는 권위는 이렇게 만들어지는 것이다.

내 스스로 신념을 가지려면 내가 판단하고 내가 생각하고 내가 결정해야 한다. 자신 마음속에 우주의 원리가 될 만한 지혜를 찾아보고 인간 삶의 본성에 대해 이해하려 힘쓰자. 행복은 내 자신 안에서 내가 만들어내야 한다. 이러한 자각이 일어나지 않으면 우리는 계속해서 우리의 결정이나 인생을 남에게 바치게 될 것이다. 당신은 그 유명인과 다를 것이 없다. 인간은 누구나 동일한 가치를 지닌다. 당당하고 멋지게 어깨를 펴라. 함부로 사인을 받아 자랑으로 남기지 말고 함께 찍은 사진을 여기저기 자랑하지 말라. 당신도 그와 못지않은 사람이기 때문이다. 존중을 하되 존경은 남겨둬라.

이 세상에서 가장 믿고 따르고
존중하고 존경해야 할 인물은 자기 자신이다.
싸워 이겨야 할 인물도 자기 자신이다.
반드시 자기를 이겨야 자기를 존중하고 존경하게 된다.
내가 가진 모든 것은 나다.
내 돈도, 학력도, 부모도 아니다.
내가 가진 모든 것은 내 안에 있는 것뿐이다.
항상 자기 자신의 본질을 돌아보고
내 주위를 둘러싼 모든 것은 변한다는 사실을 받아들이고
이 변화 안에서 어떻게 스스로 혼자 설 수 있는지
판단해야 한다.
자신을 가장 믿는 사람이 자신이 될 때까지
끊임없이 자존감을 잃지 않아야 한다.

내가 스스로 바로 서면 내 앞의 모든 인간관계가 바로 선다. 모든 인간관계에 있어 나를 중심으로 움직이게 하라. 자신이 자기를 하찮게 여기면 만물이 자신을 하찮게 여긴다. 내 머리카락 하나와 천하를 바꾸지 않겠다는 마음으로 삶을 유지하기 바란다. 하찮은 유명세에 당신을 버리기엔 당신은 너무나 소중하다. 당신만이 완성할 수 있는 당신 삶의 목적을 찾아 모든 것의 중심에 서기 바란다.

지속적인 행복은
기대와 더불어 이기적인 집착을
기꺼이 포기했을 때 찾아온다.
기대하지 않으면 실망이 없고
상실의 고통을 느낄 이유도 없다.
모든 것은 언젠가 당신을 떠나게 된다.

4장

조금은 느슨하게 함께하는
삶에 대하여

1
삶의
태도

역지사지(易地思之), 다른 사람의 입장이나 다른 사물의 입장에 서서 생각한다는 의미다. 그것이 사람이든 환경이든 사물이든 역지 사지는 우리가 긍정적인 시각으로 만물을 바라볼 수 있게 한다.

장자의 말처럼 아무런 관계가 없는 일처럼 여겨지는 것조차 도 인과관계가 있다. 이 세상 만물은 그 어떤 것도 홀로 존재하지 않으며 존재할 수 없다. 모든 사물은 다른 모든 사물과 연결되어 있고 온 우주는 서로 우주 끝까지 그 작용이 미친다.

좋은 영향을 만들어내면 우주 끝까지 좋은 영향이 이어져 파동처럼 돌아올 것이고, 나쁜 영향 역시 같은 방식으로 돌아온다. 그러므로 내가 탐욕과 권위를 앞세우면 그것은 나에 대한 탐욕과 욕심이고, 남들을 존중, 공경, 배려하면 그것 역시 나에 대한 존중, 공경, 배려다.

유비는 아들을 이렇게 훈계했다.

"아무리 작은 악이라도 악한 일은 하지 말아야 한다. 선한 일은 작다고 해서 하지 않으면 안 된다."

그렇다. 선한 일은 당장 복이 오지 않아도 화를 멀리하게 하며, 악한 일은 금방 벌이 오지 않는다 해도 복을 멀리하게 하기 마련이다. 석가모니의 '남을 자신과 같이 여겨라'라는 말씀이나, 예수님의 '네 이웃을 네 몸과 같이 사랑하라'라는 말씀도 결국 내가 너이기 때문이다.

당신이 식당에 가서 젊은 직원에게 하는 행동이 곧 나에게 하는 행동이며, 외국 노동자에게 하는 행동이 나에게 하는 행동이다. 다른 신앙, 다른 정치적 견해를 가진 사람에게 하는 행동이 나에게 하는 행동이고, 아내에게 하는 행동이 나에게 하는 행동이다. 내가 사회 안의 부당함, 차별, 편견에 저항하지 않는 것은 내가 당할 부당함, 나를 향한 차별, 나에 대한 편견에 저항하지 않는 것이다.

그런 이유로 우리는 편의점 젊은이를 함부로 하대하지 않아야 한다. 오히려 늦은 시간까지 물건을 팔고 있으니 감사하다는 인사를 할 수 있어야 한다. 외국인 노동자가 가족 부양을 위해 멀리 타국까지 와서 일하는 것을 애틋하게 여겨야 한다. 70년대 중동 노동자로 가셨던 아버지나 독일 광부와 간호사로 갔던 삼촌과 고모 대하듯 애틋이 바라봐야 한다. 다른 정치 견해와 종교의 자유를 '틀리다'가 아닌 '다르다'로 받아들여야 한다.

쓸데없이 칫솔질하면서
흘려보내는 물을
내 몸 중 일부를 하수구로 버리는 것처럼
생각할 수 있어야 한다.
종이 한 장이 이유 없이 구겨진 채 버려지는 것을
나무의 한 생명이 제값 못하고 사라지듯
아까워해야 한다.
라면박스에 들어 있는 나무젓가락 한 개도
그 몫을 다하도록
함부로 하지 말아야 한다.
그렇지 않으면 다른 나무가
죽어나가기 때문이다.

이런 삶의 태도는 절약이나 돈에 대한 문제가 아니다. 나 스스로를 존중하는 태도의 문제다. 자신의 삶에서 세상과 이런 태도를 가진 사람이야말로 온 우주가 그를 도우러 올 수밖에 없게 된다. 내가 움직이면 전 우주가 함께 동하여 나를 돕게 하는 힘이다. 지극히 이타적 행위가 지극히 이기적인 결과를 줄 수 있다는 원리만으로도 우리 모두는 남을 사랑하고 배려할 이유가 충분하다. 바로 그가 나이기 때문이며 그것이 나이기 때문이다.

2

결국 우리는
동지의 침묵을 기억할 것이다

1988년 서울올림픽을 앞두고 한국의 젊은이들이 자전거를 타고 해외를 다니며 태극문양 부채를 나눠준 적이 있었다. 지금도 가끔 한복을 입고 유럽 여기저기를 다니며 김치를 소개하는 젊은이들의 사진이 SNS에 올라오곤 한다. 나라 사랑이자 애국심을 표현하는 것이다.

오는 2020년에는 일본에서 올림픽이 열린다. 그렇다고 일본 청년들이 자전거에 일장기를 꽂고, 일장기 무늬 부채를 나눠주며 한국을 돌아다니면 어떻게 보일까?

길거리에서 기모노를 입고 낫또를 먹어보라 권하면 우리는 그들을 일본 국수주의자로 생각할 것이다. 큰 시내 한복판에서 예수를 믿으라며 온갖 글씨로 앞뒤를 도배한 광고판을 맨 채 마이크를 들고 큰소리로 떠드는 사람이 있다. 이런 위협적인 모습을 보며 예수에 대한 신앙이나 경외심을 가질 사람은 아무도 없다. 오히려 그들의 무례함과 거만한 태도 때문에 예수에 대한 거부감만 들 뿐이다.

누군가를 미워하거나 협박하는 모든 종교가 사이비라고 여겨지듯, 애국도 내가 내 나라를 사랑하듯 상대가 자신의 나라를 사랑하는 마음을 존중할 때라야 가능하다. 그것이 서로에게 용인될 때 나의 애국심도 이해받고 보장받는다. 외국인에게 김치나 삼계탕을 먹어보라고 권하는 사람은 많다. 그러다 혹여 맛없어 하는 기색이나 표현을 하면 모욕을 느끼는 사람이 종종 있다. 나에게 좋다고 남까지 좋을 리 만무하다. 비록 우리의 대표 음식이라고 무조건 권하고 보는 것은 진정한 애국이 아니다.

좋은 부모는 자기 자녀를 사랑하고 보호하면 그만이다. 남의 자녀를 흉보거나 함부로 해서는 안 된다. 진정한 종교인은 자신의 종교를 사랑하고 존중하면 된다. 남의 종교를 경멸하고 무시하면 안 된다. 진정한 애국자는 내 나라를 사랑하고 보호하는 것으로 그

쳐야 한다. 애국 때문에 남의 나라를 모욕하고 침해하면 안 된다. 태어났다는 이유만으로 우월감을 느끼는 건 애국심이 아니다. 그런 우월감을 애국심으로 착각하면, 다른 나라에 태어났다는 이유로 다른 인종을 경멸하게 된다. 애국심 자체는 미덕이다. 그러나 애국심을 강요하거나 요구하는 건 미덕일 수 없다.

현재 우리 모두가 열렬히 애국할 수 있는 가장 좋은 행동은 투표다. 나라 사랑과 애국은 정치에 대한 관심에서 출발한다. 이 관심의 증명이 투표다. 정당하고 공정하게 투표할 수 있는 나라에 산다는 건 엄청난 행운이다. 이 행운을 갖고자 얼마나 많은 사람들이 싸웠는가 생각하면 투표를 하지 않는다는 건 죄악이다. 당연한 것 같은 이 투표권을 갖기 위해 얼마나 많은 나라에서 수많은 시민이 정치권력과 싸웠는가.

특히나 여성의 투표권은 더욱 힘든 과정을 통해 얻어낸 결과다. 미국만 해도 1920년이 돼서야 여성의 투표권이 보장됐다. 프랑스는 1946년, 쿠웨이트 경우엔 최근인 2005년이 되어서야 가능해진 일이다. 어렵게 얻은 투표권이 사장되지 않기 위해 일부 국가는 의무투표제까지 시행하고 있다. 전 세계 32개국이 여기에 동참하고 있다. 벌칙에 불복하면 강제력이 발동될 수 있는 오스트리아를 포함해 19개국은 강행 규정을 가지고 있기도 하다.

정치는 경제와 더불어 현재 우리의 삶을 가장 강력하게 지배하는 도구다. 개인적인 금전 문제는 성실을 무기로 해결할 수 있다. 그러나 정치는 관심을 두지 않으면 성실로 일궈놓은 나의 사업이 송두리째 사라지거나 빼앗길 수 있다. 투표를 안 해서 가장 큰 피해를 입는 사람은 바로 나 자신이다. 내가 비열한 사람들의 지배를 받을 수 있게 된다는 의미다. 그들은 많은 일에서 내 자유의지와 의사결정권을 사라지게 할 수 있다.

안타깝게도 너무 많은 사람들이 정치와 권력에 무지하며 무관심하다. 권력을 가진 사람은 당신으로 하여금 자신이 원하는 일을 시킬 능력을 갖는다. 반대하거나 거부할 경우 법으로 징계할 수 있으며 도덕적 파탄으로 몰아갈 수도 있다. 더불어 경제적인 파산에까지 이르게 할 수 있다. 그러니 이런 힘을 사용할 수 있는 권력을 누가 갖고 있는지 알아야 한다. 그 권력은 어떻게 운영되고 있고 어떻게 승계되고 있는지 알아야 한다. 이 무관심, 무지함의 결과가 지극히 극소수의 권력을 이해하는 사람들을 행복하게 한다. 그리고 그들은 자신의 목적에 따라 법을 바꿔가며 매번 이기는 싸움만 하려한다.

그렇다. 정치에 대한 고의적 무관심이 계속될 때 사회에는 불평등이 만연해진다. 투표 같은 작은 행동이 자신의 행복에 직결되어 있음을 반드시 인지해야 할 이유다.

결국, 투표일을 휴일로 보내는 사람은 평생을 휴일로 보내려는 사람의 지배를 받게 된다. 우리가 선택한 말과 행동이 반드시 자신에게 돌아오듯 해야 할 일을 하지 않을 때 결과 역시 자신에게 돌아온다. 투표는 가장 현명한 애국의 표현이다. 투표는 내 운명을 내가 결정하는 권리의 표현이다. 투표하지 않은 사람은 현실 정치를 나무라거나 항변할 자격이 없다. 그런 상황을 만든 것이 본인이기 때문이다.

"남이 이 일을 해주면 얼마나 좋을까?"라거나 "다른 사람이 알아서 할 거야"라는 태도로 살면 안 된다. 자기 인생은 자기의 결정이고 자신의 책임이다. 나의 인생을 남이 써준 대본대로 살 수는 없다. 당신이 투표하지 않기 바라는 권력에 당당하게 맞서야 한다. 평생에 걸쳐 모든 투표에 대해 한 번도 빠지지 않기를 권한다. 정치적 사건들에 관심을 가지고 각 정당과 정치인들을 평가하는 자신만의 기준과 정보를 갖추기를 바란다.

영국의 작가 올리버 골드스미스(Oliver Goldsmith)는 "침묵은 동의를 뜻한다"라고 말했다. 관심 없다는 식의 태도를 빗대어 악을 저지르는 사람뿐 아니라 침묵하는 사람도 공범이라고도 했다. 단테의 『신곡(Divina commedia)』에서 「지옥」 편을 보면 "지옥에서 가장 뜨거운 자리는 도덕적인 위기에서 중립을 지킨 자들을 위해 마련한 곳이다"라고 했다.

1968년 어느 연설에서 마틴 루터 킹 주니어는 "결국 우리는 적들이 남긴 말이 아니라, 동지의 침묵을 기억할 것이다"라고 말하며 무관심과 묵인을 나무랐다. 그러므로 애국은 성기와 같다. 자부심을 갖되 밖으로 꺼내 자랑하지 말며, 원하지 않은 이에게 강요하지 말며, 반드시 써야 할 일에는 행복하게 사용해야 할 것이다.

3
멋지게 사는
삶의 6가지 테크닉

살림에도 여러 테크닉이 있듯, 삶에도 몇 가지 테크닉이 있다. 노력을 덜 하고도 효과가 좋은 일들은 얼마든지 있다. 예를 들어 덜 약속하고 더 주는 것이다.

약속을 함부로 하거나 많이 하면 기대가 떨어지거나 실없는 사람이 된다. 하지만 약속을 함부로 하지 않고 상대의 기대보다 조금 더 잘해주면 대단한 친절을 보인 것으로 생각한다.

예를 들어 한 달 안에 끝내겠다고 말한 공사를 3주 안에 끝내주면 대단히 고마워한다. 방 청소를 부탁했더니 설거지까지 해놓고, 기름을 넣어 달라 했더니 세차까지 해오는 경우다.

다음은 보답을 바라지 않고 하는 선행이다.

세상에 배은망덕한 사람이 많다고 선행을 베풀지 않는 것은 정말 어리석은 짓이다. 오히려 선행을 계속하다보면 누군가 너무나 고마운 나머지 다른 사람들이 못한 것까지 전부 보답하는 경우도 생긴다. 허나 기대하지 말고 선행을 베푸는 것이 가장 좋은 선행 방법이다. 직원이 배신하고 나가도 새 직원에게 계속 기술을 가르쳐주는 것도 선행이고, 아무도 보지 않아도 열심히 일하는 것도 선행이다. 이런 대가는 언젠가 한 번에 찾아오며 오히려 그 가치가 더해져서 돌아온다.

내가 갖지 않은 것을 갖고 싶으면 내가 하지 않던 일을 해야 한다. 내가 하지도 않고 내가 갖고 싶은 것을 손에 넣으면 누군가 곧바로 뺏어간다. 내가 하지 않고 얻은 모든 것은 남의 것이기 때문이다. 새로운 것을 얻고자 하거나 새로운 삶을 살고 싶으면 내가 바꿀 수 있는 것이 무엇인지 살펴보고 그것을 바꾸기로 결심하고 행동하면 된다. 그래도 안 된다면 무엇을 더 바꿔야 되는지 고민해야 한다.

한번 배운 담배는 자제하는 것이지 끊은 게 아니다. 암도 없

애기보다 다스려서 함께 사는 것이고, 정욕도 없애려 애쓰기보다 욕망을 통제하는 법을 배우는 것이다. 그것이 무엇이든 없애려 하기보다 자제하고 다스리고 통제함으로 함께 지낼 수 있다.

또 하나, 말을 멈출 때를 알고 실제로 실천할 수 있는 기술이다. 말을 멈춰야 하는 적절한 때를 아는 사람은 많지 않다. 그 많지 않은 사람 중에 실제로 말을 멈추는 사람은 10퍼센트도 안 된다. 재밌는 건 대화란 말을 많이 한 사람이 결국 자기 것을 내준 셈이란 점이다. 그러니 잠자코 들어도 손해가 아니다. 누군가에게 무한 신뢰를 받고 싶다면 그가 뒷담화를 하는 즉시 다음과 같이 말해라.

"말 끊어서 정말 미안합니다. 하지만 없는 사람 이야기를 하시는 거라면 자리를 피하겠습니다. 다른 얘기를 하시면 안 될까요?"

뒷담화 저항 기술은 상당히 고수여야 가능하다. 하지만 이런 기술의 가치를 아는 사람에게는 최고의 신뢰를 얻을 수 있다. 좋은 관계를 유지하는 핵심은 신뢰고 이 신뢰를 무너뜨리는 가장 쉬운 방법이 뒷담화이기 때문이다. 설령 뒷담화 패거리에 합류하지 못하거나 중요한 대화를 놓치더라도 결과적으로는 가장 값진 신뢰를 얻게 된다.

장거리 비행에 오를 때는 가장 두껍고 어려운 책을 들고 가라. 심심하면 읽혀지고 따분하면 잠이 올 것이다. 두 가지 모두 좋은 일이다. 잠이 오지 않으면 자지 말라. 억지로 잠을 청하는 것처럼 바보스러운 것도 없다. 출근 걱정에 억지로 불면증을 이겨보려 하면 둘 다 잃는다. 그냥 잠이 안 오면 '하루 안 자도 그만이지' 하고 책도 보고 영화도 보고 밀린 일도 하며 놀아라. 그러다 잠이 오면 자고 안 오면 그대로 나가면 된다. 누구든 그렇게 며칠만 지내면 잠은 저절로 오게 돼 있다. 잠은 고양이 같은 놈이지 강아지가 아니다. 내버려두면 오히려 와서 비비적거린다. 안 올 때는 그냥 안 오게 내버려두면 알아서 온다.

동네를 걸을 때 새로운 길로 걸어가라. 어디를 가든 다시 갈 때는 새로운 길로 가봐라. 매일 다니는 길은 이미 정형화되어 아무것도 보지도 듣지도 못한다. 그저 목적지로 걷는 기계와 같다. 그러나 새로운 장소로 가면 우리 머릿속에 알고리즘이 깨지며 의식이 살아난다. 정신이 나는 것이다. 그것은 지루한 일상의 에너지로 변환되며 삶을 윤택하게 한다. 굳이 멀리 여행갈 상황이 아니라면 다른 길을 따라 걸어라. 뒷길로 들어오고 한 정거장 앞에서 내려 걸어라.

같은 식당에서 같은 음식만 먹을 것이 아니라 이것저것 시켜 먹어라. 맛이 확인된 메뉴만 가치 있는 것이 아니다. 다른 것을 시켜 맛이 없으면 맛이 없다는 것을 알게 되고 맛이 있으면 먹는 즐거움을 하나 더 알게 된 것이다. 새로운 사람을 만나고 새로운 음식을 먹어보고 새로운 길을 가보는 것은 남은 삶에 대한 예의다.

무엇보다도 친절은 최고의 삶의 테크닉이다. 사람은 누구나 자신을 공경해주는 사람을 공경하고 나에게 친절한 사람에게 친절하다. 상대를 굴복시키려는 사람은 항상 자신을 굴복시키려는 사람들로 가득한 세상에서 산다. 상대를 도와주고 배려하는 사람은 자신을 도와주고 배려하는 사람들이 많은 세상에서 살게 된다. 우리가 힘으로, 혹은 내가 가진 지위로 다른 사람을 굴복시키면 상대도 언제가 갚을 날을 기다리며 절대로 잊지 않을 것이다. 그러니 친절이야말로 위의 모든 삶의 기술을 아우르는 최고의 삶의 기술이다.

4

마음속
퇴비 더미 만들기

나는 내가 직접 경험한 것으로 사람을 판단하고 그 사람과 인연을 맺는다. 누가 무슨 소리를 하던지 상관이 없다. 대여섯 명만 한 그룹에 모여 있어도 그 안에 싫어하는 사람과 좋아하는 사람이 있기 마련이다.

나는 수많은 여러 모임에 함께하고 있다. 가족들, 친척들, 친구들, 함께 공부한 사람들, 내가 가르치는 제자들, 직원들, 관리자들 등등 여러 부류의 사람과 각기 다른 인연을 이어가고 있다.

아마 이들 내부에서 내가 듣는 이야기를 그대로 모두 내보낸다면 이 모임들 중 살아남을 모임이 하나도 없을 것이다.

사실 온갖 말들이 들려온다. '사람은 좋은데……'로 시작하는 흉보기와 '제가 드릴 말씀은 아니지만'으로 시작하는 비난, '심사숙고해서 드리는 말씀인데요'로 시작하는 편 가르기 등 많은 배설물들이 날아온다. 이런 말들은 똥이다. 인간의 생각이 깊지 못해 잘못 만들어낸 냄새나는 똥이다. 누군가를 자신의 판단대로 남들도 판단해주길 바라며 편을 가르고 은연중에 비난하고 흉을 보는 모든 것은 똥이다. 나는 누군가 내게 생각의 똥바가지를 뿌려대는 것을 절대로 좋아하지 않는다. 그런 똥을 내게 뿌린 사람의 의견이나 생각을 '고견' 혹은 '고심 후에 진언' 등으로 포장해도 그 안은 역시 똥이다.

그런데 이 똥을 받자마자 그대로 던져버린다면 내가 속해 있는 모든 사람은 똥물을 엎어 쓰고 모두 달아나버릴 것이다. 이런 일은 똥을 만든 사람과 이들 대신 뿌려줄 사람만 있으면 언제 어디서나 똥 판을 만들 수 있다. 누구든지 이런 똥을 나르는 사람이 있으면 그만두라 말하고, 이를 받는다면 마음속에 가두어 삭혀서 나중에 퇴비로 만들어야 한다.

화분갈이를 할 때면 22킬로그램짜리 퇴비를 몇 개 사온다. 봉투를 열고 손을 쑤욱 넣는 순간, 흙과 여러 미생물들이 발효되어 나는 시큼한 듯 구수한 냄새가 코로 들어온다. 온갖 잡다한 것들이 이렇게 발효되어 온기 따뜻한 퇴비가 되어 있었다. 잘 만들어진 퇴비는 좋은 냄새가 나고 토양을 비옥하게 하는 데 많은 도움이 된다. 비옥한 토양이란 유기물이 많다는 이야기인데 이런 유기물은 식물의 성장 과정에 필요한 양분이며 퇴비에는 이런 유기물이 가득하다. 퇴비 더미의 성분은 대부분의 밭이나 집안에서 나오는 유기물 쓰레기들이지만 가장 독하면서 가장 좋은 것은 인간이나 짐승의 배설물이다.

누군가의 리더가 되고 누군가에게 힘이 되어야 하는 사람은 마음속에 이런 쓰레기들을 모아 퇴비를 만들 퇴비 더미를 하나씩 만들어놔야 한다. 주변에서 전해주는 마음의 쓰레기를 한군데 모아 오래 삭혀놓았다가 구수한 냄새가 나기 시작하면 그때야 주변에 뿌려주면 된다. 화평케 하는 자에게는 복이 있다는 것은 바로 이를 뜻한다. 그런 사람이 주위를 천국으로 만들고 그런 사람이 우리들 사이의 진정한 리더다.

아랫사람의 말이나 주변의 평가를 듣고 바로 그 사람을 함께 비난하거나 심지어 그 비난을 전하거나 하면 안 된다. 아직 똥이 퇴비가 되지 않았기 때문이다. 내가 받은 비판이나 내가 받은 욕 중에 정말 내가 받아도 당연하다고 느낀 것이 몇이나 있는가? 그러니 다른 이에 대한 모든 판단은 내가 직접 해야 하며 내가 경험한 것을 근거로만 판단해야 한다. 이것이 쓰레기나 똥이 퇴비가 되고 비료가 되는 과정이다.

퇴비 더미를 만들어놓으려면 내 안에서는 열이 나고 아프고 힘들 수 있다. 그걸 감싸고 몇 달이고 몇 년이고 견뎌야 한다. 이를 견디지 않으면 가족이 와해되기도 하고 몇십 년 친구들이 편을 갈라 나뉘고 유능한 직원들은 빠져나가고 결국엔 밥값만 축내는 한 달짜리 친구들만 모여 있게 된다. 우리 안에 있는 모든 마음은 스스로의 축적된 사고와 경험을 기반으로 해야 한다.

어린아이라도 남이 주는 음식은
입에 넣었다가 뱉어내는데,
남이 주는 생각을
덥석덥석 받아먹는 성인들이 너무 많다.
그렇게 받아먹기 시작하면
내 생각은 나를 대변하지 못하고
자기 자신을 가지지 못하게 된다.
나의 생각을 나 스스로 가지지 못한다면
누가 나를 존중하고 배려할 것인가.

내 스스로 판단하기 전에 외적인 환경이 나를 지배하지 못하게 해야 한다. 외부에서 오는 판단과 환경은 나를 망칠 수도 있고 나를 행복하게 할 수 있다고 믿지만 그러한 믿음은 위험하다. 그렇게 믿는 순간, 다른 사람이나 외부 환경의 정신적 노예로 추락한다. 나 스스로가 나의 완벽한, 그리고 유일한 주인임을 자각해야 한다. 누군가가 혹은 어떤 외적인 환경이 나를 지배하는 것은 내가 허락할 때뿐임을 알고 인생의 지배권을 절대 놓치지 말아야 한다. 이런 행동이 바로 마음속에 퇴비를 만드는 행동이다.

5

당신은 지금
누구와 함께 있습니까?

근주자적과 지란지교란 말이 있다. '근주자적(近朱者赤)'은 중국 서진의 학자 부현(傅玄)이 편찬한 『태자소부잠(太子少傅箴)』에 있는 구절이다.

'붉은색을 가까이하는 사람은 붉은색으로 물든다'는 뜻으로 주위 환경이 중요하다는 말이다. 이것은 '먹을 가까이하는 사람은 검어진다. 소리가 고르면 음향도 맑게 울리고 형상이 바르면 그림자도 곧아진다'라는 말과 같은 맥락이다.

또한 공자(孔子)의 가르침 중에 '지란지교(芝蘭之交)'라는 문장이 나온다. 그대로 옮기면 지초와 난초라는 향기로운 꽃의 어울림을 말한다. 공자는 "선한 사람과 함께 있으면 지초와 난초가 있는 방으로 들어가는 것과 같아서 오래되면 향기를 맡지 못하니, 그 향기에 동화되기 때문이다.(子曰 與善人居 如入芝蘭之室 久而不聞其香 卽與之化矣) 선하지 못한 사람과 함께 있으면 마치 절인 생선가게에 들어간 것과 같아서 오래되면 그 악취를 맡지 못하니, 또한 그 냄새에 동화되기 때문이다.(與不善人居 如入鮑魚之肆 久而不聞其臭 亦與之化矣) 붉은 주사를 가지고 있으면 붉어지고, 검은 옻을 가지고 있으면 검어지게 되니, 군자는 반드시 함께 있는 자를 삼가야 한다.(丹之所藏者赤 漆之所藏者黑 是以 君子必慎其所與處者焉)"고 가르치셨다.

일맥상통한 부처님의 가르침도 있다. 어느 날 부처님은 길에 떨어져 있는 묵은 종이를 보시고, 제자를 시켜 그것을 줍게 하셨다. 그러고는 그것이 어떤 종이냐고 물으셨다. 제자가 말했다.

"이것은 향을 쌌던 종이입니다. 향기가 아직 남아 있는 것으로 알 수 있습니다."

다시 걸으시다 길에 떨어진 새끼줄을 보시고, 그것이 어떤 줄이냐고 물으셨다.

"이것은 생선을 감싸던 줄 같습니다. 비린내가 아직 남아 있는 것으로 보아 알 수 있습니다."

부처님은 말씀하셨다.
"사람은 원래 깨끗하지만,
모두 인연을 따라 죄와 복을 부른다.
어진 이를 가까이하면 곧 도덕과 의리가 높아가고,
어리석은 이를 친구로 하면 곧 재앙과 죄가 이른다.
저 종이는 향을 가까이해서 향기가 나고,
저 새끼줄은 생선을 꿰어 비린내가 나는 것과 같다.
사람은 다 조금씩 물들어 그것을 익히지만
스스로 그렇게 되는 줄 모를 뿐이니라."

『법구비유경(法句譬喩經)』의 「쌍서품(雙敍品)」에 있는 말이다. 수어
지교(水魚之交), 관포지교(管鮑之交), 문경지교(刎頸之交), 교칠지교(膠漆
之交), 막역지우(莫逆之友), 금란지계(金蘭之契), 백아절현(伯牙絶絃), 죽마
지우(竹馬之友) 등도 모두 친구를 사귐에 있어 관계를 설명하는 문구
들이다. 누구와 함께하는가에 대한 문제는 굳이 성인들의 가르침을
옮기지 않더라도 옛날이나 지금이나 여전히 중요한 문제다.

그렇다. 인생을 바꾸고 싶다면 누구와 만나고 어디에 사느냐가
핵심인 것이다. 거주지를 자주 바꾸지는 못하지만 우리는 매일매일
많은 새로운 사람을 만날 수 있다. 오늘 내가 누구를 만나고 누구

와 새로운 인연을 맺느냐에 따라 인생은 갈림길에 들어선 사람처럼 바뀐다. 인연은 우주의 가장 큰 법칙 중에 하나다. 인연은 무슨 일이든지 해낼 수 있게 하며 무슨 일이든지 이룰 수 있게 만든다.

불교에 인과법(因果法) 또는 인연법(因緣法)이란 가르침이 있다. 부처님은 『잡아함경(雜阿含經)』 제12권 「연기법경(緣起法經)」에서 연기법은 우주에 본래부터 존재하는 보편 법칙, 즉 우주적인 법칙이며, 자신은 단지 이 우주적인 법칙을 완전히 깨달은(等正覺) 후에 그것을 세상 사람들을 위해 세상에 드러낸 것일 뿐이라고 말하고 있을 정도다. 연기는 불교의 근본진리며 불교에 의한 세계관과 인생관을 이룬다. 이것은 비단 불교에만 국한되는 진리가 아니라 영원히 변하지 않는 절대적 진리며 우주의 법칙 또는 우주적 진리로서의 의미도 들어 있다.

나는 매일 현실에서 사람들이 인연에 따라 변해가는 모습을 본다. 나 역시 훌륭한 사람들을 만나 사업의 세계에 들어오고 저자가 되고 선생이 되었다. 그들을 만나기 전에는 꿈도 꾸지 못했던 일들이 기적처럼 이루어졌다. 내 주변에 나를 만나 사업가가 되고 저자가 되고 선생이 되는 사람도 많아졌다. 그들 역시 나를 만나기 전엔 생각하지 못한 일들이다.

나는 1년에 두 차례씩 30~40여명의 사업가 제자들과 함께 1주일가량 미국에 머물며 아이디어 투어를 한다. 그들은 함께 호텔에

묵으며 밤새 토론을 하고 공부를 한다. 그 짧은 시간 동안 그들은 다들 친형제보다 끈끈한 사이가 된다. 이 인연이 한 달, 반 년, 1년이 되고 몇 년이 지나 서로에게 상상할 수 없을 만큼 커다란 영향을 주고받았다는 것을 알게 된다.

이들 안에는 그 인연으로 완전히 다른 세계를 접하게 된 사람들도 많다. 그 누구 하나 변하지 않은 사람은 없다. 다만 이 인연에 쌓은 정성, 이 인연의 인과관계에 따라 변함과 발전의 속도는 각기 다를 뿐이다. 특히 젊은 친구들은 그들의 선배가 어떤 사람인가에 따라 순식간에 인생이 달라지고 그 배움의 깊이와 삶의 철학이 통째로 옮겨지는 경우도 많이 봤다.

내가 누군가를 만나는 순간, 그 즉시 인연의 법에 따라 이전과 같은 상태가 아닌 다른 세상으로 들어가기 때문이다.

인연은 인간을 존재하게 하고
움직이게 하고 변하게 하는
모든 힘의 근본이다.
내가 가진 모든 사고, 언어, 행동, 가치, 물건, 재산은
모두 인연의 결과다.
그렇다.
그 모두 내가 누구를 만났느냐에 따라
생성된 것들이다.

이것을 깊이 깨닫게 되면 사람을 함부로 만나지 않고, 함부로
사귀지 않으며, 함부로 버리지 않게 된다. 나의 모든 것이 누구를 만
나느냐에 따른 결과니 의롭고 믿을 만하며 덕이 있는 사람을 따라
움직이고 주변을 그와 같은 사람으로 채워나가야 한다. 인연이 바
로 당신이다.

6

듣는 힘,
그 위대한 능력

상대와 통하기 위해 우리는 대화를 한다. 대화의 목적은 이해
다. 남을 이해시키고 내가 상대를 이해하기 위해 대화를 한다. 그런
데 목적과 달리 대화가 이해를 돕는 것이 아니라 오히려 이해를 막
는 일이 빈번하다.

그 가장 큰 차이는 내가 하는 말의 양에 있다. 나는 상대를
이해시키기 위해 말을 많이 하려 하지만 말을 많이 하는 순간, 이

해는 점점 멀어진다.

내가 상대에게 하는 말의 양은 미니스커트 같은 것이라 표현이 있다. 흥미를 유발할 정도로 짧지만, 주제를 다룰 만큼은 길어야 하기 때문이다. 너무 짧으면 오히려 매력이 떨어진다. 그렇다고 말을 많이 하면서 존경을 받을 수 있는 사람은 거의 없다. 아무리 유능한 설교자도 식사 시간을 앞두고 기도가 길어지면 신도는 짜증나기 마련이다. 평생 한 번 밖에 들을 일 없는 주례사도 '다시 한 번'과 '마지막으로'가 이어지면 앞의 멋진 내용은 잊힌다.

상대와의 대화에서 내가 말을 더 많이 하는 것은 구조상 위에 있는 것처럼 인지되지만, 사실 내가 완벽하게 위에 있다면 오히려 말을 많이 할 필요가 없어진다. 듣는 리더는 존중을 받지만 말하는 리더는 변명을 늘어놓는 것처럼 보이기에 돌아서서 실망한다. 그가 나를 이해하고 있다는 확실한 신호는 그가 내 말을 끊지 않고 듣고 있느냐다.

우리는 흔히 아랫사람이나 친구의 말을 듣다 생각나는 말이 생기면 말의 의미 파악을 중단한다. 그리고 말을 끊거나 기다렸다는 듯이 자기 생각을 표현하기 위해 쳐들어간다. 이런 식의 대화가 몇 번 이어지면 대화는 더 이상 진행되지 않고 자랑과 예의적인 칭찬만 왔다 갔다 하는 수다로 변질된다.

사실 대화의 중요성을 가르치는 빈도에 비해 대화법의 중요성을 가르치는 일은 너무 적다. 어쩌면 대화법이란 인간 사이에서 가장 중요한 기술일지도 모른다. 그럼에도 말을 할 줄 알면 대화를 할 줄 아는 것으로 생각하다보니 대화의 기술은 한 치도 발전하지 못하고 있는 듯 느껴진다. 승마조련학과나 테마파크디자인과, 치킨, 피자, 디저트를 개발하는 학과도 있는데 대화학과가 없다는 것은 안타까운 일이다. 현대사회에서 논리정연하게 자신의 의사를 전달하고 남의 의도를 명확하게 이해하는 기술보다 더 중요한 기술이 있을 리 없다.

사실 대화법 관련 테크닉 기술을 담은 책을 보면 더욱 어이가 없다. 눈을 보며 이야기하고 맞장구를 쳐주라든가, 유머 몇 가지를 기억했다가 적절할 때 사용하라는 식이다. 상대와 같은 행동을 해서 친밀감을 유지하고 마지막 말을 따라 해서 듣고 있음을 암시하라고 가르치기 바쁘다. 중간 중간 리액션이 담긴 "어, 응, 그래요?"라는 말을 넣으라는 당부도 물론 잊지 않는다. 그러나 이런 가르침 모두 대화의 본질을 벗어난 '헛짓'이라고 나는 생각한다.

누구든, 언젠가, 어디서는, 한번쯤 진정한 대화를 해본 적이 있을 것이다. 진정한 대화는 마치 진정한 섹스와 같이 테크닉이나 기교가 필요 없다. 서로 몰입하고, 공감하고 대화 도중에 위안과 이해를 받기도 하고 서로가 서로에게 영감을 준다. 누군가와 진정한 대화를 하고 싶다면 그 사람과의 대화에만 집중해야 한다. 전화기를 만지작거리거나 이 시간 이후 저녁을 어디서 먹을까 걱정해서는 안 된다. 이야기 도중 생각난 다른 일들을 생각하거나, 나는 더 크게 다친 적 있다며 정강이를 걷어올려서도 안 된다. 그저 완벽하게 그의 말과 그 말의 의미를 듣기 위해 집중해야 한다.

상대의 경험이 자신의 경험과
완벽하게 동일한 경우는 없다.
그가 부모를 잃었다 말을 할 때
자신도 부모를 잃었을 때의 느낌은
공감되겠지만
그의 경험과 내 경험은
다른 것이기에 말을 가로막아서는 안 된다.
직장생활이 힘들다고 말하는 상대에게
나 역시 힘들다고 말 하는 건 최악이다.
그것은 공감이 아니다.

더불어 대화는 자랑할 기회가 결코 아니다. 상대가 흐름에 따라 이야기하도록 내버려두고 그 흐름을 따르면 그 대화에 맞는 질문이 떠오를 것이다. 흐름을 따라가지 않는 상태에서 나오는 질문은 그의 대화의 방향을 바꿔 맥을 끊게 한다. 흐름을 따르지 않는 질문을 했다는 사실만으로 상대는 당신이 듣지 않고 있다는 것을 알게 된다. 이렇게 몇 번 어수룩한 질문이 이어지면 상대는 본심을 말하지 않게 된다. 상대가 말을 할 때 진심으로 잘 듣는 것이 상대를 완전하게 이해할 수 있는 가장 좋은 기회이고 상대가 마음을 열어 가슴 깊은 곳을 보여줄 절호의 기회다.

우리는 사실 말하기보다 듣는 것에 능하다. 말은 빨리 해도 분당 250개 정도의 단어를 사용하지만, 들을 때는 거의 두 배에 가까운 500개 정도의 단어를 들을 수 있기 때문이다. 그러니 상대가 두 번 말하면 한 번만 말해야 적당하다. 우리가 남의 말을 듣지 않는 가장 큰 이유는 내가 말을 하고 싶기 때문이다. 내가 대화를 주도하고 싶기에 내가 말을 하는 순간 나를 주목하고 내가 이끌고 있다고 착각한다. 하지만 진정한 교류는 대화의 양이 아니라 대화의 방식에 있다.

상대가 말을 하고 내가 듣는 것이 대화다. 상대가 말을 하고 내가 그것을 이해하려 하면 그것은 교류다. 상대가 말을 하고 내가 공감하는 순간, 한 인간이 내게 들어오는 것이다.

귀를 열고

상대의 이야기를

듣는 일의 가치는

그 무엇과도 비교할 수 없다

7

한국 사회의
불편한 모습들

한국에 오면 혜화동에 들려 꼭 한 번씩 연극을 본다. 그런데 요즘은 공연장에서 매번 불편한 모습을 본다. 공연 중에 참여를 유도시킨다는 이유로 앞자리 관객의 외모를 빗대어 흉을 보거나 함부로 반말을 해대며 놀리기 일쑤다.

일부 코미디 공개 방송에서도 이런 일이 흔해진 듯하다. 하지만 관객을 놀리는 일은 재미있는 일이 아니다. 놀림당한 당사

자도 그리 기분 좋은 일이 아니고 주변 관객도 자신이 지목될까 봐 불안할 뿐이다. 들여다보면, 무대 위 배우는 아무에게나 아무렇게나 말해도 된다는 생각이 다분해 보인다.

"너 그 동네에서 얼마나 살았어?", "몇 살이냐?", "넌 얼굴이 왜 그 따위냐?", "수술 잘됐다", "어제 둘이 뭐 했어?" 같은 말들은 모욕에 가깝다. 공연을 위해서고 역할이 있다 해도 반말도 예의가 있고 품위가 있어야 하는 것 아닐까!

"기사님! 봉원사에서 좌회전한 후에 내려주세요." 그러나 택시 기사는 대답이 없다. 들었는지 못 들었는지 알 수가 없다. 이 정도는 애교다. 담배를 피우거나, 반말을 하거나, 손님들 사이의 대화에 끼어들거나 정치적인 견해를 주장한다. 심지어 자신도 끼어들거나 과속을 하면서 다른 운전자에게 쌍욕을 날린다. 여자 승객이 낑낑거리며 트렁크에 짐을 넣는데 제자리에서 백미러로 쳐다보는 기사는 또 무엇인가? 이렇게 무례한 택시기사들이 많은 나라가 없다. 양복을 차려입은 남자도 이런 일을 자주 당하는데 어린 사람들이나 여자들은 어떨까 심히 걱정된다.

물가 상승률을 고려하면 한국의 택시 요금은 지난 10년간 동결된 것이 맞다. 하지만 택시기사의 서비스 역시 지난 30년간 동결된 것처럼 보인다. 무엇이 선행되어야 할지는 모르지만 한국의 택시 서비스는 다른 산업에 비해 많이 뒤떨어진 것이 사실이다. 한국의 국가적 위치를 생각하면 국격에 가장 어울리지 않는 모습이다. 정책 입안자들이 시급히 해결해야 할 문제 중에 하나라고 생각될 지경이다.

"자, 손 한번 들어주시고 다 같이 파이팅을 외쳐주세요!" 단체사진 찍을 때 매번 듣는 소리다. 번번이 그 민망함을 감출 수가 없다. 이런 사진이 어디 유출될까봐 부끄럽다. 주먹을 불끈 지고 파이팅을 외치는 모습이 내게는 과격해 보인다. 사실 파이팅은 응원, 격려의 의미를 지닌 감탄사다.

국립국어원에서 파이팅의 순화어를 '아자', 혹은 '힘내자' 등으로 대체해보려 했으나 현실에서는 이런 구호들 중에 파이팅을 능가하는 것은 없어 보인다. '파이팅'은 '싸움'이라는 뜻의 영어 'fighting'이 어원이다. 외국에선 이 영어 낱말이 응원이나 격려의 의미로 쓰이지 않는다.

외래어로서 변용되면서 현재의 '힘내자'란 의미를 가지게 되었다. 이미 '파이팅'은 한국어로 굳어져 널리 쓰이긴 하지만 '싸움'이라는 원래의 뜻 때문에 응원이나 격려의 말로는 부적절하고 외국인에게 적대감을 줄 수 있다는 비판이 있다. 각종 비즈니스 친선 모임이나 친구들 모임, 때로는 결혼식에서까지 파이팅스러운 사진을 찍으려니 부끄러움은 온전히 내 몫이다.

타인에게 품위 있게 행동하고 누구에게나 친절하며 국제적 보편성을 벗어난 문화를 배제하는 배려심은 사회의 가장 기초적인 안전망이다. 또한 품위, 친절, 배려는 인간의 품성 가치 중에 가장 으뜸이다. 이 세 가지를 가진 사람은 가장 훌륭한 지도자감이고 가장 훌륭한 아버지이며 가장 훌륭한 배우자감이다. 인간이 품위를 갖추면 다른 인간들과 구별된다. 의외로 세상에는 품위를 가진 사람들이 흔치 않기 때문이다. 품위는 나이가 많은 사람도 그를 따르게 하는 힘이 있으며 어린 사람들의 존경을 받게 되며 정숙한 여자들의 사랑을 얻을 수 있다. 기품이 있고 친절하며 남을 배려하는 남자를 키워낸 어머니들은 칭송을 받아야 하고 그런 여자를 키워낸 아버지들은 천국에 보내야 한다.

세상은 한 번도 기품 없는 사람을
마음으로 존중해준 적이 없고
친절하지 않은 사람을 사랑해주지 않으며
배려하지 않는 사람을 배려한 적도 없다.
품위를 갖출 때야
비로소 지도자의 모습이 나타나고
친절이 몸에 배어야
사람들이 허물없이 따르며
배려함으로 모든 이의 호의를 얻어낸다.
이보다 더 강렬한 사회적 성공 도구는
이 세상에 존재한 적이 없다.

매년 생일이 돌아오는데 이 세 가지를 발전시키지 못했다면 자신의 생일을 축하받을 생각을 하지 말자. 이 세상의 관점에서 보면 출생을 축하할 이유가 하나도 없기 때문이다. 자신을 진정으로 사랑하면 품위와 기품이 스스로 생겨나고 남을 사랑하면 친절과 배려가 저절로 얻어진다. 부디 내년 당신의 생일은 마음껏 축하해주게 되길 바란다.

8
칭찬과 비방에
담대해질 때

날아다니는 모든 것은 눈에 띈다. 돌도 날아오고 화살도 날아온다. 이유가 있을 때도 있지만 이유가 없을 때도 화살이 날아오는 이유는 날고 있는 그 자체가 이유다.

눈에 띄는 모든 것은 누군가 떨어뜨리려 하기 마련이다. 조금이라도 유명해지거나 앞으로 나서면 이유 없이 돌을 던지는 사람이 생긴다. 그러나 그것은 내가 못나서가 아니다.

볼테르는 "사람들은 할 말이 없으면 욕을 한다"라고 말했다. 갖은 수단으로 누군가 자신을 헐뜯더라도 같이 대응하거나 더 모질게 하거나 해쳐서는 안 된다. 그들의 비방과 비난에 맞대응하는 그것이 그들이 원하는 바다.

이런 방식으로 처리해야 할 것이 하나 더 있다. 조금이라도 유명해지거나 앞으로 나서면 이유 없이 칭송하는 사람이 있다는 것이다. 그것은 내가 잘나서가 아니다. 만약 그들의 호의와 애정이 깊고 다정해도 가벼이 그들 가운데 상석으로 올라서면 당신의 작은 실수 하나로도 그들의 호의는 적의로 변할 것이다. 무조건적인 칭찬이나 호의는 무조건적인 비방이나 비난과 뿌리가 같다. 그것이 무엇이든 과한 것은 나쁘다.

칭찬이라고 예외가 아니다. 『주역(周易)』에 '잠룡물용(潛龍勿用)'이란 말이 있듯이 세상을 급히 바꾸려 하거나 자신의 이름을 함부로 드러내지 않아야 한다. 나의 올바름을 세상이 알아주지 않는다고 억울해하지 말고 자신의 도리에 맞는 일에서 즐거움을 찾으면 남의 칭찬과 비난에 따라 자신의 가치를 바꿀 이유가 없어진다. 위대한 사람은 비범한 원리를 찾았다고 하거나 뛰어난 행동으로 남들을 현혹시키지 않는다. 남들보다 잘하려는 마음보다 지금의 나보다 잘하려는 마음을 갖고 있기 때문이다. 가장 큰 위대함은 평범함 속에 숨어 있다. 따라서 자신을 위대하게 보이려는 행동을 하지 않게 된다. 위대하고 훌륭해 보이려고 하는 행동 자체가 졸렬하고 유치해

보임을 알기 때문이다.

이런 마음을 가질 때 비로소 현실 속에 살면서도 현실 속에서 벗어나 아랑곳하지 않고 의젓한 상태, 즉 초연한 삶을 즐길 수 있다. 그것은 한 인간이 누리는 가장 완벽한 자유이며 가장 멋진 인간으로 사는 길이다.

9

실수에는 사과하라
그리고 어떤 것도 어기지 말라

세상에는 크게 세 가지 법이 있다. 일반적인 민사와 형사인 세상의 법이 있고, 사회의 통속적인 규범을 다루는 도덕적인 법이 있다. 또 이 세상의 인과관계를 다루는 자연의 법이 있다.

그것이 크든 작든 어떤 법도 어기지 말기 바란다. 법을 어겨서 생기는 이익보다 손해가 훨씬 크기 때문이다. 그럼에도 민사나 형사, 혹은 도덕적 법을 어겼다면 반드시 사과를 해야 한다.

사과는 보통 네 가지 단계를 거칠 때야 비로소 제대로 된 사과가 된다.

첫째, 그 잘못이 무엇인지 정확하게 말해 내가 무슨 실수를 했는지 알고 있다는 사실을 알리고 잘못을 인정하는 일이다. 둘째, 실제로 미안하다는 사과를 정식으로 해야 한다. 셋째, 다시는 그런 일을 하지 않겠다는 각오로 재발 방지를 약속하는 일이다. 넷째, 과오에 따른 적절한 보상이다.

다만 용서를 요구하는 언동은 삼가야 한다. 그것은 상대가 결정할 일이지 내가 요청할 일이 아니다. 설령 용서를 하지 않더라도 앙심을 품거나 보상을 미루면 안 된다.

"제 잘못으로 상처를 입으신 분이 있다면 너그러운 용서를 구하고 싶습니다"라고 사과했던 대한항공 가 딸의 사과에는 자신이 무엇을 잘못했는지가 담기지 않았다. 그저 용서를 요구하고 있다. 이런 사과에는 상대가 마음을 열 수 없다. 진심이 아니란 걸 바로 알 수 있기 때문이다.

또한 잘못은 확실하게 인정해야 한다. '의도한 것은 아니었다'거나, '농담이었다'거나, '사적인 감정이 있어서는 아니었다' 혹은 '누가 알 거라고 생각하지 못했다'라는 식의 사과는 마치 재수가 없어 그렇게 됐다는 발뺌처럼 들린다.

그중에서도 가장 최악은 '유감이다'라고 사과하는 것이다. 유감이라는 단어에는 주어도 목적어도 없다. 누가 유감인지 무엇이 유감인지 알 수 없다. 잘못 그 자체를 사과해야 하는데 잘못인 것으로 보이는 상황을 사과하는 것은 참으로 '유감'이다.

사과 형태 역시 사과받는 사람의 상황에 맞게 해야 한다. 위계에 의한 잘못이나 성범죄 같은 일에 대한 사과라면 상대는 그의 얼굴조차 보고 싶지 않을 것이다. 그럼에도 억지로 찾아가 사과를 한다면 사과 그 자체마저 무례로 보일 것이다. 단순히 자신의 죄책감을 덜기 위해 상대가 원하지 않는 사과를 하는 것은 또 한 번 잘못을 저지르는 것이다.

재발 방지 약속과 더불어 적절한 보상으로 자신의 사과가 진지한 것이며 진심임을 밝힐 수 있다. 재발 방지 약속은 반드시 지키기 위해 노력해야 한다. 용서를 받지 못했더라도 사과할 수 있는 자리나 기회를 준 것에 감사하고 용서를 기다려야 한다.

아무리 진지하게 사과를 해도 그가 받은 상처의 크기에 따라 회복에 많은 시간이 걸릴 수 있다. 사과가 받아들여지지 않았는데도 할 일을 다한 셈이라며 자기 스스로를 용서해주는 일은 없어야 한다. 사실 마음으로 '미안합니다'라고 사과하면, 그 순간 상대방의 입장에 감정이입이 되니 미안함에 눈물을 흘릴 수밖에 없다. 그것이 진심이라면 이런 사과의 절차나 방식을 암기하고 공부할 필요조차 없다.

　마음에서부터 진심 어린 사과가 나오지 않는다는 건 여전히 상대의 마음보다 내 기분을 더 중요하게 여기고 있다는 뜻이다. 버락 오바마는 직원의 잘못을 대신 사과하며 이런 말을 했다. "제가 남 탓을 할 수 없는 이유는 제가 최종 책임자이기 때문입니다. 책임은 모두 제게 있습니다." 실수를 책임지려는 태도는 사과를 더더욱 의미 있게 만든다는 것을 보여주는 대목이다. 겁나는 말이 생각나 한마디 남길까 한다.

어쩌면 사과할 수 있는 잘못은
그나마 다행일지 모른다.
세상의 법과 도덕적 법은
사과를 하고 용서를 받을 수 있지만
자연의 법은 사과를 해도
용서하는 법이 없다.
생명을 함부로 하는 일,
자연을 훼손하는 일과 같은 잘못에는 용서가 없고
그 처벌이 확실하며 보상을 할 수도 없기에
대가의 요구가 가혹하다.

다행인 것은 세상의 법과 도덕적 법을

잘 지키는 사람은

자연의 법을 저절로

잘 지킬 수 있다는 점이다.

인간에게 가장 먼 시간은

1분 전이라 했다.

후회할 일을 남기지 말고

살아야 하는 이유다.

10

솔직함이라는
가면을 쓴 무례함

사람들은 흔히 솔직함을 정직함으로 착각한다. 솔직은 거짓이나 숨김이 없이 바르고 곧음을 말하고, 정직은 거짓이나 꾸밈이 없이 바르고 곧음을 말한다.

'마음이 빠진 숨김 없는 바르고 곧음'은 날카로운 부엌칼과 같다. 상대를 위해 요리를 해줄 수도 있지만 깊은 상처를 낼 수도 있기 때문이다.

만약 스스로 생각했을 때 잘못한 것이 없다 해도 자신의 행동으로 누군가 상처를 받았다면 그것은 미안해야 할 일이다. 의도하지 않았다 해도 자신의 말과 행동으로 누군가 상처를 받았다면 사과를 해야 한다.

법을 위반하고도 몰랐으니 잘못이 없다고 항변할 수 없는 것과 같은 이치다. "당신은 참 뚱뚱하군요", "당신은 얼굴이 커서 소처럼 보이네요" 이런 말을 하고도 상처를 줄 의도가 없었으니 잘못이 없다고 할 수 없다.

나는 그런 말을 들어도 기분 나쁘지 않은데 당신은 왜 그러느냐고 다그쳐서도 안 된다. 그것은 정직도 솔직도 아니고 그냥 무례다. 내가 왜 남의 감정에까지 사과를 해야 하느냐고 당돌히 되묻는 사람도 있다. 장담하건대 이렇게 무례한 사람은 누군가 자신에게 같은 행동이나 비슷한 말만 해도 광분할 사람 중에 하나다. 남의 입장에 한 번도 서보지 않았으니 모든 기준이 자기중심인 탓이다.

나의 행동이 상대에게 어떤 영향을 끼칠지 몰랐다고 모든 것이 용서되거나 이해받지는 못한다. 칼을 휘두르고 놀다가 남에게 상처를 입혔는데 그럴 의도가 아니었으니 미안한 마음이 없고 사과할 생각도 없다는 것과 같다. 마음도 몸처럼 상처를 입고 그 상처의 흔적이 오래 남는다.

솔직함에 마음이 빠지면 말은 칼이 된다. 남을 이해하면 나의 실수가 보인다. 내가 하는 말이나 행동이 누군가에게 상처가 됐다면 옳고 그름을 따지지 말고 사과하고 용서를 구해야 한다. 당신이 그것을 충고로 부르던지, 고언으로 부르던지, 농담으로 부르던지, 그냥 지나가는 말로 부르던지 상관없다.

설령 당신의 말이 요점을 담아 그에게 도움이 될 것이라 믿더라도 상관없다. 당신이 틀려서가 아니라 상대가 상처를 받았느냐가 더 중요하기 때문이다. 충고는 상대가 원할 때 하는 것이고 상대가 원하지 않는 충고는 참견일 뿐이다. 그저 생각나는 대로 뱉는 말이거나 이번 기회에 의젓함을 보여 잘난 척하려는 의도도. 때론 자신에게 이익이 되는 방향으로 상대를 끌어들이려는 욕구가 태반이다. 설령 진심을 담았다 해도 그것이 사실인 경우는 드물고 사실이라 해도 딱히 도움이 되는 경우는 더 드물다. 그러니 충고는 상대가 진심으로 원할 때만 해야 하는 일이다. 이제 원하지도 않는 충고를 충고라는 명분으로 상대의 마음에 칼처럼 휘두르는 일이 없기 바란다.

혼히들 솔직하다면
모든 것을 용서받을 수 있다고 여긴다.
그러나 솔직함이야말로
가장 주관적인 가치다.
솔직함은
자신의 판단일 뿐이다.

"당신은 게으르다", "왜 그렇게 오만해요?", "학교를 고등학교 밖에 안 나오셨다고요?", "두 번이나 이혼하셨다고요?", "아이를 왜 그 따위로 가르치셨나요?", "피부가 엉망이군요?", "아니 머리를 누가 이렇게 잘랐어요?", "패션 감각이 형편없군요", "이 음식은 맛이 없어", "너는 그 얼굴에 밥이 넘어가니?" 같은 모든 말은 그저 의견일 뿐 사실이 아니다.

누구나 의견은 가질 수 있지만 그것을 밖으로 내놓을 때는 때와 장소를 가려야 한다. 의견은 진실일 수 없고 진실이라도 마음을 담지 않은 것은 상대에게 상처를 주기 때문이다. 무례함은 모든 진실조차 날려버리는데 의견 따위야 말할 것도 없다. 언제부터 말을 함부로 하는 것을 솔직하다고 말하게 됐는지 모르지만 솔직함이 제대로 대우를 받으려면 예의를 차리는 법을 먼저 배워야 할 것이다.

솔직함이 제대로 사용되는 유일한 경우는 자신에 대해서 말할 때다. 자기 자신을 표현하고 설명하고 이해시키기 위해 거짓과 숨김이 없이 바르고 곧게 말하는 솔직함은 칭찬받을 만하다. 하지만 내 가슴을 내가 들여다보고 내 고추를 내가 쳐다보는 것이 무슨 잘못이냐며 그걸 아무 데나 내놓고 다니고 흔들면서 남들과 비교하는 것은 솔직함이 아니다.

그것이 자부심일 수도 있고 자랑일 수도 있지만 밖으로 내놓은 순간 다른 사람에게는 평생 상처가 될 수 있다. 자신이 솔직하다고 생각했던 모든 사람은 주위에 상처를 주지 않았는지 자기 검열을 다시 하길 바란다.

당신은 당신이 생각하는 것만큼 정직하고 근사한 사람이 아닐 수 있다. 오히려 당신은 무례하고 버릇없는 사람일 수 있다.

그러니 부디 어쭙잖은 충고로

상대를 가르치려 들지 말 것

11

보답을 바라지 않는
선행의 가치

사람들이 누군가에게 실망하는 이유는 기대했기 때문이다. 남편에게 실망하는 이유는 자기가 기대했던 사람이 아니란 것을 알았기 때문이다. 친구에게 실망하는 것은 내가 그려왔던 친구의 모습이 아니기 때문이다.

하지만 남편이 변한 것도 아니고 친구가 변한 것도 아니다. 남편이나 친구에게 베푼 정성이나 신의가 보답으로 돌아오리라

기대했기 때문이다.

나는 직원들에게 정을 주고 정성을 들였다가 실망하는 경영자들을 많이 봐왔다. 그들의 정성은 처음부터 대가를 바라고 한 행동이었기 때문에 직원들이 이직이나 추가 보너스를 요구하면 엄청난 실망감과 상실감을 느낀다. 이렇듯 대가를 기대하는 모든 선행은 실망하기 마련이다.

대가를 기대하는 순간, 선행은 가치를 지니지 못한다. 아이가 자라면 효도하길 기대하며 기저귀를 갈아준다든가, 이 아이가 뛰어난 인물이 되어 내 자랑이 되었으면 하는 마음이나 내가 못한 공부의 한을 풀어 자신이 가지고 싶었던 직업을 갖기를 바라는 마음으로 아이의 학비를 벌고 있다면 그 역시 실망하게 될 뿐이다.

선행은 그 선행으로만 끝나야 한다. 아이를 키우는 것은 그 키우는 재미로 보상이 끝나야 하고 "내가 너를 어떻게 키웠는데"라는 소리가 나오지 않아야 한다. 친구에게 생일 선물을 주었다면 내 생일에 그만한 것이 돌아오리라는 기대를 갖지 말고 그가 기뻐하는 모습으로 만족해야 실망이 없다.

나는 사업가들을 돕기 위해 강연도 하고 수업도 하고 따로 만나 상담도 한다. 그들이 잘 만들고, 잘 팔고, 돈을 잘 관리하는 것을 가르치는 데 많은 시간과 노력을 아끼지 않고 있다. 이 사회에 내가 할 수 있는 봉사는 사장을 가르치는 사장이 되는 것이라 생각했기 때문이다. 나는 그들을 가르치며 내 개인적 사업 노하우를 비롯해 모든 사업의 비밀과 과정을 공개한다. 1년에 150시간 정도를 대학에서 사업가들을 가르치는 일로 봉사를 하고 해마다 수천 명에게 강의를 한다. 비행기 표조차 스스로 지불해야 할 때가 거의 대부분이지만 오히려 그렇게 할 수 있는 내 상황이 즐겁다.

이렇게라도 사업가들을 돕는 이유는 그들과의 합작, 창업, 투자 때문이 아니다. 사회에서 선의를 가지고 사업을 하는 사업가들이 많이 나타날수록 세상의 근간을 실제적으로 바꿀 수 있다고 믿기 때문이다. 더불어 대가를 바라지 않으니 오히려 더 많은 사람들에게 긍정적 영향을 줄 수 있을 것을 안다.

지속적인 행복은
기대와 더불어 이기적인 집착을
기꺼이 포기했을 때 찾아온다.
기대하지 않으면 실망이 없고
상실의 고통을 느낄 이유도 없다.
모든 것은 언젠가
당신을 떠나게 된다.

내가 가르친 사업가들이 더 큰 사업가가 되어 나의 가르침을 부정하거나 잊더라도 분노하거나 실망하지 않는다. 기대하지 않을 때 비로소 행복만 남게 됨을 나는 안다. 결국 기대하지 않는 것이 최상의 공식이었다. 대가를 기대하지 않는 선행은 하나의 작은 선행만으로 그것을 받은 사람뿐 아니라 다른 사람에게까지 영향을 미친다. 그렇게 다수가 또다시 대가 없는 선행을 하게 돼 더 나은 사회를 만들어내는 것이다.

반면 욕심이 담긴 많은 선행은 예외 없이 그대로 사라진다. 진실한 선행이야말로 다른 선행을 불러낸다. 어떤 보답도 원하지 않고 행한 선행은 당신의 삶에 '진정한 삶'이라는 최고의 선물로 보답할 것이다.

인생이 비참하고 무질서해지는 까닭은
선택한 것과 포기한 것의 차이를 과대평가하기 때문이다.
조금 더 좋은 것이야 있겠지만,
지나친 열정으로 신중함이나 공정함을 유지하지 못하게 되거나,
과거 실수에 대한 부끄러움, 잘못에 대한 후회로
마음의 평화를 잃을 만큼 가치 있는 일은 없다.

5장

인생 어느 모퉁이에서
깨달음의 순간

1
신을 닮은 인간,
결국 인간도 신이다

각 나라나 문명권이 표현하는 신(神)이란, 조물주 혹은 천주(天
主: 숭배의 대상, 최고의 존재)를 의미한다. 국어사전에서 신은 '종교의 대
상으로 초인간적, 초자연적 위력을 가지고 인간에게 화복을 내린다
고 믿어지는 존재'로 정의돼 있다.

흔히 신은 우주만물의 창조주로 표현되거나 우주만물을 창
조한 무엇을 '감히 헤아려 이름 지을 수 없기에(不敢名量)' 단지 신

이라고 표현하기도 한다. 그래서 인격적 신을 섬기지 않는 믿음
도 있다.

　나는 한때 보수적이며 원리주의적인 기독교 신앙을 가진 사람
이었다. 미국으로 이주한 후에도 같은 교단에 들어갔으나, 같은 교
단임에도 불구하고 한국에서 절대적으로 믿었던 교리와 행위가 미
국에서는 다른 모습으로 나타나 있었다. 그 점에 의문을 가진 나는
언어 문제를 핑계로 내가 가진 신앙을 재점검하는 기회를 가지기로
했다. 어느 기독교의 종파가 옳은가가 아니라 어느 종교가 참인가
를 넘어 종교 자체가 참인가를 놓고 숙고하던 날들이었다. 인생에서
그렇게 깊이 고민하기는 처음 있는 일이었다.

　신에 대한 고민은 사업으로 복잡다단했던 시절에도 계속됐다.
이 문제가 내 인생 전체에 가장 큰 해결점이 될 것이라 생각했기 때
문이다. 진지한 고민과 기도와 명상의 시간을 3년 넘게 가진 어느 날
밤, 퇴근해 집으로 들어가다 주차장 안에서 순간, 설명하기 어려운
해탈의 그 무엇을 경험했다. 내 나이 서른세 살 무렵이었다.

　그날로 나는 다니던 교회를 그만두었다. 바로 그날부터 예수에
대한 신앙을 버리고 '예수가 믿었던 신앙'으로 내 믿음이 바뀌었기
때문이다. 같이 신앙생활을 했던 많은 사람들이 실망했고 오랫동안
그 이유조차 묻는 사람이 없었다. 겁나지 않느냐는 질문도 받았다.
그러나 겁이 나지 않았다. 신이 존재하고 그 신이 내게 자유의지를

부여했다면, 내 자유의지로 충분히 고민하고 공부하고 숙고한 후에 내린 결정이었다. 그러니 내 자유의지를 당연히 인정해주실 것이다. 만약 자유의지를 허락하지 않는 신이라면 내 결정은 이미 그의 결정이나 마찬가지다. 그의 결정에 따랐기 때문이다. 어떤 경우든 내가 잘못한 것은 아무것도 없기에 두려움이 없어져버렸다.

흥미로운 것은 그날 이후 예수를 신으로 모실 때보다 더 사랑하게 되었고 종교로 기독 신앙을 받아들였을 때보다 더 내밀한 행복을 느끼게 되었다는 점이다. 나는 온전한 자유를 느꼈다. 예수는 종교적 압박과 정치적 고난에 싸여 있던 유대인에게 신이란 징계하고 벌주고 죽이시는 분이 아님을 가르쳤다. 오히려 아버지와 같이 자애로운 사랑의 상징임을 알리기 위해 실제로 아버지로 불렀다. 그리고 '서로 사랑하라'라는 가장 큰 율법으로 모든 율법을 대체하려 했던 사람이다. 이것을 가르치고 설파하면 유대권력과 정치권력에 목숨이 사라질 것을 알면서도 굳건히 사랑의 길을 가신 분이다. 그가 신이 아니라 해도 그 행위에 대한 가치가 전혀 손상되지 않음을 알게 된 것이다.

나는 그날 주차장을 빠져나오면서 완전히 다른 사람이 되었다. 다른 종교를 가진 사람, 다른 인종, 다른 정치적 신념, 가난한 자, 게으른 행위, 윤리적으로 도덕적으로 내 기준에서 받아들이기 힘들었던 모든 것에 대해 관용과 이해를 할 줄 아는 사람이 된 것이다. 함부로 판단하고 이것은 틀렸다, 잘못됐다 할 수 있는 것은 거의 아무것도 없다는 것을 알게 되었다. 바람난 여자, 동성애자, 무례한 사람, 게으름으로 가난하게 된 사람조차도 그들의 성장 환경, 사회적 구조 안에서 얼마든지 이해를 구할 부분들이 있음을 본 것이다. 예수가 왜 바닥에 내려앉은 사람들에 대해 애정을 가졌는지 알 수 있었다. 예수에 대한 신앙이 아니라 예수가 가졌던 신앙을 받아들인 순간, 나는 오히려 종교 너머의 예수를 만나게 된 것이었다. 예수는 신이 아니어도 신이었다.

결국 예수가 날 구원하는 것이 아니라 내 스스로 나를 구원해야 한다는 것을 깨달은 것이다. 이것은 쉽지 않은 일이지만 감당해야 할 일이었다. 그때라야 비로소 긴 역사로 이어진 율법과 정형화된 종교에서 해방될 수 있기 때문이다.

종교는 공포를 팔아 생존한다. 지옥, 천둥, 일식, 지진, 죽음 등은 종교를 유지하는 데 가장 필요한 것들이다. 하지만 인간의 인식과 인지 능력이 향상되고 과학 발전이 이어지며 종교의 자리는 위태로워졌다. 그렇게 종교는 윤리적, 도덕적 방향으로 재정립을 해가며 자리를 옮겨갔다. 모든 종교의 탄생과 발전은 바로 이런 형태로 이어졌다.

그러나 나는 종교가 윤리적인 것과 도덕적인 문제를 구별하지 못하고 선과 악을 명쾌하게 나누지 못하는 문제를 많이 봤다. 종교가 위험한 상태에 빠진 것이다. 그날 이후, 형상을 갖추고 인격적 개체를 갖춘 신을 찾는 일을 멈췄다. 자연이 하는 일이 가장 도덕적이며 우주의 법칙이야말로 신의 법칙이고 윤리라는 것을 깨달았기 때문이다.

이미 유형(有形)의 우주를 창조한 무형(無形)의 원리, 이치, 법칙을 신이라고 부른다고 해도 큰 무리가 없었다. 오히려 나는 신이란 노자의 도(道)와 자연(自然)이 어우러진 천지불인(天地不仁)과 스스로 그러함의 상태가 더 신에 가깝다고 생각한다. 하늘은 관여하지 않음으로 가장 효율적으로 관여하고 있다. 인자하지 않음으로 가장 인자함을 나타내고, 사랑하지 않음으로 가장 큰 사랑을 보여주며, 이 모든 것을 '스스로 그러함'으로 모든 우주를 운영하는 것이다. 종교를 통한 율법과 계명과 의식을 통해서는 절대 전 우주를 이렇게 틀림없이 운영하지 못한다. 이와 동일한 의미의 구절이 불교 경전 『금강경(金剛經)』에 나온다.

> 만약 색(모양)으로서 나를 보거나(若以色見我)
> 음성(이름)으로서 나를 구하면(以音聲求我)
> 이 사람은 사도를 행함이라.(是人行邪道)
> 능히 여래를 보지 못하리라.(不能見如來)

부처라는 이름도 부처라는 어떠한 모양도 참다운 부처가 아니라는 말이다. 선불교 6대 조사인 혜능은 『금강경』의 이 구절을 듣고는 곧바로 깨달음을 얻었다고 알려졌다.

무릇 형상이 있는 것은(凡所有相)

모두 허망하니(皆是虛妄)

만약에 모든 상이 형상 아님을 안다면(若見諸相非相)

바로 여래(自性)를 보게 될 것이다.(卽見如來)

불교의 스승 파드마삼바바(Padma sambhava)는 『티벳 사자의 서』에서 이렇게 말한다.

"이들 여러 세계들은 그대 자신의 바깥에서 오는 것이 아니다. (중략) 신들 역시 다른 데서 오지 않는다. 그들은 영원한 세월 이전부터 그대 자신의 마음속에 존재하고 있었다. 이 사실을 깨달으라."

"나는 마음과 빛의 주인이니, 위업을 쌓고 기적을 보이면서 세상의 신들에게 의지하지 않노라."

인간은 이미 인식과 사고하는 힘을 가지고 있다. 우주 창조의 이치, 하나님의 속성을 이해할 능력이 뇌 속에 담겨 태어났기 때문이다. 이것만으로도 인간 내부에 이미 자기의 신성(神性)을 갖고 있다고 말할 수 있다. 예수가 사람이라도 그 신성이 내게서 사라지지 않았듯이 형상을 한 신이 없더라도 이 우주를 하나의 의미 있는 완전체로 만들어낸 힘을 신으로 받아들이는 것이 문제가 없었다. 형상을 가진 창조주로서의 신보다는 이성을 깨친 인간이 본질적 의미로 신에 더 가깝다고 감히 말할 수 있게 되었다.

이런 의미를 확장해보면 종교에는 교리나 계명이 있을 수 없으며 선행과 음덕을 통해 스스로를 지각해가는 과정 자체가 종교다. 그것이 이 세상에서 영원한 쾌락, 즉 천국에 이르는 길이고 지금 이곳이 천국이라는 뜻이다.

『도덕경(道德經)』에는 이런 재미있는 표현이 있다. "그릇은 진흙으로 만들지만, 쓰이는 것은 그릇 속에 담긴 비움이다." 교리나 계명 혹은 특정 종교는 하늘을 이해하는 도구일 뿐 그것이 하늘 자체가 아니다. 지금의 종교들은 그 두께를 중심까지 키워낸 그릇과 같다. 안에 넣을 자리를 만들지 않고 수없는 규칙과 계명과 잡다한 의식과 예배 방식으로 두께만 존재하고 비움 없는 그릇을 만들어냈다. 그릇을 깨지 않고서는 어느 누구도 우주의 원리나 신의 속성을 이해할 수 없는 지경으로 달아나버린 것이다.

오늘 9월의 가을 하늘이 참 아름다웠다. 하늘이 존재할 수 있는 이유는 내가 하늘이 있다는 사실을 인지한 까닭이다. 내 인지능력이 "왜 하늘이 존재할까?" 묻는 순간 하늘이 존재하게 된 것이다. 질문을 갖는 순간 온 세상은 나를 중심으로 존재한다. 내가 있기에 세상이 존재함을 알게 되고, '나'는 생명이 있기에 존재함을 알게 되며, 내가 곧 저 하늘이고 하늘이 곧 나라는 것을 알게 된다. 그 순간 이 세상 만물은 어떤 차이도 없다는 것을 느끼고 너와 내가 이곳과 저곳이 하나라는 것을 알 수 있다.

불교 예불 시에 "시방삼세 제망찰해 상주일체 불타야중(十方三

世 帝網刹海 常住一切 達摩耶衆)"이라는 구절이 있다. 이는 이 세상, 그 언제, 그 어느 곳에도 부처님이 계시지 않은 곳이 없다는 말로, 모든 시간대와 모든 공간대에 부처님이 항상 계신다는 뜻이다. 우리는 누구든 부처가 될 수 있기에 내가 곧 시공 전체의 우주일 수 있다는 말이다. 그렇다. 천국이 여기다. 그리고 내가 신이다.

그렇다

우리는 우리 자신이

생각하는 것보다 더,

놀라운 존재다

2

풍연심

"기(夔)라는 아름다운 동물이 있었다.

이 동물은 발이 하나였다.

이 동물은 발이 하나밖에 없기에 발이 100여 개 되는 지네를
부러워했다. 지네는 발이 없는 뱀을 부러워했다. 발이 없어도 잘
돌아다니는 뱀이 부러웠다. 뱀은 어디든 갈 수 있는 바람(風)을 부
러워했다. 바람은 가지 않아도 멀리 볼 수 있는 눈을 부러워했다.

눈에게도 부러워하는 것이 있었는데, 보지 않고도 무엇이든 상상할 수 있고 어디든지 갈 수 있는 마음(心)을 부러워했다. 하지만 최고의 부러움을 받고 있는 마음은 형체와 형상을 가진 아름다운 동물 기를 부러워했다.(夔憐蚿, 蚿憐蛇, 蛇憐風, 風憐目, 目憐心, 心憐夔)"

이 이야기는 『장자(莊子)』 「추수(秋水)」 편에 소개된 '풍연심(風憐心)'이란 제목의 바람은 마음을 부러워한다는 뜻을 가진 내용이다.

세상이 힘든 이유는 욕심과 부러움 때문이다. 만족은 내가 가진 것이 많아서 느끼는 감정이 아니다. 아무리 많은 재산과 권력이 있어도 만족할 수 없는 것이 있다. 알렉산드로스는 불과 스무 살에 왕이 됐다. 알렉산드로스는 20대를 서남아시아와 북아프리카 지역 정복 활동으로 보냈고, 그의 나이 서른에는 그리스, 이집트, 인도 북서부에 이르는 서양에 전례가 없던 대제국을 건설했다. 그는 전투에서 한 번도 패한 적 없는 명장이었다. 그 자신감으로 '세계의 끝'까지 정복하겠다는 욕심에 인도를 침공했으나 병사들의 반발로 중단되었다. 결국 바빌론에서 사망했다. 서양 역사상 가장 위대한 정복자였던 그도 결국 욕심을 멈추지 못하고 그의 왕국과 함께 사라졌다. 세상 누구와도 비교할 수 없는 재물과 권력을 가졌던 알렉산드로스였지만 만족을 배우지 못한 것이다.

아무리 부자라도 나보다 더 큰 부자는 어디에나 있고, 설령 세계에서 가장 큰 부자가 돼도 매년 부자 순위는 달라진다. 부자도 재력뿐 아니라 권력, 인기, 명성, 권위도 부러울 수 있으니 스스로 만족을 배우지 못하면 끝이 보이지 않는다. 그러나 만족하는 순간, 비교할 이유가 없어져 굳이 명품으로 자신을 치장하지 않아도 스스로 가치가 생긴다. 소득이 높아지면 자신을 명품으로 치장할 의미가 없어져 오히려 브랜드 로고 없이도 훌륭한 제품을 선호하게 된다.

나는 사업 규모가 제법 성장한 후에도 중고 포드 F-150 픽업트럭을 타고 다녔다. 직원들은 보상받은 BMW를 타고 다녔다. 저 회사가 괜히 직원들에게 호기를 부린 것 아니냐는 주변의 눈총을 받았을 당시는 픽업트럭이 창피했었다. 하지만 나중에 사업이 더 번창해 현금으로 커다란 사옥을 사고, 재력을 비교할 만한 주변인들이 사라지고 나니 이리저리 찌그러진 트럭을 타고 다니는 것이 자랑으로 바뀌었다. 나는 아직도 가끔 중고 트럭을 타고 다닌다. 지금 당장 포르쉐나 애스턴 마틴을 살 수 있어도 그것으로 다른 사람과 경쟁할 이유가 없어졌다.

만족하지 못하면
아무리 돈이 많고 권력이 높아도
행복할 수 없다.
나보다 부자는 여전히 많고,
나보다 현명한 사람 또한 많으며,
나보다 건강하거나
젊은 사람은 계속 늘기 때문이다.
부러워만 하면 자존감만 낮아진다.
자신을 자책하기 바쁠 뿐이다.
비교를 중단하고 욕심을 버리는 순간,
만족과 행복이 손을 잡고 들어온다.

　　미국 작가 티모시 페리스(Timothy Ferriss)가 쓴 『4시간』이라는 책에 '멕시코 어부의 행복'이라는 이야기가 나온다. 생활에 만족하기에 천국에 살고 있는 사람의 이야기다. 여기에 내용을 소개한다.

　　뉴욕의 사업가가 코스타리카 해변으로 휴가를 떠났다. 노을을 보며 거닐다 해변에서 한 어부로부터 물고기 몇 마리를 샀다. 물고기가 너무 맛있어 다음 날 다시 그곳을 찾았으나 어부는 물고기가 떨어졌으니 내일 다시 오라며 거절했다. 사업가는 어부를 이해할 수 없었다. 이렇게 맛 좋은 물고기를 매일 몇 마리만 잡아서 팔고 있다니. 사업가가 어부에게 물었다.

"물고기를 더 많이 잡아 팔면 더욱더 많은 돈을 벌 수 있을 텐데요."

어부가 말했다.

"글쎄요? 저는 아침에 충분히 잠을 자고, 잠을 깬 뒤 아이들과 놀다가 한두 시간 정도 물고기를 잡습니다. 점심을 먹고 난 뒤 잠깐 낮잠을 자고, 이른 저녁이 되면 가족들과 즐거운 저녁 식사를 합니다. 그리고 밤이 되면 마을에 나가 술을 마시고 기타를 치며 친구들과 노래를 부릅니다. 제 삶은 충분히 만족스럽고 행복합니다."

사업가는 어부를 설득하기 시작했다.

"저는 뉴욕에서 사업을 하고 있습니다. 하버드에서 MBA를 받았고, 사업이나 마케팅은 자신 있습니다. 내가 당신을 도울 수 있습니다. 당신은 더 많은 물고기를 잡아 지금보다 행복한 내일을 기약할 수 있습니다. 더 나은 미래를 위해서는 물고기를 잡는 데 더욱 많은 시간을 투자해야 합니다."

어부가 의아해하며 그 이유를 물었다.

"그다음은요?"

"당신이 고기를 많이 잡으면 여유 자금이 생겨서 큰 배를 사게 됩니다. 시간이 흐르면 여러 척의 배를 가질 수도 있고, 다른 어부들에게 돈을 받고 대여할 수도 있습니다. 한 5년쯤 지나면 돈을 많이 벌어 가공 공장도 세울 수 있고, 당신 이름의 브랜드도 갖게 될 것입니다."

"그다음은요?"

"돈을 많이 번 뒤에는 뉴욕이나 샌프란시스코로 이사를 가는 겁니다. 그쯤 되면 당신은 사업을 다른 사람들에게 맡기고 회장을 하면 됩니다. 당신은 20년 내에 억만장자가 돼 있을 겁니다."

"그래요? 그런 다음에는 뭘 하죠?"

"억만장자가 되면 여생을 편안하게 즐길 수 있습니다. 멕시코의 한적한 해변에 별장을 짓고, 가족들과 여유를 만끽할 수 있습니다. 매일 충분한 잠을 자고, 아이들과 즐겁게 놀아줄 수도 있고, 배부르고 졸리면 낮잠을 자도 됩니다. 푸짐한 저녁 식사를 한 뒤에는 마을에 나가 술도 한잔하고, 친구들과 기타를 치며 노래를 부를 수도 있습니다. 우리가 꿈꾸는 편안한 여생이죠."

어부가 마지막으로 한마디 했다.

"여보세요. 사업가 양반, 당신이 보다시피 나는 지금 그렇게 살고 있잖아요."

이 글이 주는 교훈은 모든 행복은 상대적이며 자기 안의 결정에 따라 존재한다는 것을 말한다. 나는 세월이 가면서 더 행복해짐을 느낀다. 시간이 흐를수록 재산이 늘어서도 아니고, 명성과 권위가 높아져서도 아니다. 가령, 복권에 당첨되거나 승진, 합격 같은 좋은 일이나 주변인의 사망, 실패, 부상 같은 나쁜 일이라도 3개월 이상 우리의 행복에 영향을 주지 못한다고 조사됐다. 행복은 스스로

의 자각이다. 행복은 외부의 환경에서 오는 것이 아니라 내부의 자
각에서 온다. 이 이치를 깨닫지 못하면 재산이 아무리 많아도 아무
리 높은 권력을 가져도 여전히 불행해진다. 현대 자본주의의 창시자
아담 스미스는 이렇게 말했다.

"인생이 비참하고 무질서해지는 까닭은
선택한 것과 포기한 것의 차이를
과대평가하기 때문이다.
조금 더 좋은 것이야 있겠지만,
지나친 열정으로
신중함이나 공정함을 유지하지 못하게 되거나
과거 실수에 대한 부끄러움,
잘못에 대한 후회로 마음의 평화를 잃을 만큼
가치 있는 일은 없다."

가진 것과 갖고 싶은 것의 차이를 크게 느끼면 불행을 느끼기 마련이다. 꿈은 그를 행복하게 하지만 꿈에 이끌려 가면 꿈도 불행을 초래할 수 있다. 지나친 바람이나 걱정이 인간에게 가장 소중한 행복을 사라지게 만든다. 행복은 스스로 내부에서 만들어지는 것이니 결코 외부의 조건을 행복의 기준으로 삼지 않기 바란다. 내가 지금 충분히 행복을 만끽하는 이유는 역설적으로 내가 가진 것이 행복의 근원이 아니라는 자각을 얻고 난 후에 생긴 자유 덕분이다.

3

삶이 내게 준 독은
언젠가 항생제가 되어

우리가 흔히 말하는 보톡스는 일종의 독(toxin)이다. 얼굴에 주름을 없애는 성분으로 알고 있는 보톡스는 상품명이다. 성분은 보툴리눔톡신(Botulinum Toxin)으로 근육 수축 주사제의 일종이다.

보툴리눔톡신은 상한 통조림에서 생기는 클로스트리디움 보툴리눔(Clostridium Botulinum)이라는 박테리아가 만든 독소다. 식중독을 일으키거나 생화학 무기 제조용 독소가 약으로 쓰이게 된 것이다.

처음에는 사시 치료에 사용됐다. 천 배로 희석해 주사하면 눈 근육의 비정상적인 운동이 멈추는 효과가 나타났다. 이 독소를 근육에 주사하면 신경전달 물질을 막아 근육의 움직임을 일정 기간 마비시키는 작용을 한다는 것을 알게 되었다. 이런 특이성이 미용 시장에 유용할 것을 알아챈 미국의 제약 회사가 보톡스란 이름으로 허가를 받았다. 그리고 1990년부터 성형외과에서 눈가 주름을 없애는 미용 목적으로 사용됐다. 독이 약이 된 경우다.

치매로 불리는 알츠하이머병의 원인 중 하나는 아밀로이드반(Amyloid Plaque)이라는 독성 단백질에 있다. 몇몇 과학자들은 뱀의 독에 그 독성 단백질을 제거하는 답이 있다고 밝혔다. 그들 연구진은 남아메리카와 중앙아메리카에 서식하는 살무사(Bothrops asper)의 독에서 이 분해 효소를 찾아냈다. 그리고 치료제로 사용될 수 있는 효소의 합성 분자를 개발했다. 초기 치료제를 개발할 수 있는 길이 생긴 셈이었다. 그들의 연구는 최근 세계적 학술지《사이언티픽 리포츠(Scientific Reports)》에 실렸다. 성공한다면 독을 독으로 치료하게 된 경우다.

인체에 과민반응을 일으키는 알레르겐(allergen)을 제거하고 치료물질만을 정제하여 만든 주사액이 봉독이다. 꿀벌의 독을 이용한 것이다. 인류의 역사와 함께한 오래된 치료법 중의 하나다. 봉독요

법은 국제적인 표준 치료법으로 만성통증과 면역질환을 치료한다. 봉독은 항생제 약 100배의 소염진통 효과가 있다. 혈관을 따라 독이 퍼지는 뱀독과 달리 봉독은 신경 주위를 따라 흘러 통증을 없애주는 효과가 있다. 독 자체가 약인 경우다.

비상(砒霜) 역시 독이다. 사극에 나오는 하얀 그릇에 담긴 사약은 비상이 원료로, 비소 화합물인 삼산화비소(As_2O_3)가 곧 비상이다. 적은 양으로도 사람의 목숨을 해칠 수 있으며, 1급 발암물질로 분류되는 비상은 한편으로 약이다. 극소량의 비상은 오래전부터 질병 치료에 쓰였다. 서양에서는 성병 치료의 특효약으로 쓰였고, 흰 피부를 만들기 위한 화장품으로도 사용되었다. 미국에서는 비상을 골수암 치료제로 승인하기도 했다. 비상은 제대로 쓰면 약이 되기도 하고 독이 되기도 한다. 이독제독(以毒制毒)인 셈이다.

사실 인생에서 모든 실패는 독이다. 어떤 실패는 성공의 발판이 되기도 하고 어떤 실패는 도움이 되기도 한다. 어떤 실패는 실패 자체가 성공이다. 실패는 실패를 어떻게 재사용하느냐에 따라 독 혹은 약이 된다. 나는 여러 번의 내 실패를 기억하고 있음에 감사한다. 그런 실패가 없었다면 지금 내 인생에 많은 면역체계를 갖추지 못했을 것이다.

나는 한 방을 노리는 급등하는 비즈니스에는 관심을 갖지 않는다. 급등하는 신제품, 급등하는 주식, 급등하는 부동산 시장에는 전혀 관심이 없다. 빨리 익으면 빨리 썩고, 빨리 피는 꽃은 빨리 지고, 빨리 붙는 불은 빨리 사그라지기 마련이다. 그런 사업들은 어디가 벼랑인지 모르고 달리는 차에 올라탄 것과 다름없다. 그리고 독을 마시는 것과 다름이 없다.

내 나이 30대에 하루 저녁에 1년 수입을 벌어내던 선물과 주식 거래라는 독을 마셨다. 겨우 살아남은 뒤에는 근처도 가지 않는 벼랑이 되었다. 대박 투자로 돈을 번 사람은 늘 대박만 찾다 빈털터리가 된다. 그렇게 번 돈은 돈 자체의 무게감이 없어서 공중으로 사라지고 만다. 순간의 행운을 좇는 사업가는 절대 성공하지 못한다.

나는 모두를 만족시키고 모두에게 사랑받는 일에 대해서도 관심을 버렸다. 일을 그르치고 자존심에 상처받는 독을 마셔봤기 때문이다. 나는 내 기사의 댓글이나 비난 혹은 칭찬에 둔감하다. 그런 것들은 나를 잘 알지도 못하는 사람들이 던진 돌과 같다. 그러니 일부러 달려들어 내 얼굴에 돌을 갖다 댈 필요가 없다. 누군가 수군거리는 말 따위 역시 내가 들을 말이 아니다. 그래서 그들이 내 뒤에 있는 것이다.

남들의 비난과 비평에
자신을 흔들리게 두지 말라.
나를 가장 잘 아는 사람은 나다.
다른 사람이 하는 소리는
그 사람의 의견일 뿐 사실이 아니다.
누가 내 부모를 어떻게 이야기해도
내 부모는 내가 제일 잘 안다.
이러쿵저러쿵 아는 체 해봐야 소용없다.
내 부모는 내가 제일 잘 알기 때문이다.
하물며 평생 알아온 내 자신의 평가를
왜 의견이 아닌 사실로 받아들여
'나는 이런 사람이구나'라고 믿는가!

내가 가진 많은 소신은 과거 실패로부터 생긴 독 덕분이다. 독은, 독으로만 이해하면 독이 되지만 약으로 쓸 때는 항생제가 된다. 결국 용도를 결정하는 것은 자신이다.

4
충고?
글쎄

내가 받기를 원해서 받은 충고는 얼마나 될까? 그중에 진심이
담긴 충고는 얼마나 되며, 진심이 담겼다 해도 사실만이 담긴 충고
는 얼마큼일까? 또 그렇게 얻은 충고가 정말 나에게 도움이 된 경우
는 어느 정도였을까?

세상에 정말 가치 있는 충고는 그리 쉽게 찾을 수 없다. 나는
여러분께 함부로 충고하려 들지 말라고 조언하고 싶다.

상대가 묻기 전에 하는 충고는 설령 가치 있는 충고라도 들을 준비가 돼 있지 않은 상태라 감정만 상할 뿐이다. 자신이 싫어하는 것은 남도 싫어하기 마련이다. 특히 원하지 않은 충고는 아무리 친한 사이라도 관계를 허물어버릴 수 있는 칼이 된다.

세상에는 해야 할 일보다 하지 말아야 할 일이 더 많다. 때때로 가장 좋은 충고는 '침묵'이고, '모르겠다'가 두 번째이다. 날계란도 체에 거르면 힘줄이 나온다. 말이라는 것은 아무리 현명한 사람이 해도 몇 개의 질투와 몇 개의 자랑과 많은 주관이 들어 있기 마련이다. 사랑한다면 나까지 나설 필요가 없다.

나는 대부분의 사람이 자기 고민에 대하여 대부분 답을 가지고 있다고 믿는다. 그러니 충고가 들어갈 틈이 별로 없다. 설령 의견을 물어도 그것은 그저 자신이 내린 답이 맞는지 확인하고 싶을 뿐이다. 당신보다 현명한 사람들은 사실상 충고가 필요 없고 당신보다 부족한 사람들은 충고를 해도 이해하지 못할 것이다.

나는 여러분께
딱 두 가지만 충고하고 싶다.
'절대로 충고하지 마라'와
그래도 충고하려면 '세 문장 안에 끝내라'이다.
이 글이 짧은 이유다.

5
나는 결코 비범한 사람이 아님에도
김승호가 됐다

나는 비범한 사람이 아니다. 어릴 때부터 뭔가 유난히 잘해본 적도 없고 학교 성적이 뛰어난 적도 없다. 끈기가 있는 것도 아니고 욕심이나 경쟁심이 많지도 않았다. 고등학교는 겨우 들어갔고 대학은 미등록 학생 대신 들어가 1학년 때 학사 경고를 받았고 이민을 핑계로 중퇴했다.

어학 실력이 뛰어나지도 사회성이 좋지도 않았다. 인간을 투자자산으로 본다면 어렸을 때 나는 가장 볼품없는 자산이었다.

이 아이가 사회에 나가 무엇을 이루리라곤 아무도 기대하지 못하는 상황이었다.

다행히 책을 좋아해 무식해 보이지 않을 정도로 읽었고 건강한 편이었다. 이런 나를 책을 통해 알게 됐거나 사업을 사이에 두고 만난 사람들은 지극히 지적이며 날카로운 지혜로 가득 찬 사람처럼 여기곤 한다. 굉장한 공부를 했거나 외국에서 살아 어학에 능통한 사람으로 알려지기도 했다. 읽거나 깨달은 말을 언급만 해도 모두 내가 한 것들로 인지해버린다.

하지만 나는 비범한 사람이 아니다.

그럼에도 나는 가장 행복한, 비범한 인생을 산다. 나는 언제든 어디든 누구든 데리고 여행할 수 있는 시간과 여유, 그리고 자금을 가졌다. 자산은 2~3년이면 두 배씩 늘고, 가족과 직원의 존중을 받으며, 경쟁자에게는 위엄을 갖춘 사람으로, 사회적으로는 사장을 만드는 사장으로 생활하고 있다. 가진 것 많고 지킬 것 많으면 아쉬워 죽지도 못한다지만 나는 그 반대다. 나는 오늘 죽어도 전혀 아쉬울 것 없는 보람 가득한 인생을 살고 있다. 남자로 한 인간으로 주체적 삶을 마음껏 살았고 즐겼다. 정신적으로 완벽한 자유를 즐겼고 큰 질병이나 수술 없이 살았다. 하루를 살아도 나처럼 살면 행복했다고 할 것이니 자랑할 수 있다. 하지만 이 모든 일은 내가 비범하기 때문에 얻어지지 않았다.

사실 역사적으로 되짚어도 사람들이 성공에 이렇게 큰 의미를 둔 시기가 없었다. 이전 역사에서 성공하는 사람은 이미 정해진 사람들의 몫이었다. 성공의 척도를 가르는 것도 그들끼리의 경쟁에서나 필요했다. 가문이나 출신으로 이미 성공을 장악하고 있었기 때문이다. 시장 바닥에서 노는 아이가, 노예의 자식이, 농부의 아들이 스무 살, 서른 살이 되었다 해도 하는 일이나 삶의 터전은 바뀌지 않았다.

하지만 지금은 개인의 역량에 따라 성공 여부가 갈린다. 어느새 성공은 모든 개인의 최대 관심사가 되었다. 성공하지 못하면 좌절에 빠지거나 패배자처럼 느껴버린다. 내가 비범하지 못해 실패했다는 패배감에 휩싸여 성공한 사람을 우러러보거나 경외하는 경향도 있다. 그러나 나는 성공이 비범하거나 대단한 사람에게 일어나는 일이 아니라고 생각한다. 오히려 평범한 일을 비범한 일로 받아들인 결과라고 생각한다.

돌아보면 나를 성공으로 이끈 행동들도
모두 평범한 것들이었다.
나는 모임이 정해지면 제시간에 도착했다.
약속을 지키기 위해 노력했고
구두를 닦아 신고 다녔다.
사람을 기다리게 하지 않았고
코털이 보이지 않게 주의했다.
언제나 머리를 단정하게 자르고
상스러운 말을 하지 않았다.
바로 그런 것들로 나에게
자본이 없음을,
학위가 없음을,
가난함을,
경험 없음을,
소심함을,
부끄러움을,
모자란 지식을 대신했다.

중세 영국에서는 가난한 사람을 '불운한 사람'이라고 표현했다. 현대 미국에서는 '루저(loser)', 즉 실패자라고 부른다. 이러한 문화는 성공과 실패의 모든 책임을 지극히 개인적인 능력 문제로 인식하게 만든다. 결국 본인 스스로 자신을 루저로 받아들이게 되는 것이다. 선진국에서조차 경제적 이유로 자살률이 높은 까닭이다. 그러나 세상이란 요지경은 열심히 노력하면 그만큼 이룰 수 있는 듯 보여도 실상은 반대일 때도 많다. 오히려 개개인이 들인 노력에 비례한 성공을 돌려준 세상은 지금까지 없었다. 노력과 운이 맞닿아 쉽게 성공하기도 하고 누구는 노력 없이 운이 겹치는 바람에 성공하기도 한다.

상류층 사람이라고 모두 부지런하거나 합당한 자격을 갖춘 게 아니듯, 가난한 이라고 게으르고 무능한 사람이 아니다. 우연한 사고나 갑작스런 질병만으로도 사람은 한순간 위에서 아래로 곤두박질 칠 수 있다.

그러므로 사회적 성공에 따라 인간의 성공이 정해지는 것이 아니다. 인간은 그가 가진 명암으로 가치를 매길 수 없다. 성공이란 얼마나 높이 쌓았는가로도 판단되지만 얼마나 멀리 왔느냐에 따라서도 인정돼야 한다. 누구라도 모든 면에서 성공할 수 없다. 무언가를 잡으면 무언가를 놓치기 마련이고 무언가는 소홀히 하기 마련이다.

성공을 재산이나 권력의 크기, 혹은 인기로 분류하는 것도 옳지 않다. 나 역시 한 해 두 해 나이가 들수록 성공이 여러 모습이란 사실을 새삼 배우고 있다. 사유적 자유를 누리거나 건강하고 밝은 웃음을 지을 수 있는 사람도 성공한 사람이다. 젊은 여자 친구가 있는 1,000억 원대 건물 주인보다 품위를 잃지 않는 법을 배운 노신사가 실패했다고 할 수 없다.

흔히 나를 성공한 사람이라 추켜세우지만, 나는 지속적인 목표를 잊지 않고 약간의 노력을 꾸준히 하는 과정에서 상당히 많은 운을 만난 사람일 뿐이다. 이런 성공에 규칙이나 비법이 있을 것으로 생각하는 사람들에게는 실망스럽겠지만 세상에 그런 규칙은 없다. 그리고 비법도 없다. 재산은 규모가 커지면 중력처럼 더 크게 당겨지기 때문에 남들이 봤을 때 더 대단한 능력을 발휘해가는 것처럼 보일 뿐이다. 다만 내가 남에게 자랑할 것이 있다면 그건 재산을 쌓기 이전에 돈 없이도 행복할 수 있는 삶의 방식을 배웠다는 점이다.

나는 언제나 사치에 관심을 갖지 않는다. 직원 수의 많고 적음과 상관없이 괜한 위엄을 가지려고 하지 않으며, 가난했을 때 먹던 음식과 잠자리가 불편하지 않다. 100원의 무서움과 1억의 가벼움을 동시에 느끼며 내가 만났던 사람을 잊지 않으니 언제라도 나는 행복하다.

많은 것들을 소유하고 누리며 많은 사람들을 거느린 사람 중에 자신을 불행하고 초라하게 느끼는 사람을 많이 보았다. 성공한 뒤에 다시 실패하는 이들도 많다. 성공을 위해서 무슨 일이든 하다 막상 성공한 뒤 성취감에 도취해 나태해지거나 때론 무기력해져버리는 이들도 많이 봐왔다. 그들에게 성공이란 재산이나 권력, 보이는 지위였기 때문이다.

결국 행복이나 성공은 '부'에서만 나오는 게 아니다. 성공이 행복과 동일한 의미도 될 수 없다. 성공과 행복은 결국 각자의 기준과 경험일 뿐이다.

내가 나를 성공한 사람으로 인정하는 건 내가 가진 재산 때문이 아니다. 오히려 나는 내가 가진 삶의 태도 때문에 나를 성공한 사람으로 여긴다. 나는 누군가 나를 넘지 못하게 할 생각이 없다. 나는 내가 남보다 낫다고 생각하지도 않는다. 어린 제자나 후배들에게도 마음을 열고 배우고 재산의 권위가 나를 대신하도록 하지 않는다. 그래서 나는 결코 비범한 사람이 아님에도 평범한 세상 원리를 가장 잘 이해하는 비범한 김승호가 되었다.

가끔 성공한 나를 보겠다고
멀리서 찾아오는 사람들이 있다.
그러나 그들 중에는 사실 나보다
더 성공한 사람이 많다.
높이 쌓은 나보다
멀리 걸었다는 걸 모를 뿐이다.
참된 성공은 양의 문제가 아니라
질의 문제다.

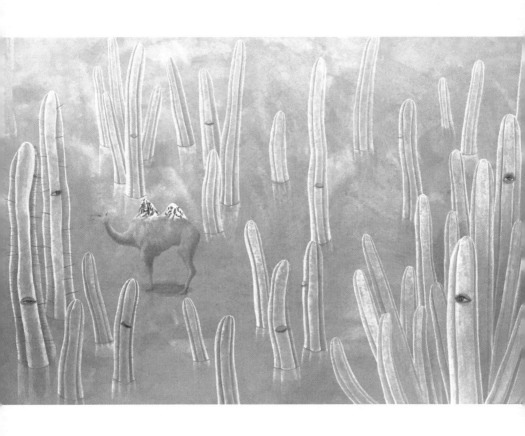

성공은 비단 높이 쌓아 올리는 것만 아니라

얼마나 멀리 왔는가도 포함된다

6
성공의 권리가 있듯,
실패에도 권리가 있다

실패를 두려워하는 사람은 성공할 수 없다. 실패하지 않았다는 말은 아직 성공하지 않았다는 말과 같다. 실패는 성공하는 사람의 권리다. 성공이란 이름의 건물 바닥에는 실패라는 수많은 주춧돌이 놓여 있다.

실패에 좌절하고 슬퍼하는 모습을 보면 안쓰럽기도 하지만 한편 긍정적인 느낌도 든다. 그 실패로부터 그가 얼마나 달콤한 열매로 익게 될지 알기 때문이다.

모든 과일은 익기 전에 먹으면 쓰거나 떫다. 성공이란 열매도 실패를 지나야 달고 향이 난다. 물론, 막상 실패라는 현실에 부딪치면 아프다. 주위의 차가운 시선과 동정도 받는다. 하지만 성공하는 사람은 실패에 대한 염려보다 성공했을 때 주어지는 보상에 더 큰 흥미를 갖기에 개의치 않는다.

연꽃은 아름다운 꽃 중 하나다. 하지만 그 아름다운 꽃이 피는 연못은 절에서 더러운 곳 중 하나다. 연꽃처럼 진흙에서 꽃이 피고 개나리처럼 겨울이 지나야 꽃이 피는 나무처럼 사람도 아픔과 비난, 동정과 모멸, 고통을 지나야 제대로 된 꽃을 피울 수 있다. 내 스스로의 힘으로 가난이나 인간관계의 속박에서 벗어날 수 없다고 느낄 때 흔히 누군가 나타나 구원해주길 기대하게 된다. 혹은 복권에 당첨되기를 바랄지도 모른다. 하지만 바람은 바람일 뿐 고통은 여전히 줄지 않을 것이고 문제는 여전히 풀리지 않는다. 이때 가장 쉬운 일이 정치인, 고용주, 부모 등 다른 누군가를 탓하는 일이다.

물론 아예 틀린 건 아니다. 그러나 지금의 문제를 야기한 근본에는 '자신'이 있다. 그리고 지금 이 순간에도 문제에서 벗어날 출구를 찾고 있다.

문제가 발생된 자리에 해결책도 함께 있다. 그런데 본인을 제외한 다른 모든 곳을 향해 불평불만 중이니 해결 방법 자체가 사라진다. 모든 문제의 근본적 원인을 내 안에서 찾고 불평과 부정적인 족쇄를 걷어내야 한다. 나 스스로 시대의 희생자나 피해자라고 설정하는 순간, 내 주변의 모든 사람이 똑같이 고통스러워야 된다. 하지만 비슷한 처지인 누군가는 그 와중에도 성장하고 있거나 행복을 느낀다. 결국 자신의 환경이 문제가 아니라 그 환경을 대하는 개인의 태도 차이로 볼 수 있는 대목이다.

우리는 불행과 고통을 인내해야 한다. 불행과 고통의 원인을 찾아야 하며 그 고통을 넘어서야 한다. 이 사실을 완전히 깨닫는 순간 스스로 환경을 만들 수 있다. 그 고통스러운 모든 환경은 이미 그 길을 간 사람들의 그림자다. 이 과정을 통해 인간은 성숙해지고 견고해지며 하나의 자립된 인간으로 우뚝 서게 된다.

그러므로 실패는 권리다.

실패는 특권이며 실패는 자랑이다.

실패하고도 죽지 않았다는 사실만으로도

대단한 자랑거리다.

실패할 때마다 성공으로 가는 문은 다가온다.

더 이상 실패할 이유들이 사라져가기 때문이다.

자신의 일이 실패할 때마다

그것을 배우기 위해

얼마나 많은 돈과 시간이 들었는지

생각해보면

그 실패의 경험이

얼마나 가치 있는 실패인지

알게 된다.

　

실패를 조롱하는 사람은 자신은 실패조차 하지 못한 초라한 인간임을 스스로 인정할 뿐이다. 나라면 똑같은 나이의 두 친구 중에 하나를 고용해야 한다면 반드시 실패 경험이 많은 사람을 택할 것이다. 같은 실수를 반복하는 바보가 아니라면 실패는 많이 할수록 좋은 것이다. 어떤 대가를 지불했더라도 실패했다면 그것은 그럴 만한 가치가 있다.

젊을수록 실패할 권리가 많으니 젊은이들의 실패를 탓하지 말고 그들의 실패를 이력서의 경력으로 넣도록 독려해야 한다. 실패를 창피해하지 않는 사회야말로 가장 성공한 사람들이 많이 나올 수 있으며 가장 건강한 성공인들이 태어날 수 있는 문화 기반이 된다. 실패는 권리고 자랑이다. 같은 실패를 두 번 하지 않는 한에서 마음 껏 실패하기 바란다.

7

제거할 것인가?
통제할 것인가?

인간의 큰 고민 중 하나는 행복을 찾는 일이다. 더불어 '무엇이 행복인가'에 관한 문제다. 거의 대부분의 사람이 행복을 '욕망의 충족'으로 알고 있다. 그러나 재력과 권력, 인기를 향한 이기적인 탐욕은 오히려 모든 불행의 씨앗이다.

이런 욕망 안에는 거미줄처럼 치밀하게 짜인 갈등과 비열함과 유치함이 똘똘 뭉쳐 있어 빠져나갈 길이 없다.

여기에 빠지면 아름다움이나 사랑, 약속, 순수, 충성, 절제 같은 가치들은 자리 잡지 못한다. 욕망은 거침이 없고 경계를 몰라서 결코 만족하는 일이 없다. 결국 욕망은 그 욕망을 가진 주인을 파멸로 몰아 죽을 때까지 끌고 간다.

그러나 욕망은 삶의 한 부분으로 결코 사라지지 않는다. 살기 위해 욕망과 욕심을 부려야 할 일이 생기고 이를 거절하면 세상에서 사라지는 일도 생긴다. 욕망 자체를 없애려 하기보다 욕망을 통제할 수 있도록 노력해야 한다. 내가 욕망을 다스리되 절대로 욕망이 날 다스리도록 내버려두지 말라.

행복이란 스스로의 내면에서 완전히 만족하고 평화스러운 상태를 말한다. 욕심이나 욕망이 배제된 상태가 행복의 바른 모습이다. 이때 행복은 이기적이지 않으며 이웃과 함께한다. 또한 행복은 재화와 물질에 대한 포기가 아니라 완벽한 통제이며 밝고 유치하면서도 품위를 잃지 않는 것이다.

아이가 있다고 그가 어른이 아니고 밭이 있다고 모두 농부가 아니다. 마찬가지로 가진 것 많다고 행복한 것이 아니라 그것을 본질이 아닌 도구로 알고 통제하고 다룰 수 있는 기술에 따라 삶에 새로운 가치가 부여된다.

자존감, 지혜, 사랑, 자비와 같은 인품과 정신이 자신의 재산과 권력을 이끌도록 해야 한다. 그렇지 않으면 우린 인생 전체를 남이 만들어놓은 척박한 환경에서 부와 인기와 권력이 성공이자 행복인 줄 알고 목숨 끝나는 날까지 찾아다니게 된다. 행복은 기회가 아니라 나의 선택의 문제다. 그것도 배워야 오는 것이지 그냥 기다린다고 찾아오는 것이 아니다. 행복을 얻는 데도 기술과 공부가 필요하다. 따라서 오늘, 행복할 것인지 아닌지는 나의 결정에 달려 있다.

8

생각의
비밀

전 우주를 통해 가장 강력한 힘은 중력(重力)이나 전자기력(電子氣力), 강력(强力)이 아니다. 우주의 가장 큰 힘은 생각의 힘이다. 생각은 모든 에너지의 시작이며 끝이다. 우주에 존재하는 모든 것은 모두 생각 에너지의 변형된 모습이다.

물질은 생각이 눈에 보이게 된 상태일 뿐이다. 사람의 모든 성공도 결국 생각에서 시작돼 현상이 되고 물질화된 결과다.

생각은 사용하는 사람에 따라 파괴적이거나 건설적이 된다. 공포, 불안과 의심, 걱정과 절망, 슬픔, 분노 같은 생각에서 파괴적인 결과가 나온다. 반대로 세상의 법과 조화를 이루면, 지극히 사랑스럽고 행복한 일, 협조와 평안, 위로, 안심 등의 결과로 나타난다. 파괴적인 생각은 소멸되며 사라지지만 건설적인 생각은 확장하며 보존된다.

나는 40여 명의 청장년 학생들을 데리고 중앙대학교에서 글로벌 경영자 과정 수업을 하고 있다. 이곳에 모인 이들은 특별히 선할 것도, 특별히 악할 것도 없는 평범하고 보편적 인간성을 가진 사람들이다. 그들 개개인은 누군가에게는 나쁜 사람일 수도 있고 누군가에게는 선하고 의젓한 사람일 수도 있다. 나는 모든 것을 내려놓고 이번 한번만 이 안에 모인 동기들을 친형제자매처럼 받아들여볼 것을 권한다. 더불어 자신의 모든 재능과 시간을 서로를 위해 사용해보라고 강력히 권한다.

그렇게 모두가 약속을 하고 자신의 사회적 지위와 배경을 내려놓고 마음을 놓는 순간, 기적이 일어난다. 서로에게 사랑스럽고 오염되지 않은 순수한 마음을 보여주는 그 순간, 아무리 거친 사장도 냉혈한 금융인도 무술인도 지독히 경계심 많은 사업가도 모두 천사가 된다. 서로가 서로에게 매일 축복을 하고 위로를 하는 사이 그 위로나 축복이 모두 자기에게 다시 돌아오고 돌아온 축복은 더 커져서 메아리처럼 울려나간다. 불과 한 주일 만에 이들은 평생 만나온 친구처럼 서로 죽고 못 사는 사이가 된다. 나는 매 학기마다 이런 광경을 목격한다. 하지만 이렇게 만들어진 기적 같은 관계를 단숨에 부셔버릴 방법도 있다.

어느 한 사람이 지속적으로 불만을 말하고 험담을 하거나, 심지어 누군가의 흉을 과장해 전하기만 해도 단숨에 결속을 무너뜨릴 수 있다. 이런 힘은 매우 파괴적이라 모처럼 꺼내놓은 선한 마음을 닫고 더 이상 누구에게도 열지 않게 만든다.

옳은 생각과 맑은 정신으로 순수하고 이기적이지 않은 목표를 세우고 이를 끊임없이 지속적으로 생각하며 노력하면 모든 것을 가질 수 있고 모든 것을 이룰 수 있다. 매 순간 모든 생각은 인생을 멋지게 하거나 혹은 엉망으로 만들 수 있다. 지금 엉망인 인생을 사는 중이라면 머릿속에 엉망인 생각이 가득 차 있는 것을 확인할 수 있다. 매번 실패만 하는 사람이 있다면 그 사람이 술자리에서 하는 소리를 들어보라. 그의 입에서는 부정적인 생각과 남을 향한 비난만 나올 것이다. 그들이 아무리 성공을 열망해도 실패에서 벗어날 방법은 불평을 그만두고 자신의 잘못을 인정하고 모든 것이 내 탓이었음을 알게 될 때야 가능하다.

지금 커다란 난관에 봉착해 어찌할 바 모르는 누군가가 있다면 그에게 해주고 싶은 말이 있다. 지금 바로 깊이 있는 생각을 하라고 말이다. 이 세상의 어떤 난관도 당신이 고요한 침묵 상태에서 모든 힘을 다해 문제 해결을 위해 집중하면 이를 막을 난관은 없다고 말이다. 모든 실패, 모든 아픔, 모든 난관은 그 이면에 가장 가치 있는 것을 숨기고 있고, 이 숨김을 찾는 것은 고요한 침묵을 통한 생각의 힘이다.

생각은 어마어마한 힘을 가지고 있다. 온 우주 안에 이 힘을 대신할 힘도 없고 이 힘을 능가할 힘도 없으며 이 힘을 막을 어떤 힘도 없다. 당신이 사람인지 동물인지 기계인지 나는 모른다. 당신은 이 글을 읽을 수 있는가? 그리고 이 글의 단어적 의미를 이해하는가? 그렇다면 당신은 생각을 할 수 있는 인격체다. 생각을 할 수 있다는 것은 이 우주 안에 가장 강력한 힘을 소유하고 있다는 뜻이다.

당신이 생각하는 모든 것은 에너지로 우주에 뿌려진다. 그 에너지는 세상에 흩어져 자신이 품은 생각의 근원을 따라 안착될 만한 곳으로 나간다. 그리고 뿌려진 그 마음을 따라 선이나 악의 형태로 뭉치고 부풀려져 자신에게 돌아온다. 이기적이고 파괴적인 생각은 다른 사람의 이기적이고 파괴적인 마음을 안고 복리로 이자가 붙어 자신에게 돌아온다. 고요하고 순수하고 사랑스런 마음은 슬픔을 아우르고 기쁨을 더하고 행복과 건강이라는 선물과 함께 다시 자신의 품으로 돌아온다.

결국 행복과 건강, 기쁨은
외적인 소유가 아니라
내적인 자각의 결과다.
내가 생각을 옳게 쓰면
나는 생각을 다스리는 자가 되는 것이고,
내가 생각을 옳지 못하게 쓰면
생각이 나를 다스리게 되는 것이다.
내가 선인이 되거나 악인이 되는 것도
모두 이 생각의 쓰임에 따라
결정되는 것이다.

내가 내 학생들에게 이번 한번만, 조건 없이 사랑을 베풀어보
라는 이유도 이것이 결국 나를 가장 아름답게 만들고 건강하게 만
들며 나에게 가장 이익이 되기 때문이다. 나이 사십이나 오십이 다
되어 이 원리를 배우는 건 억울한 일이다. 하지만 아직도 배우지 못
한 누군가에 비하면 다행스런 일이다.

어떤 상황에서도 내가 옳다고 생각하는 일을 하고, 이 일이 모
두에게 이익이 되는지 곰곰이 생각한 후에 실행하라. 선을 이루는
성실과 관용이 당신에 대한 모든 어려운 일을 막아낼 것이다. 어떤
시련이 닥치더라도 두려워할 필요가 없다. 이런 믿음은 당신의 모든
손실을 보상할 것이고 재난도 축복으로 바꿔줄 것이다. 슬픔은 위

로받고 번영은 이어질 것이기 때문이다. 이기적이고 악한 생각들은 자신들과 같은 것들을 한 치의 오차도 없이 끌어들여서 불행과 파멸을 향해 달려나가고, 순수하고 이타적이며 사랑스런 생각들은 정확하게 행복과 번영을 위해 달려나간다.

이런 사실은 우주의 가장 큰 비밀이고 생각의 비밀이다. 이것이 온 우주를 지배하는 최고의 법칙인 인과의 법칙이다. 이것을 이해하는 사람이 이 우주를 품에 안는다.

9

결국
사랑이면

　　무리동물 그룹에서 낙오는 죽음이다. 특정 행동이 위협으로 간주돼 공격받거나 지속적인 냉대와 따돌림으로 죽임을 당하는 일도 있다. 이런 일은 인간 사회도 마찬가지다. 스스로를 가장 자유주의자로 불려지길 바라는 할리데이비슨 바이커들조차 무리 지어 돌아다닌다.

　　인간은 사회적 동물이다. 조직에서 이탈되는 순간, 죽거나 새로운 조직을 만들거나 둘 중 하나의 결정을 앞두게 된다. 새로운 조직을 만든다는 것은 생각보다 쉽지 않다. 때때로 새로운 조직을 만들려는 의지가 있다는 것을 상대가 알기만 해도 죽을 수 있기 때문이다. 그래서 인간은 자신을 합리화하며 조직 안에 정착하고 안주하기 위해 불합리와 부조리를 수용하며 살아간다. 두렵기 때문이다. 바로 이 두려움이 인간을 움직인다.

30년 넘게 아침잠을 참고 직장에 다니는 이유는 해고에 대한 두려움 때문이다. 해고는 사회에서의 이탈을 말한다. 그 두려움이 원하지 않은 회식에 참여시키고 존경하지 않는 상사를 존경하게 만들고 고객의 무례함을 참고 견디게 한다.

두려움은 나의 가치를 훼손할 수 있는 모든 것에 대한 공포에서 오기에 순응하고 따르며 복종하게 된다. 아직도 많은 국가들에서는 두려움을 국가 통치의 기술로 사용한다. 종교 역시 지옥 등의 공포를 팔고 있다. 회사 역시 노조에게는 공멸이란 공포를, 개인에게는 해고란 공포를 경영 기술로 이용하고 있다. 이처럼 낙오되면 죽는다는 두려움은 사람을 움직이는 거대한 힘이다. 누구도 죽고 싶어 하지 않기 때문이다.

그러나 죽음조차 두려워하지 않는 또 다른 거대한 힘이 있다. 그것은 사랑이다.

두려움이 스스로를 위한 이기심의 표상이라면 사랑은 남을 위한 이타심의 표상이다. 자신에 대한 사랑보다 남에 대한 사랑의 발현은 오히려 두려움을 이겨낸다. 내가 누군가를 진정 사랑한다면 나를 바칠 수 있기 때문이다. 사랑하는 이를 위해 가족을 버리거나 죽을병에 걸린 어린 자식을 위해 목숨을 내놓을 부모는 수도 없다. 사회의 대의명분을 위해 인생 전체를 버릴 사람도 많고 신념을 지키기 위해 감옥에 가는 것을 마다하지 않은 이들도 수없이 많다. 사람은 남을 위해 일할 때 더 위대해진다.

사랑이란 외투를 입으면 두려움은 허상이란 것을 알게 된다. 용기가 두려움을 이기는 순간, 두려움은 실재하지 않았음을 알게 된다. 사실 두려움이란 불확실성이 증가되고 내 스스로 통제하지 못하는 상황에서 발생한다.

그러나 불확실성과 통제하지 못하는 상황 자체를 통제하겠다는 용기를 가지면 두려움은 실제가 아니라는 것을 알게 된다. 사람들은 사랑하다 헤어질까봐 두려워하고 꿈에서 추락할까봐 두려워하며 비난과 조롱에 휩싸일까 두려워한다. 이 모두는 사랑과 용기만 있으면 무엇이든 헤쳐나갈 수 있다. 사는 것도 두려워할 이유가 없고 죽는 것도 두려워할 이유가 없다고 생각하면 모든 것에 용기를 가질 수 있다. 두려움을 버리지 못한다면 두려움과 맞설 용기를 키우면 된다.

성공하면 추억이 되는 것이고
실패하면 경험이 될 뿐이다.
사람은 능력이 없어
실패하는 것이 아니라
용기가 없어 실패하는 것이다.

　또한 사랑이란 인간이 가진 가장 강력한 힘 중에 하나다. 사랑은 최악을 최상으로 바꾸어낼 수 있고 두려움과 공포를 한순간에 물리칠 수 있다. 두려움이 해결된다는 것은 '두려움이 없어진 상태'가 아니다. 두려움이 없는 삶이란 과거에도 없었고 미래에도 없을 것이다. 두려움은 항상 우리와 함께 존재한다. 우리 삶의 질을 결정짓는 것은 두려움의 유무가 아니라 그것을 어떻게 다루고 넘어서느냐는 점이다.

　때때로 두려움은 우리가 무엇을 하지 말아야 할지를 가늠하게 하지만 반면에 무엇을 해야 할지도 알려준다. 깊은 공포나 두려움은 무지가 만든 결과다. 언어가 발전되고 난 뒤 인간 사회에 가장 빨리 나타난 것이 공포다. 질병, 죽음, 죽음 후의 미래, 어머니의 부재, 불가항력 자연현상 같은 것들이다. 이 공포는 직접 보지 않고도 언어로 전염이 가능해 확장된다. 그러나 인간의 인지능력이 향상되고 자연에 대한 물리적 이해가 더해지며 많은 두려움이 이해할 수 있는 두려움, 받아들일 수 있는 두려움으로 순화되었다. 그러나 여전히 남는 것은 외로움과 차별과 낙오에 대한 두려움이다. 이 공포는 사랑만이 이길 수 있게 한다.

내 아이들이 어렸을 때, 여러 친구 부부들과 함께 캠핑을 간 적이 있다. 차에서 내려 한창 텐트 자리를 보는 중이었는데 함께 간 어느 부부의 여섯 살짜리 딸아이가 그대로 폭포 웅덩이에 빠져버렸다. 그 깊이가 어느 정도인지 물 소용돌이가 얼마나 센지, 내가 수영을 못한다는 사실을 인지할 새도 없이 물속에 뛰어들었다. 아이의 발을 잡고 그제야 생각했다. '아이를 안고 수영을 할 수 없다. 웅덩이 바닥까지 함께 가라앉으면 발로 바닥을 박차고 솟구쳐 그 힘으로 아이를 웅덩이 끝으로 올려놓아야겠다!' 나는 그 아이가 죽는 것을 볼 수 없었다.

결국 사랑의 힘을 믿는다면 결코 공포를 무서워하지 않는다. 오히려 공포와 두려움을 잡으러 다닌다. 그것을 다스릴 줄 알기에 두려워할 이유가 없는 것이다.

마음속의 모든 나약함은 마음의 상태에서 나오는데 이런 마음은 사랑할 대상이 없기 때문이다. 나를 진정 사랑하고 누군가를 마음과 목숨을 다해 사랑한다면 마음은 용기를 갖게 되고 공포나 두려움보다 크게 자라나 힘을 지닌다. 긍정적 사고는 이를 더더욱 굳게 하며 마음을 지탱시켜준다.

두려움을 다스릴 줄 알면
나는 내 인생의 주인이 된다.
자신감이 가득하고 걸음이 꼿꼿하며
생각과 말에 힘이 생긴다.
두려움이 다시 몰려오더라도
사랑의 힘을 믿고 당당하면
언제든 두려움과 공포를 발아래 둘 수 있다.
매일매일 성실함과 열정적인 노력을 통해
계속 나아가야 한다.
사랑과 용기는 이 문제를 해결할
유일한 열쇠다.

10

세상에게 가장 큰 영향력,
선함의 힘

나의 이기심을 채우기 위한 가장 효과적인 방법은 지극히 이타적으로 행동하는 일이다. 남을 위해 친절과 호의를 베풀고 선한 행동을 하는 일의 가장 큰 수혜자는 본인이기 때문이다.

물론 친절이 즉각적인 대가로 돌아오지 않는 경우도 많다. 자리를 양보했더니 인사도 없이 당연하게 여기는 사람도 있고, 길에서 사람을 태웠더니 강도로 돌변하는 경우도 있다. 하지만 세상에 배은망덕한 사람이 많다고 선행을 베풀지 않는 것은 어리석은 짓이다.

선행 중에서도 가장 큰 대가로 돌아오는 건 보답을 바라지 않고 하는 경우다. 보답을 바라지 않고 선을 베풀면 그 선이 왜곡되지 않는다. 또한 보답을 바라지 않고 하는 선행은 그 자체로 내면에 강한 자긍심을 만든다. 더구나 이렇게 선행을 계속하면 언젠가, 누군가, 자신이 받은 선행의 몇 배, 몇십 배를 한 번에 되갚는 경우가 생겨 그동안 누락됐던 보답까지 충분히 받게 된다.

간혹 내게 많은 경비를 쓰며 두 주에 한 번씩 한국을 오면서까지 사업가 제자들을 가르치는 이유가 무엇인지 묻는 사람이 있다. 그 이유는 분명하다. 나는 어느 강연장, 혹은 모임에서 꿈이 명확하고 열정적인 젊은 친구를 만나면 시계를 풀어준다. 그리고 그 꿈을 모두 이룬 뒤, 본인 같은 후배를 만나면 전해주라 당부를 한다. 별거 아닐지 모를 이런 작은 격려와 친절이 그가 받은 것 이상으로 사회에 확장되어 갈 것임을 알기 때문이다. 선한 영향력을 바탕으로 친절한 사람들이 많이 나타난다면 그건 사회 효용 비용에서 어마어마한 이득이다. 이는 결국 내 자식들 혹은 그 자녀들이 이익을 보는 일이다.

하찮고 가벼운 친절이란 없다. 뒷사람을 위해 문을 잡아주는 일, 산책로에 떨어진 쓰레기를 줍는 일, 발을 동동 구르며 들어온 사람에게 화장실을 먼저 양보하는 일, 물건을 사고 나서나 세탁소에서 계산하고 나오며 고맙다고 말하는 것, '잘 먹었습니다'라고 크게 인사하고 식당을 나서는 일, 편의점 직원의 인사에 함께 인사해주는 일, 이런 모든 행동은 논리적으로는 전혀 이해할 수 없는 에너지 무한 확장 기능을 가지고 있다.

새벽기도가 아무리 마음을 위로해준다 한들, 그날 아침에 받은 이웃의 따뜻한 인사를 넘어서지 못한다. 기도는 미래고 이웃은 현실이기 때문이다. 그렇기에 법정스님은 이 세상에서 가장 위대한 종교는 '친절'이라고 말씀하시며 작은 친절과 따뜻한 몇 마디 말이 이 지구 전체를 행복하게 할 수 있다는 것을 잊지 말라 하셨다. 친절한 행동과 진심을 담은 행동은 세상을 변화시킬 수 있다. 그런 세상의 변화에 가장 큰 혜택을 내가 받는 것이다. 인간은 누구나 좋은 사람에게는 좋은 사람이 되고 싶어 한다. 그러니 내게 전혀 손해 볼 것이 없는 장사인 것이다.

인생에서 가장 멋진 사람들은 품위를 지닌 사람이다. 친절한 사람이야말로 가장 멋진 품위를 지닌 사람이다. 불친절하고 무례한 사람은 아무리 멋진 옷과 멋진 얼굴을 가졌더라도 우아함을 가질 수 없다. 자신이 예쁜 것을 알아 누구에게나 도도해져 목소리가 느려진 여자들을 본 적이 있는가? 자신이 가진 것이 많아 거만해져서 어깨와 목이 뒤로 가고 턱이 내려앉은 남자들을 본 적이 있는가? 그런 사람들은 두 번 다시 만나고 싶지 않으며 설령 다시 본다 해도 처음과 달리 아름답지도 멋있지도 않은 얼굴을 하고 있다는 것을 알게 된다.

이 세상에서 가장 멋진 사람은 단정한 차림에 친절한 사람이다. 그들이야말로 가장 근사한 품위를 지닌 사람이다. 품위야말로 최고의 패션 감각이다. 간혹 자존심은 강한데 자존감이 없는 사람들은 친절함이 없기 때문에 그렇다. 억지로라도 친절을 베풀다보면 자존감이 살아나고 내가 좋아지기 시작한다. 그러면 저절로 사람이 품위 있어지고 주변에 좋은 상황들이 연이어 생겨난다.

채근담에 이르길
"생각이 너그럽고 두터운 사람은
봄바람이 만물을 따뜻하게 기르는 것과 같으니
모든 것이 이를 만나면 살아나고,
생각이 각박하고 냉혹한 사람은
삭북의 한설이 모든 것을 얼게 함과 같아서
만물이 이를 만나면
곧 죽게 된다"라고 가르친다.

그러므로 친절한 사람 주위에는 좋은 일과 좋은 인연이 모이게 되어 이타적 행위가 자신에게 가장 큰 이익이 된다.

특히 가진 자, 이긴 자, 높이 올라선 자들의 친절은 그 효과가 더 넓고 크다. 이들의 친절에는 의도가 없기에 관용이 되며 선의가 그대로 묻어나서 그 향이 깊다. 전쟁에 승리했을 때 베푸는 관용은 원한을 덕으로 갚는 것이기에 적이 진심으로 항복하게 만들며, 평화 시에 베푸는 선의야말로 진정 평화를 원한다는 것을 알려준다. 그러므로 가진 자, 이긴 자, 높은 사람은 더더욱 친절과 관용과 선함을 유지해야 하고, 그 자세가 자기 스스로를 더더욱 가진 자, 이긴 자, 높은 사람의 위치에 존속하게 만들어준다.

어느 누구도 누가 무엇을 가진 것에 대해 진심으로 존경하지 않는다. 우리는 대기업 대표나 그의 2세, 3세 자녀들이 재산이 많다고 존경을 보이지 않는다. 그들이 사회에 책임을 보이고 선한 일을 행할 때 비로소 존경하게 된다. 그러므로 내 도움이 필요하고 나의 동정이나 관용에 기대어야 하는 모든 이에게 친절하고 선하게 행동하는 것이야말로 가장 값진 투자다. 친절은 베푸는 것으로 얻는 것들 중에 최고의 제품이다.

나의 장점으로 남의 단점을 들춰내지 않고, 내가 보낸 친절에 보답이 충분치 못하다고 미워하지 말고, 골목에선 먼저 가도록 길을 내어주고, 남의 흉한 일을 말하지 않고, 문을 잡아주고, 상대가 이야기할 때 들어주고, 커피 살 때 한 잔 더 사고, 자동차 카펫을 털어주고, 무거운 것은 함께 들어주고, 식당 직원들에게 고마워하고, 우는 아이를 데리고 비행기를 탄 아이 엄마에게 눈치 주지 말고, 쓰레기를 버리지 않는 등의 모든 행동은 지금 당장이라도 할 수 있는 것들이다.

마음을 자극하는 가장 유혹적인 감정은 진심에서 나오는 친절이다. 인간은 누구든지 언제나 그것에 굴복한다. 당신이 누구에게나 사랑스러운 사람이 될 수 있는 최고로 아름다운 방법은 친절, 배려, 관용으로 선한 사람이 되어 선한 영향력을 갖는 것이다. 나는 분명 이것으로 여러분의 평생 행복을 보장한다.

선함이야말로

어두운 세상에서

자신을 보호해줄

가장 큰 힘이다

친절,

그 가치의 위대한 힘을 아는가

11

인생 최고의
나를 만나다

나는 지난 2016년 5월 21일 양재동 구민회관에서 강연을 했다. 강연을 막 시작할 찰나에 사회를 봤던 박상배 씨가 갑자기 뒤를 돌아보라고 시켰다. 어리둥절 뒤돌아서 있자니 객석에서 뭔가 부산스럽게 부스럭거리는 소리가 났다. 그리고 다시 돌아보라는 말에 청중을 본 순간, 나는 말문이 막혀버렸다.

돌아서 보니 800명에 가까운 독자가 내 책을 높이 들고 조용히 웃고 있었다. 저자의 강연을 듣겠다고 새벽부터 전국에서 혹은 외국에서까지 책을 들고 찾아온 것이다. 내 얼굴에 살포시 미소가 지어졌다. 난 이미 알고 있었다. 내 인생에서 딱 이 정도 공간에서, 이런 일이 일어날 것을 말이다. 어쩌면 이렇게 조명이나 강연장의 크기까지 똑같을 수 있을까 신기했다. 순간 언제나 내 머릿속에 그려왔던 인생의 두 장면 중 하나가 이제 막 지나갔다는 것을 알 수 있었다.

내가 품고 살았던 또 다른 한 가지 데자뷰는 나의 인생 어느 부분에 꽤 많은 돈을 벌었다는 사실이었다. 그러다보니 사업에 번번이 실패해도 아직 그때가 아닌가 보구나 하며 자연스레 다른 사업을, 내 인생의 한 페이지를 찾아다니곤 했다.

나는 사실 내 안에 거인이 있다는 것을 알고 있었다. 내 안의 거인을 깨우기만 하면 저 두 꿈들이 이뤄진다는 것을 알고 있었다. 그 거인이 반드시 깨어날 것이란 것도 알고 있었다. 그렇게 될 때 나는 내 인생 최고의 나를 만나리라는 것을 알고 있었다.

결국 나는 내 인생 최고의 나를 만나게 되었다. 나는 지금 죽어도 아무것도 아쉽지 않다. 한 인간으로 한 남자로 하나의 인격체로 멋진 50년을 보냈다. 그러니 나머지 인생은 그야말로 복권 같은 삶이다. 언제, 어디든, 누구든 데리고 여행할 수 있는 시간적, 금전적 여유와 건강을 지녔다. 원하는 책은 얼마든지 살 수 있고 언제든지 모든 일을 멈추고 책을 읽을 수 있다. 자녀들의 존경과 조카들의 사랑과 형제자매들의 우애와 양부모의 자랑을 모두 품었고, 직원에게 다른 경쟁자들보다 많은 급여를 줄 수 있는 회사를 운영하고 있다. 우정의 끝까지 가보고 완벽하게 믿은 수 있는 친구도 있으며 나를 따르는 많은 후배들과 내가 존경할 만한 선배가 있다. 권위를 존중하면서도 권력을 무서워하지 않는 배짱도 있고 진리를 여전히 탐구하면서도 종교에 매몰되지 않을 자신도 생겼다. 감히 내 인생 최고의 시간이요, 누구와 견주어도 될 만한 멋진 인생이다.

이를 보고 많은 사람들이 운이 좋다고 말한다. 하지만 단순히 운이 좋아 하룻저녁만에 그 자리에 올라간 것이 아니다. 남들이 시계를 맞춰놓고 잠들 때 새벽 신문 떨어지는 소리에 잠에서 깨어나 신이 나서 일을 하러 가고, 남들이 주말을 기다릴 때 1년에 단 한 번 크리스마스에나 쉬어가며 열정을 바친 결과다. 지치지 않고 한 걸음 한 걸음 내딛다가 넘어지기도 쓰러지기도 울기도 했지만 한 번의 성공으로 10년을 보상받은 것이다.

그렇다면 당신은
당신 인생 최고의 순간을 맞이하기 위해
무엇을 하고 있는가?
누구와 시간을 보내는가?
무엇을 준비하는가?
이를 위해 얼마나 많은 것을
희생할 수 있는가?

한 인간으로 태어나 이 세상에 흔적을 남기길 원한다면 노을을 보기 위해 이미 해가 진 서쪽으로 달려나가서라도 바라볼 용기를 가져야 한다. 내 안의 거인은 나만 깨울 수 있다. 그 아무리 위대한 선생도 내 안에 거인이 있음을 알려줄 뿐, 그를 깨어낼 수 없다. 돈키호테는 말했다. 이룩할 수 없는 꿈을 꾸고, 이루어질 수 없는 사랑을 하고, 싸워 이길 수 없는 적과 싸움을 하고, 견딜 수 없는 고통을 견디며, 저 하늘의 별을 잡자.

그렇다. 돈키호테를 따르라. 그것이 거인을 불러내는 최고의 방법이다.

12

세상에서 가장
행복한 사람으로 산다는 것

외식 기업을 하고 있는 나지만 나는 딱히 맛집을 찾아다니거나 좋은 음식에 대한 탐닉은 없다. 내가 제일 좋아하는 음식은 주로 간결하게 맛을 낸 단품 요리다. 식욕을 자극하는 음식만을 찾아다니면 결국 비대한 몸과 까다로워진 혀만 남을 게 뻔하다. 어지간한 음식으론 만족하지 못하니 병든 몸이 되기 십상이다.

공부하듯 음식을 먹으러 다니거나 먹은 음식을 자랑하는 사람들은 나처럼 생당근 쪼가리를 씹을 때 나오는 깊은 향이나 반찬 한 가지 깔끔하게 놓고 먹는 저녁 식사의 기쁨을 이해하지 못할 것이다.

행복을 위해 욕망을 만족시키는 것은 한계가 있다. 욕망은 끝이 보이지 않기 때문이다. 항상 더 좋은 음식과 더 좋은 집, 더 좋은 대우를 받기를 원하게 된다. 욕망이 끝나지 않으면 스스로 행복을 느낄 수 없고 스스로 행복하다고 생각하지 않는 사람은 무엇을 가져다줘도 절대로 행복할 수 없다.

사람들은 행복을 필사적으로 찾고 행복을 매일 노래하고 가장 추구하는 것 또한 행복이라고 말한다. 그러나 행복은 하늘에 뜬 무지개 같아서 잡으려 다가가면 다가간 만큼 멀어져 있다. 행복은 행복 그 자체가 오묘한 것이기에 어디에 존재하는 것도, 사거나 만들어지는 것도 아니다. 행복은 이미 우리 안에 존재하고 있다. 사람은 행복하기로 마음먹으면 행복해진다. 우리 안에 존재하는 행복이 참 행복이라는 것을 모르고 다른 행복을 찾다보면 마치 같은 극끼리 서로 밀어내는 자석처럼 더 멀리 밀려나갈 뿐이다.

그러나 내가 어떤 상황이나 어떤 위치에서도 나만의 내면의 행복을 찾아내면 그 행복은 주변의 행복을 다른 극을 가진 자석처럼 끌어들인다. 행복의 비결은 내가 포기해야 할 것을 언제 포기해야 하는지 아는 데서 출발한다. 욕심과 욕망을 줄이는 순간, 행복이 외부에서 주어지는 것이 아니라 내부에 이미 존재하고 있었음을 알게 된다. 그래서 행복을 잡으러 다니는 것을 포기하는 순간, 그 행복이 눈앞에 보이게 된다.

우리가 태어나서
벌어놓은 모든 것은 소멸된다.
소멸되는 것에는 진정한 행복이 없다.
행복은 영속적인 것을 찾아
인간과 우주에 대한 사랑을
실현함으로써 가능하다.
물질적인 부를 추구하고
이기적인 행동을 하는 사람은
아무리 부를 가져도 행복할 수 없다.

사회적 성공이 행복의 열쇠는 아니다. 행복을 가진 사람이 사회에서 가장 성공한 사람이다. 우리는 집이나 새 차를 살 때, 혹은 누군가에게 인정을 받거나 많은 돈을 벌었을 때 행복하다고 말하지만 그것은 행복이 아니라 단순한 기쁨이다. 행복은 기쁨보다 고결한 마음의 상태다. 행복을 느끼면 차나 집이 없어도, 시합에 져도, 돈이 없어도 여전히 기쁠 수 있기 때문이다. 천사를 만나야 행복해지는 것이 아니라 내가 천사가 될 때 행복한 것이다. 내가 천사가 되는 것은 내 마음에 인간에 대한 보편적 사랑을 가지고 이타적 행동으로 타인의 슬픔과 기쁨에 공감할 때다.

나는 언제든지, 누구와든지, 얼마든지, 어디든지, 시간과 금액에 상관없이 여행을 할 수 있을 만큼 자유와 돈을 가진 사람이다. 그러나 그래서 내가 행복한 사람이 된 것은 아니다. 나는 자유롭게 사고하고, 도전을 즐기고, 남을 도울 능력과 시간이 있고, 궁극적인 가치와 진리에 여전히 목마르다. 그래서 나는 세상에서 가장 행복한 사람이다.

지금 커다란 난관에 봉착해
어찌할 바 모르는 누군가가 있다면,
그에게 해주고 싶은 말이 있다.
지금 바로 깊이 있는 생각을 하라고 말이다.
이 세상의 어떤 난관도 당신이 고요한 침묵 상태에서
모든 힘을 다해 문제 해결을 위해 집중하면
이를 막을 난관은 없다고 말이다.

6장

자연,
그 순수한 순리를 따라

1
세상은 결코
공평하지 않다

부모들은 자기 자식들에게 공평한 사랑을 주며 키웠다고 이야기하지만 자식들 입장에서는 나를 다른 형제보다 더 아끼었거나 혹은 다른 형제들을 편애한 기억밖에 없다. 부모가 우리 형제들을 언제나 공평하게 대했다고 생각하는 자식은 거의 없다.

부모 역시 깨물어 아프지 않은 손가락이 있냐며 자신들의 주장을 합리화하지만, 손가락을 펼치면 길고 짧은 게 있기 마련이다.

할머니를 그다지 좋아하지 않는 손자들도 다른 손자들만 편애하면 시기하거나 서운해한다.

사실 아무도 이 세상을 공평하다고 생각하지 않는다. 중요한 논점은 공평한가 아닌가에 대한 문제보다 왜 공평하지 않은가에 대한 논의가 필요해 보인다. 노자에 '천지불인'이라는 흥미로운 단어가 있다. 하늘은 인자하지 않다는 뜻이다. 인자하지 않기에 슬픔과 억울함이 생겨도 관심을 두지 않는다. 아무 일도 하지 않음으로써 스스로 자연스럽게 흐르도록 내버려둔다.

아프리카에서 수백만 명의 어린이가 죽고, 인도에서 수천 명이 바다에 쓸려 사라져도 아무것도 하지 않는다. 자녀가 셋이나 되는 남편이 사고로 죽어도 3대 독자가 사라져버려도 하늘은 아무것도 하지 않는다. 억울한 누명으로 평생을 감옥에 살아도 젊은 처녀가 몹쓸 짓을 당해도 구해주지 않는다. 어려서부터 제대로 쉬지 못하고 일했고 늙어서까지 노동으로 생을 마감해도 하늘은 위로 한마디 없고, 나라를 팔아 평생을 호의호식하며 남의 자식을 군대에 보내고, 3대가 잘 살아도 하늘은 번개를 내리지도 않는다.

그런데 왜 세상은, 그리고 신은 이런 편애를 두고 보시는 것일까? 그러나 천지불인의 의미를 가만히 들여다보면 관여하지 않음으로써 편애하지 않는다는 사실을 깨닫게 된다. 편차를 인정하고 편차를 조정해나가는 힘이 세상을 움직이는 힘이고 우주의 원리이기도 한 것이다. 모든 것이 평형하고 모든 것이 차이가 없는 세상은 흐름이 없는 고요한 세상이며 이것은 곧 천국이 아니라 죽음의 상태이기 때문이다. 높고 낮음이 없고 춥고 따뜻함이 없으며 좁고 넓음이 없고 어둡고 밝음이 없다면 세상은 전혀 흐르지 않는다. 흐르지 않는 모든 것은 결국 죽은 것이다. 피도 흘러야 사람이 살고, 강도 흘러야 생명이 살고, 돈도 돌아야 경제가 성장한다. 결국 하늘은 혹은 하나님은 흐름을 막는 어떠한 행동도 하지 않음을 통해 세상을 운영하는 것이다.

그러나 흐름에는 순류와 역류가 있다. 순류란 높은 곳에서 낮은 곳으로 흐르듯 자연스런 모든 것을 말한다. 역류란 이에 반해 세상을 거칠고 험하게 만드는 것을 말한다. 순류는 평화와 안락의 시대로 문화가 만들어지며, 역류는 광분한 집단이 변혁의 이름으로 폭동과 전쟁을 만들어낸다.

세상은 순류와 역류가 끝없는 자리바꿈을 한다. 포악하고 거친 지도자들이 한 시대를 망치면 명분을 앞세운 의로운 지도자가 나타나 다시 순류를 만든다. 평화가 지나고 탐욕이 휘감고 결핍의 시대가 오면 위인으로 가장한 지도자들이 다시 역류를 만든다. 지난 수천 년간의 거시적 인류 역사 속에서 신은 역류의 시대에 불의를 끊어내려 한 적도 없고 순류의 시대를 유지하기 위해 도움을 준 적도 없다. 이곳이 지옥의 시대이건 천국의 시대이건 우리들이 하는 모습을 냉정하게 지켜보고 있을 뿐이다.

신은 우리를 죽은 후에 천국과 지옥으로 나눠 보내는 것이 아니다. 세상이 공평하다고 믿는 사람들은 세상에서 불합리한 대우를 받거나 자신이 저지르지 않은 일로 고통을 받으면 이 세상을 비관하고 타락한다. 천국이나 지옥의 개념은 세상의 불완전한 모순을 해결할 방법으로 생각해낸 개념상의 해결책일 뿐이다. 그런 개념이라도 없으면 너무도 억울하기 때문에 생겨난 관념일 뿐이다.

신은 천국과 지옥을 달리 마련해놓지도 않았다. 천국과 지옥은 이미 우리 안에, 지금 이 세상에, 우리가 살아 있는 상태에서 존재하고 있다. 우리가 이 세상을 천국으로 만들 수도 있고 이 세상을 지옥으로 만들 수도 있다. 이것은 우리의 선택이고 우리의 노력에 달려 있다. 그렇다. 세상이 불공평하다는 것을 인정하는 순간, 이 문제는 자신이 스스로 해결할 문제임을 인지할 수 있다. 태어날 때부터 출발선이 다른 사람과 비교해 비관한다면 한 치 앞으로도 나갈 수 없다.

세상이 공평하지 않은 것은
이미 명백한 사실이다.
이 사실을 받아들이면
내가 더 열심히 살 이유를 찾게 된다.
세상이 공평하지 않다는 사실을 받아들이면
결핍을 느끼게 되지만,
냉소적이거나 부정적인 사람이 아닌
매우 현실적인 사람이 된다.
남들보다 가난하게 태어난 것이나,
외모가 부족하거나 재능이 없어도
이 문제로 부모를 탓하거나
남을 탓하기를 그치게 된다.
이 불평등에 순응하는 순간 불평등은
'도전하지 않는 사람에게는 성공도 없다'는
진리를 확인해줄 뿐이다.

그러나 불평등을 인정하고 현실적인 사람이 되면 누구든 자신의 인생에 주인이 된다. 지금 주어진 환경이나 태어난 여건은 내가 원해서 만들어진 것이 아니지만, 앞으로의 환경과 여건은 내 손으로 직접 만들어갈 수 있다. 세상을 원망하거나 시절을 탓하지 않고 스스로 능동적 주체가 되는 것이다. 축복이라고 생각되는 환경에서 자란 사람이 오히려 사소한 역경이나 시련 앞에서 무너질 때가 많다.

인생이란 험한 세상에서 단 한 번의 예방주사조차 맞지 않아서 인생의 고난에 저항력을 가지지 못했기 때문이다. 달리 보면 흔히 우리가 말하는 축복받은 환경이나 재능이 오히려 단점일 수 있다는 뜻이다.

공평하지 않은 이 세상은 마음먹기에 따라 높이 솟아오를 수 있는 기회를 준다. 내가 열심을 부릴 자신이 있고 누구보다도 끈기와 열정을 오래 품을 자신이 있다면 공평하지 않음이야말로 거대한 곡식 창고인 셈이요 멋진 사냥터다. 돌이켜보면 내게도 억울하고 분했던 청년 시절이 있었다. 하루에 스무 시간씩 일을 해도 해결되지 않던 가난이나 매번 부족한 은행 잔고 때문에 급기야 원형탈모까지 생겼고, 사업 실패는 좌절을 넘어 분노로 이어지기도 했다. 당시 내가 세상에 실망해 그나마 공평한 세상에 안주하고 싶었다면 사업보다는 직장을 구했을 것이다. 그러나 내 노력만큼 보상을 받지 못하는 구조가 있다면 내 노력보다 더 많은 보상을 받는 구조가 분명 있으리라 생각했기에 사업에 대한 욕심을 버릴 수가 없었다.

지금의 나는 불공평의 혜택을 가장 많이 보는 사람 중에 하나가 됐다. 한 해 수입이 일반인들 수십 명이 평생 버는 돈보다 많을 수도 있기 때문이다. 내가 아무리 여러 일을 한다 한들 수십 명의 평생 일을 1년에 다 할 수는 없는 일이다. 그리고 이 불공평은 법적으로 완벽하게 보호를 받을 뿐만 아니라 사회적으로 존경까지도 받는다.

어쩌면 슬픈 일이기도 하고 역설적인 이야기일지 모르지만 리처드 칼슨(Richard Carlson)이 쓴 『우리는 사소한 것에 목숨을 건다』라는 책에 나와 있는 대로 행복의 비결은 "세상이 불공평하다는 것을 깨닫는 데 있다"라는 생각에 공감한다. 어쩌면 그것이 세상을 공평하게 만드는 데 가장 첫걸음일 수도 있다.

2

인생의 변곡점을
지날 때

수학에서 변곡점은 방향이 바뀌는 곡선 위의 점이다. 인생에 있어서 변곡점은 변혁의 전환점이다. 사람은 사는 동안 여러 변곡점을 지난다. 변곡점이 갖는 특성을 고려하면 한번 지나오면 뒤로 다시 돌아가는 건 불가능하다.

눈사태는 눈 한 송이의 무게를 이기지 못해 어느 순간 쏟아진다. 마지막 물 한 방울의 무게를 견디지 못하고 무너지는 댐도 같다. 임계점을 지나면, 말 한마디에 자살을 결심하거나 농담 한 마디에도 집을 나가버린다. 야단맞은 이유나 거친 싸움 한 번 때문에 자살이나 가출 어쩌면 이혼을 하는 게 아니다. 이미 여러 사건들이 차고 넘친 그 위에 작은 눈송이 하나가 더해져 일어난 사건이다.

반대 경우의 변곡점도 있다. 흔히 성공했다는 사람들을 만나보면 이 사람의 성공이 생각보다 훨씬 최근에 벌어진 일인 것을 알고 깜짝 놀랄 때가 많다. 이미 유명한 베스트셀러 작가인 줄 알았는데 최근 출간된 책 때문에 널리 알려져 있는 경우도 많았다. 유명 배우인 줄 알았는데 10년 무명생활 후 최근 작품으로 세간에 이름을 올린 경우도 많다.

사업적 성공도 마찬가지다. 전국망을 갖고 있고 너무 잘 알려져 오래된 기업 같지만 실상은 창업한 지 서너 해 정도된 경우다. 젊은 오너가 평생 사장으로 자연스럽게 자리 잡고 있는 것을 보면 신기하기 그지없다. 실상을 들여다보면 현재의 모습을 갖추기 이미 오래 전부터 막대한 시간을 투자해 노력한 사람들이며 인생의 변곡점을 지난 사람인 것이다.

이렇듯 좋은 일이든 나쁜 일이든 어떤 행위를 오래 지속하면 서서히 힘이 쌓여 어느 순간 변화가 일어난다. 변화의 초기는 지루할 만큼 천천히 움직이지만 어느 순간 상황이 완전히 역전되는 변곡점에 이른다. 많은 사람들이 성공을 위해 노력하지만 안타깝게도 이런 변곡점에 서기 전에 포기한다. 때로 변곡점은 나를 이겨내는 시점에서 시작되기도 한다. 남을 이기고 자신을 이기는 순간을 폭발하듯 맛보게 된다.

간혹 어떤 사람은 꿈이 없다고 말한다. 원하는 것을 얻기보다 찾기가 더 힘들다는 얘기다. 그러니 자신을 이길 정도로 노력한다는 건 결코 쉬운 일이 아니다.

하지만 절박하거나 사명이라고 온전히 생각되는 그 무엇이 있다면 나를 이기고 넘어설 이유와 명분이 생긴다. 그런 사람들이 바로 인생의 변곡점을 지나는 사람이며 결국 우뚝 서게 되는 사람인 것이다. 누구나 자신에게 닥친 일은 최악의 상황이라고 생각한다. 하지만 그 최악의 상황마저 최고의 기회로 바꿀 수 있는 능력 역시 사람이 가졌다. 단지 그 능력을 활용하겠다고 마음먹느냐, 포기하느냐의 차이다. 인생에서 부정적인 면을 없애는 가장 좋은 방법은 부정적인 측면의 긍정적인 점이 무엇인가를 찾는 것이다. 그런 습관은 모든 부정적인 일이 결과적으로 긍정적인 효과를 내게 만드는 힘이 된다.

애리조나를 지나는 I-40번 도로를 빠져 나와 64번 국도를 따라 그랜드캐니언을 달리다보면 몇 시간이나 평지가 계속 이어진 길을 운전했을 뿐인데 어느 순간 갑자기 거대한 계곡같이 푹 꺼진 길이 나타난다. 불과 몇 분 전까지 평지를 달렸다 생각했지만 지나온 길을 유심히 살펴보면 끊임없이 조금씩 지대가 오르고 있었던 것이다. 비유가 적절할지 몰라도 이렇듯 작은 열정과 부지런함이라는 경험들이 차곡차곡 모여 성과를 내는 것이다.

인생의 변곡점 역시 마찬가지다.
변곡점은 자신이 어디 있다고
알려주지 못한다.
다만 그렇게 쌓이고 모인 힘은
한낱 눈송이 하나,
물방울 하나에 부서지는
눈사태와 댐처럼 우리를 가로막았던
모든 상황을 한순간에 해결해버리는 것이다.
결국 믿는 만큼 성취하는 것이며
나의 주인은 나 자신이다.

3
중용,
때를 아는 것

사업하는 방법을 아는 사람은 선수다. 사업하는 이유를 아는 사람은 고수다. 하지만 선수나 고수도 사업하는 때를 아는 사람을 이기지 못한다.

그런 의미로 사업가는 중용의 의미를 누구보다 잘 이해할 필요가 있다. 중용이란 가운데, 양극단의 중간이 아니다. 중용은 위치상 가운데가 아니라 시간이 포함된 개념이다.

중용을 지킨다는 건 때를 아는 것을 말한다. 예를 들어, 보수와 진보 사이에서 취하는 이념적 중도를 고수하는 건 중용이 아니다. 사회가 약자를 보호하지 못하고 분배의 불균형이 생길 때 진보적 기준에 서는 것이 중용이다. 나라가 평화롭고 훌륭한 지도자가 이끌 때 보수적 기준에 서는 것이 중용이다. 자산의 원금이 보장되기 어려운 경제 환경에서는 긴축 지출이 중용이다. 경기 성장률이 높고 호경기라면 투자 확대가 중용이다.

아이가 자라기 전에는 안아주고 감싸는 것이 중용이고, 아이가 자라면 관심을 거두고 야단을 치는 것이 중용이다. 부정한 아랫사람은 바로 내치는 게 중용이고, 남은 자들에겐 보너스를 챙겨주는 게 중용이다. 잘못했을 때 엄하게 혼내는 것이 중용이고, 잘하면 공개적으로 칭찬해주는 것이 중용이다. 손님에겐 음식이 남도록 후하게 대접하는 것이 중용이고, 스스로는 간소하게 먹는 것이 중용이다.

같은 원칙을 가지고 양극단을 왔다 갔다 한다고 비열한이나 위선자가 아니다. 오히려 중용의 진정한 의미를 정확히 알고 하는 행동이다. 중용을 잘못 이해하는 지도자는 기회주의자, 회색분자가 되기 십상이다. 결국 어느 한곳에서도 지지받지 못하며 내부에서조차 인정받지 못하게 된다. 중용은 때를 알고 알맞게 행동함을 뜻한다. 파도에 흔들리는 배의 가운데 갑판이 중용이 아닌 것이다. 정치적으로 보수든, 진보든 인간 존중과 공생의 의미를 실천하는 쪽에 서겠다는 기준이 중용이다. 그렇게 시대에 따라 사안에 따라 보수도 진보도 될 수 있는 게 중용이다. 모든 일마다 언제나 보수적이거나 진보적이라면 옳지 않은 일도 지지하게 된다.

경제 환경에 따라 긴축과 투자를 결정하는 일은 생존이라는 원칙에 근거한다. 결국 생존을 사이에 두고 긴축과 확대가 이뤄지는 것이다. 어린 자식을 감싸는 것은 아이의 옳은 성장을 위함이고 큰 자식을 엄히 다루는 것도 옳은 성장을 위함이다. 부정한 직원에게 냉정하고 성실한 직원에게 후한 것은 공정함이 원칙이란 뜻이다. 손님에게는 후하고 자신에게는 박한 것은 그것이 예의이기 때문이다.

중용을 제대로 이해하면
이렇게 양극단을 자유롭게 오가도 마음에 걸릴 게 없다.
위대한 지도자는 이러한 중용적 태도를
깊게 이해해야 한다.
중용을 지킨다는 건
들어갈 때와 나올 때를 이해하며
안다는 말과 동일하다.

중용을 이해하면 칭찬이나 비난이 같은 곳에서
나온 것임을 안다.
그러니 기뻐하고 들뜨거나 해치려 하거나

분노를 표현할 때가 아님을 안다.

마치 휴지에 붙은 불처럼

저절로 꺼져버릴 것을 알기에

다가설 때가 아닌 것이다.

결국 중용이란

평범한 일상에 대한 평범한 선택이다.

즉 상식으로 돌아간다는 뜻과 같다.

이때야 비로소 모든 일에 무리수가 생기지 않는다.

그러므로 상처를 받거나 주는 일 없이

순리에 따라 움직일 수 있다.

순리를 따라 움직이게 되는 일이야말로

경영자로서는

최고의 경지에 이른 것이다.

가장의 입장에서 수신제가(修身齊家) 중 제가에 이른 상황이며,
지도자라면 존경과 위엄을 함께 갖춘 이다.

4
자연, 자연스러움,
그냥

　세상에서 가장 좋은 최고 상태는 자연(自然)이다. 그 뜻을 그대로 풀이하면 '스스로 그러함'이다. 스스로 그러함의 사전적 의미는, 사람의 힘이 더해지지 아니하고 세상에 스스로 존재하거나 우주에서 저절로 이루어지는 모든 존재나 상태를 말한다.

　스스로 그러함 그대로가 우리의 세계다. 이것은 나쁘다 좋다 옳다 그르다 평가할 수 없다. '그냥' 거기 있는 것이다.

누군가를 진정으로 사랑하면 이유가 사라진다. 어떤 것은 마음에 들고, 어떤 것은 옳고, 어떤 것은 싫은지, 상관이 없어진다. 그냥 사랑하게 된다. 그 사람을 바꿀 생각도 바꿀 이유도 찾지 못한다. 자연과 그냥은 그 자체가 사랑이다. 가을은 가을대로 아름답고, 봄은 봄대로 아름답다. 사람도 그와 같다. 그가 누구이든 그대로 아름답다.

언젠가 나는 공원 벤치에 앉아 있다가 놀라운 경험을 한 적이 있다. 이제 막 걸음마를 뗀 사내아이를 봤는데 정말이지 참 못생긴 아이였다. 어린아이를 보고 못생겼다는 말을 하기에는 죄책감이 드는 일이나 누가 봐도 참 못생긴 아이였다. 인사차 건네는 칭찬조차 입이 떨어지지 않는 상황이었다.

그런데 그 부모 눈에 보이는 아이는 내 눈에 보이는 그 아이가 아니었다. 아장아장 걷는 걸음을 보며 너무 예뻐서 부부가 어쩔 줄을 몰라 했다. 처음엔 이 젊은 부부는 부모라서 자신들의 아이가 예쁘지 않아도 그저 예쁘다고 하겠거니 생각했다. 그러다 순간 그게 아닐지도 모른다는 생각이 들었다. 젊은 부부의 눈에는 정말로 아이가 너무나 예쁘게 보일 수도 있겠다는 생각이 든 것이다. 자신들이 낳아서가 아니라 정말 너무 예뻐 보여 예쁘다고 하는 것일 수 있다고 말이다.

이내 나도 그 부모의 시선으로 아이를 다시 바라봤다. 그러자 갑자기 아이가 정말 잘생겨 보이는 게 아닌가. 오래 걸릴 것도 없었다. 정말 순간적으로 아이는 잘생긴 아기로 탈바꿈돼 보였다. 아이가 갑자기 예뻐 보인 건 내가 어린아이 얼굴에 대해 편견을 갖고 있었음을 깨달았기 때문이다.

아름다움에는 기준이 없다. 무엇이 더 아름답고 덜 아름답다는 기준 자체가 없다. 그런데 내 안에 만들어진 기준을 두고 이 기준에 따라 못생겼다 혹은 예쁘다로 나누었던 것이다. 아이는 그대로 아름다웠다.

자연, 자연스러움, 그리고 그냥이야말로 가장 행복한 상태로 가는 지름길이다. 물은 그릇에 따라 그 모양을 바꿔 안착한다. 그것이 자연스러움이다. 자연스러움은 실수가 없다. 실수가 사라진 상태가 자연스러움이다.

자연스러움이란
일을 이루고 공을 취하지 않고,
권위로 위협을 가하지 않고,
친절로 대가를 요구하지 않으며,
뒷바퀴가 앞서지 않으며,
가르침을 핑계로 무리를 만들지 않으며,
사랑을 핑계로 요구하지 않고,
추억을 핑계로 집착하지 않으며,
공을 위해 자리를 만들지 않음으로,
무위와 무언을 통해
스스로 존재함을 말한다.

하늘의 입장에서 본다면, 당신은 그 부모의 아이처럼 있는 그대로 아름다운 아이다. 그 자체가 스스로 아름다운 것이다. 억지로 마음에 없는 말을 하지 말고 억지로 마음에 없는 행동을 하지도 말라. 그것이 내게 자연스러운 것이 아니면 그 무엇도 억지로 하지 말라. 마음속 깊은 울림이 시키는 것만 하라. 그것이 당신을 가장 가치 있게 만들고 가장 행복하게 만들 것이다.

5

나이 오십
넘기고 보니

너무 걱정할 것도 없고, 자기편을 만들 필요도 없고, 나를 이해 시키려고 설명할 필요도 없고, 이룬 후에 공을 취하려 하지 않고, 다 해주고 기대하지 않는 것이 스스로 행복해지는 비법이었다.

이렇게 하면 가진 것이 오히려 많아지고, 많아도 적이 없고, 적이 없기에 건강하고, 건강하기에 바른 생각이 들고, 바른 생각 때문에 옳은 결정을 할 수 있고, 옳은 결정 덕분에 많은 것을 갖게 된다. 왜 이런 것을 서른에 못 배우고 마흔에도 배우지 못했을까?

서른 나이의 독자가 이 글을 읽고 이 비법을 이해하고 받아들인다면 나보다 20년을 앞질러가는 셈이다. 그러나 나이는 거저먹는 법이 없는가 보다. 나 역시 이런 소리를 서른에 들었다면 아무 의미 없이 지나쳤을 것이다.

주변에 젊음을 부러워하기보다 나이 든 지금을 행복해하고 인생 후반을 즐겁게 맞이한 분들이 생각보다 제법 많다. 젊은이들은 젊다고 자랑하지만 그들이 나이 들 때까지 산다는 보장도 없으니 늙어가는 것 자체만으로도 멋진 일이다. 멋지게 늙는 것처럼 인생에 멋진 것은 없다. 멋지게 젊은 것은 누구나 할 수 있기 때문이다. 어른들의 말씀과 고전에 쓰인 가르침이 새삼 고마울 뿐이다.

6
제시간에, 제자리에,
바로 그때

모든 것은 제시간에 제자리에 있을 때 가장 아름답다. 이 간단한 삶의 원리를 배우는 데 40년 넘게 걸렸다. 내 발바닥이 제시간에 제자리에 있을 때 나는 가장 굳건하게 서 있을 수 있고, 모든 물건은 제자리에 있을 때 제시간에 사용할 수 있기에 그 가치가 더해진다.

건전지 하나, 귀이개 하나도 제시간에 제자리에 있을 때 그 가치가 있다.

제시간에, 제자리란 바른 자리를 말한다.

이것은 정지가 아니다. 바른 자리에 있을 때 우린 가장 안전하고 오래, 그리고 높게 나아간다. 억지로 얼굴을 피고 잡아당기고 깎아내어 젊음을 가져온다 해도 더 나이가 들면 제자리에 있던 사람보다 추해진다. 늘어난 고무줄이 끊어지면 원래만큼도 못해진다. 뇌물이나 인맥으로 사업을 하면 처음엔 빠른 듯해도 결국은 바닥으로 내려앉게 된다. 성실과 정성으로 사업을 한 사람만 못하다.

운 좋게 대박을 쳐서 순식간에 돈을 벌어도 또 다른 대박을 찾아다니는 한, 그 돈은 사라져버린다. 시세에 따라 사고팔며 재주를 부려봐도 장기 주식 투자자들을 이길 수 없으며 1년에 한 차례씩 이사를 다니며 집장사를 해본들 한곳에 오래 살며 땅을 늘린 토박이들을 이길 수 없다.

30대에는 뛰어다니는 것이 제자리고 40대에는 일어서서 일하는 것이 제자리다. 30대가 50대처럼 앉아 있거나 40대가 60대처럼 누워 있음은 제자리가 아니다. 반대로 60대가 30대처럼 뛰어다니는 것도 제자리가 아니다. 20대, 30대에는 선생들을 찾고 선배들을 찾아 열심히 뛰어다니고, 40대에는 그 배운 것을 가지고 응용하고 실천해 자기 영역을 쌓아나가야 한다. 마흔이 넘었어도 시작도 못하고 여전히 이리저리 기웃거리는 것은 제시간에 제자리가 아니다. 마흔에 이룬 것은 쉰에 정리하여 다지고 예순에는 젊은 리더에게 자리를 넘겨 타이틀은 버리고 실리를 얻는 것이 제시간에 제자리다.

제자리란 분수를 알아야 한다는 소리가 결코 아니다. 그것은 오히려 자기 가치를 극대화할 자리를 알아내어 그 시간에 그곳에 있음을 말한다. 제자리에 있는 것은 제자리에 없는 것보다 더 많은 용기가 필요하다. 시간의 흐름에 따라 제시간에 제자리를 찾아 움직이는 것이 중용이고 이를 통해 삶을 조화롭게 할 수 있다.

지도자는 정치나 사업이나 종교 모두 지위가 높아지면 높아질수록 겸손을 통해 제자리로 돌아가야 한다. 몸과 마음 모두 함께 제시간에 제자리에 돌아가 있으면 건강하고 평온해진다. 이것이 선한 것이고 이것이 순리다.

선하며 순리를 따를 때,
나는 가장 가치 있는 사람이 된다.
선이란 편한 공존, 이해, 관용을 바탕으로 움직이며
이는 모두를 이롭게 한다.
반면 악은 모두를 갈라놓고 모두를 내려앉게 한다.
제시간에 제자리로 돌아갈 때
비로소 이 모두를 이루게 된다.
누구라도 이 세상이 안전하고 평화롭기를 바란다면
제시간에 제자리에 있으면 된다.

우리의 지금 위치는 과거 자신의 행동의 결과이고 동시에 새로운 위치를 부여한다. 이 새로운 위치에서 제자리를 찾아가는 것이 우리를 행복하게 한다. 과거 우리의 행동 결과가 기억을 남기고 기억은 욕망을 만들어내며 욕망은 또 다른 행동을 만들어내며 계속 자리를 바꾸어나간다. 바꾼 자리 안에서 제자리를 찾아내는 것이 지혜의 근본이다. 걸맞은 자리를 찾아 걸맞은 행동을 하는 것이 세상에서 가장 현명하게 사는 방법이다.

공자가 마흔 살에 망설이지 않게 되었고 쉰 살에 천명을 알게 되었다 말함은 제자리를 마음대로 찾아갈 수 있음을 뜻한다. 그리하여 겨우 일흔 살에야 마음대로 행동해도 그 자리가 제시간의 제자리일 수 있게 되는 것이다.

7

어제까지 잘되던 일에
문제가 생긴 것은

어제까지 잘되던 일에 갑자기 문제가 생기고 그 이유를 알 수 없을 때는 두 가지를 확인해보아야 한다. 첫째는 내가 무엇을 먹고 있는지와 무엇을 뱉어내는지다.

먹는 것이 지나치면 옳은 마음을 가지지 못하며 쓸데없는 곳에 시간을 쓰고 있다는 뜻이다. 이것은 몸에 필요 없는 과다한 에너지가 나를 막고 있다는 뜻이기에 잘 나아가던 성공이 갑자기

길을 잃는다. 또한 입으로 뱉는 말이 거칠거나 음흉해지면 이 또한 세상과 나를 격리되게 만들어 이어지던 일이 꼬리를 자르며 사라지게 만든다.

어제까지 잘되던 일들이 갑자기 흩어지기 시작하면 음식을 절제하고 배부르게 먹지 말며 고운 말을 쓰고 바른 생각과 바른 몸으로 변화하면 다시 모든 일이 잘 풀린다. 세상의 모든 옳고 바른 성공은 당신 몸에 들어가는 것과 나오는 것을 따라 움직인다.

8

이제 모든 사람을
좋아하지 않아도 될 나이가 되니

무엇을 판단하는 것처럼 간단한 일이 없고 추측하는 것처럼 쉬운 일이 없다. 하지만 잘못된 추측과 잘못된 판단이 주는 대가처럼 혹독한 것도 없다.

깨달음을 얻었다고 하는 순간, 실제 깨달음은 멀리 달아나버린다. 옳고 그름의 경계가 흐릿해지고 바르고 그른 일의 경계도 감히 말하기 힘들어진다. 밝고 어두운 것이 나뉘어 있는 게 아니라 그 자체가 하나다. 삶과 죽음 역시 다른 상태가 아니라 하나의 상태를 달리 말할 뿐이다.

이 세상 모든 것은 본래 나쁘지도 좋지도 않다. 옳고 그름도 아니며 추하거나 아름다운 것도 아니다. 때와 상황에 따라 같은 일이 옳기도 하고 그르기도 하며 좋기도 하고 나쁘기도 하다. 상대적으로 반대에 있는 모든 것은 결국 같은 짝이기도 하다.

모든 대적 관계에 있는 것은 서로 보완적 관계를 가지고 있다. 또한 이름이 없어도 귀한 사람이 있고 유명해도 추한 사람이 있으며, 말없이 많은 말을 하는 사람도 있고 말이 많아도 쓸 말이 없는 사람도 있다. 숨어 있어도 보이는 사람이 있는가 하면 담장 위에 있어도 보이지 않는 사람도 있다. 이름을 알리려 애쓰는 사람은 사라지고 출세를 원하지 않아도 세상이 끌어내는 사람도 있다.

인생의 수학은 미묘해서 공식이 없다.

남을 누른다고 내가 이기는 것도 아니고

내가 졌다고 상대가 이긴 것도 아니다.

누군가 날 행복하게 해주길 바란다면 불행해지고,

누군가를 행복하게 해주려 하면 내가 행복해지니,

이런 방정식은 세상에 없다.

살다보면 베푼 것을 잊고 있을 때

돌아오고 찾으러 가면 멀리 간다.

많이 가지려 하면 오히려 적게 잡게 되고

적게 잡으려 하면 오히려 늘어난다.

나를 딛고 담장을 넘어가라고 어깨를 내밀면

오히려 품에 들어오고 품으려 가둬버리면 달아난다.

나이 스물에 아무것도 안 하는 것은 잘못임을 알았고, 서른에
는 모든 것이 변한다는 사실을 알았다. 마흔에는 참된 성공은 양이
아닌 질이라는 걸 알았다. 이제 오십이 넘어 모든 사람을 다 좋아하
지 않아도 될 나이가 되니 이제야 비로소 무엇을 해야 하는지, 무엇
을 지켜야 하는지, 무엇이 가치 있는 것인지 알게 되어 겨우 모든 사
람이 좋아진다.

이제 분별을 미루고 똑똑한 척을 그만두기로 했다. 똑똑한 척
을 할 때는 모든 것이 우습더니 분별을 미루고 보니 그 어떤 것도

함부로 할 수 없음을 알게 됐다. 나이가 들어 모든 분별이 사라지니 오히려 판단하기 쉽고 추측할 필요가 없어져서 너무 좋다.

9

무위이화:
당신은 이미 완벽하다

자연과 우주는 무위이화(無爲而化), 즉 애쓰지 않아도 저절로 이루어지는 상태로 유지되고 있다. 온 우주는 자연 스스로의 질서에 따라 모든 시간의 변화에 흐트러짐이 없고 어긋남이 없이 존재한다.

모든 일에 그 순서가 있고, 이끌거나 따름이 자연스럽고, 혼돈과 질서가 그 순서를 따라 스스로 알아 움직인다.

옳음 혹은 진리는 애쓰지 않아도 저절로 이루어지는 상태 안에서 존재한다. 『노자(老子)』 제57장 「순풍(淳風)」을 보면 다음과 같은 내용이 있다.

내가 아무것도 하지 않으니 사람들이 스스로 감화되고
(我無爲 而民自化)
내가 고요하니 사람들이 스스로 바르게 되며
(我好靜 而民自正)
내가 일을 만들지 않으니 사람들이 스스로 부유해지고
(我無事 而民自富)
내가 욕심부리지 않으니 사람들이 스스로 소박해진다.
(我無欲 而民自樸)

노자는 스스로 그러한 자연 상태를 최고의 선으로 보고 욕심을 부리지 말고 스스로 조용히 나타나지 않음으로써 흐름을 막지 않는 방법으로 세상과 함께함을 가르쳤다. 『논어(論語)』의 「위령공(衛靈公)」 편에서도 무위를 덕치(德治)로 해석하여, 순임금에 대해 애써 바로잡지 않아도 저절로 잘 다스리는 것을 칭찬하여 말한다.

함이 없이 다스리는 자는 순임금이다. 무엇을 하였는가?
자기를 공손히 하고 똑바로 남쪽을 향해 있었을 뿐이니라.
(子曰 無爲而治者 其舜也與 夫何爲哉 恭己正南面而已矣)

우리의 삶은 이미 완벽하다.
이 우주는 이미 오래전부터
완벽한 상태다.
이 우주 안에 존재하는
우리 또한 이미 완벽한 존재들이다.

    우리는 있는 그대로 완벽한 존재임에도 끊임없이 움직이고 일을 만들고 욕심을 부리면서 자신의 완벽함을 해치고 있다. 자신에 대해 만족하지 못하고 원죄가 있다 자책하고 살아가고 있다. 하지만 이 우주가 완벽하게 돌아가듯이 우리 역시 아무것도 하지 않아도 완벽해질 수 있다. 우리의 삶은 오래전부터 완벽해서 더 바랄 것도 없이 이생 한자리에 앉아 있는 것 자체가 커다란 축복이라는 것을 깨닫는 순간, 실제로 우리의 삶은 완벽해진다. 그럼에도 우리는 항상 결핍을 느끼고 남이 가진 것을 탐하고 질서를 벗어나 앞지르려 하거나 뱃속에 음식을 버리고 자연에 상처를 주는 일도 마다하지 않으면서 불행하다 말한다. 아무것도 하지 않았다면 이미 오래전부터 행복했을 것임을 모르고 있다. 그러면서 모든 일이 자신의 행복을 위한 것이라 믿고 행동한다.

    현재 LA 게티 박물관이 소장하고 있는 반 고흐의 〈아이리스〉는 1,210억 원에 거래됐다. 구스타프 클림트의 한 초상화는 1,720억 원, 팝 아티스트 앤디 워홀의 〈여덟 명의 엘비스〉는 1,200억 원에 거래됐다. 잭슨 폴록의 1948년 작품 〈No. 5〉는 페인트를 마구 뿌려 놓은 모습인데 무려 1,800억 원이다. 세상에서 가장 유명한 그림인 〈모나리자〉는 추정가가 40조 원에 달한다. 자연의 창조물 중에 하나를 모방한 그림들이 이런 어마어마한 가격에 거래되고 있다.

문득 주변에서 흔히 볼 수 있는, 미술 작품보다 훨씬 정교하고 아름다운 자연에는 도대체 얼마의 가격이 매겨질까 궁금하다. 만약 바다로 사라지는 태양과 구름이 만들어내는 붉은빛의 하늘을 누군가 혼자만 소유하고 돈을 받고 판다면 얼마를 받을 수 있을까? 눈꽃의 오묘한 육각의 기하학 도형을 누군가 독점하고 있다면 가격은 얼마에 형성될까? 만약 아카시아 나무 잎사귀들이 이어지고 작아지며 적절히 교차하는 모습을 스스로 생각해서 만들어냈다면 얼마나 위대한 디자이너라고 칭찬받을까?

이미 우리는 30분만 공원을 걸어 다니거나 한 시간만 차를 타고 나가도 흔들리는 코스모스와 그 위를 날아다니는 잠자리와 밤하늘의 별을 볼 수 있다. 함께하는 여자의 흐트러진 머리칼 사이로 보이는 웃는 얼굴과 앞서 뛰어가는 아이들의 깔깔거리는 소리를 들을 수 있다. 어찌 감히 1,210억 원짜리 〈아이리스〉가 흔들리는 코스모스를 대신할 만큼 아름답다 말할 수 있겠는가? 내적인 정신을 표출해냈다는 폴록의 물감 범벅 덩어리가 아이들의 웃음보다 비싸다고 할 수 있는가? 어찌 감히 남의 여자를 금박으로 그려낸 클림트의 그림이나, 가까이 접근할 수도 없는 액자 속에 갇힌 〈모나리자〉가 내가 사랑하는 여자보다 계산할 수조차 없을 정도로 비싼 것을 인정할 수 있을까?

자연과 우주 창조물의 모조품 따위가 수천 억, 수십 조의 가격이라면 우리가 오늘 접한 모든 것은 도대체 얼마란 말인가? 앞산이라도 오르고 가족과 오붓한 저녁을 보냈다면 보고 느낀 것에 대한 가격은 도대체 얼마란 말인가? 우주가 관리하고 자연이 만들어낸 이 세상에 존재하는 모든 것은 너무나 완벽하고 너무나 아름답다. 그리고 감히 가격을 매길 수 없을 정도로 비싸다. 당신은 이미 완벽한 행복 안에 들어와 있는 것이다. 그럼에도 끊임없이 불평하고 스스로에게 냉소적이고 욕심과 욕망으로 이 모든 가치를 훼손하면서 불행하고 억울하고 초라하다 느낀다.

당신은 이미 완벽하다.
아무것도 하지 않아도
당신은 이미 완벽하다.
당신의 가능성은 무한대다.
당신에게는 자신이 원하는 대로
삶을 살 힘과 권리가 있다.
당신이 그런 삶을 살지 못하고 있다고 생각하거나
그럴 힘이 없다고 믿는 것은
아직도 당신이 이미 완벽한 존재라는 것을
받아들이지 못하기 때문이다.

지금 이 순간 이 자리에 매번 매시간 행복을 느껴라. 쓸데없는 고민과 걱정과 욕망으로 지금 이 시간, 이 순간의 완벽함을 망치지 말라. 당신 뜻대로 되지 않는다고 한탄하지 말고, 불평하지 말고, 비관하거나 결핍에 괴로워하지 말고 지금 이 순간에 행복을 느껴라.

머리숱이 적다고 스타일이 마음에 안 든다고 불평하지 말라. 자를 머리카락이 남아 있음을 행복해하라. 상처가 고통을 주고 있다고 불평하지 말라. 고통을 느낀다는 것은 내가 살아 있다는 것이고 통증이 계속되는 것은 몸의 신경계통이 정상이란 뜻이다. 음식이 모자라면 맛있는 음식의 종류가 늘어나 있는 것이고 빈 방은 채울 것이 많다는 뜻이다.

행복은 언제나 어디서나 존재하기에 내 삶은 이미 완벽한 것이다. 우리의 삶이 완벽한 것은 그 삶에 고통과 좌절과 상처와 아픔이 함께 존재하기 때문이다. 그 틈으로 빛이 들어와 내 안을 비추기에 완벽한 것이다. 만약 고통도 좌절도 상처도 아픔도 없는 삶을 완벽이라 부른다면 우리는 신이 만들어놓은 기계에 불과하다. 완벽한 우주는 우리에게 부족이라는 틈을 통해 고통을 환희로, 좌절을 희망으로, 상처를 치유로, 아픔을 즐거움으로 바꾸어내는 방식으로 그 완벽함을 유지하고 있는 것이다.

완벽함이란 형태가 아니라 과정이다. 모든 것을 채운다고 행복해지는 것이 아니라 채움이 들어갈 자리를 위해 비움이 자리 잡을 때 비로소 행복이 가능해진다. 이 세상에 완전한 것은 없다. 태양도 가까이 가면 울퉁불퉁한 불기둥이 수없이 많고 달이나 별도 꽃처럼 죽고 사라진다. 세상에 한 그루의 나무도 사방이 완벽하게 대칭인 경우가 없고, 인간 어느 누구도 좌우 얼굴이 같은 이는 없다.

완전하지 못한 것들을 모아 온 세계를 멋지게 운영하고 있는 우주만이 오직 완벽한 존재다. 우주의 완벽함은 우리의 완전하지 못한 완벽함들의 집합이다. 이를 이해하는 순간, 우리는 완벽한 우주와 동화되어 스스로 완벽한 것임을 알게 된다. 이때에 이르러서는 군이 애쓰지 않아도 저절로 이루어지게 되어 있다. 우주의 흐름을 거스르지 않으니 순리가 일을 이루고 순리가 일을 완성하며, 내가 원하는 것이 하늘이 원하는 것이고 하늘이 원하는 것이 내가 원하는 것과 부딪치지 않으니 하늘과 내가 하나임을 느끼게 된다.

이때에 이르러 우리는 매 순간 행복을 느낄 수 있다. 울고 싶을 때 울어서 행복하고, 웃을 때 웃을 수 있어 행복하고, 화낼 때 화를 낼 수 있음에 행복하게 된다.

때가 지날수록 가장 자연스러운 것이 가장 좋으며 가장 행복하다는 것을 알기에 오히려 억지로 하지 않음이 가장 바르고 쉬운 길이라는 것을 알게 된다. 가는 것 억지로 잡지 말고 오는 것 억지로 막지 말고 내가 옳다면 화낼 필요가 없고 내가 틀렸으면 사과하면 된다. 무리함으로 이룬 것들 중에 행복을 가져다주는 것은 아무것도 없다.

당신은 이미 완벽하다.
당신이 행복하길 원하면
아무것도 부족한 것이 없다.
애쓰지 않아도
저절로 그리될 것이다.
당신이 우주고 우주 전체가
당신이기 때문이다.

그림 목록

〈기억의 時〉, 45.0×53.0cm 장지에 채색, 2014

〈Paradiso〉, 45.0×53.0cm 장지에 채색, 2015

〈For the dream〉, 30.0×30.0cm 장지에 혼합재료, 2014

알면서도 알지 못하는 것들

초판 1쇄 발행 2017년 1월 10일
개정 2판 발행 2019년 7월 11일
30쇄 발행 2024년 6월 18일

펴낸곳	스노우폭스북스
지은이	김승호
그림	권아리
편집인	서진

마케팅	김정현·이민우
영업	이동진
북매니저	박정아
디자인	강희연

주소	경기도 파주시 회동길 527 스노우폭스북스 빌딩 3층
대표번호	031-927-9965
팩스	070-7589-0721
전자우편	edit@sfbooks.co.kr
출판신고	2015년 8월 7일 제406-2015-000159

ISBN 979-11-959633-0-0 03320
값 15,800원

스노우폭스북스는
"이 책을 읽게 될 단 한 명의 독자만을 바라보고 책을 만듭니다."